珍藏本·增订本

纪念版

汉译世界学术名著丛书

决策的本质

还原古巴导弹危机的真相

（第二版）

〔美〕格雷厄姆·艾利森　菲利普·泽利科　著

王伟光　王云萍　译

商务印书馆
The Commercial Press
SINCE 1897

汉译世界学术名著丛书
（120 年纪念版·珍藏本）
增订本出版说明

2017 年 10 月，为纪念商务印书馆创立 120 周年，本馆推出“汉译世界学术名著丛书”（120 年纪念版·珍藏本），计七百种。近五六年来，仰赖学界同人倾力支持，订正旧译，增补新译，拓展新著，积累日多。为满足读者需要，本馆在七百种的基础上，继续推出“汉译世界学术名著丛书”（120 年纪念版·珍藏本·增订本）三百种。至此，“汉译世界学术名著丛书”累计出版已达千种。

今后，本馆将继续推进丛书的翻译出版工作，在积累单本名著的基础上陆续分辑刊行，汇印出版。为促进中外文明互鉴、推动我国学术发展，使“汉译世界学术名著丛书”这项对我国学术文化有基本建设意义的重大工程发挥更大作用，诚望海内外学术界、翻译界继续给予支持，帮助我们把这套丛书出得更好。

商务印书馆编辑部

2024 年 2 月

汉译世界学术名著丛书
（120年纪念版·珍藏本）
出版说明

2017年2月11日，商务印书馆迎来120岁的生日。120年前，商务印书馆前贤怀揣文化救国的理想，抱持“昌明教育，开启民智”的使命，立足本土，放眼寰宇，以出版为津梁，沟通中西，为中国、为世界提供最富智慧的思想文化成果。无论世事白云苍狗，潮流左右激荡，甚至战火硝烟弥漫，始终践行学术报国之志，无改初心。

逐译世界各国学术名著，即其一端。早在20世纪初年便出版《原富》《天演论》等影响至今的代表性著作，1950年代后更致力于外国哲学和社会科学经典的译介，及至1980年代，辑为“汉译世界学术名著丛书”，汇涓为流，蔚为大观。丛书自1981年开始出版，历时三十余年，迄今已推出七百种，是我国现代出版史上规模最大、最为重要的学术翻译工程。

丛书所选之书，立场观点不囿于一派，学科领域不限于一门，皆为文明开启以来，各时代、各国家、各民族的思想与文化精粹，代表着人类已经到达过的精神境界。丛书系统译介世界学术经典，引领时代思想,为本土原创学术的发展提供丰富的文化滋养,为推动中国现代学术和现代化进程做出了突出的贡献。

为纪念商务印书馆成立120周年,我们整体推出“汉译世界学术名著丛书”120年纪念版的珍藏本,寄望既利于文化积累,又便于研读查考,同时向长期支持丛书出版的译者、编者和读者致以敬意。

两甲子后的今天,商务印书馆又站在了一个新的历史时间节点上。我们不仅要铭记先辈的身影和足迹,更须让我们的步伐充满新的时代精神。这是商务人代代相传的事业,更是与国家和民族的命运始终紧密相连的事业。我们责无旁贷,必须做好我们这代人的传承与创造,让我们的努力和成果不仅凝聚成民族文化的记忆,还能成为后来人可以接续的事业。唯此,才能不负前贤,无愧来者。

商务印书馆编辑部

2017年10月

中文版前言

我希望《决策的本质》中文版的出版对中国读者分析国家间关系和外交决策会有所帮助。古巴导弹危机作为人类有史以来最危险的事件之一，已经成为当代被最为广泛研究的历史事件。而随着记录有肯尼迪总统时期美国政府领导者决策言行的录音带的公布，古巴导弹事件也成为了历史学家可以获得最详尽史料的危机事件。不仅国际关系的研究者，而且政治家们也在分析此次事件，以探求在核超级大国领导人的一个决定就可能意味着上千万人灰飞烟灭的时代的治国之道。危机管理方面的学者会发现，古巴导弹危机的这些经验教训对于中国、美国以及其他国家等应对当今所面对的挑战，也是适用的。事实表明，本书的理论框架能够帮助读者更好地解释和预测政府以及如公司等其他类型的组织的行动。

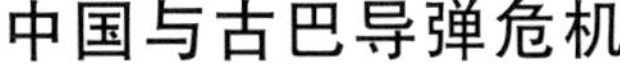

中国与古巴导弹危机

虽然中国并不是古巴导弹危机的直接参与方，但美苏在古巴的对抗影响了中国冷战期间的外交政策。20 世纪 50 年代以及 60 年代初的时候，中印之间在边界问题上发生争端；中国宣称对阿克赛钦和印度所称的东北边境特区拥有主权。在印度增派大批军队进入这些边境地区后,1962 年 10 月 20 日,中国开始进攻这些地区,并迅速击败了驻扎在那里的印军;而此事正值古巴导弹危机时。在成功击败印军后,中国在 1962 年 11 月 20 日又迅速撤出,恢复战争前的控制状况。对此,中国总理周恩来解释说,中国决定"展现善意"以促进与已遭到惩罚的印度进行谈判。

曾有历史学家认为,中国利用了美苏在古巴的冲突来实现它对印度的进攻。尽管事件发生的时机似乎也显示是这样,但事实上,在事件发生前的数年中,中印之间的紧张关系就一直在不断激化。而且,在美国总统公开宣布发现苏联在古巴的那些导弹的两天前,中国的军事行动就开始了。这个事实也削弱了这种观点的信服力。

但美国则把此次中印战争视为中国会用常规军事手段扩张其共产主义的又一个证据。而中国对古巴导弹危机解决做出的反应,又进一步增加了美国对中国共产主义政府的怀疑。苏联领导人赫鲁晓夫在 1962 年 10 月 28 日宣布其打算从古巴撤出核导弹,对此,中国政府批判苏联在向美国投降。中国的民众也上街游行示威以表示对古巴卡斯特罗政府的支持。中国还象征性地举行了为古巴献血的活动。

针对中国的这种批评,莫斯科则谴责中国对印度这个不结盟运动的领导国家的"入侵"。在古巴导弹危机末期对哈瓦那的一次访问期间,苏联高官阿纳斯塔斯·米高扬告诉古巴的领导层,中国对印度的"入侵"损害了共产主义事业。米高扬认为,中国本可以利用此次危机去攻占东亚方面的领土,如国民党政府占据的金门、马祖，或者是葡萄牙的殖民地澳门，以分散美国及其盟国的精力。他还批评中国没有真心实意地帮助古巴的革命斗争，说如果美国入侵古巴，“（苏联士兵）将会牺牲他们的生命，而不仅仅是到医院献些血。”

同时，在经历过古巴导弹危机中的危险对峙后，肯尼迪和赫鲁晓夫都决定：这样的危机永不应该再发生。他们的这种信念推动双方采取一系列的外交行动，以调整这两个核超级大国关系中“维持危险现状的规则”。这些外交行动如美苏之间的军备控制磋商与谈判；这些努力的结果包括设立华盛顿与莫斯科之间的紧急热线、1963 年签署的禁止在地上进行核爆试验的《部分禁止核试验条约》以及 1968 年的《不扩散核武器条约》。

而在中国看来，《部分禁止核试验条约》是在企图阻止中国获得核武器。因此，中国对该条约嗤之以鼻，宣称美国和苏联是在企图“巩固它们的核垄断地位，而捆住所有受到核威胁的爱好和平国家的手”。随后，1964 年 10 月，中国在新疆境内的罗布泊附近进行了第一次核武器爆炸试验。

历史上(以及未来?)的中美核危机

对古巴导弹危机的案例分析，能够为成功管理两个核大国之间的危机提供有益的经验教训。在冷战期间，中美之间也前后经历过五次核危机。对于这些危机时刻的分析，将有助于研究者和政策制定者预测华盛顿与北京在 21 世纪的关系。

美国第一次考虑对中华人民共和国使用核武器是在朝鲜战争时期。1951 年，当美国领导的联合国军几乎被中国人民解放军赶出朝鲜半岛时,联合国军司令麦克阿瑟将军要求杜鲁门总统对中国使用核武器。事实上,在1951年的三四月间,麦克阿瑟对于这种主张的坚持甚至使美国参谋长联席会议开始向关岛派驻轰炸机,以应对可能出现的苏联向中国东北派驻空军的情势。但最终,使用核武器的命令并没有被下达给在朝鲜半岛的军队。相反,麦克阿瑟将军因与白宫之间的一系列矛盾而被杜鲁门免除了联合国军司令的职务。[1] 联合国军后来没有依靠核武器也重新获得了战场主动权。

到1954年9月,在国民党军加强了对金门、马祖等岛屿的防御后,中国人民解放军开始轰炸这些岛屿;对此,美国再次威胁对中国发起核打击。参谋长联席会议建议对中国大陆使用核武器,以保卫盟友台湾。艾森豪威尔总统在权衡了这个建议后并没有采纳。1958年,当中华人民共和国再次炮轰金门、马祖,美国第三次考虑了用核武器打击台湾海峡对面的大陆沿海城市的可行性。但最终,艾森豪威尔再次放弃了这个选项。[2]

中美之间的第四次核危机出现于中国进行第一次核爆炸试验的前后。1963年7月,当时任美国无所任大使的艾夫里尔·哈里曼(Averell Harriman)建议由美苏共同对中国实施核打击以扼杀其尚处于萌芽阶段的核力量。[3] 尽管苏联拒绝了这个共同打击的建议,但肯尼迪政府和约翰逊政府仍然考虑过消灭中国核力量的其他行动方案,如进行单边核打击、由国民党军实施突袭等。而在中国进行了核试爆后,美国政府迅速要求由国防部副部长罗斯韦尔·吉尔帕特里克(Roswell Gilpatric)领导的吉尔帕特里克委员会研究防止进一步核扩散的方案。该委员会分析了用军事力量打击中国核设施的可能性；不过，最终否决了这个选项。但该委员会的建议确实促使美国政府采取相关行动，而 1968 年达成的《不扩散核武器条约》就是这些行动的一个结果。

一些历史学家认为，美国在中苏 1969 年爆发边境冲突期间又考虑过对中国核设施发动核打击。根据当时的美国国防部长梅尔文·莱尔德(Melvin Laird)的说法，当时美国政府讨论了默许苏联政府对中国核力量发动核打击甚至是与苏联合作进行这样打击的可能性。[4] 但尼克松政府最终拒绝了这个建议；相反，美国很快开始实行与中国缓和、接近的政策，并最终在 1972 年实现尼克松总统对华访问。

1969 年以后，在中美之间发生的任何一次对抗中都没有再出现过考虑使用核武器的情况。但是如果我们分析今天的世界，仍然可以想象得出一些可能会考虑使用核武器的情境。比如，中国最近单方面在东海划定防空识别区，可以设想如果这引起中日之间矛盾的升级，并导致有一架飞机被击落或一艘船被击沉，并造成一些伤亡。那么，这样的危机就可能导致中日双方采取一系列危险的报复行动，从而使危机发展成中日之间的一场小规模海上和空中的军事冲突，造成几十条船或几十架飞机被毁。而在认为会得到美国海空军支持，并且美日两国的军事力量相对中国有决定性优势的情况下，日本的政治家就可能采取“人戳我一指、我还之一拳”的战略，以迫使中国让步。而如果冲突继续升级，由于美日安保条约的存在，美国可能将不得不帮助日本防卫中国。而一旦中美双方陷入战争中，那么，尽管无论怎样使用核武器都可能会造成灾难性的后果，但使用核武器的可能性将仍然是无法排除的。

古巴导弹危机与本书的三种决策模式

自1971年本书的初版提出这些决策模式以来,美国政府以及其他国家政府中的专业人士,就在使用这些概念框架分析其他国家的行动。

模式Ⅰ(“理性行为体模式”)把国家视为一个统一的行为体。通过分析国家或政府的目的和利益计算来解释国际关系,是这种决策模式的标志性做法。模式Ⅱ(“组织行为模式”)则不是把政府视为如个人那样的单一行为体,而是将之视为一个由各种组织松散组合在一起的集合体,这些组织各自相对独立。当组成政府的这些组织处理各种信息时,也就是政府在提出各种选项和评估这些选项的后果;而当这些组织在照章行事时,也就是政府在采取行动。因此,在模式Ⅱ看来,政府的行为与其说是一个精心选择的结果,还不如说是各种政府组织根据标准行为模式运作的结果。模式Ⅲ(“政府政治模式”)则认为政府体系构成了一个有各种行为体在其上进行各种博弈的复杂舞台。这个舞台上的博弈者包括来自行政部门、媒体、非政府组织以及大众等的行为体。在政府(由行政部门代表)这个中心区域以外,还围绕着社会的各个部分。而在这些外围部分进行的斗争塑造着那些可以影响政府决策与行动的行为体所处的决策环境。模式Ⅲ集中关注那些实际上参与这些博弈互动的人。

作者希望读者可以利用这些“概念透镜”更好地理解最近甚至是当下的美国以及其他国家政府的决策。例如,许多中国人对美国政府最近采取的一些可能损害美元作为世界储备货币的信用的

行动可能感到困惑不解。在被媒体称之为“悬崖上的舞蹈”中，美国政府一再近乎跌落所谓的“财政悬崖”——出现美国对17万多亿美元债务违约的情况。在这些债务中，中国政府是最大的外国债权人，持有1.3万多亿美元的美国债券。在过去的几年中，美国曾四次出现因无法就债务上限或政府预算达成一致而可能会发生违约的情况。而违约对美国来说，正如一位评论家所言，将是一个“失去理智”的举动。[5]

但如果把“美国政府”看作是由各个部分组成的，那么对这些现象就可以有更好的理解。根据决策模式Ⅲ，美国政府并不是一个统一的行为体，而是由相互竞争的博弈者组成的。在美国的宪政体系中，总统与国会分享权力；而当参议院、众议院或两者是被与总统不同的党派所控制的，那么，这种权力分治就更明显了。尽管美国的这些博弈者，没有人希望真正发生违约的情况，但每个人都准备接受出现这样情况的风险以及由此造成的对美元国际地位的破坏。而根据决策模式Ⅱ，决定可能发生违约的日期的种种复杂程序，以及在一定条件下又最终避免了违约发生的方式，则变得更容易理解。

而对于中国在南海和东海采取的做法或十八届三中全会后实行的重大经济改革等这样一些中国政府行动，如何运用这些决策模式予以更好的解释，这个任务就留给读者吧。

作者

注释:

1. Bruce Cumings, *The Korean War: A History* (New York: Modern Library, 2011), 156-57.

2. Shu Guang Zhang, *Deterrence and Strategic Culture: Chinese-American Confrontations, 1949-1958* (Ithaca: Cornell University Press, 1992), 225-67.

3. William Burr and Jeffrey T. Richelson, "Whether to 'Strangle the Baby in the Cradle'," *International Security* 25, no.3 (Winter 2000/01).

4. 根据基辛格的说法,美国从没有考虑过默许或参与苏联对中国的核打击。前《纽约时报》记者帕特里克·泰勒(Patrick Tyler)的研究则认为,基辛格和尼克松确实曾考虑过这样的选项。相关更详细的情况,请参看 Patrick Tyler, *A Great Wall: Six Presidents and China* (New York: PublicAffairs, 1999), 61-63。

5. For example, see: Joe Nocera, "Over the Cliff and Back" (*NYT*, 1/4/2013).

目　　录

前　言

此次对这本在过去25年中不断出版发行的政治学领域中的畅销书进行修订，乃是基于以下的原因。首先，一系列口述历史研讨会的召开和相关档案的解密，使有关古巴导弹危机的历史证据极大地丰富起来——特别是在1997年至1998年期间。这些资料包括美国国务院出版的《美国外交关系》(*Foreign Relations of the United States*)系列中公布的相关秘密档案(这些档案必须与肯尼迪政府期间有关柏林问题和军备控制方面的档案结合起来使用)；亚历山大·富尔先科(Aleksandr Fursenko)和蒂莫西·纳夫塔利(Timothy Naftali)的《疯狂的赌博：赫鲁晓夫、卡斯特罗和肯尼迪1957—1964》(*"One Hell of a Gamble": Khrushchev, Castro, and Kennedy 1957-1964*)一书，对来自苏联政府的重要文件进行了分析；以及欧内斯特·R.迈(Ernest R. May)和菲利普·D.泽利科(Philip D. Zelikow)根据肯尼迪政府有关古巴导弹危机讨论的秘密录音带而整理出版的《肯尼迪录音带：古巴导弹危机时的白宫内幕》(*The Kennedy Tapes: Inside the White House During the Cuban Missile Crisis*)。这样，有关此次危机的最重要证据都已出现了。这些新证据表明本书第一版中的一些解释是不正确的，还有一些是不完整的。而作为此次修订版的作者，我们感到最高兴

的是能看到这些新证据是如何通过不同的概念透镜(conceptual lens)解释此次事件的。本书是第一本对这些证据进行全面分析的著作。通过本书,古巴导弹危机的研究者可能会惊奇地发现,尽管有关此次事件的著作已很多,但其间关键性的抉择和事件仍值得进行新的诠释,而在本书中正可以发现这样一种解释。

第二,本书第一版中的核心观点所借鉴的相关学术研究已有了新的发展。这些领域包括:国际关系研究、政治学、经济学、社会学、社会心理学、组织理论、决策分析等学科,以及新出现的如公共政策、商务等重要的应用性研究领域。第一版涉及了对这些领域中存在的重要问题的批判,因此也受到这些领域学者的批判。争论的最根本问题是:**公民应如何理解政府的行为?** 对此,本书第一版给出了一个有争议的回答。并不奇怪,第一版中的观点不仅在政治学领域,而且在其他许多领域都激起了广泛的批评和讨论;其中有一些批评经受住了时间的考验。尽管我们认为第一版的结构过去是、现在仍然是合理可靠的,但我们也听取了批评者的意见,并部分得益于他们的帮助,在本版中对理论模式的基本阐述进行了重大的修订。本版中,我们利用了新的学术研究成果(和对旧著作所进行的重新审视),力图阐明这些新的研究成果和理论模式。尽管在本版中不可能完全吸收自本书第一版出版以来理论和分析方法方面所取得的全部研究成果,但在这一版中,第一版中的观点仍在多个方面得到了丰富和扩展。

第三,本书的第一版发行后,政府、商业和非营利性部门的管理者发现书中的观点很有价值,这出乎作者原有的预料。政府与公共政策、商务和其他职业培训专业等的研究生院,在以实用而非学术研究为目标的课程中一直使用本书。如哈佛大学肯尼迪政府学院将本书作为政治和制度分析课程的教材使用了近四分之一世纪。菲利普·泽利科在讲授该课程的五年中,对修订本书产生了兴趣。为了向那些必须把理论运用于实践的人提供行动方法和指引,本版力图使概念和命题更为简练;这成为本次修订的一个重要方面,值得读者给予更多的关注。

最后,本书第一版的作者格雷厄姆·艾利森从其他的研究者、同事和批评者那里受益匪浅;他还曾在联邦政府中领导过一个大型部门,从而有机会把本书中的分析框架运用于实践。但直到能与其(过去的)同事、历史学家泽利科进行合作,修订本书的设想才变得真正可行起来。泽利科曾供职于白宫,其后又用本书授课数年。

读过本书第一版的人会发现本版的重要观点与第一版是相似的。尽管本版的大部分内容是新的,但仍保留了第一版的基本结构框架。书中有三章是阐述理论的;每章分别提出一个概念模式或者说是概念透镜。借助这些模式或透镜,研究者可以对与政府行为有关的现象——特别是在外交领域中的现象——进行解释、预测和评估。而在阐述理论的每章之后,是利用该章提出的概念透镜对古巴导弹危机进行分析的一章。在这些分析当中,本书作者利用了目前可以得到的已出版的和未出版的所有资料。

在本版书中,我们对阐释概念模式的案例进行了更新;其中大部分是近来外交方面的案例,不过同时也照顾到国内政策方面的类似情况。第一版中的每个概念模式也得到了扩展,以吸收自其出版以来的理论发展成果。如模式Ⅰ在阐述该模式的各种变种时,就吸取了心理学、理性选择理论和博弈论等方面的内容;模式Ⅱ利用了组织研究、社会学、政治学和商业领域等方面最近的发展,来说明组织先扩大而后限制其能力的过程;模式Ⅲ则借鉴了公共政策研究领域最近取得的成果和政府方面相关的经验教训,以说明个人在政策制定中的重要性。冷战后的环境不仅需要新的解释,而且需要对概念模式进行调整;我们对这些更细微的方面也始终给予了关注。例如,在外交领域中出现的从冷战中的清晰性向模糊化的转变,减少了在价值观和利益方面的共识,从而导致现有官僚机构和四处游说的利益集团的影响增强。还比如,美国有线电视新闻网等所代表的通信技术的发展和新游戏规则的出现,使今天的美国政府也不大可能像肯尼迪政府在古巴导弹危机期间那样,有一个星期的时间来进行深思熟虑;而事实证明,那一个星期的时间对形成一个谨慎、高明的战略是必需的。面对类似的威胁,今天的美国总统可能只会有四十八小时的时间,因此,他可能将不得不做出更快却欠于考虑的决定。同样,此次导弹危机在核战争危险或大规模杀伤性武器扩散的威胁等方面所包含的经验教训与启示,对于后冷战时期外交政策的管理和决策来说,也更为明显。

我们在本版中的目标,仍是第一版前言中提出的那两个。一方面,我们要分析古巴导弹危机。古巴导弹危机是核时代的标志性事件,那段时期也是人类有史以来最危险的时候。有关此次危机的经验教训和解释,仍继续影响着美国领导人以及其他人对核战争危险、危机对峙和外交政策等的看法与信念。这些也是为什么对这次危机会有那么多的阐述与分析的原因。

另一个方面,我们分析了人们在思考古巴导弹危机之类的事件时，所使用的潜在假设对于分析所产生的影响。比如，对“苏联为什么向古巴偷运进攻性战略导弹”问题的回答，深受人们提出问题时所使用的基本假设、范畴和观察的角度的影响。那么，人们倾向于作出什么样的假设呢？这些假设又如何主导着人们对问题的思考？还存在其他什么分析途径吗？本书将分析一个大多数人在思考外交问题时所使用的基本参照系，同时又提出其他两种参照系。每个参照系实际上就是一个“概念透镜”。通过对比，我们可以看出每个参照系分别放大、强调和揭示了什么，同时又模糊或忽视了什么。

本书的结构安排反映了我们的这种双重目的。理论性的三章，各章分别提出一个精炼的参照系，而案例分析的三章，分别利用一个参照系解答有关古巴导弹危机的重要问题。这两类内容相互间隔，理论性的一章之后就是案例分析的一章。本书通过依次运用三个参照系分析此次导弹危机，不仅能对此次危机有更深的研究，有新的见解；而且也能展示出不同的概念透镜如何使人们观察、重视和担心古巴导弹危机事件的完全不同的方面。

书中一部分是现实事例，一部分是理论性观点。但必须承认，我们并不能把两者完全区分开，也难以确定哪一部分更为重要。不过，我们确实是试图同时追求这两个方面的目标。

本书力图既面向那些把外交政策视为“艺术”的人，也面向那些将其视为“科学”的人。对于“艺术论者”来说，本书理论性部分的吸引力最小；对于他们来说，只有当这部分的内容能够有助于从老问题中发现新见识和更清楚地把握问题的不同侧面、促进对事实进行更好的研究，其才是“可口”的。但是对于“科学论者”来说，本书的理论部分正是本书中最有价值的部分:其清楚地阐述了潜在的分析模式并较系统地阐述了各种模式的内涵。不过,试图同时面向这两类读者,也使我们容易遭到这样的批评:对案例分析缺乏"艺术性",而理论部分则缺乏"科学"的系统性和严格性。而这些批评的合理性,则留待读者自己判断。

如果说"艺术论者"和"科学论者"之间还存在共同之处的话,那就是他们都在寻求"解释"。虽然希望强调事件独特性的"艺术论者"或将事件视作反映普遍命题的具体事例的"科学论者"都不只局限于寻求"解释"。但两者确实都试图解释事件为什么发生。只不过,(对"科学论者"来说)"艺术论者"对事件的细微之处和偶然性过于痴迷,而这些在"科学论者"眼中,只不过是附在普遍、持久的因素上的无关宏旨的细枝末节罢了。而(对"艺术论者"来说)"科学论者"在探求普遍性的过程中,却忽视了重要的独特性因素。不过无论如何,两者在外交领域的研究中所取得的成就,不应成为相互傲慢或相互忽视的理由。因此,我们的目的就似乎是合适的:给出"解释"的同时,又系统阐述解释所依据的概念和命题。

无论"艺术论者"和"科学论者"之间存在多宽的鸿沟,如果他们能理解下面一段话所表达出的真知灼见,他们就应该变得谦卑起来:"**决策的终极本质**(the essence of ultimate decision)对于观察者来说,仍是无法理解的——对决策者自身来说,事实上也经常是如此……在决策过程中将一直存在黑暗、错综复杂的区域——即使对那些最直接的参与者来说也是神秘的。"[1]

读者指南

在本书第一版的写作过程中,作者的一个同事提出了一条很好的建议。他认为与其不设定写作对象或试图面向所有的人，还不如选出四五个具体的人作为写作对象，让他们代表不同类型的读者。事实证明这个建议非常有用。因此，在此大致地列出本书写作所面向的各类人以及简单说一下我们对于这些人的希望，相信对读者会有所帮助。

前两个读者代表是一位“同事”和一名“学生”。这个同事是外交政策和国际关系方面的专业研究者；学生是一个聪明的大学二年级学生。对于这个同事，书中关于导弹危机的部分应能向其提供新的资料、有关重要问题的新看法和对事件的一般观点。更大的目标则是，书中理论性的三章试图：(1)对外交政策和国际关系等各个领域的研究成果进行全面的审视；(2)提供一套可以评价这些成果的概念框架；(3)打破这样一种惯常看法，即外交政策研究本质上是无理论的，且现实中的外交行动是无章可循的；(4)挑战大部分研究者在思考外交政策时所使用的基本范畴和假设；(5)提出其他两个完全不同，且会引起争论的分析框架。虽然书中的基本观点已自成体系(事实上许多学者在他们的研究领域中已使用了这些模式)，但严格地说，这些观点仍是不完备的，因此我们仍希望同事和读者能继续进行讨论。

对于学生或一般公民来说，本书有关导弹危机的部分，应能帮助他们理解这个世界上一个令人厌恶却又无法避免的不幸事实：即在核战争的发生上**不大可能**与**不可能**是截然不同的，这之间存在着一个巨大而可怕的鸿沟；而没有其他事件能比此次导弹危机更清楚地显示这一点。特别是在冷战之后，大部分人可能认为核武器这把高悬于人类头顶之上的“达摩克利斯”之剑即使还未被

"铸剑为犁",也是已经被移开了。但事实是,即使核武器已经得到削减,美国和今天的俄罗斯在可预见的将来仍将拥有庞大的核武库(高度浓缩铀的半衰期为七十五万年)。尽管导致古巴导弹危机的美苏之间的敌对性竞争已不再存在,但又出现了其他核危险。今天,美国领土甚至比在冷战的几十年中更容易遭到核武器的攻击。书中理论性的章节,特别是对各个相关领域研究的概述部分,则应使学生了解到严肃的研究者正在做什么以及取得了什么成果。但是,我们希望本书主要的魅力在于能将学生带到外交政策的——实际上是所有公共政策的——研究前沿。

第三个和第四个人,分别是一个经常阅读《纽约时报》、《华盛顿邮报》、《华尔街日报》、《金融时报》或其他严肃性报纸上外交政策方面文章的人和一名新闻工作者。我们发现这两个人与前两个人在兴趣和爱好上的差别并没有原先想象的那么大。因此,基于一些同样的理由,我们希望这个非专业的读者和这个新闻工作者会发现全书的内容都是重要的。当然,其中一些人可能认为,理论性章节中对相关研究文献的综述和抽象的理论阐述部分太学术化了。如果这样,除了对各种范式介绍和评论的部分,他们在阅读中可以跳过这些理论性部分。

第五个人则被假设是我们一个同事的配偶,有知识但对外交事务并不特别感兴趣,因此,他(或她)能很好地代表"一般读者"。一个同事在读过本书的初稿后,这样向他的妻子推荐道:"读一下导论,然后只读那些有关古巴导弹危机的章节。"可以把这些章节看作只是从三个不同角度揭示了此次重大事件中的有关事实罢了。但需要说明的是,一般读者通过这种方式对"真正发生了什么”，并不能有一个很好的理解。事实上，我们期望本书能使他（或她）对书中理论性部分所探讨的问题感兴趣。

对资料来源的说明

正如约翰·F.肯尼迪在提到古巴导弹危机时所警告的那样：“任何历史学家在经过这片充满激烈争论的雷区时，都必须小心谨慎。”我们对此次导弹危机的分析，利用了已出版的各种信息。正如注释所显示的那样，我们掌握和利用的信息是极其丰富的。我们也有幸采访了此次危机的一些高层参与者，并与那些曾就危机与重要参与者进行过讨论的人进行了交流。我们还采访了美苏政府中一些参与危机较低层次行动的人。对他们的耐心和理解，我们非常感激。

致谢

这本书的产生至少可以追溯到1966年春。当时，几个哈佛大学教员开始举行研讨会探讨官僚制度对政策的影响——行为者意图与政府行为结果之间的差距。这个后来以其主席欧内斯特·R.迈的名字命名的“迈小组”(May Group)的成员包括：莫顿·H.霍尔珀林、弗雷德·C.伊克尔、威廉·W.考夫曼、安德鲁·W.马歇尔、理查德·E.诺伊施塔特、唐·K.普赖斯、哈里·S.罗恩和小组报告的起草人格雷厄姆·艾利森。这个小组使艾利森对这个问题产生了兴趣；且这个小组向他提供了极其丰富的思想，并在后来本书观点的形成过程中，提出了建设性的批评意见。因为菲利普·D.泽利科曾与诺伊施塔特和欧内斯特·R.迈共同授课数年，所以这本书仍在很大程度上代表了这个小组最新的但仍未完成的“改进中的论文”。这个小组成员在20世纪60年代末和70年代初再次召开会议,此次会议演变成为哈佛大学肯尼迪政府学院政治研究所的官僚制度、政治和政策研讨会。其成员包括:弗朗西斯·M.巴托尔、约瑟夫·L.鲍尔、威廉·M.凯普伦、米歇尔·克罗泽、菲利普·B.海曼、艾伯特·O.赫希曼、斯坦利·霍夫曼、亨利·D.雅各比、多丽丝·H.卡恩斯、兰斯·利布曼、戴维·S.明德尔、埃德温·O.赖肖尔、托马斯·C.谢林、约翰·斯坦布鲁纳、詹姆斯·Q.威尔逊、塞缪尔·L.威廉森和亚当·亚尔莫林斯基。对这个小组及每个成员个人,我们都致以深深的谢意。

除了“迈小组”的成员,其他人也就本书第一版的初稿提出了中肯的批评与建议。我们对亚历山大·乔治、威廉·R.哈里斯、罗杰·希尔斯曼、西奥多·R.马默、瓦尔纳·C.席林、莱昂·V.西加尔、哈利森·沃尔福德、马丁·S.维西奈斯基、艾伯特·沃尔斯泰特、罗伯塔·沃尔斯泰特和小查里斯·沃尔夫等无私的帮助,表示感谢。

在第一版的研究和写作过程中,许多机构也提供了支持,其中包括政治研究所、兰德公司、哈佛大学国际事务中心以及外交关系委员会。

艾利森对以下四人在知识上和从个人的角度都需要做出特别的感谢。托马斯·C.谢林对本书模式Ⅰ那章的影响是非常显而易见的。安德鲁·W.马歇尔观点的影响也很重要,特别是对模式Ⅱ那章。而影响最大的是理查德·E.诺伊施塔特,这在模式Ⅲ那章表现得非常明显。艾利森对他们表示深深的谢意。最后,从开始到最终结束的整个写作过程中，伊丽莎白·K. M. 艾利森作为伴侣与同事一直陪伴着格雷厄姆·艾利森，并提出了许多建议。

在准备写作本修订版的过程中，我们又得到了许多的帮助。我们从理查德·E. 诺伊施塔特和欧内斯特·R. 迈那儿得到了关于修订范围和特色的许多想法和灵感。欧内斯特·R. 迈和菲利普·D. 泽利科整理、编辑了录有白宫有关古巴导弹危机商讨情况的肯尼迪录音带。哈佛大学肯尼迪政府学院的贝尔福科学与国际事务中心为研究提供了支持。我们从罗伯特·布莱科维尔、戴维·金、肖恩·林恩—琼斯和史蒂文·米勒等人那里得到了特别有价值的建议。除了肯尼迪学院，我们还对弗吉尼亚大学的米勒公共事务中心给予的支持，以及米丽娅姆·艾文斯、理查德·贝茨、本·邓拉普、科林·埃尔曼、米丽娅姆·埃尔曼、彼得·康普鲁、阿伦·勒贝尔、西奥多·马默、蒂莫西·纳夫塔利、斯科特·萨根、彼得·辛格、戴安娜·沃恩和理查德·泽克豪泽等所提出的敏锐的建议，表示特别的感谢。最后，在文稿的打印和整理过程中，得到了哈罗德·约翰逊的帮助。在我们的出版商朗文公司方面，我们对来自利奥·威格曼、后期编辑杰西卡·贝恩和珍妮·埃瑞克森以及米歇尔·海因茨、榆树街出版服务公司的鼓励，表示感谢。

我们还对指出第一版中的缺点的那些人表示感谢。尽管我们肯定还不能令他们满意，但我们确信已从他们那里学到了许多。这些人包括：罗伯特·阿特、乔纳森·班德、托马斯·哈蒙德、斯蒂芬·克莱斯勒、米丽娅姆·斯坦纳和戴维·A. 韦尔奇。除此之外，我们还向对这次的修订版给予有益评论的人表示感谢，他们是：哥伦比亚大学的理查德·贝茨、波士顿大学的迈克尔·科根、纽约州立大学奥尔巴尼分校的朱迪思·吉莱斯皮、加利福尼亚大学欧文分校的帕特里克·摩根、斯坦福大学的斯科特·萨根。我们的学生也提出了许多有益的建议,其中一个研究小组对许多新观点进行了讨论。

在此,我们再次对伊丽莎白·艾利森和佩奇·泽利科表示难以言表的谢意。

注释:

1. John F. Kennedy,"Preface",to Theodore Sorensen,*Decision-Making in the White House:The Olive Branch and the Arrows*(New York:Columbia University Press,1963).

1962年10月

星期日	星期一	星期二	星期三	星期四	星期五	星期六
	1	2	3	4	5	6
7	8	9	10	11	12	13
14	15	**16**	**17**	**18**	**19**	**20**
21	**22**	**23**	**24**	**25**	**26**	**27**
28	29	30	31			

导　论

古巴导弹危机已成为激发人们不断深思的事件。1962 年 10 月，在那历史上绝无仅有的 13 天中，美苏站到了核大战悬崖的边缘；在此之前，人类历史上从未出现过像这样如此多的生命在瞬间就可能会灰飞烟灭的危险。如果当时战争真的爆发了，可能会造成一亿美国人、更多的苏联人以及上百万欧洲人丧生；历史上其他的自然灾难和悲剧也都将显得微不足道。考虑到此次核灾难发生的概率——肯尼迪估计“在三分之一到二分之一之间”——我们逃过此劫是多么的侥幸，直到今天还让人心有余悸。* 此次危机折射出在核时代我们的生存面临的重要但仅仅是部分“可以想象的”现实。

此次导弹危机是现代史中被研究得最多的事件之一。但即使是对其中最重要的问题，迄今也还没有令人满意的答案。这些问题如：

苏联为什么在古巴部署进攻性战略导弹？俄国人采取这个背离其传统政策、极其危险的行动要达到什么目的？在美国一直警告不会容忍这样的行动的情况下，赫鲁晓夫怎么会做出如此巨大

* 在原著中，作者在此有注释标记，却又没有注释，大概是遗漏。——译注

并可能是致命的误判呢?

为什么美国做出用海军封锁古巴、阻止苏联向古巴运送导弹的反应?美国有必要进行一场公开的核对峙吗?还有其他什么现实的选择方案吗?苏联在古巴的导弹对美国构成了什么样的威胁?因为有这种威胁,总统就有理由选择那条他认为存在导致巨大灾难的现实可能性的行动路线吗?还是这种威胁需要采取更直接的行动,以使苏联在古巴境内的那些导弹投入使用之前就失去作用吗?

为什么导弹会被撤出?如果赫鲁晓夫不撤回那些导弹,而是宣布如果遭到攻击就把那些已经投入使用的导弹发射出去,结局又会如何?是封锁起了作用,还是因为有最后通牒或因为可能存在着一些"交易"?为什么苏联撤回了导弹而不是选择在其他同样敏感的地点——例如柏林——进行报复?

此次导弹危机的经验教训是什么?关于核对抗和核战争危险,此事给了我们怎样的经验教训?在冷战后,这对危机管理和政府间的协调有什么参考意义?这是处理对抗与冲突的一种模式吗?

现在,此次危机的研究者终于可以接触到上万页的相关证据资料。这些资料本身就对研究者构成了很大的考验,因为仅认真阅读这些资料就要花数月的时间。在对此次导弹危机的分析中,我们两人尽可能利用已解密的档案、回忆录、口述历史、采访以及刚公开不久的录有危机期间白宫大部分商讨过程的秘密录音带。在本书中,这次导弹危机也是进行更理论化研究的起点。要对有关导弹危机的疑问有满意的解答,仅仅有更多的资料和分析研究是不够的；对这些问题更好的回答有赖于我们（包括专业人员和非专业人员）对如何进行分析有更多更深的认识。这是本书研究的重要出发点。对于“苏联为什么在古巴部署导弹”之类问题的回答，判断什么是重要和充分的，不仅依赖于所获得的资料，而且依赖于审视这些资料时所用的“概念透镜”。因此，本书的一个主要目的就是研究人们在思考如古巴导弹危机等这样的事件时，在各种范畴和假设之间所做的重要但又经常被忽视的选择；事实上，正是这些范畴和假设指导和限定了我们的思考。

总的观点

我们在外交事务方面的疑问，通常是与政府的某个或某一系列的行为有关。例如，苏联在古巴部署导弹；美国向波斯湾派遣军队；德国采用欧元而放弃其货币主权；联合国无力保护在波黑建立的“安全区”。对于这些事件，很显然就会产生疑问：苏联为什么在古巴部署导弹？为什么 50 万名美国军人被派驻波斯湾？为什么 1995 年 7 月联合国在保护斯雷布雷尼察地区上无所作为？严肃的研究者在寻找这些问题的答案时，会尽力解释世界为什么会是这样，而不是那样的。

在寻找解释时，研究者的典型做法是设想他或她† 自己站在一个正面临着外交问题的国家或政府的立场，以推导出该国家或政府采取我们所要研究的那种行动的原因。因此，研究者把苏联在古巴的那些导弹解释成是防止古巴遭到美国进攻的一种手段；美

† 在本书后面论述中，我们将遵循惯常的做法，在使用“人们（men）”和“他（he）”时，既指男性的人，也可指女性的人。

国军队进驻沙特阿拉伯则是为了威慑和击退侵略;德国与其他欧盟成员国采用统一货币是为了推动欧洲一体化;联合国在波黑未能采取行动是因为其成员国缺乏抵制塞族入侵的意志。

一个人在给出(或接受)上述解释时,他也就是在假设:通过将政府行为类比为个人的有目的的行动,政府的大部分行为就可以得到令人满意的解释。在许多情况下,这是一个很有用的假设。把政府视为一个行为协调一致(centrally coordinated)、有目的的个人,这提供了一个理解国家的政策选择和行动的有效捷径。但是,这种简化——同所有的简化一样——在揭示某些东西的同时也掩盖了一些东西,特别是掩盖了一直被忽视的一个有关政府的事实,即国家政策的"决策者"明显不是一个能思考的个人,而是由一些大型组织和政治行为体构成的集合体。这个事实潜在包含的意义,对于古巴导弹危机等事件的研究者来说并不简单,而是对我们分析时所使用的基本范畴和假设提出了挑战。

本书中提出的论点可被更严谨地概括为三个命题:

1. 外交事务的专业分析人员和政策制定者(以及一般的公民),是根据大部分隐藏着的概念模式来分析或思考外交和军事政策方面的问题的;这些模式对于分析或思考具有重要影响。†

对于外交问题,无论是一般公民,还是专业分析人员,一般都是以直观而非理论化的方式来进行思考的。但仔细分析关于苏联在古巴部署导弹等事件的解释,就可以发现这些解释是建立在复

† 在分析外交事务时,研究者会涉及一些相关却在逻辑上又相互区分的工作:(1)描述、(2)解释、(3)预测、(4)评估和(5)建议。本书的研究主要关注于描述和解释,并潜在地包括了预测。

杂的理论基础之上的。特定的分析人员所做出的解释会呈现出惯常的、可预测到的特征；这些特征反映出分析人员在问题的性质、思考应使用的范畴、哪种资料有用和哪些是事件的决定性因素等方面所做的无意识的假设。我们的第一个命题就是，这些相关假设构成了分析者或一般人在分析或思考时所使用的基本参照系或称为概念模式，他们是依据这些参照系或概念模式提出、解答问题的：发生了什么？为什么？将要发生什么？因此，这些假设对于解释和预测是至关重要的。在解释某个具体事件时，研究者不可能只描述出导致事情发生的所有情况就了事。解释的逻辑意味着需要找出导致事件发生的关键性相关因素，找出特定因素结合在一起而导致出现这种状态而非其他状态的关节点。[1] 而且，正如预测的逻辑所凸显的，研究者需要对与事件有关的各种因素进行概括总结；而概念模式不仅决定了分析者为解释某一具体事件而对资料进行分析时用何种渔网，还指导他到精心选择的池塘中、在一定深度撒网，以捕到他所想要的鱼。

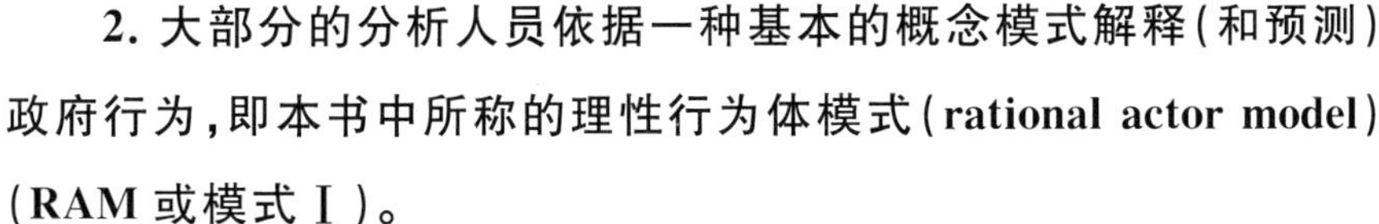

2. 大部分的分析人员依据一种基本的概念模式解释(和预测)政府行为，即本书中所称的理性行为体模式(rational actor model)(RAM 或模式Ⅰ)。

尽管研究者和一般人在兴趣和所关注的问题上存在着巨大的差别，但他们大部分都把外交视为是单一的民族国家政府(unified national governments)或多或少有目的的行为。一般非专业的人把行为体拟人化，认为它们有目的、能做出选择。国际关系理论家在解释单一理性行为体(unitary rational actors)的选择时，关注于国家之间存在的问题。战略分析人员则集中于行动的逻辑，而不关注具体的行为体。对这些人来说,解释的关键就是要揭示国家或政府在既定的战略问题面前,是如何选择其行动的。例如,对苏联在古巴部署战略导弹的问题,模式Ⅰ的研究者会形成这样的疑问:苏联为什么决定在古巴部署导弹?这位模式Ⅰ的研究者关注于特定的概念:国家或政府的目的与目标。最后,他采用这样的推导方式:如果国家采取了这种行动,它肯定是已经具有这种目的。当研究者能说明在既定的战略目标下,苏联在古巴部署导弹的行动为什么是理性的,他也就"解释"了此事件。通过分析一国在特定情势下要实现该国的既定目标做何事才是理性的,也就可以预测它将做什么或应该已经做了什么。

3. 另两种概念模式,即本书所称的组织行为模式(organizational behavior model)(模式Ⅱ)和政府政治模式(governmental politics model)(模式Ⅲ),能为进行更好的解释和预测提供基础。

尽管理性行为体模式在很多方面都被证明是有用的,但也存在强有力的证据表明,它必须得到其他强调政策制定与执行过程中政府机制中各种组织和政治行为者作用的参照系的补充。模式Ⅰ意味着重要的事件有重要的原因,也就是说,作为统一整体的国家(monoliths)是基于重大的理由才采取重大的行动的。然而,必须考虑到下面的事实:(1)这种统一整体作为一个黑箱,掩盖了一个由各种各样齿轮和杠杆组成的高度分化的决策体系;(2)大的行动是由在各级组织中的个人的大量微小且经常是相互冲突的行动构成的,而这些人对于国家的目的、组织的目的和政治目标的理解,仅仅是部分一致的。所以,在分析国际关系时,强调国家之间互动和国家意图的模式Ⅰ,必然与强调从国家内部机制解释国家行为的模式存在着冲突。

组织理论为第二种模式提供了基础;这种模式强调那些构成政府的大型组织的独特的组织逻辑、能力、文化和程序。根据这种组织行为模式,被使用模式Ⅰ进行分析的人称为“行动”和“选择”的东西,则被认为是大型组织按惯常的行为模式运作而产生的**输出**(outputs)。对苏联在古巴部署导弹,运用模式Ⅱ的分析人员会提出这样的问题:这个决策是在什么样的组织背景、压力和程序下做出的?他关注于下面这些特定的概念:组织现存的构成单元、这些单元的功能和这些单元的标准运作程序(standard operating procedures);这些标准运作程序涉及获取信息(例如关于美国的战略力量和意图)、确定可行的选项(option)(例如,是向古巴运送已有的中程弹道导弹还是建造新的洲际导弹)和政策执行(implementation)(例如,在古巴部署导弹而不被发现)等方面。这类分析人员的推导方式如下:如果组织在特定时间内产生了一个特定的输出,那么所输出的这种行为就是产生于现存组织的结构(structures)、程序(procedures)和脚本集(repertoires)的。当运用模式Ⅱ的分析人员确定了苏联的相关组织和说明了输出此项行动的组织行为方式,他也就解释了此事件。预测就是要确定现存组织及其现有的程序与常规的演变趋势。

第三种模式关注于政府内的政治活动。按照这种模式,外交方面的事件既不是某种单一行为体(unitary)的选择,也不是组织的输出,而是政府中各个政治博弈者(players)之间相互讨价还价的**合成物**(resultant)。对苏联在古巴部署导弹这样的事件,运用模式Ⅲ的分析人员会提出这样的问题:那些博弈者之间进行了何种讨价还价,哪些讨价还价的结果产生了关键性的决定和行为?他关注这样一些概念:那些其利益和行动对议题有影响的参与者;决定参与者认知(perception)和**立场**(stands)的因素;既有的整合各种竞争性偏好的程序或"**行动路径**(action channel)",以及参与者的**表现**(performance)。模式Ⅲ分析人员的推导方式如下:如果政府采取了某个行动,那么这个行动就是政府内各种参与者在相关博弈中讨价还价的结果;当使用模式Ⅲ的分析人员能够确定谁对谁做了什么而产生了所要解释的那个行动,他也就解释了该行动。而如果能够确定一个议题中将要进行的博弈、其相关的参与者以及这些参与者所拥有的权力与谈判技巧,那么也就能对该议题的发展进行预测了。

用一个重要的比喻可以说明这些模式之间的不同,即外交政策经常被比作下棋中的一步或一系列走棋。想象在一场对弈中,旁观者只能看到一个投射有棋局的屏幕,而不知道棋子是如何被移动的。那么在一开始时,大部分旁观者会认为——如模式Ⅰ那样——一个棋手正在根据实现赢棋目的的计划和策略移动棋子。而一些旁观者在观看了几盘棋后,可能在这些步棋中发现某种固定的模式,这导致他们考虑到模式Ⅱ的假设:下棋者可能不是单个人,而是一个由半独立的组织组成的松散联盟;每步棋都是根据标准运作程序下出的。各组棋子的一系列移动,都是依据一定的例行规则(routine)进行的。国王的车、象和兵等按照固定的计划依次不断地攻击对手。还可以想象得到,棋局的变换也可能会使一个旁观者设想到模式Ⅲ的假设:一些具有各自目标但又分享移动棋子权力的不同棋手,可能正在棋局后相互讨价还价;其讨价还价的结果就决定了将要走的棋步。例如，黑方车的一步棋可能导致黑方损失一个马，黑方并没有得到相应的好处，但黑方的车则成为了棋局中黑方宫位的首要保卫者。

虽然单个案例通常只能部分反映出这三种解释模式的不同，但古巴导弹危机却是一个特别适合进行研究的案例。因为，在国家面临着极端危险的情况下，一小群人权衡方案、作出决策；如此重要、高层次的危机决策似乎是适合运用模式Ⅰ进行分析的理想案例，这也就意味着模式Ⅱ和模式Ⅲ不得不在模式Ⅰ的地盘上与之进行竞争。所以，在这个案例中，模式Ⅱ和模式Ⅲ揭示出来的决策的维度和因素将具有特别的意义。

更广泛的意义

根据那些在应用性教育课程和本科教学中使用过本书的同事的建议，我们现在就提出在本书后面各章节将包含的五个重要设想。

第一，除了外交事务方面，我们的中心观点还可以在其他领域有更广阔的运用。解释、预测和评估一般不可避免地建立在某种理论的基础之上，认识到这一点对于形成对知识的自我意识至关重要。[2] 对于法律、经济或商务等领域教人如何将理论运用于实践的培训，这种认识又尤其重要。而理性行为体、组织行为和政府政治这三种模式，除了外交政策领域，还可以成为对下列对象的行为与政策进行分析的理论基础：一国政府的国内行为，州与地方政府，非政府类型的组织如联合国或红十字会，学校、大学和医院，商业企业，以及其他在日常生活中会遇到的团体。

你看到并不必然等于你知道；这样的说法可能让人感到困惑。

但如果我们在本书中的努力能够成功,后面的各章应能使读者相信,他一直都在习惯性地、无意识地使用的范畴和假设所发挥的作用,要比他能意识到的重要得多。当经济学家在思考为什么以年增长 10%的速度发展了二十年的印度尼西亚经济在 1998 年崩溃、转而陷入每年 15%负增长的衰退时,或当律师在考虑一个人是否会被判犯作伪证罪时,或商业领袖在用现值计算和评估投资机会时,他们的思考都不可避免地在各自特定的一套范畴和假设内进行。这些框架在使用中越有效或越容易,要意识到它们即使不是完全不可能的,也是越困难的。(对理论家来说,这就是范畴和假定不能在理论内得到检验的命题。)

"国家行为体"、"伪证罪"或"国民生产总值"等这样的概念,一方面能使人从所面对的纷繁复杂现象中清理出一些领域,但另一方面,它们又不可避免地扭曲或限制了人对现象其他方面的理解。正如放着你正在阅读的这本书的桌子,如果通过一般的 20-20 镜头,它看起来是一个坚实物体。这意味着这本书可稳稳地放在上面。而如果通过电子显微镜观察这张桌子,会看到什么呢?大部分是空的,什么也没有的空间——中子几乎毫不费力地就可通过。

第二,因为简化是必需的,所以存在各种相互竞争的简化也就是必要的。在进行解释、预测、评估和计划时,原则上,分析者应考虑到所研究的事件的发生过程中所有关键之处的所有重要动因。但因为大部分解释或预测都需要迅速做出,对问题的分析和关注都是有限的、都要受到限制,所以简化与概略就是必需的。概念和理论,特别是那些行之有效的,就被人们所接受,成为人们寻求问题答案时经常使用且有效的分析工具。特别是在解释和预测政府的行动时，进行一系列简化就更为实用和必要了。但是，在这种情况下，就更需要有一个以上的相互竞争的简洁的概念框架。多个不同的概念框架，无论是对提出问题者还是对回答问题者，都将有助于提醒其注意在简化中被遗漏与忽视的内容。它们会使思考更为开阔，更不容易僵化和受到禁锢。而且，其他概念框架还可提醒一个人认识到其使用的概念框架在思考与分析时可能产生的扭曲与局限。这一点，正如第一点一样，也是方法论上的一般真理，适用于生活的所有领域；特别对那些已学会使用一种理论或语言轻松、自然地进行分类、分析与交流的专业人员而言，更是如此。

第三，尽管本书主要关注于对事件的解释、根据解释进行的推导以及预测（或猜测），但其核心观点仍对一系列相关的工作有重要意义，包括：(1)对个人、机构或集合体的行动的评估（evaluation）或评定（appraisal）；(2)关于将要采取的行动的**政策建议**（prescription）；和(3)对个人或群体为达到目标而采取的一系列行动的**管理**（management）。解释的基本逻辑要求，既要确定所研究的案例的具体条件，又要根据以前的经验确定涉及此案例的经验通则。只有把这种条件与规律性结合起来，才能让人明白为什么事情是这样的或将会怎样。对将来事件的预测，实际上就是解释的另一面。而对于评估和政策建议等进一步工作，虽仅有解释是不够的，但这些工作也都是建立在对相关因果过程分析的基础上的——这些分析因其所依据的概念模式的不同会存在着巨大的差异。

第四，本书中所进行的理论与历史的分析，对当前的外交政策有重要的意义。这些意义首先与核战争的危险有关。在冷战后，美国是否应继续担心其领土会遭到核武器袭击？前参议员萨姆·

纳恩(Sam Nunn)和参议员理查德·卢格(Richard Lugar)等人认为,现在美国领土遭到一次或一系列核武器袭击的危险变得更大了;这种看法的根据是什么?为什么有的国家要获得核武器,如印度和巴基斯坦在1998年所做的那样,但有的国家如韩国或瑞典又为什么不这样做?新的核国家之间爆发核战争的前景如何呢,比如在印度和巴基斯坦之间,或以色列与其邻近的一个潜在核国家如伊朗、伊拉克或恐怖主义团体之间?古巴导弹危机使我们能够从1962年美国总统肯尼迪和苏维埃联盟主席赫鲁晓夫的行动中,分析多种可能会导致美苏之间发生核战争的行动、事件与过程。

除了核问题外,每个模式中所显示出来的事态发展对偶然因素的敏感性,意味着需要对国家安全战略、外交政策和美国(以及其他国家)在后冷战时代的角色进行根本性的反思。一个时代因它之前的那个时代而得名——后冷战时代——而不是因其本身特征而得名;也许,这个时代最好被看作是一个"迷惑(confusion)的时代"[3]。找出迷惑的原因并不困难。在20世纪后半叶的大多数时间里,遏制苏联或中国的共产主义的扩张为美国介入世界事务提供了明确的方向。而冷战以令人惊讶的、几乎是难以想象的胜利而终结,使这个明确的方向消失了;1991年苏联的解体更使其消失得无影无踪。美国借以确定其在世界中方位的坐标系大部分现已被投入了历史的垃圾箱中:柏林墙、分裂的德国、铁幕、苏联的傀儡国家拼凑的华沙条约组织、扩张的共产主义以及苏联本身。而在这一切如雪崩一样都不再存在之后,美国外交政策以及大部分其他大国的外交政策,多数变得漂浮不定起来。所有大国——美国、英国、法国、德国、日本、中国、俄罗斯——的政策都开始转向主要关注于国内事务，这使人莫名其妙地联想起第一次世界大战后曾出现过的类似情景；而那段时间最终证明只不过是两次世界大战之间的间隔罢了。而在对美国的利益、实力和政策进行认真反思时，困惑与疑问将不仅是来自于模式Ⅰ的角度，而且还来自于模式Ⅱ和模式Ⅲ的角度。分析人员不仅必须研究国际形势中所呈现出的趋势，而且还必须研究冷战的机构（从国防部、情报机构到国际货币基金组织）在后冷战时代的作用。

第五，当进行抽象或理论性的思考或表达这样的观点时，可把它们用常识表述出来。这作为我们在使用本书进行教学的过程中向学生提出的一个忠告，有更广泛的含义。产生于自己直接经验的常识将永远不会精确地等同于理论。但当学生和其他人试图理解抽象的东西或理论时，常识则会有助于驱散笼罩在这些复杂思考与认识上的迷雾。

模式Ⅰ的一种力量就在于，使一个人在分析中国或墨西哥在人权或贸易方面的政策时，其可以想象如果自己处于该国政府的位置时将会怎么做。而那些还难以理解模式Ⅱ的学生，可想象一下他们自己的一些亲身经历，如与学校的注册人员或电话公司打交道的经历——特别是当对那些与自己的事情无太大关系却必须办理的表格和手续感到沮丧不已的时候。而当分析从一对夫妇（当一个人喜欢大海而另一个人喜欢高山的时候）选择度假地点到俱乐部为一个聚会选择场所、音乐和点心等此类的集体决策过程时，模式Ⅲ就显得合理了。常识中的类似经验可以帮助一个人理解，从博弈论中的囚徒困境、联盟形成或背叛理论到认为一国政府的特征对其行为有重要影响的自由主义等中所包含的真知灼见与局限。

来看一个我们的学生认为是很有启发的日常生活的例子：解释一个研讨小组或学习小组的成员昨天一起吃晚餐时的点餐行为。模式Ⅰ的解释首先认为小组成员吃他们想吃的；通过确定他们在不同方面的偏好，如价格、健康状态、种族、卡路里等，就可解释他们的点餐。模式Ⅱ的解释则首先从组织和常规着手。在这个例子中，关键的是那些能提供信息、选项和食物的组织。例如，如果我们知道这个小组去了附近的中国餐馆，那么在模式Ⅱ看来，有关这顿饭的大部分余下情况也就可以进行说明了。他们在菜单上选择的各道菜，饭店已制定了包括烹饪方法和原料等常规做法。因此，他们吃汉堡或比萨饼的可能性为零；他们会被告知价格等方面的信息，却很可能不包括卡路里或钠含量的信息。模式Ⅲ则关注于偏好之间的竞争以及它们相互整合的过程。例如，如果是教授带着这个小组去就餐，他最可能选择这家餐馆。但如果由这些成员作出决定，那么这个决定怎么作出就是关键性的了。到了当地的这家中国餐馆，他们是像家庭那样共同用餐，还是各人点各人的食物？如果共同用餐，是每个人都点一道菜吗？如果是，那么选择的顺序就很重要了，因为如果一个人选择了鸡肉，第二个人就更可能去选择牛肉或虾等。

而由解释转到预测，就是要分析这个小组下个星期将吃什么(假设他们是一起用餐的话)，某大学将如何处理当前的一些紧迫问题，或联合国对所面临的危机将采取什么形式的行动，等等。通过依次运用各个不同的概念透镜，分析人员就会了解由各个模式凸显出来的不同因果问题，从而可以丰富和改进过去的解释，揭示

出当前的理解所存在的重大缺陷，以及弄清那些有可能决定未来的各种大大小小的选择。

注释：

1. 对于这个观点的意义，本书作者之一（艾利森）认同卡尔·G. 亨普尔（Carl G. Hempel）对解释逻辑的阐述：一个解释是“以通过指出一个现象是条件 $C_1, C_2, \cdots, C_k$ 所构成的特定环境依据规律 $L_1, L_2, \cdots, L_r$ 的产物的方式，对‘为什么作为待解释项的现象会发生？’问题的回答。因此，在环境条件与规律既定的情况下，也就**可以预期**将会发生什么现象。也正是在这层意义上，解释使我们**理解了为什么**发生该种现象”。Carl G. Hempel, *Aspects of Scientific Explanation*（New York：Free Press, 1965），p. 337。尽管解释可以区分出多种方式，例如，Ernest Nagel, *The Structure of Science：Problems in the Logic of Scientific Explanation*（New York：Harcourt, Brace & World, 1996），但那些令人满意的科学解释仍具有亨普尔所阐述的这个基本逻辑。因此，预测本质上是解释的逆推。本书的另一位作者（菲利普·D. 泽利科）并不认为这个科学哲学的范式能运用于历史哲学中。他认为，是历史——不是对目标现象可以重复的科学实验——为解释那些汇合成政府行动的人的选择提供了经验基础。对卡尔·G. 亨普尔逻辑的批判，参见 Patrick Gardiner 编的 *The Philosophy of History*（Oxford：Oxford University Press, 1974）中收录的以赛亚·伯林、莫里斯·曼德尔鲍姆、（特别是）威廉·德雷的文章。历史能帮助人注意那些似是而非的可能性、进行仔细分析和提出问题，但并不能提供有关政府行为的规律。经验主义“通过概念弥补了个人经验的狭隘，它认为这些概念是有用的，不过并不是至高无上的；它仍积极地置身于现实的生活中，记录事实而不是发现规律”。William James, *Some Problems of Philosophy*[1911], Henry James, Jr. 编，（New York：Longman's, Green & Co., 1948），第 98—100 页；也可参见 John Dewey, *The Quest for Certainty：A Study of the Relation of Knowledge and Action*（New York：Minton, Balch & Co., 1929），第 207—208, 228 页；John Ziman, *Reliable Knowledge：An exploration of the grounds for belief in science*（Cambridge：Cambridge University Press, 1978），第 42—56, 158—186 页；Hilary Putnam, Pragmatism：An Open Question（Cambridge：Blackwell, 1995），第 7—23 页（是捍卫威廉·詹姆斯观点的）；和

Clayton Roberts, *The Logic of Historical Explanation* (University Park: Pennsylvania State University Press, 1996)中关于“综合”(colligation)的概念,第55—88页。

2. 至于为什么,Ludwig Wittgenstein, *Philosophical Investigations* 中有基本的阐述,G. E. M. Anscombe 译,第三版(New York: Prentice-Hall, 1973)。

3. 见 the Commission on America's National Interests 报告,“American National Interests”, Belfer Center for Science and International Affairs, Harvard University, 1996。

第一章　模式Ⅰ:理性行为体模式

遇到令人困惑的国际关系事件,应该怎样着手进行分析?读者可以设想一下,如果要"解释苏联在古巴部署导弹事件",自己会怎样做?研究人员或一般人的典型做法是从分析苏联当时的各种目的入手——如试探美国的意图、保护古巴或提高他们在谈判中的地位。通过分析苏联当时所面临的问题和他们所选择的行动的性质,分析人员可以排除掉其中的一些目的。而当他能够建构出一种利害计算过程,说明如果他具有某种目标,处于某种情况下,他也必定会选择在古巴部署导弹时,该分析者也就解释了该行动。(事实上,说"我不能理解[或无法解释]苏联为什么要那么做",也就是意味着无法为该行动确立合理的利害计算过程。)通过确定国家或政府的目的与利害计算来解释国际事件,这是**理性行为体模式**的标志性特征。

当代关于公共决策,特别是外交决策的分析,绝大多数是在这个概念模式下进行的;从学术文献、政策文件、新闻媒体和日常谈话中,都可以发现这样的例子。例如,对伊拉克1990年入侵科威特的解释,被广泛引用的是伦敦国王学院(King's College in London)的两位军事专家劳伦斯·弗里德曼(Lawrence Freedman)与埃弗雷姆·卡什(Efraim Karsh)的观点。他们认为:"如果伊拉克的经济状况不是那么糟糕”,伊拉克的领导人萨达姆·侯赛因就绝不至于采取那样孤注一掷的行动。“萨达姆希望用科威特的巨额财富填充伊拉克空虚的国库,以使伊拉克摆脱外债负担,并能实施其在与伊朗的战争期间向人民许下的雄心勃勃的重建计划。”这两位专家还认为,这一入侵行动还将提升萨达姆在国内的威望,并使他获得“在世界石油市场上的决定性发言权。简言之,仅此一举便可使他的地位永固”。[1]

他们是怎么得出这一结论的?他们像大侦探福尔摩斯那样检查了伊拉克的状况,特别是其债务状况。结果,他们认为,在萨达姆·侯赛因开始加紧在科威特边境集结军队时,他就意在入侵并占领整个科威特,而不仅仅是那些名义上有争议的岛屿或石油区。他们是通过深入研究伊拉克军事准备活动的几个明显特征和萨达姆早些时候的一些言论得出这个看法的。他们认为,伊拉克的行为只不过是萨达姆·侯赛因的一种追求价值最大化的选择罢了。

分析人员又是怎样解释第一次世界大战的爆发的呢?根据汉斯·摩根索(Hans Morgenthau)的解释,一战完全是源于“对欧洲均势失衡的恐惧”。在一战爆发之前,英、法、俄的三国协约与德、奥、意的三国同盟处于一种脆弱的相互制衡状态。而任何一方只要能在巴尔干取得决定性的优势,也就将在此均势中获得决定性的优势。摩根索认为,“正是这种恐惧驱使奥地利在1914年7月决定一劳永逸地解决塞族问题,并诱使德国无条件地支持奥地利。也正是同样的恐惧使俄罗斯决定支持塞族,而法国则支持俄罗斯。”[2]

摩根索之所以能够如此自信地解释这一事件,是因为他用“理性的框架”(rational outline)来处理数据资料。根据摩根索的观点,这种方法的价值是,“它为行为提供了理性的规约(rational discipline),使外交政策具有了惊人的连续性;正是这种连续性,使美国、英国或俄罗斯等国的外交政策都呈现出清晰的理性连贯性,而不论政治家们的动机、偏好以及智力与道德水平是如何的不同”。[3]

在国际关系文献中,制止战争是一个核心问题。经济学家托马斯·谢林(Thomas Schelling)是现代战略理论方面公认的权威。他的经典著作《冲突的战略》(*The Strategy of Conflict*),提出了许多有关核武器时代威慑的命题。其中的一个主要命题是关于核恐怖均势的稳定性的。根据该命题,在一个相互威慑的状况下,不是(双方军事力量)平衡,而是均势的稳定性,减少了核战争爆发的可能性;而如果没有任何一方拥有通过首先发动核打击而摧毁另一方核反击能力的优势,那么这一均势就是稳定的。[4] 到了 20 世纪 60 年代末、70 年代初,美国和苏联各自的核武器的数量及其预警控制体系,已在美苏之间制造出一种稳定的核恐怖均势。而相形之下,印度和巴基斯坦新生的核力量尚未达到一个稳定的均势,因此,爆发战争的可能性更大。

谢林是如何论证这个命题的?他得出这个命题并非来自对先前发生的大量案例的仔细归纳分析,而是来自于下面的推理。在一个脆弱的核均势状态下,存在许多好处,如能摧毁对方的核报复能力;理性的对手可能会为了这些好处而选择首先发动核打击。然而,在一个“稳定的均势”中,每一方都可在遭受对方首先发起的核打击后,仍能向对方施加其难以承受的报复。既然没有一个理性的行为体会选择采取一个相当于自取灭亡的行动,那么,这种报复能力也就可确保威慑、防止战争。当当代大多数有关决策的研究还只是**无意识地**使用这种推导机制时,谢林却已明确地认识到,战略理论有一个理论模式。其基础就是"理性行为的假定——这不是指假设行为是明智(intelligent)的,而是假设行为是经过有意识的利害计算的,而这种利害计算又建立在明确的内在一致的价值体系的基础之上"。[5]

这些例子清楚地显示了不同类型的研究人员在进行解释时所表现出来的相似性。他们的解释都假定:需要解释的是某种行动,即有目的或有意图的行为;行动主体是一个民族国家(national government);该行动就是针对某个战略性问题经过利害考虑后而选择的解决办法。对每个解释来说,解释国际事件就是要说明当政府采取行动时,其追求的目的是什么,以及在该国既定的目标之下,该行动又如何是一个合理的选择。这一连串的假定是理性行为体模式的标志性特征。在大多数方面,摩根索和谢林的思想形成了极其尖锐的对立。然而,摩根索的"理性的再现"(rational reenactment)方法与谢林的"身临其境式解决问题"方法(vicarious problem solving),以及摩根索的"理性的政治家"与谢林的"博弈理论家",却凸显了他们在对模式Ⅰ的认同上所具有的一致之处。

尽管当代大多数的研究人员(以及公民)在解释国际关系事件时,在所关注的重点与核心问题上存在着巨大的差异,但他们的解释**主要**都是根据这个概念框架进行的——虽然大多数时候不是那么显而易见。外交事件是**民族国家的行动**,要解释外交领域中的事件,就是要说明政府是怎样理性地选择了那一行动;这其中隐含的模式是如此的根深蒂固,以至于很少被意识到。从这种意义上说,这一理论框架可被称为“经典模式”。[6]

本书的目的并不是要证明大多数分析人员主要是透过这一模式来进行思考与分析的,而是要使读者认识到该模式,并向读者提出一个挑战性任务:让读者分析他非常熟悉的文献并做出自己的判断。通过简要地讨论经济学、博弈论和决策论中所使用的理论上更为严谨的理性行动模式,本章的第一部分将努力澄清理性行动的概念——这个决策模式的核心。有些读者可能认为,这一模式只不过是将政府类比为根据利害计算而做出理性选择的个人,从而来理解政府行为罢了。因此,他们可能会选择略过本书的这部分内容。第二部分将把这个作为分析范式的概念模式规范化,提炼出这个经典研究方法的本质,并总结出使用模式Ⅰ的分析人员在解释或预测某一行动时所会问的核心问题。第三部分将通过对外交决策和国际关系领域中的重要著作的简要梳理,对这个经典模式进行进一步的阐释。最后一部分将讨论模式Ⅰ的各类变种,并展示这些变种是怎样通过强调核心范式中的某个或某些关键因素而发展出来的。

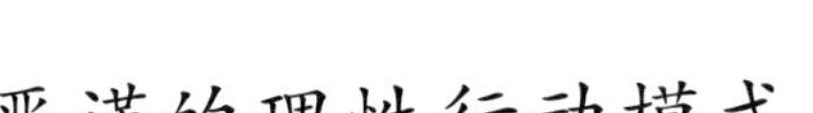

严谨的理性行动模式

本章的引论已部分说明,模式Ⅰ在有关外交事务的研究文献中有着广泛的影响。想要知道该理论框架在我们的思维中是如何的根深蒂固,考察一下有关国际事件的著述或谈论中所使用的语言就可有所知晓。我们不是谈论无条理的事件,而是谈论“以色列人**决定**发动进攻”,“中国对台湾地区的**政策**”以及“美国在波斯湾的**行动**”等。将世界上一个国家的有关表现概括为一个民族国家的“决定”或“政策”,也就(至少是潜在地)落入了理性行为体模式的框架内。**决定**,意味着要有一个决策者的存在与根据其目的在不同方案之间进行的选择。而**政策**则意味着在一定情境下实现行动主体(Agent)的目标。这些概念将现象等同于主体为了一定目的而采取的行动。这种等同是将一种无处不在的日常假定——即人类的行为至少是“追求理性的(intendedly rational)”——简单地延伸到适用于政府。在社会科学中,有关这种人类行动目的性的假定很普遍。正如西摩·马丁·李普塞特(Seymour Martin Lipset)所言,“社会科学中的主要假定一般是……人们寻求自我满足——这是他们的目的或追求的结果。”[7] 因此,经济学、政治学的研究,都是将人类行为视作是有目的、以目标为导向的活动;在更大程度上,社会学和心理学也是如此。而把行为(behavior)看作是“行动(action)”又意味着什么?在研究中,把行为当作是目标导向的,或将活动看作是“有目的、理性的”时,这些观念又意味着什么?经济学、决策论和博弈论已确立了严格阐述的理性行动模式。这个模式的严谨性不仅来自于行动是单一行为体(unitary agent)有目的的选择这个假定,还来自于这个模式关于行为体理性的规定。理性的规定要求这个模式具有内在的**一致性**(consistency):行为体的目的与行动目标之间是一致的;在选择最优方案时所依据的原则是一致的。理性“意味着行为是与某种既定情境下的特定目标相一致的”。[8]

古典的“经济人”和现代形式化的决策论与博弈论中的理性

人,都是在有严格限制和明确界定的情境中,作出最优的选择。理性要求在这些限制与情境下,行为体本质上如霍布斯式般无情地追求价值最大化、进行一致的**测算**(reckoning)或调整。[9] 在经济学中,理性的选择就是选取效用最大的方案,即选择在投入既定的情况下使产出最大化或在产出既定的情况下使投入最小化的方案。理性的消费者,购买使其效用最大化的一定数量商品A、B、C等(选择距离原点最远的无差异曲线上的商品组合);理性的公司(通过使边际成本与边际收益相等)则使生产的利润最大化。在现代决策论中,理性决策的问题被化约为只是在一系列既定的方案中进行简单的选取,而每一个方案又都有一组给定的支付。主体的效用函数(utility function)根据偏好对每组支付进行排序,主体选择支付最大的那个方案。而在一个充满不确定性的世界中,决策分析人员则追求预期效用的最大化。博弈论采用了与此相同的逻辑,并强调哪个选择是主体A的最佳选择要取决于B所做的选择。但无论这种依赖性如何,主体A仍然是追求预期价值最大化的。[10]

这些理性行动模式的核心概念是:

1. **目的和目标**(Goals and Objectives)。主体的利益和价值被转化成为“支付(payoff)”或“效用”或“偏好”等函数;这些函数表示各组结果的效用或满意度。在决策一开始,主体的效用函数就根据追求的价值和目标对所有可能的结果进行优先排序。[11] 尽管每一组结果可能会包含一些难以预知的副作用,但至少主体仍被认为能根据其偏好对某个特定行动可能产生的各种结果进行排序。当然,在这种排序的形式化程度上,不同理论之间可能存在着差异。

2. **方案**(Alternatives)。理性主体必然是在其于某种特定情境下所拥有的一系列方案中进行选择的。在决策论中,用决策树来表示这些方案。各种行动方案,可能并不只是包含一次简单的行动;因此,对各个方案的规定必须清晰到可以使不同的方案能够相互区分。〔许多模式将这样的方案称为政策选项(the policy options),但对公共政策的构成因素进行仔细分析后就可发现,把利益转换成行动目标的过程中,存在着多重的利害计算和选择。[12]〕

3. **结果**(Consequences)。每个方案都有一组结果或结局,这也就意味着如果该方案被选择了,这些结果或结局就会出现。(决策者会在何种程度上精确地估计每个选择方案将产生的结果,对此不同的假定产生了不同的理性行为体模式变种。)

4. **选择**(Choice)。理性的选择就是选择其结果在决策者的支付函数中排位最高的方案。

上述这些范畴规范了作为经济学、决策论、博弈论和政治学基础的理性行动概念,也反映出我们在日常生活里对个人行为与国家外交政策的目的性所作的非系统化的潜在假定。**理性指在一定限制下所作的追求价值最大化的、连贯一致的选择。**这个理性行动模式应用广泛,而且很有价值。决策论与博弈论方面的学者可以用该模式分析决策问题。而在经济学中,这个模式则构成了消费者理论和公司理论的基本假定。正像安东尼·唐斯(Anthony Downs)所说的那样,“经济学家几乎总是将选择看作仿佛是由理性的头脑做出的……经济学理论就是建立在有意识的理性普遍存在这个假定之上的。”[13] 他由此得出一个非常中肯的推论:“传统〔经济学〕的预测和分析方法是实用的……如果一个理论家知道某决策者所拥有的目的,他就能够通过下列的推导来预测该决策者为达到目的将会采取何种行动:计算出该决策者实现其目的的最合理方式;由于决策者是理性的,所以该方式会被其实际采用。”[14]

理性的假定提供了巨大的解释力。正如约翰·豪尔绍尼(John Harsanyi)——对理性有最为深刻研究的理论家之一——所言:“理性行为体概念经常是一个非常有力的解释原则,因为它根据一些对人们试图达到的目的的简单假定,就可以解释大量有关人类行为的经验性事实。”社会科学家是如何运用这个概念的?在此,我们再次引用豪尔绍尼的话:

> 对一个试图解释和预测人类行为的社会科学家而言,理性这个概念很重要;这主要是因为,如果一个人理性地行动,那么他的行为就能够根据其要达到的目的而被**完全地解释**。当我们说拿破仑在某场战役中的战略是理性的时候,这就意味着,只要能指出拿破仑所选择的战略对当时的他来说是实现其军事目标的最佳战略,那么,他所进行的战略决策实质上就得到解释了。[15]

但恰恰因为理性行动理论使分析人员能够分析行为体的利害计算,从而使其认为他能理解与解释该行为体所做的事情,理性行动理论可能会变得非常有误导性。它可能会使分析人员认为,在他的解释或预测中起作用的是对理性的一般假定;而实际上,在解释与预测中起到主要作用的,是有关行为主体的目标、其对情势的判断以及对收益与成本的计算等这些更具体的信息或假定。在近几十年中,赫伯特·西蒙(Herbert Simon)对我们理解理性行为的概念做出了巨大的贡献。

对于理性,西蒙明确区分了"完全理性(comprehensive rationality)"和"有限理性(bounded rationality)"。在**完全理性**中,行为体被假定能根据其效用函数对所面临的所有方案进行内洽地排序,并选择能实现最大效用的方案。而在结果不确定的情况下,主体则被假定将选择预期效用最大的方案。完全理性并不对行为体目标的内容作出规定,而只假定不论这些目标是什么,行为体在选择**那个**实现价值最大化的方案时,已经研究了**所有的**方案,并已对**所有的**结果进行了准确的估计。相反,**有限理性**则承认行为体在知识和思维能力上所存在的不可避免的局限性。因此,在有限理性中,理性行动概念中的各个抽象术语——目标、方案、结果和决策规则等——的意义,都将受到关于一个具体的行为主体的假定或事实的限制。因此,在有限理性模式中,那些错误地理解情势的行为体并不被认为是"非理性的";相反,无论行为体的价值、信念或世界观是否准确,其都将作为一种事实而被接受。[16]

西蒙的论述清晰地反映出了完全理性与有限理性的不同。在完全理性中,要分析一个具体情境下行为体的选择,"我们只需知道进行决策的行为体的目的和该情境的客观特征。而对于该行为体本身,我们根本不需要有丝毫的了解"。而在有限理性中,要分析在同样的情境中的行为体的选择,"我们必须知道进行决策的有机体的目的,关于该情境其所掌握的信息与所做出的判断,以及利用所掌握的信息进行分析的能力。”[17]

近几十年来,这两种理性理念在政治学家的著作中都经常出现;行为主义者和经验主义者使用有限理性模式,而其他学者——包括许多理性选择方面的学者,则使用完全理性模式。但正如西蒙所阐明的那样,要想利用完全理性模式来解释或预测现实世界中的行动,则还必须要有“关于影响完全理性的限制条件、具体决策过程等方面的辅助性假定”;在解释与预测中,这些辅助性假定往往并没有被意识到。因此,我们同意西蒙的结论,即“要理解和预测人类行为,我们必须考虑到人类理性的客观现实,即其是有限的理性。而关于理性的限制,决不是显而易见或先验的;没有什么方法能够事先精确地知道这些限制存在于何处”。[18]

因此,当分析人员利用完全理性来解释现实世界时,就会有意识或无意识地在完全理性这个非常抽象的假定中增加更多的内容。有时,这种进一步假定可能是程式化的,如经济学家往往假定公司是追求利润的最大化,而战略学家则假定国家追求权力的最大化。而一个行为体的特征、其对情境的认知与其进行的利害计算等方面的具体信息,则可以使这个模式中的核心概念得到更进一步的细化;这就类似于移情重构(empathetic reconstruction)。而移情重构在历史哲学中同样是一个非常重要的概念。[19]

因此,在外交领域中,运用理性行为体模式的分析涉及从简至繁的关于行为主体的各种假定;从这系列假定的频谱的一端到另一端,有关行为主体的信息也越来越多。在信息最少的“最抽象”的情况下,行为主体是国际体系中的一个具有完全理性的**概念化**

国家(notional state)(“国家想怎么怎么……”)。而当相关细节、信息与背景情况不断增加、越来越“具体化”,该行为主体就成为了某种**类型**的国家(generic state)(例如,根据统治的式样进行分类,这是一个民主国家),或者是某个**具体的国家**(identified state)(“美国想怎么怎么……”),甚至是处于某个特定时间和空间中的某个具体国家。而如果领导人的个人价值观与看法对行为体有支配性作用,该行为主体又成为了某种**人格化的国家**(personified state)(“克林顿政府想怎么怎么……”)。图 1 就表示了理性与有关行为体信息变化关系的矩阵。

在有关行为体的信息、规定最少的情况下,行为主体可以是任何国家,即概念化国家:国家 A。只要根据这个国家所面临的客观条件,以及理性行动概念中的四个变量:目标、选项、结果与选择,就可以解释或预测该国的行动。例如,假设国家 A 的邻国进行了首次核武器试验,那么,国家 A 会如何(曾如何)反应?分析人员可能只需要有关该国目标的有限信息,如该国是首先追求生存还是既追求生存又追求权力,就可确定国家 A 是“积极地”还是“消极地”(反应)。而如果有关行为体的信息或规定再增加,分析人员所考虑的可能就是现实世界中的具体事件,如印度核试验。在拥有有关印度的目的(如追求安全)、所处的客观环境(如面临着来自中国的潜在威胁;从技术上讲,巴基斯坦也可能会获得核武器,因此这种潜在威胁也很可能还包括来自巴基斯坦的)以及印度在各种可行的选项中进行选择时所使用的利害计算方法等信息的情况下,分析人员就可以对印度的行为做出解释。为国家设定一个简单而合理的目标函数(如假设其寻求安全和权力),分析它所处的环境,思考它可能做或曾做了什么;这样的做法对于研究来说是非常有帮助的。如果美国分析人员在1962年春天进行了这样的研究,他们很可能就会发现,苏联有可能会采取在其他情况下不会采取的冒险行动,如在古巴部署导弹等。因为随着美国战略核力量的增强,苏联面对的是一个不断扩大的“脆弱之窗(window of vulnerability)”。在当时苏联所拥有的技术能力下,要通过增强自己的洲际弹道导弹力量来降低这种威胁,需要数年之久。而苏联当时却拥有大量的射程更短一些的弹道导弹,这些导弹从苏联境内发射,打不到美国,但如果被部署在古巴发射却可以。

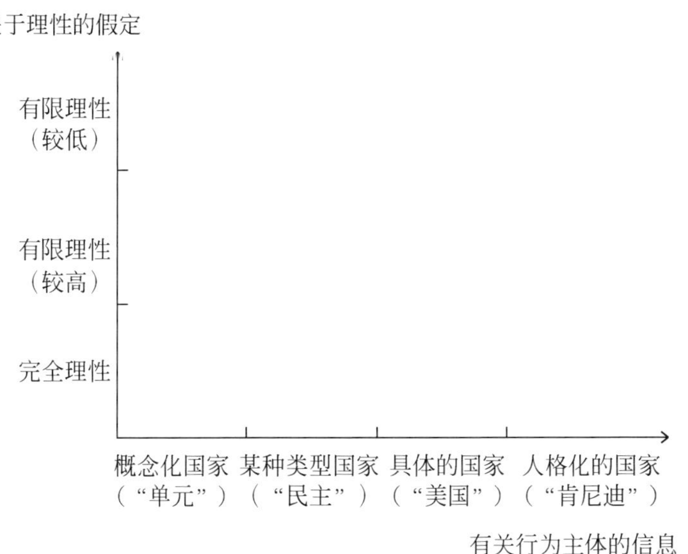

图1　理性行为体模式的运用

如果理性行为体核心模式中的基本概念被有关假定或事实进一步地细化,这个模式就可被运用于对某种**类型的**国家——如民主国家——的行为的解释或预测。这种类型的国家被认为具有更为特殊的目的(与其他民主国家和平相处),或更倾向于选择某些选项(与其他民主国家合作)。而当分析人员关于这个模式中的基本概念掌握更多的信息,就可用这个模式解释或预测某个**具体**国家的行为。有时,这个国家的政治文化或历史,会影响它的认知(或错误认知),从而使其在各个选项中进行选择(例如,是进攻还是防御)时或对结果进行评估〔例如,采用“操作代码”(operational code)〕时,会带有一定的倾向性而偏向某个方面。如果在解释中,再增加更多方面的因素,则可能会因为对一个国家所面临的环境描述得过于详细,而很难区分出哪些是导致了 X 而非 Y 出现的关键性因素。而人格化的国家(如赫鲁晓夫或克林顿政府),则意味着有关行为体的信息更为详细、丰富。

如果再考虑不确定性和战略互动这两个方面的因素,那么这个基本模式就会变得更为复杂。在现实中,当理性行为体对各种选项的结果的评估中存在不确定性的时候,要解释或预测其决策,还需要拥有关于该行为体对风险的看法等的信息或假定,例如,该行为体是谨小慎微的,还是像赌徒一样喜欢冒险?而战略互动则意味着,哪个选择对国家 A 是最佳的,还要取决于国家 B 做出怎样的选择。那么,在这种情况下,通过沟通、暗示、承诺和讨价还价等来影响国家 B 获得的信息和进行的选择,对于国家 A 来说,就是极其重要的。用博弈论的语言阐述战略互动问题,并借助“囚徒困境(prisoner's dilemma)”或“胆小鬼游戏(chicken)”等博弈模型,可使决策的互动性方面特征变得更为清晰生动。不幸的是,博弈论方面的学者在对复杂决策进行研究后发现,这种决策是无法预测的;对于这个问题,下文会有所讨论。

理性行为体范式(A Rational Actor Paradigm)

通过使用更为严谨的行动模式概念,我们可以把在相关文献的分析中发现的模式Ⅰ的一般特征变得更为清晰。而把模式Ⅰ发展为一种“分析范式”,则将能更好显示出这种研究模式的精髓。“分析范式”是罗伯特·K.默顿(Robert K. Merton)在社会学研究中提出的一个术语;而在本书中的使用,则主要指该术语技术层面上的含义。[20]根据默顿的界定,范式是指关于一个研究学派使用的基本假定、概念和命题等的系统陈述。其构成要素包括基本的分析单位、概念体系与主要的推导式样,以及几个示范性的命题。这些范式虽然还算不上是令人满意的理论模式,但却是从松散、潜在的概念模式向前迈出的重要一步。而要将大体上是隐含着的体系发展成为一种清晰的范式,则必须进行或简略或细化的处理。这种处理可能是夸张的,但对分析却是很有用的。

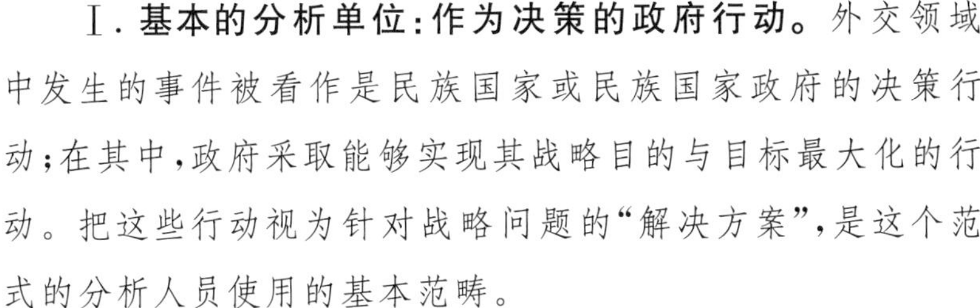

Ⅰ.**基本的分析单位:作为决策的政府行动。**外交领域中发生的事件被看作是民族国家或民族国家政府的决策行动;在其中,政府采取能够实现其战略目的与目标最大化的行动。把这些行动视为针对战略问题的“解决方案”,是这个范式的分析人员使用的基本范畴。

Ⅱ.**概念体系**(organizing concepts)

A.**一元化的国家行为体**(unified national actor)。作为行为主体的国家或政府,被视为是一个理性的单一决策主体。

行为主体被拟人化;主体就像一个人一样,只具有**一套**偏好体系(一个内洽的效用函数),所考虑的只是**一套**选项,以及对每个方案的结果只有**唯一的**一个估计。

B. **问题**(the problem)。行动是行为主体对所面临的战略处境的反应。国际战略"市场"中的威胁和机遇推动着国家采取行动。

C. **作为理性选择的行动**(action as rational choice)。包括下列要素:

1. **目标**(objectives)。在这个方面,通常国家安全和国家利益被认为是国家追求的主要目的。虽然很少有分析人员用一个清晰明确的效用函数来表示行为体的战略偏好,但他们确实关注行为体的主要目标,并直觉地将这些目标联系成一个整体。

2. **选项**(options)。能够促成目标实现的行动构成了选项。

3. **结果**(consequences)。每个行动方案的实施,都将产生一系列的结果;这些结果意味着实现战略目的与战略目标所带来的收益与成本。

4. **选择**(choice)。理性选择追求价值的最大化。理性的行为体选择结果对实现其目的与目标价值最大的方案。

Ⅲ. **主要的推导模式**(dominant inference pattern)。如果一个国家或其代表采取了某个行动,那么,这个行动必然被视为是该行为体为了追求目标价值最大化而采取的手段。理性行为体模式(RAM)的解释力就是来自于这种推导式样。因此,只要确定了行动要实现的目的,疑问也就被解决了。

Ⅳ. **一般命题**(general propositions)。本书前文中已强调的那种解释逻辑,意味着解释所依据的命题必须是清晰明确的。

由行为体行为追求偏好最大化的这个基本假定,可以推导出一些简单却对大多数理性行为体模式的解释都非常重要的命题。这些命题的一般原理可以表述如下,即一国采取某种行动的可能性取决于该国的下列因素:(1)相关的价值和目标;(2)被评估的各种行动方案;(3)对(每个方案)结果的估计;和(4)对每组结果能够带来的净收益的估计。这就产生了两个在直觉上显而易见却具有巨大影响的命题:

A. 在评估中,一个方案的成本**越大**(或该方案结果的价值越小,或该方案达到预期结果的可能性越小),行为体采取该方案的可能性也就**越小**。

B. 在评估中,一个方案的成本**越小**(或该方案结果的价值越大,或该方案达到预期结果的可能性越大),采取该方案的可能性也就**越大**。

Ⅴ. **证据**(Evidence)。理性行为体分析模式中所运用的基本方法,正是谢林所说的"身临其境式方法"。面对一个待解释的政府行动,分析人员设想自己处于该国家或政府的位置上;通过对该政府所面临的问题的战略特征的研究,分析人员就可以运用理性行动的原理对各种证据进行详细分析、筛选。经过这些分析整理,相关行动的细节、政府官员的讲话与政府文件等证据就可以勾画出一幅有关追求价值最大化决策的连贯图景。

但必须注意到,一个充满想象力的分析人员可以把一个政府所采取的任何行动，都解释为是追求偏好最大化的决策。关于这一点，用形式化语言可以表述为，对于任何一种行动，一个充满想象力的分析人员都可以通过为该行动的主体开列出各种各样的目标函数，从而使该行动变成一种追求目标效用最大化的行为。我们可幽默地称此为“理性定理”。因此，对一个运用模式Ⅰ进行解释或预测的优秀分析人员来说，问题不单单是要发现行为体的一个目标或一组目标，并借此虚构出决策追求价值最大化的解释。相反，他在就政府的目标、方案与方案结果等进行分析时，他的相关判断与结论必须有证据支持。

图2概括出了分析人员在运用模式Ⅰ解释或预测政府行动时，需要解决的核心问题。

解释(或预测)现象X(本图以1962年10月苏联在古巴部署核导弹为例)。

假定：

- X是一个国家采取的行动。
- 该国是一个单一行为体。
- 该国有一个内洽的效用函数。
- 该国根据其所面临的威胁和机遇采取行动。
- 该国的行动追求价值的最大化(或预期价值的最大化)。

问：

1. 该行为体面临的威胁和机遇是什么(如在1962年战略核力量的均势)?
2. 行为体是谁(如苏联或1962年苏联的领导人赫鲁晓夫)?
3. 它的效用函数是什么(如生存，权力的最大化，威胁的最小化，等等)?
4. 在特定的条件下，对于要实现其目标最大化的行为体而言，最佳的选择是什么(如对苏联来说，在古巴部署核导弹)?

图2　模式Ⅰ：简化的核心问题

经典模式(理性行为体模式)的示例

理性行为体模式在对政府行为和国际关系的分析与思考中,被广泛地使用。有些学者现在已明确地认识到这种使用,并且也明确指出他们使用了这个模式;而其他学者还是潜在地使用这个模式的范畴和假定。事实上,无论对那些宣称使用了该模式的研究人员还是对宣称没有使用的研究人员,更关键的是要看他们在研究中实际上做了什么。而我们在这一节的目的,就是要展示在解释历史事件或当代事件时,不同领域的学者是如何——有时是明确地、有时是潜在地——运用这个范式的。

古典现实主义

自从约2500年前修昔底德著书立说以来,在国际关系研究中,“现实主义”流派,就像其现代支持者自我宣称的那样,一直占据着支配性的地位。而在第二次世界大战后,这个流派不仅在学术界,而且在政策实践中都占据了支配性地位。这个流派的倡导者,如乔治·凯南(George Kennan)、汉斯·摩根索等,通过批判他们所谓的“理想主义”、“法律主义”或“乌托邦主义”而提出了自己的主张。现实主义者通过强调人性中的罪恶来对抗美国人天生而又幼稚的乐观主义。他们认为,人类为本性所驱,必然寻求对他人的支配,这使国家间的政治成为了一种争夺权力的斗争,而采取“权力政治”政策也就成了生存的必然要求。

古典现实主义的核心部分首先来自于理性行为体模式的两个

基本信条,即:(1)国际关系中的主要行为体是单一国家;和(2)国家的行动是理性的,即考虑各种行动方案的成本与收益,选择实现其效用最大化的方案。除了这些,现实主义还有一些特有的假定:(3)国际环境是一片“丛林”,就像托马斯·霍布斯所说的那样,在其中不存在任何统一的权威(这种缺失使秩序和正义的存在成为偶然的例外而非常规),在该“丛林”中,一只野兽对其同类的攻击完全是一种正常现象。以及(4)国家在政治生活中所追求的主要目的是安全和权力。在对公元前5世纪的伯罗奔尼撒战争及之后历史中发生的无数次战争的解释中,现实主义者从国家的意图、恐惧和认知中寻找到战争的原因。正如修昔底德在解释伯罗奔尼撒战争时所言:“我认为战争的真正原因,大多数情况下并不是我们表面上所见的那些。是雅典权力的增长及其在斯巴达所引发的恐慌使战争变得不可避免。”[21]

在对这种现实主义传统的阐释上,在过去一代人中,很少有人能超越乔治·凯南的影响。在离开政府而开始其作为历史学家和评论家的职业生涯不久,这位资深的外交官在芝加哥大学举办了一系列的历史讲座。[22]凯南这些讲座的讲稿虽然很薄,但其影响却是绝大多数美国现代外交史方面的著述难以企及的。简单地说,凯南认为,某些基本现实曾经决定着——并仍将决定着——美国的安全,无视这些不可改变的现实将把美国置于极大的危险之中。对他来说,这些现实包括:在早期对不列颠及其帝国地位的依赖,和后来对欧洲保持稳定均势以防止欧亚大陆落入任何列强支配之下的依赖。因此,为了捍卫这些利益,美国明智地加入了欧洲的第二次世界大战,并在战后通过马歇尔计划帮助欧洲恢复稳定。新教神学家莱茵霍尔德·尼布尔(Reinhold Niebuhr)、地理学家尼古拉斯·斯皮克曼(Nicholas Spykman)与专栏作家并曾任政府顾问的沃尔特·李普曼(Walter Lippmann)等也发表了类似的很有影响的看法,支持美国参加二战。[23]

几十年后,凯南在反思其芝加哥系列讲座时,明确地表述了他分析时所使用的理性行动范式。"政府是一个代理者",他写道,"而不是一个委托者。它的首要义务就是维护它所代表的民族国家的**利益**。"这些利益"主要包括军事上的安全、政治生活的完整及其人民的福利。"政府必须明智地认清这些需求,然后"根据其承担的义务与责任,针对国际环境采取合理的应对行动"。[24]

与凯南同时代的政治学家汉斯·摩根索则是国际关系研究中的古典现实主义的领袖性人物。他在其经典著作《国家间政治》(*Politics among Nations*)中强调了外交政策分析中概念框架的必要性。他明确地写道:"为了赋予外交政策方面的原始事实材料以意义,我们必须使用一种**理性的框架**(*rational outline*)来研究政治现实;这个框架可帮助我们发现外交政策各种可能的意义。"而要解释国家在具体情境中的行动,分析人员还必须重新考虑、构建出该国所面临的现实与其领导人所进行的选择。摩根索对此给予了清楚的阐述:

> 我们使自己仿佛置身于一个政治家的位置上,在特定环境下面临着外交政策上的某些问题;然后我们问自己要在该种环境下解决这些问题,该政治家拥有哪些理性的方案(总是假定他以理性的方式行事),处于该种环境下,该政治家最可

能选择哪个方案。[25]

因此,当摩根索发现有关第一次世界大战起因的大辩论很有意义时,他很自信地提出了自己的解释。这在本章的开头已有叙述。

对于像摩根索这样的"古典现实主义者"来说,国家利益虽然受到各国具体政治和文化背景的影响,但最终还是根植于权力的客观现实之中。与凯南一样,他相信理性而又经验丰富的政治家能够洞悉这种客观现实。令人尊敬的政治家,从普鲁士的腓特烈大帝到美国的乔治·华盛顿,都在其政治著述中为后人提炼出了他们所学到的这条永恒的真理。[26]

而当前,亨利·基辛格(Henry Kissinger)在其畅销书《大外交》(*Diplomacy*)中延续了这个传统。这位前国家安全顾问与国务卿强调,尽管在很大程度上是国家(和政治家)创造了他们所处的世界,而不是相反;但国家的选择仍受到它们所处的"具体环境"与历史的制约。他认为,对美国来说,这个历史就是"信仰超越经验(faith over experience)"的胜利历程。[27]虽然基辛格深谙政策制定的复杂性,但他仍把国家行动解释为单一的行为体追求国家目标的行动。事实上,他欣赏那种能够不受政府政治束缚,将"一个民族的经历与(政治家的)信念结合起来"的治国方略。[28]

在欧洲传统中,雷蒙·阿隆(Raymond Aron)在《战争与和平:一种国际关系理论》(*Peace and War:A Theory of International Relations*)中的涉猎与兴趣过于广泛、多样,因此,难以将其看作是理性行为体模式运用的例证。尽管如此,仍可以说,他的大部分理论都是建立在国家是理性与一元化的行为体这个假定的基础之上的。**"国际关系理论源于对存在多个分散而又独立的决策中心[国家]这个事实的分析,因而也源于对战争危险的分析,以及关于应对这种危险的手段与方式上所做权衡的分析。"**[29]阿隆批评摩根索等理论家试图用单一的目的来解释国家行动。他认为政府追求的是一组目的;而这些目的受到了"使它〔政府〕必须对武力或手段进行考虑的战争危险"的影响。阿隆的理论探讨了(1)影响"国家间冲突以及其中各方目的"的社会学方面的因素,(2)国家在追求这些目的时所处的国际体系或外交形势,以及(3)现有国际体系的历史特征。不过,行为主体仍然是一个理性的、进行利害计算的民族国家政府,并必须在特定的国际体系内行动。在解释国家行动时,阿隆关注于行为主体的利害计算,关注于"国际关系运行的逻辑"。[30]

新现实主义(结构现实主义)

自称为"新现实主义"或"结构现实主义"的理论,在过去二十年间,成为了美国学术界中取代古典现实主义的主要流派。[31]这个流派的成员寻求在下列两个方面区别于早期的现实主义者:首先是渴望成为"科学",其次是把重点放在体系层次的变量上。新现实主义者试图从托马斯·霍布斯的缺乏统一权威的世界将处于"无政府状态"的真知灼见中,推导出国际社会与国家外交政策的重要特征。基思·西穆克(Keith Shimko)很准确地概括道,虽然"新现实主义者对无政府性造成的确切后果还存在分歧,但他们都同意无政府性就是这些结果的动因。"[32]古典现实主义者所使用的逻辑建立在对国家的动机或癖性的假定的基础之上:国家邪恶或政治家邪恶,所以发生邪恶的事情。相反,新现实主义者强调环境的影响:即使国家是善的,但处于邪恶的环境中也会采取邪恶的行为。对新现实主义者来说,悲剧性的环境而非邪恶的本性,才是主要的原因。例如,罗伯特·杰维斯(Robert Jervis)在解释"安全困境"时指出,一个国家增强其防御能力的举动,即使其并无侵略的野心,也仍可能引起邻国的担心与恐惧。[33]特别是在技术的发展使防御性力量和进攻性力量实际上已变得难以区分的情况下(例如,洲际弹道导弹或先进的战斗机),一个国家并无恶意的行动但可能导致其邻国作出增加军备的反应。一个行为体的某个行动可能无意中激起另一个行为体的反应,这样一连串的行动与反应最终可能会导致冲突的发生,即使没有一个行为体最初的行为动机是敌意的。

肯尼思·沃尔兹(Kenneth Waltz)是新现实主义的代表性人物,他在《国际政治理论》(*Theory of International Politics*)一书中,努力将摩根索的政治现实主义发展为一个更严谨、更系统的国际政治理论。沃尔兹所称的"结构现实主义"的本质,就是要更恰当地界定民族国家所处的国际环境。这种环境的标志性特征就是无政府性。沃尔兹对国家使用了我们前文中称之为"概念化"国家的抽象界定。在他的理论中,国家之间综合实力的相对差距——可以通过国民生产总值、军事实力等加以客观的衡量——是决定性的变量;除此之外,国家就像一个个台球子一样,并无实质性差别。从无政府性这个一般条件,沃尔兹推导出"在国际体系中存在着实现均势的强烈趋势。这并不是说,一旦均势实现后,就会一直保持下来,而是说均势一旦被打破,就必将以这样或那样的方式得到恢复”。他以冷战期间美国和苏联的综合实力大体相当这个事实，来解释他所发现的这两个国家行为之间存在的重大相似性。[34]

是什么驱使一个国家对一个更强大的国家或一个正在出现的霸权采取制衡反应呢，如努力提高自身的实力或同与对手敌对的集团结盟？虽然沃尔兹努力只用无政府性与权力差距这两个因素来解释均势现象，但最终他还是承认他还需要一个假定，即国家是“单一的行为主体，其目的至少是要追求自身生存的，但也可能大到追求统治整个世界。”[35]由于沃尔兹是要建立一种国际关系而非外交政策的理论，因此他尽力将理性国家追求价值最大化这个假定的作用降到最低。事实上，在与其批判者进行辩论时，沃尔兹尽力否认或避免将其理论运用于对国家行为的解释或预测上。虽然如此，但在这本著作及后来的评论中，他还是不禁根据其理论做出了一些有关一国对其他国家的权力如何反应的重要推论。[36]

根据沃尔兹的理论，当一个国家面对实力更为强大的国家或国家集团时会做出怎样的反应呢？首先，沃尔兹认为这个国家会尽其所能增强自身的实力，例如在可能的情况下寻求获得核武器。因此，在1993年，他预测德国和日本会很快成为拥有核武器的国家。其次，根据其结构现实主义理论，沃尔兹认为，一国为了恢复均势将与其他几个国家结成联盟以实现制衡。因此，在苏联解体后，他还预测北约将解散和将出现一个或几个对抗美国霸权的同盟。[37]

新现实主义者及其支持者和沃尔兹拥有同样的一系列核心假定，其中包括理性行为体模式的核心假定，即主要行为体为理性的单一国家，其行动是经过成本与收益的计算以实现最大预期价值的。他们与沃尔兹一样,也强调系统变量的重要性,即无政府性与国家间客观的实力差距是国际政治中国家所处环境的关键性特征。关于国际体系中理性行为体目的与目标,他们也有一个共同的假定——他们对于这个假定的自我意识有所不同——即生存是它们最重要的目标;一些国家(如果不是所有国家的话)寻求支配其他国家;在追求生存和安全中,国家本质上是自私与自立的,其不愿在生死攸关的利益上依靠其他国家,或为了他国的安全与福利而牺牲自身的安全。正如亚列山大·温特(Alexander Wendt)在《国家制造了无政府状态》(Anarchy Is What States Make of It)一文中对新现实主义所作的深刻批判那样,虽然许多新现实主义者宣称推导出他们有关国际政治与外交政策的重要结论只需要无政府性与单一理性行为体这个最抽象的假定,但实际上并非如此。他们从帽子中掏出的兔子,事实上是他们先前悄悄塞进去的,尽管他们通常并没有意识到这一点。[38]温特证明,虽然大多数新现实主义者强调其结论是基于对国家所处环境的特征的分析,但事实上,新现实主义者的解释仍主要依赖于他们不愿承认的关于国家目标的假定,例如国家本性是掠夺的而非维持现状的。[39]

大多数新现实主义者发现,沃尔兹的简约式理论并不足以解释许多观察到的国家行为。因此,他们对国家所处的国际环境以及国家的特征增加了更多的假定。例如,尽管沃尔兹力图只根据国家或国家集团间的实力对比来解释战争的发生,但其他一些现实主义者则强调,技术变迁对战争的发生同样有极大的影响,如该时期的技术发展是有利于“进攻”还是有利于“防御”的。[40]史蒂文·沃尔特(Stephen Walt)更进一步认为,在分析谁与谁结盟、结盟多久等问题时,还必须考虑国家的**行为**,而不单单只考虑它们的综合实力。沃尔特认为,结盟是对**威胁**失衡(imbalance of threat)的反应,而并非像沃尔兹所认为的那样是对权力失衡(imbalance of power)的反应。是否构成威胁,不仅取决于客观的军事实力、地理上的邻近性和进攻或防御倾向等,还取决于国家的意图与行为。因此,沃尔特认为威胁包括客观与主观两个方面内容;而在解释冷战期间中东地区同盟式样的转变时,他更强调威胁的主观性方面而非客观性方面。[41]

其他学者的观点则更超出了新现实主义理论的范围;他们强调,要解释与预测同盟的式样、战争和其他形式的国家间互动,还必须考虑国家及其领导人的**认知**(perceptions)与**信念**(beliefs)。罗伯特·杰维斯的研究已证明,在国际政治中认知与错误认知有非常重要的影响。国家往往在其已有的关于世界的图景的基础上接收和理解信息,只看到其预期见到的东西;只关注与其有直接利害关系的信息;错误地运用"历史的教训";把其他国家的行为错误地想象成都是为某个意图而采取的有计划的协调一致的行动;过高估计自身的重要性;过于沉迷于一厢情愿的思维中。[42]斯蒂芬·范埃弗拉(Stephen Van Evera)则通过对第一次世界大战爆发原因的研究证明,主要欧洲列强对进攻性军事战略的优势的错误信仰〔埃弗拉与杰克·斯奈德(Jack Snyder)称之为"进攻的迷信(the cult of offensive)"〕,是导致列强们在七月危机期间实行快速动员计划的一个关键性因素。[43]而这种信念被证明是极其错误的,因为它没有充分考虑到技术的变迁已使防御占据主动,就像一战中血腥的堑壕战所证明的那样。但正如他在结论中所指出的那

样:"进攻优势的认知,即使这种认知是毫无现实根据的,也会产生同样的……危险。如果国家认为进攻占有优势,那么它们就会像事实就是如此一样而采取行动。"[44]科林·埃尔曼(Colin Elman)在其富有洞见的题为《各有所用》(Horses for Courese)的论文中,用图形展现了结构现实主义的这些变种、相关的研究途径以及与其关系更远一点的相关流派;我们根据其文章,并对其内容进行了一定的调整后,也绘制了一张图表,放于注释中供读者参阅。[45]

国际制度主义(international institutionalism)

国际制度主义比新现实主义更进一步,强调国际体系中的制度与互动,并将其作为解释国家间合作的主要动因。他们注意到自从二战以来,如国际货币基金组织、国际能源署(International Energy Agency)等国际制度在数量和重要性上急剧上升,经济及其他跨国互动的影响不断上升;这成了他们的研究起点。[46]罗伯特·基欧汉(Robert Keohane)、约瑟夫·奈(Joseph Nye)、斯蒂芬·克莱斯勒(Stephen Krasner)、利萨·马丁(Lisa Martin)以及其他一些政治学家,接着恩斯特·哈斯(Ernst Hass)曾进行的研究,分析了国际制度与过程在国际关系中的作用。[47]具体地讲,制度主义者认为,制度之所以重要乃是因为它们影响:(1)国家行为体所掌握的信息,和(2)国家间合作的交易成本。

以美国在波黑领导的多国维和任务这个问题为例。在组建波黑维和部队(先被称为 SFOR,后又改称 IFOR)之前,北约国家就已经为这些部队和其设备、训练以及位于中欧的为这些部队提供支援与保护的飞机场与军事基地,支付了固定成本。而这些部队采取决定性行动的能力也是显而易见的。因此,派军事力量进驻波黑、干预其局势,在金钱与人员伤亡上,都只需要付出很低的边际成本。这使本来几乎不可能的干预行动变得容易起来。相反,想象一下,如果为了在波黑执行维和任务,这些国家将不得不从零开始建立执行此任务的部队与能力,甚至如果各个国家内都还没有这样的部队或这些国家还不具备在北约体系下采取共同行动的经验,那么,情况又会怎样?可以断言,如果这些国际制度还没有建立起来的话,就不会有我们所看到的对波黑的干预行动;因此,至少在这个案例,这些国际制度是解释国家行为的一个关键性的因果变量。而至于这些制度最初是出于完全不同的目的(即遏制苏联)而建立的这个事实,并不重要。[48]

国际制度主义的代表性人物罗伯特·基欧汉非常清晰地阐述了这个理论所使用的假定、变量与确立变量之间关系的方法以及该理论所适用的范围。国际制度主义建立在理性行为体模式(国家为一个一元化的、追求价值最大化的理性行为体)核心观点的基础之上。“国际制度主义理论假定,国家是世界政治中的主要行为体,并且国家根据其所认知的自身利益采取行动。”[49]制度主义者承认新现实主义者所使用的结构性因素(无政府性和实力分布状态)的重要性。[50]但他们认为,要解释国家的行为,还必须增加另一个体系层次因素,即国际制度。[51]基欧汉明确地承认,这种国际制度理论并不全面,因此其提供的解释并不是充分的。[52]所以,他认为,制度主义(以及新现实主义)还必须得到分析国家的利益、目标、信念和认知等方面理论的补充。[53]

罗伯特·阿克塞尔罗德(Robert Axelrod)与基欧汉合写的

《在无政府状态下实现合作》(Achieving Cooperation under Anarchy)一文,或许是迄今对制度主义观点所作的最为清晰而又简单易懂的剖析。[54]他们的研究问题是:在国家之上不存在负责协定实施的更高权威的无政府性国际环境中,追求价值最大化的理性国家在怎样的条件下才会进行合作?(在何种情况下,它们会协商一致,采取将使每一方都可获得更大收益的协调行动呢?)阿克塞尔罗德在更早时候的研究中,已确定了环境中影响行为体合作意愿的三个条件:"利益的共同性(mutuality of interests)"(即每个行为体能够通过合作而不是竞争实现其自身利益的程度);"未来的影响(shadow of the future)"(即行为体对通过进一步的互动获得未来收益的重视程度);博弈者的数量(随着博弈者的增多,合作也将变得更加困难)。[55]

在此基础上,阿克塞尔罗德与基欧汉论述了国家互动所处的制度,是如何改变各个国家的收益、使未来的影响增加以及使多人博弈转换成人数更少的次级博弈的。利萨·马丁对 1982 年福克兰群岛战争(译者注:即英阿马岛之战)期间英国对阿根廷实施的封锁的研究表明,欧共体机制使英国能通过将对阿封锁与其他议题——即英国分摊欧共体预算的问题——联系起来而获得其欧洲伙伴在对阿封锁上的合作。通过将之与其他议题相联系,英国扩大了欧共体成员国在此次集体决策中的共同利益,并减少了欧共体成员国对于发生欺骗行为的担心(因为欺诈者肯定会在将来得到相应的惩罚)。欧共体这种制度设置使完全不同的议题之间的讨价还价变得容易起来,而如果没有这种制度,谈判将要困难得多。[56]

虽然基欧汉认为,“弱理论的预测也弱”。[57]但弱的或需要一定前提条件的预测仍要胜于没有预测;而基欧汉也没有回避其理论的预测问题。例如,制度主义者对欧洲的将来,特别是欧盟(之前称为欧洲共同体)与北约的未来,做出了与现实主义者截然不同的预测。制度主义的现实主义批判者约翰·米尔斯海默(John Mearsheimer)在1990年写到,“冷战为欧共体的繁荣发展提供了有利的环境。如果冷战及其提供的稳定秩序消失了,欧共体也可能将逐渐变得虚弱,而不是变得更强大。”[58]在同一年,他还写到“是苏联的威胁,使北约紧紧地团结在一起。失去了这个进攻性威胁,美国就可能会放弃欧洲大陆,而北约这个美国已领导了40年的防御同盟也可能会随之而解体。”[59]针对米尔斯海默的预测,基欧汉认为制度主义理论的预期“恰恰相反”。在1995年的《制度主义理论的预示》(The Promise of Institutionalist Theory)一文中,他和马丁指出,“北约和欧共体(即现在的欧盟)将扩大它们的成员国范围,而且,它们几乎不可能会衰落。”[60]而他1993年的文章则更为明确:“我会预测到2000年,欧盟的规模和对成员国政策的影响,要比1989年11月柏林墙倒塌时更大。”[61]

自由主义[62]

民主国家之间从不(或极少)发生战争,这个自由主义重新发现的经验性规律,成为了当今国际关系研究取得的最重大的成果之一。撇开有关定义的纷争不谈,这是一个非常有力而又重大的发现。正如杰出的国际关系学者杰克·利维(Jack Levy)所指出的那样,“民主国家之间不进行战争,这是国际关系中最真实不过的经验性规律了。”[63]而那些强调自由民主国家的独特特征而聚集于“自由主义”旗号之下的学者,则是论证这条规律成立的先锋。

自由主义理论在模式Ⅰ中所处的位置看起来可能令人吃惊。这些理论家主要关注于自由民主国家,所以他们清楚地认识到并承认国内政治的多元性。国家的目标、信仰和行动容易受它们的政治体制(例如它们是民主国家还是专制国家)的影响。在此认知之下,国家行为然后才被视作一个单一行为体的选择。因此,国家选择战争还是选择和平,并不仅仅取决于它们是否是理性行为体,还取决于它们所具有的特定特征。自由主义学者杰弗·莫茨(Zeev Maoz)认为,“无论是从民主国家的政府在武力使用上所受到的结构性限制来论证的民主和平结构论,还是强调民主国家具有将和平解决冲突的规范外化的特性的民主和平规范论,这种认为民主国家不会相互进行战争的观点都向现实主义范式的核心假定提出了挑战。”[64]许多自由主义学者认为,一个在其内部统治中尊重个人权利、政治与经济多元性以及崇尚政治、经济合作的国家的外部行为,也可能会体现出这些价值观,表现为对他国国家权力和国际法的尊重,以及乐于进行合作而非相互冲突。相反,专制国家或革命政府的政策,则被认为将反映其独裁专横、好战或乐于推翻现状等价值规范。

两个世纪以前,德国哲学家康德在《永久和平论》(*Perpetual Peace*)中阐述了他所认为的将导致国际社会走向“不断扩展的和平”的国际与国内的政治条件。[65]康德的分析言玄而义奥,但简单来说,他所说的和平条件有三。首先和最重要的是国家的国内政治体制:和平的国家必定是“共和国”。康德这里所指的共和国并不是实行选举民主的国家,而是指公民享有权利以及政府的统治是建立在被统治者同意的基础上的国家。在共和国中,公众会反对战争,因为他们不愿承担战争的代价。就像康德所言:

> 如果必须要经过公民的同意才能宣战,那么,公民们在进行这种将为他们招致种种灾难的悲惨战争游戏时,必定会小心谨慎。这些战争灾难包括:不得不参加战斗,不得不用他们的财产支付战争的费用,不得不痛苦地修复战争造成的破坏,以及使自己不得不为这种邪恶行为背上沉重债务而使在和平时期也充满了痛苦。

康德的第二个条件关注于经济:共和国应该实行旨在增加公民福利的市场经济。如果国家间根据自由贸易的要求实行劳动分工,它们之间经济上的相互依赖也就会越加紧密。而从这些安排中获益的公民也就将更不愿意破坏这种贸易联系。在康德看来,通过商业联系,"国家之间的和平往来就建立起来了,这样,即使相距最远的民族之间也会建立起相互理解、行动惯例以及和平关系"。虽然对此持怀疑态度的人指出,如第一次世界大战这样的事例是与康德的观点相冲突的,即当时的国际商业往来已达到了空前的水平,但战争还是爆发了。不过,康德的这个观点还是继续流传下去。[66]

第三,康德认为,国际和平将产生于共和国之间"和平联盟"的扩大。这种联盟将首先产生于志同道合的共和国之间的相互尊重与争端的和平解决。然后,其他国家看到了联盟中共和国所享有的好处也会寻求加入;这样,联盟也就随之扩大。经过逐步的扩展,和平将遍及全球,并最终成为永久的和平。

在1795年,当康德写下这些论述时,只有少数几个国家符合他的共和国标准。但在其后的二百年中,他提出的核心观点却越来越显现出先见之明。现代学者关注于民主国家,即领导人是经过自由、公正的选举而产生的国家,而非康德所谓的共和国;他们还关注于"自由"国家,即政府和公民尊重个人的基本权利的国家。康德认为共和政府、对自由权利的尊重和经济上的相互依赖是自然地联系在一起并相互促进的,而当代这一现象的研究者却试图将这些因素分开。他们在有关界定以及像1898年美西战争这样模棱两可的例子(即美国是一个民主国家,却显然是发动了这场战争)上存在争论。但大部分研究过相关证据的学者都会得出这样的结论,即民主国家之间不进行战争,并不是一种偶然现象,而是一个可通过统计加以证实的规律;并且,正是这些国家共同具有的民主制度,而不是其他因素,使它们之间不相互进行战争。[67]

近来对民主和平论的研究,使这个基本命题进一步地细化。首先,像爱德华·曼斯菲尔德(Edward Mansfield)与杰克·斯奈德所证明的那样,在向民主国家转变的过程中,国家实际上**更**可能发动战争。[68]随着选举权的扩大和群众政治参与度的上升,领导人可能试图通过采取侵略性的国际冒险行动来获取支持。其次,约翰·欧文(John Owen)认为,民主和平论假说中的真正动因是自由的政治信仰和制度,而非民主的选举过程。[69]法瑞德·扎卡里亚(Fareed Zakaria)同意这种看法。他认为西方在使用"民主"一词时,大多数人混淆了两个具有重大区别的概念,即民主和自由;而区分这两个概念至关重要。民主是根据政府的选举过程来界定的:如果选举是相对公开、公平和具有竞争性的,则该国就是民主国家;相反,“立宪自由主义”不是根据政府的选举方式来界定的,而是根据社会及其制度对个人基本权利(生命权、财产权、言论自由和宗教自由)的保护程度和法治程度来界定的。扎卡里亚提出一个有争议的观点,即“民主的和平实际上是自由的和平”。[70]对非民主国家,民主国家如其他类型国家一样,会发动战争;而且,民主国家中的非自由主义国家对于民主或非民主国家都可能会发动战争;民主和平只存在于自由民主国家之间。

康德的国际和平假说的当代发现者迈克·多伊尔(Michael Doyle)认为,对于作为一种哲学或世界观的自由主义,必须通过其丰富的思想演变历史来加以理解。[71]不过,作为一种外交政策与国际关系理论的自由主义,其中心命题则可简单地表述为:国家的结构有重要影响。即一国的政府结构和公民价值观与观念等影响其在国际关系中的行为。用多伊尔的话来说,“根据其对待人权的不同做法,国家本质上可区分为不同的‘单元’。”在多伊尔的论述中,自由主义者将“国家区分为自由国家与非自由国家、共和国与专制或极权主义国家、资本主义国家与共产主义国家、法西斯主义国家及社团主义国家。”而这样做的主要潜在意义就在于:“这种差别会使国家在国际关系中的行为也不同。”他写道:“国家的价值观影响其行为……围绕权力和政治进行的活动是有目的性的。政治家所想的,影响着他们最终所做的……即使最终结果可能与其意图并不完全一致。”[72]

自由主义理论中有三派不同的传统。一派与洛克的思想相

连,关注于领导人的社会价值观与其对人的权利的尊重(如扎卡里亚的观点)。另一派则关注于商业上的合作与相互依赖的影响,其代表性人物如亚当·斯密与约瑟夫·熊彼特。第三派即康德的共和自由主义。[73]每一派都关注于不同的因素(个人权利、经济自由与代议制政府),以及这些因素对国际关系的不同影响。但他们都在分析中将国家内部的统治制度与过程置于优先位置;这使他们与现实主义者或制度主义者截然不同。

而安德鲁·莫劳夫奇克(Andrew Moravcsik)在使自由主义成为一种分析范式方面做出了重要的贡献;他努力用范式的术语系统地表述自由主义,使之成为可与现实主义和制度主义相抗衡的理论体系。[74]他认为,“自由主义深入论述了这种观点即国家—社会的关系……对国家行为与世界政治具有根本性的影响”。其核心命题是:“社会的思想、利益和制度通过塑造国家偏好——即政府战略思考所基于的基本社会意图——而影响国家的行为。”[75]莫劳夫奇克承认,他试图建立基于“国家—社会”关系或“社会意图”的国际关系理论,还应包括对专制统治、寡头统治、独裁统治和极权统治等一系列非自由政治体制的系统分析。[76]他也清楚地指出,国家偏好一旦形成,就会成为政府领导人追求价值最大化的理性计算的基础,并因此也成为政府在国际事务中的行动基础。[77]

伍德罗·威尔逊——他后来成为了美国总统、事实上也是自由主义者中最有影响力的一名学者——经常受到现实主义者的嘲笑;他们认为其世界观是幼稚的。亨利·基辛格批评威尔逊强调“规则与法律,而非权力与利益”,并批评他倡导建立集体安全体系,幻想所有国家都将“团结起来反对侵略、非正义,可能还包括反

对过度的自私”。[78]但威尔逊经严谨论证认为,盎格鲁—美利坚理想的传播将产生巨大的影响,欧洲传统的权力斗争也许还会持续下去,但随着帝国的衰落,将变得越来越无关紧要。[79]在威尔逊看来,世界和平的希望在于民主、自决和促进自由贸易与争端和平解决的国际规范中。而在这个世纪的末期可以看到,罗纳德·里根、乔治·布什和比尔·克林顿等的言论(行动上也经常是如此)与伍德罗·威尔逊的更相近,而不是与一个筹划全球大棋局的权力政治论者的言论更为相近。[80]

战略、战争和理性选择

在面对历史时,外交史学家虽然比一般人具有更好的学识,其思考也更具有体系性,但其分析往往仍是基于与受过一定教育的外行人的类似的直觉和观点。[81]而战略理论家则努力提炼历史,以发现其背后的逻辑。因此,战略理论方面的文献对于说明理性行为体模式在人们分析与思考中的作用会特别有帮助。而这必须首先分析谢林的论述。因为正如罗伯特·基欧汉所言,“在当今研究国际关系和外交政策的学者当中,可以不断听到这样的说法,即‘谢林是第一个这么说的’。”[82]

谢林的《冲突的战略》(*Strategy of Conflict*)迄今仍然毫无异议地是对当代战略理论原理的最佳阐述。[83]根据谢林的观点,战略理论把国家错综复杂的行动与反应看作是国家在相互依赖的冲突博弈中为获得优势而采取的步骤,以此对其进行分析与解释。例如,无论是遏制伊拉克对科威特的进攻还是遏制美国对伊拉克的进攻,都涉及国家在既有对抗又有合作的环境下采取行动。而哪个行动将被国家视为是最佳选择，又取决于其对对手将采取何种行动的预期。战略行为就是要通过影响对方对其行为与我方行为关系的预期来影响对方的选择。

上述就是对谢林有关威慑的分析的概括。通过在分析中采用理性行为体模式的核心假设(“根据一种明确而又内洽的价值体系……所进行的有意识的利害计算”)，谢林说明了战略互动中的信息(作为行动的基础)与相互依赖(我方的最佳选择取决于对方的选择)的极端重要性。无论是试图遏制伊拉克政府对伊拉克北部的库尔德人的攻击，还是试图促使俄罗斯遵守国际货币基金组织的经济计划，问题的实质就是要通过协调运用自己的行动、承诺、威胁、应允和警告等，来影响对方国家对其自身所处环境以及采取遵守或违反行为可能导致的结果的估计。[84] 后来更形式化的博弈论有关威慑的分析，事实上只不过是对谢林的观点进行了重新表述、论证，其中并没有增加什么新的见解或主张。[85] 只是谢林的观点经过严谨表述后能够更清楚、生动地显示出信息和互动所具有的重要意义。[86]

在谢林研究的其他许多当代战略问题中，他有关有限冲突和信息传递问题的研究，清楚地展示了他的思路。关于这些问题，他提出了以下命题。首先，随着国家越来越不可能采取全面的突然袭击行动，国家之间爆发各种形式的有限战争的可能性将增加。其次，有限战争需要有限制，即敌我双方的相互自我节制。而要能够通过零星或偶然的协商达成心照不宣的一致，就需要有一些行动上的临界点，即能从质上——而不单纯是在程度上——把各种不同情况区分开来；而不使用核武器就属于这类的临界点。第三，国家清晰明确的言论和行动构成了战略信号。博弈中各方观察与解释对方的行为;各方也都知道,他自己的行动也正在被解释;各方在行动时都意识到他的行为将产生的预期。这样,就出现一种似是而非的无尽追溯关系(regression):我知道他知道我知道的,如此等等。

这三个命题又是基于什么样的证据或推理而提出的?在核战略力量出现一种非常稳定的均势状态而使对抗的各方无须担心出现冲突升级的情况下,爆发有限战争的可能性就会增大;这个论断是根据一连串的推理得出的。如果在某种战略条件下,能通过首先发起核打击而解除对手的武装,那么,对于一个理性行为体而言,首先发起核打击就比进行将有所损失的一场有限战争似乎更为可取了。在这种情况下,对于冲突可能升级到灾难性核战争的担忧会使敌对双方都小心谨慎。根据这个推理,因为印度和巴基斯坦所掌握的核力量是非常的不安全与不可靠的,因此,它们将保持谨慎与克制以免对抗升级到核战争;从而,它们会避免在克什米尔问题上采取可能导致它们之间爆发第四次常规战争的行动。[87]而如果这两个国家都已拥有了可靠的第二次核打击能力,则意味着任何一方首先发起核打击都可能会导致相互毁灭。所以在双方都具有第二次核打击能力的情况,双方更可能会采取冒险行动,甚至是发动有限战争,因为它们更不用担心有限冲突会升级到使自己遭到灾难性核报复这种情况。

第二个命题认为,只有当战争进程中存在着显而易见的临界点,战争才会是有限的。谢林在这个命题上的自信不是来自于对历史的仔细研究,而是来自于这样一个判断,即对抗中理性的行为

体,在这些临界点之外,就无法在讨价还价中达成一致。第三个命题把国际政治看作“本质上是一种进行讨价还价的活动”;在其中,谨慎而又理智的国家通过言论和行为,改变对方国家对于结果收益的预期,从而来影响对方。这个命题是对理性行为体基本模式的高度提炼与清楚表述。[88]

1961年柏林危机(第二章会更详细讨论这个事件)期间,随着紧张局势的加剧,谢林开始试图将其理论运用于政策实践领域。他向肯尼迪总统提交了一篇简短而有影响的文章;在文章中,他运用战略沟通(strategic signaling)这个概念,对美国首先使用核武器计划进行了重新的诠释。北约当时的计划是,在柏林防御中将首先使用常规力量;但北约也认识到,这种防御会被苏联强大的常规力量击溃。在这种情况下,根据计划,北约将对苏联的进攻部队及其重要的补给线发动大规模的核打击,但不会打击苏联境内的目标。对此,谢林呼吁,如果总统一定要使用核武器,其目的只应“是为了使苏联领导人清楚意识到全面战争的危险……应主要是为了影响苏联的指挥决策,而不是为了摧毁战术目标”。核武器使用的关键针对对象应该是首轮核博弈中“苏联人”的心理。[89]

赫尔曼·卡恩(Herman Kahn)是冷战中另一位重量级的战略思想家,他的畅销书《想象不可想象的》(*Thinking about the Unthinkable*)将美国一代人的关注都转向了核时代的危险。[90]对于有限战争,特别是越南战争,卡恩以谢林对互动双方纷纷采取其本非情愿的冒险行动的竞争的分析为基础,试图找到“或多或少能适用于所有升级与谈判等互动中可能出现的这种困境的一般原则。在这种困境中,双方既担心冲突会进一步升级,但又不希望自己的行动会形成一种对己不利的先例或削弱对方所受到的对己有利的束缚”。[91]卡恩构建了一个有六阶、共四十四级的升级阶梯模型，以涵盖各种情景的互动与反应。但是，是什么导致互动从一个级别转向另一个级别呢？如果将互动行为体视作是追求价值最大化的一元化行为体，似乎就可对这种互动及其升级或降级提供合理的解释。

卡恩有关现实中一个国家将会如何进行既使用常规武器又使用核武器的战争的论述，非常清楚地展示了他的思路。对向敌方发动核打击中将伴生的“战争迷雾”(fog of war)的担心，使一些分析人员认为，相互误判和官僚政治的惯性将使这种行动带来极大的灾难性混乱。但卡恩认为，“对所谓的‘战争迷雾’——即战争中不可避免存在的不确定性、错误信息、混乱，甚至是部队组织的解体等——的影响存在着广泛的过高估计；其被认为必然会影响关键的战争行动。”[92]而他的这种看法，源于他对所谓的“航位推算法”(dead reasoning)对于分析的价值的推崇。“航位推算法”本是航海中使用的术语，指的是领航员或船长通过知道船的起点位置和周围环境，并利用船内仪器，就可单凭数学计算来推定其所处的方位。

> 统帅或决策者能够很好地掌握有关战争发生以及相关基本状况的信息。或即使在战争爆发时，他们还不了解这些信息，那么，在战争发生后，他们也会掌握。而根据这些信息，在战争发生后，即使统帅或决策者不再得到除有关己方组织与部队状况的情报以外的一丝信息，甚至是无法掌握到有关己

方组织与部队状况的大部分情报,他仍可利用“航位推算法”,对战争的发展与进程有充分的了解,或至少是概略式的了解;并完全可以判断对方正在试图做什么(通过已掌握的有关对方后勤、部队、作战原则以及其他因素等的知识);从而仍能对双方的“博弈”进行理论推演。[93]

卡恩强调,“航位推算法”这个概念有着更为广泛的运用。在对军事决策进行了比大部分非军方研究人员都要详细的观察与分析后,他认为“我所说的,实际上是在任何军事指挥所都会采用的一种基本的决策方式——或许是唯一的基本决策方式。”无论如何,“航位推算法”至少是卡恩分析时采用的重要方法。

“情节”(scenario)和“战争演习”(war game),这些当代战略思想中非常形象的概念,不仅已成为研究外交政策的工具,而且也被运用于商业决策、政治活动以及其他领域中。[94]而这些概念折射出来的也正是理性行为体分析模式。另一位冷战中著名的战略家艾伯特·沃尔斯泰特(Albert Wohlstetter),将非常有影响力的思想库兰德公司所采用的一种战争推演方法概括为:

兰德公司的分析人员,在为了检验不同防御方案的效用所进行的纸面推演中,典型做法就是先假设采取某种防御战术,然后分析敌方为对抗这种战术能够采取的最佳反制措施。就这样,他们对所有方案逐个进行测试与检验。[95]

这种方法的独特之处在哪里呢?用沃尔斯泰特的话来说,它

"假设敌人将采取对他最有利而对我方军队最不利的行动,然后分析在面对敌人的这种最佳行为时,我方哪些力量能够高效地完成任务。"而敌人将怎么做的问题,也就是一个单一理性对手将怎么做的问题。(分析政治、商业并购或谈判等领域中的对手行为时,类似的分析方法同样也适用。)[96]

当代战略家提炼出来的这种标准理性行为体模式,对于那些必须在信息只能被部分地了解、消化以及充满不确定性的情况下进行决策的政策制定者来说,具有非常大的吸引力。理性行为体模式使人可以用大家熟悉的简单术语对问题的有关方面进行简要的概括。古巴导弹危机时任国防部长的罗伯特·麦克纳马拉(Robert McNamara),在古巴导弹危机的四个月前,在他的母校密歇根大学的毕业典礼上发表了一次演讲。他的目的是"向听众介绍美国核战争计划的制订方法,说明其他国家拥有核能力而带来的问题,并强调战略核力量发挥的威慑作用是至关重要的却又是有限的"。在列举了一系列的错误看法后,麦克纳马拉转向了突然袭击和冲突升级的问题:"让我们看看今天(1962 年)的形势。首先,在当前核力量处于均势的情况下——我们有理由相信在未来的若干年中这种均势仍将保持下去,对于任何一个对手来说,发动突然的核打击都**显然不是一种理性的行为**。而在欧洲或其他地方爆发的有限战争中首先使用核武器,对于任何一个对手来说,同样也绝非是一个理性的行动。我认为我们可以得出这样的结论,即发生这样一些行为都是非常**不可能**的。"[97]

麦克纳马拉根据什么断言不可能出现突然袭击或升级到核战争的情况呢?他分三步提出他的观点。从世界的客观现实即美国

对苏联拥有的战略优势,他得出他的理论推断:在理性行为体模式中,在敌人知道美国拥有核优势的情况下,如果其是可以进行正常的理性思考的,那么,其就不会期望能通过发动突然袭击或使冲突升级而获得什么好处。以此论断为基础,他推导出了发生敌人向美国或欧洲发动核打击这种情况的概率。

而三十年后,国防部长威廉·佩里(William Perry)在1996年的《致总统与国会的报告》(*Report to the President and the Congress*)中,谈到论冷战后的威慑时,使用了相同的逻辑。虽然强调爆发全球冲突的危险降低了,但佩里还是认为,"为了遏制地区冲突,我们必须维持强大的、时刻准备的、前沿部署的常规武装力量;使人们感到它们的存在;并展示使用这些力量的意志。"[98]他继续说道,"虽然能作战,且战而必胜非常重要,但单单这种能力本身并不能遏止冲突。威慑产生于军事能力与政治意志的共同作用,这些军事能力与政治意志既包括真实的能力与意志,也包括人们感知到的能力与意志;对于威慑来说,可信度与军事能力一样重要。"佩里还通过引用威慑失败的案例来说明这一点。这些例子包括朝鲜战争和伊拉克入侵科威特战争,其中威慑的失败乃是因为,1950年时朝鲜怀疑美国卷入战争的意志和1990年伊拉克认为美国不会对其入侵科威特与沙特阿拉伯做出反应。为了与这些失败案例相比较,他举了一个他认为是威慑成功的案例。这个案例即1994年10月,伊拉克再次向科威特边界调动部队。"这一次,"佩里说,"美国通过迅速向海湾增派美国军队,展示了自己的政治意志。"结果是:萨达姆退却了。"面对美国的军事存在和根据他从'沙漠风暴'行动中得到的教训,萨达姆·侯赛因撤兵了。通过迅速集结起一支强大的军事力量，并展示出使用这种军事力量的可信的政治意志，我们成功地实现了威慑。”[99]

更近一些用理性选择方法对这些问题进行的研究，则使用了更形式化的博弈论语言，以对问题与解释有更清楚、更准确的表述。尽管许多寻求建立理论或模型的人期望能利用理性行为体核心模式的最简洁假定发现一些有价值的新成果，但处于纷繁复杂的现实中的实践者则接受了西蒙的看法：即实践中的解释与预测，事实上大部分是由理性行为体模式之外的辅助性假定完成的。而且，令人悲哀的是，当形式化的博弈理论面对具有信息不完整、博弈不是零和博弈以及有多个博弈者等特征的更真实世界时，其能得出的明确结论，如果不是一个也没有的话，也是寥寥无几。[100]尽管谢林、霍华德·雷法(Howard Raiffa)以及其他人已认识到这个令人失望的事实，但他们仍逐渐得到晚些时候采取这种方法论的学科的推崇，其中包括政治学。

布鲁斯·布鲁恩·德·梅斯奎塔(Bruce Bueno de Mesquita)与戴维·拉曼(David Lalman)在《战争和理智》(*War and Reason*)中，对两个国家之间的竞争性互动特别是可能导致战争的竞争性互动进行了分析。[101]该书一方面试图通过对大量研究的总结概括，建立起一种具有重大意义的、技术上非常复杂的博弈论模型；另一方面，利用统计数据对模型的演绎性假说进行检验。为此，他们分析了1815年至1970年间共约700次的国家间互动。在建立模型时，他们清楚地陈述了他们的假定：国家是单一理性行为体(“进行谈判或是使用武力，只要决策是理性地做出的，……在我们的模型中，这个决策是由一个单个个体还是由一个集体做出的，这并不重要");"国家通过做出**它们认为**会使它们预期效用最大化的决策",追求其主观预期效用的最大化。[102]他们通过分析认识到,要想利用这种核心的理性行为体模式推导出明确的结论,还需要有进一步的限定条件;就所讨论的问题即武力的使用而言,这些限定可能包括对如游行示威、竞选失败、武装政变以及缺乏战争经费等国内成本的假定。[103]没有这些附加的限定条件,从他们的两国博弈模型也就得不出什么有意义的结论。

该书最终研究结果的最显著特征就是,作者并没有取得什么新的研究发现。用他们自己的话来说:"概括地说,当在国家领导人的预期中,战争的收益减去其成本所得的净值,大于其他方案的预期净值,他们就会发动战争。"换言之,当国家认为战争有利可图时,他们就会发动战争。既然他们在其理论模型中做出的第一个假定就是:"博弈者选择能实现其最大预期效用的战略",所以,他们由此首先得出的这个结论也不过是一种同义反复罢了。他们还总结了爆发战争的其他原因。"当一个国家对对手意图的判断过于乐观时,可能会莽撞地发动战争。如果存在会把首先发动打击的好处拱手让给对方的担心,也可能会爆发战争,即使有关信息是完全的。通过战争能得到的预期净收益,可能是实在的好处,也可能是可避免将来出现比不发动战争更差的情况。"[104]

这种理性行为体核心模式的主观预期效用(subjective expected utility,SEU)的变种,在最近有关威慑的研究中得到了广泛的运用。[105]在这个变种中,问题被界定为:有两个单一理性国家,其中一个正在考虑是否要发动军事打击。每个国家根据其对战争的预期成本、赢得战争的概率和被打击方进行报复的概率等的判断，来计算其期望效用。根据这些假定，埃琛（Achen）与斯奈德（Snidal）提出这样一个假说：只要报复给对手造成的损失将“不小于（对方从）战争（中获得）的收益”，那么，发出将进行报复的可信威胁就可以遏制对手发动战争。[106]即如果对手的预期惩罚超过其预期收益，那么，对手就会被威慑住。但分析人员如何才能知道潜在的进攻者对防御者可能的反应、战争的预期成本或胜利的报酬等的判断呢？总而言之，分析人员怎样才能知道潜在的进攻方是否会被威慑住呢？对此，罗伯特·杰维斯令人信服地评论道：“要用主观预期效用理论推导出结论，我们还必须掌握大量的信息。例如，我们必须弄清该行为体如何判断其面临的局势、对他的各种目标进行怎样的排序、其考虑的方案有哪些，以及该行为体如何看待对手可能做出的反应等。”[107]

杰维斯强调，理性威慑理论“做出了许多与**理性无关**的假定”。例如，假定挑战国是“倾向于冒险的机会最大化者”，并主要受其外部环境的驱动。[108]而要解释面对同样的处境，为什么不同国家对预期效用的计算会不同，就需要关注于理性行为体模式之外的因素。而且，威慑理论的批评者已经指出，即使在军事实力的对比中占据优势，并且进行报复的威胁也是可信的，威慑仍可能会失败；如日本1941年进攻美国和埃及在1973年进攻以色列等，就是这方面的证据。[109]里查德·内德·勒博（Richard Ned Lebow）与贾尼斯·斯坦（Janice Stein）认为，日本和埃及可能已经进行过威慑理论中所描述的那些利害计算，但如果它们有国内政治方面的考虑或为了避免将来会出现的损失，那么，即使它们的预期效用是负值，它们仍可能会选择发动进攻。如在前文有关理性定义的讨论中所谈到的那样,理性行为体模式的概念具有很大的弹性,在出现与其不符的反例后,理性行为体模式可以通过对这些概念进行延伸或重新界定等而将这些反例(或任何其他东西)纳入该模式中。但正如杰维斯所言,“在任何与经验发现相符的主观预期效用理论中,主观性因素都是至关重要的。主观性因素对于价值与效用至关重要;就关键性的目的—手段的判断、对对方的认知以及对不同方案可能产生的结果的估计等这些来说,同样是如此。”[110]

一些学者使用理性行为体的基本模式,对国家威慑成败的各种案例进行概括与归纳。[111] 亚列山大·乔治(Alexander George)与罗伯特·杰维斯是这种研究的杰出代表。乔治与理查德·斯莫克(Richard Smoke)对 1948 年柏林封锁的分析显示,威慑可能会“一阶段一阶段”地走向失败。他们认为,苏联在 6 月实施的全面封锁大大出乎美国的意料;这并不是因为苏联没有发出过要进行封锁的警告,而是因为自从 4 月份以来苏联就不断发出警告信号却没有得到注意。在苏联采取了各个行动而美国却没有做出反应后,美国失去了采取关键行动的机会,美国能成功威慑住 6 月发生的那次苏联封锁的机会也就一阶段一阶段地溜走了。[112]

詹姆斯·费隆(James Fearon)在“战争的理性主义解释”(Rationalist Explanations for War)一文中,开篇就提出了一个重要的问题,也是大部分对战争的理性选择解释,包括新现实主义与预期效用理论,都未能认识到或解决的问题。即既然战争代价高昂,为什么理性国家要进行战争而不是做交易呢?根据理性理论,如果存在着双方都愿意接受的方案,他们就会选择该方案。因此,为什么不通过谈判达成结果实质上与进行战争的结果相同,却又无需流血与花钱的交易呢?费隆的结论是,所有完全理性的国家(图1中的概念国家)之间谈判的失败,其原因都可以归为下列两类中的一种。第一,因为不存在执行协议的更高一级权威,国家放弃了通过谈判达成交易这个比战争更好的选择。第二,国家为了达成对其更有利的交易,理性地隐藏了有关其决心或实力的事实(他们对其军事实力的情报进行保密或歪曲)。费隆的分析阐明了单单对实力与决心的理性误判是如何导致战争的。费隆的分析还清除掉了此前理性选择理论研究中"他们时不时做出的非理性主义假定",推进了相关研究的发展。[113]然而,正如他坦率承认的那样:"事实上,我们对理性假定在解释战争中的作用越是有更好的理解,我们就越能认识到特定的非理性因素的重要作用。例如,如果我们弄清了有限理性和私有信息(private information)之间的区别,就可发现是理性的有限性,而不是军事实力方面的私有信息,才是行为体之间对相对实力的判断出现分歧的更重要原因。"[114]

经典模式的变种和应用

本章图1所示的理性行为体基本模式,概括了这种模式的各种不同变种所具有的共同特征。图中的纵坐标轴代表了关于理性的假定的变化,即从完全理性到一个特定行为者的认知与判断能力是存在局限的;横坐标轴则代表了有关行为体的假定的变化,即从抽象的国家到特定类型的具体国家乃至具体的某个领导人。在上述讨论的近期国际关系理论研究中,这两条坐标轴上的变化都得到了反映。

最简单的理性行为体模式只是将目的与行动联系起来。如果我知道一个行为体的目标,我就掌握了他可能会做什么的主要线索。如果我通过观察行为体的行为,分析其目标,一旦我能确定行为体的行动正在追求实现的目标,那么我也就找到了对他的所作所为的一个强有力解释。但在这个超级简单的模式中,犯同义反复错误的危险也是显而易见的。想象一下这种孩子气式的解释:"他这么做,是因为他想这么做。"如果他所做的,就是证明他具有其行为所追求的那种目标的唯一证据,那么,这两个陈述在经验上是等同的。

而全面的理性行为体模式中不仅包括目标,还包括行为体对其所处环境的考虑。这种环境中既存在着威胁,又存在着机遇;该行为体根据这些威胁与机遇制定各种方案;行为体选择最能实现其利益的方案。因此,在解释行为体的所作所为或预测其可能采取的行动时,分析人员不仅必须考虑该行为体的目标,还要考虑该行为体拥有的方案,行为体对各个方案的成本与收益的估计,以及该行为体是否愿意冒险等。读者可以考虑一下自己曾采取过的某个行动,如到某个大学去读书,那么,自己到X大学而不是Y大学读书这个事实,可以在多大程度上用自己的目标加以解释呢?在大多数情况下,读者个人对各种方案的评价、对成本与收益的估计以及冒险的意愿等也是其中重要的因素。

就像谢林所说的那样,理性行为体模式的一个主要优点是,"你坐在你的安乐椅上,就可以通过设想如果你是理性的你会怎么做来预测其他人将采取的行为。这样,不需要付出任何代价,你就可以对现实中的行为有很好的分析。”[115]但是,这个优点中同样隐藏着一个巨大的危险。一些分析人员觉得坐在他们的安乐椅上太舒服了,以至于他们只依赖逻辑进行分析推理,而完全缺乏有关行为体的目标、方案与其所做的判断等事实上是如何的证据。这使他们很容易滑入阴谋论的幻觉与谬误中。一个想象力丰富的分析人员可以从各种结果中——这些结果可能完全是无意造成或是毫无相干的——都能进行层层的逻辑推理,从而找出行为体的一些意图——无论这些想象出来的意图是如何的牵强附会;这样,他就能创造出行为体“肯定会有”的目标,而无论这些目标是多么的荒唐。而如果再允许该分析人员就行为体的方案、判断与冒险倾向等进行想象的话,那么,他肯定就能编造出无数个逻辑严密的理性行为体模式的解释或预测。

在最抽象的理性行为体模式中,“经济人”(*homo economicus*)则是一个“战略城邦”(*polis strategicos*)。将一个国家的最基本目标与包括权力格局、地理环境、威胁的均势、技术运用的软硬件等在内的地缘政治条件结合起来分析,研究就可以得到许多发现。在20世纪30年代末,这种分析足以解释(或预测到),处于欧洲中部的德国,在面临着来自东西两边潜在对手的夹击以及在一战后被迫接受一种惩罚性的和平条约,并深受经济萧条与极度通货膨胀之苦的情况下,将会是一个不满的、强硬的和力图推翻现状的国家。当希特勒成为了德国的总理,英国政府认识到,希特勒很可能会给本已复杂的局势再增添一个爆炸性的因素。而当希特勒在1938年向世界宣布,为了保护捷克斯洛伐克境内的德意志人,德国将解决与捷克斯洛伐克之间存在的领土争端时,英国就必须考虑这样一些问题:希特勒的真正目的是什么?他的欲望可以和平地予以满足吗?英国首相内维尔·张伯伦认为德国有理由感到委屈,其对捷克斯洛伐克境内德意志人的关注也是正当的。德国人宣称把那块有限的领土和平地让给德国,将会有利于抚平一战后的《凡尔赛和约》给他们带来的精神创伤,从而避免欧洲爆发第二次世界大战;在张伯伦看来,德国的这些话似乎是合理而又可信的。[116]而且,通过与希特勒面对面的接触,张伯伦认为,他已经对这个人有所了解:“我想,尽管在他的脸上我看到了冷酷无情,但我的印象是,一旦他做出了承诺,他就是靠得住的。”[117]

但张伯伦错了。张伯伦认为希特勒至多是一个有些极端的普通的德意志民族主义者,他确实心怀不满,但目标是有限的。所以,张伯伦未能对希特勒带有强烈个人特质的目标进行更仔细的研究,从而未能把握住事情的本质。而在当时,希特勒已写下了大量的著述,清楚阐明了其有关种族性、德国扩张的生存空间(*lebensraum*)与德意志人是优等民族等问题的独特理论;这些都已显露出其真正目的。[118]

而温斯顿·丘吉尔不在政府任职的那些年间,仔细地阅读了希特勒的《我的奋斗》,并密切关注希特勒在登上权力之巅的过程中所使用的伎俩;事实上,早在1933年丘吉尔就曾对希特勒深藏着的“邪恶企图”发出过警告。[119]当德国在1936年违反《凡尔赛和约》单方面对莱茵地区进行军事化,然后又通过联合吞并了奥地利后,丘吉尔猛烈地抨击张伯伦未能理解其对手的本质。[120]因此,当张伯伦带着希特勒签订的一份协定从慕尼黑回来,宣布他带回了“体面的和平……我认为它是我们时代的和平,”丘吉尔却说:

"错!"他写道:"捷克斯洛伐克在英国和法国的施压下被瓜分,这等于西方民主国家向纳粹武力威胁的彻底投降。这种退让既不能给英国也不能给法国带来和平与安全。相反,它将把这两个国家置于一种从未有过的脆弱与危险的境地……认为把一个小国扔给狼群就能保住安全,这样的想法是一个致命的幻觉。"[121]

回顾历史,戈翰德·温伯格(Gerhand Weinberg)认为,希特勒的目标是连贯一致的,但在现实中这种目标也是独一无二的。"其他德国领导人是否在现实中会采取那样的冒险行动,确实值得怀疑;而且,正是其一些顾问的警告,使希特勒坚定了自己成为有能力、有意愿甚至是渴望去领导德国进行战争从而也把世界拖入战争的那个人的信念。"[122]

而当伊拉克1990年夏在靠近科威特的边境地区大量集结军队时,西方领导人需要考虑的是另一个独裁者的目的或计划。美国官员面临的问题是判断"伊拉克希望获得什么以及这种行动可能会向何处发展。"[123]他们从一个具体的国家——伊拉克——开始,考虑其最近的历史与其所处的具体环境。伊拉克最近刚刚结束与伊朗之间持续了近十年的代价高昂的战争。大量的军费开支与巨额的国内花销,使伊拉克背上了沉重的外债负担。在与伊朗的战争中,伊拉克失去了阿拉伯河(Shatt-al-Arab),因此它迫切需要新的港口设施,而如果能吞并科威特的一小块海岸地区,这个需要就可以得到满足。而且中立的旁观者会发现,伊拉克在与科威特的边境争端中所提出的要求是有些道理的,特别是对那些从边界两边都可以开采的地下油田的要求。因此,布什总统能理解伊拉克向更富却更弱小的邻国科威特提出的金钱上的要求,甚至是

伊拉克的一小块领土要求。

而当把注意的焦点进一步集中到人格化的伊拉克,特别是集中到萨达姆·侯赛因的独特性格特征时,西方领导人认为萨达姆的行为与他们对这个伊拉克残暴的独裁者的一贯认识是一致的。对伊拉克与萨达姆有更好了解的邻国也持同样的看法。科威特认为向伊拉克做一些让步可能是必要的,除非伊拉克的这些要求仅仅是其欲望的开始。对萨达姆的目的,埃及的判断与科威特相同。而在布什总统与约旦国王侯赛因交换看法,表示希望"形势的发展不会超出理性的界线"时,这位国王说,"不存在这种可能性,形势不会发展到这一步。"因为苏联长期是伊拉克的援助国,国务卿詹姆斯·贝克(James Baker)就向苏联外长谢瓦尔德纳泽核实情况。根据贝克的说法,谢瓦尔德纳泽私下向他说,"这个人或许是强盗恶棍之类货色的人,但他并非是不理性的,而这将是一个不理性的行动,所以我认为这种情况不会发生。"[124]

这样,大家一致的看法是,军事行动将只局限于占领科威特与伊拉克边境上的那些有争议的油田。但是,当伊拉克在 8 月 2 日发起进攻,其行动却不是有限的;伊拉克的坦克占领了科威特的全境。而这如果得不到遏制,也将对沙特阿拉伯构成威胁。

在希特勒和萨达姆这两个案例中,西方领导人试图通过一种理性行为体模式来解释和预测错综复杂的国家行为。他们首先从最抽象的理性行为体核心模式与国家最基本的目标开始;然后,为了使分析进一步深入、细化,他们关注具有特定价值观与认知的领导人。由于把这两个人只简单地视为民族主义者,西方领导人并未能充分考虑到这两人更具有个人独特特性的价值观、思维及其他因素等;而要了解这些,他们就需要掌握更多的相关细节。在这两个案例中,这种反映了个人独特特性的行为,也只有通过对其人格与认知进行详细分析后才能理解。就希特勒而言,这种个人独特特性就是其独一无二的世界观与个人使命感;而就萨达姆而言,则是萨达姆对自己在阿拉伯世界中的历史宿命的幻想,以及其特有的、部分因七八十年代中东所发生的事件而产生的对美国的不屑态度。

当研究的焦点转向了领导人,分析就需要掌握有关领导人在三个主要方面所做的判断的信息。如杰弗里·维克斯(Geoffrey Vickers)所言,关键的问题是:行为体如何"挑选、利用、呈现其有关'系统状态'的信息?它如何确立对这些信息进行评估的标准?它如何选择与采取反应?"我们可以认为行为体在这三个方面——**价值、现实和工具**(value, reality, and instrumental)——的判断构成了行为体的信念体系的基础。[125]尽管是相互独立的,但这三种判断在理性行为体范式中是紧密联系在一起的。行为体的**价值**判断(国家关心的内容)影响着国家的目标与目的;同时还影响着国家将关注于**现实**的哪些方面。价值与现实方面的判断深深地交织在一起。因为"事实只有与一些价值判断存在关联,这些事实才会变得相关而重要;而只有与一些事实相联系,价值判断才会有意义。"[126]而价值判断反过来还会受到**工具**方面考虑的影响,因为一个国家的目的经常会受到它认为自己拥有的实现其目的的能力的影响。对维克斯而言,这些相互交错的判断结合在一起,就形成了主体对某种情境的"评判"。"这样一些评判",他进一步说道,"反映出了我们最好将之称为倾向性的东西;这种倾向性使行为体关

注于情境的一些方面,而非其他方面,并使行为体以这种方式而不是其他方式评价这些方面。"这些倾向性结合在一起,就形成了一种评判体系。[127]

深入分析行为体复杂的信念体系的作用,在阿伦·弗里德伯格(Aaron Friedberg)有关英国如何评估与应对其帝国力量衰落的研究中得到了展示。弗里德伯格欣赏现实主义在解释国家行动时对权力与地缘政治因素的强调。弗里德伯格向我们描述的一幅有更多细节的图景则显示只有一群不断变动的官员,他们根本没有连贯的国家战略;这些人中,如果不是没有一个的话,那么也只有其中一部分人才会关注帝国权力的衰落。和"国家和政府内部权力都集中"的国家相比,英国"杂乱无章的民主制",是决定其行为的一个重要因素。弗里德伯格的结论是,"在英国,改变是渐进而分散的观念变迁的结果;时而发生的危机则会使这种变迁得到巩固与加速。"[128]这种深入细致的分析,不仅利用了本章前面概括的那些范畴中所包含的不同理论洞见,而且把这些不同洞见很好地融合到了一起。[129]

而一个国家的主观认知和其他国家同样复杂的认知与偏好结合在一起,则会使情况变得更加复杂。最近几本著作就是沿着这个方向,利用英文与俄文两方面的资料,对美苏之间的冲突进行了研究。威廉·沃尔福斯(William Wohlforth)描绘出了每一方对核心战略平衡的主观认知的变化,而这种认知变化与衡量国家权力的各种客观指标并不一致。如沃尔福斯所言,其结果是虽然权力确实很重要,"但坏消息是,权力、声望和安全等问题好像会以不同的方式、不同的组合与不同的强度、于不同的时间出现……如果说存在关于均势的规律的话,那么也只是一些其漏洞大得足以让一个超级大国通过的规律。”[130]

不过,即使是对外交领域中的国家与领导者的行为的最详细解释,很明显也经常依赖于基本理性行为体模式的假定和逻辑,即行为体是具有特定目标的单一行为体,其追求价值的最大化。而在解释从欧盟、国际货币基金组织到国际商业组织以及像红十字会这样的非政府组织等非国家行为体的行动时,这种范式同样也占据了主导性的地位。这种模式如此无所不在的原因之一就是它确实具有很强的解释力。在我们接下来对古巴导弹危机中的关键问题的分析中,这种模式的解释力及其局限性都将变得很清楚。

注释:

1. Lawrence Freedman 与 Efraim Karsh, *The Gulf Conflict 1990-1991: Diplomacy and War in the New World Order* (Princeton: Princeton University Press, 1993), pp. 61-62.

2. Hans Morgenthau, *Politics among Nations*, 第四版, (New York: Knopf, 1970), pp. 185-86. 摩根索的解释借鉴了经常被引用到的修昔底德对伯罗奔尼撒战争的解释;修昔底德认为,这次战争是“雅典权力的增长及其在斯巴达所引发的恐惧”的产物。想要了解与摩根索的解释相类似、用均势对1914年危机的简要分析,可以参看 Gordon A. Craig 与 Alexander L. George, *Force and Statecraft: Diplomatic Problems of Our Time*, 第三版, (New York: Oxford University Press, 1992), pp. 35-38。对一战爆发原因有更深兴趣的读者,可参看 James Joll, *The Origins of the First World War*, 第二版, (Longdon: Longman, 1992),其中有概述; Steven E. Miller, Sean M. Lynn-Jones,以及 Stephen Van Evera 合编的 *Military Strategy and the Origins of the First World War*, 修订版, (Princeton: Princeton University Press, 1991),其中提供的是专业的视角。David G. Herrmann, *The Arming of Europe and the Making of the First World War* (Princeton: Princeton University Press,

1996),对当时的外交环境与军事平衡之间的相互作用进行了很好的研究。

3. Morgenthau,*Politics among Nations*,第5—6页。

4. Thomas Schelling, *The Strategy of Conflict*(Cambridge: Harvard University Press,1960),p. 232.这个命题也是Wohlstetter在其“The Delicate Balance of Terror”一文中阐述的核心命题,*Foreign Affairs* 37(January 1959):211—234。让我们考虑一下谢林有关威慑的讨论,他是怎样描述作为研究对象的情境与行为的本质特征的?威慑意味着需要影响对方所做的选择,并且是通过影响其对我方会怎么做的预期来达到这一点。这就需要向对方展示证据,以使其相信我方采取什么样的行为取决于他将采取怎样的行为。根据这种分析,对威慑的研究就意味着需要对下面的问题做出回答。第一,对于双方来说,他们拥有什么样的价值体系——用博弈论语言来说即支付,威慑中发出的威胁才可信?第二,威慑中双方的共同利益是什么,利益冲突是什么,如何衡量这些共同或冲突的利益?第三,威慑中所要求的信息传递与沟通是怎样的,用什么样的方式来验证这些沟通中的证据呢?第四,威慑中所要求的理性是怎样的,是能认识自己的价值体系、制定方案并对各种可能性进行分析计算,且要是显然而无法隐藏的?第五,在怎样的条件下,承诺才是可信任的,或承诺会被兑现?第六,既然有效的威慑意味着威慑方发出的威胁并没有被真正实施,那么,是什么样的机制使人相信威慑方会兑现其威胁而不是放弃实施这些其本不应实施的威胁呢?

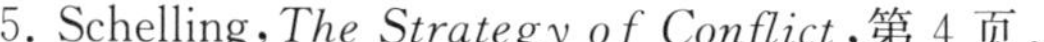

5. Schelling,*The Strategy of Conflict*,第4页。

6. 本书的初版第一次提出这种观点时,曾引起激烈的争论。本书的初版通过揭示出许多截然不同的派别对这种模式中的主要假定的大多并未被言明或认识到的依赖,也展示出了这些派别之间存在的迄至那时尚未被认识到的共通之处。在对本书的第一波批评浪潮中,许多人拒绝接受这种观点。但是,随着时间的推移,这种观点已经成为了常识,并经常得到更具自觉意识的学者的明确提及。

7. “追求理性的”这个术语出自Herbert Simon,*Models of Man:Social and Rational-Mathematical Essays on Rational Human Behavior in a Social Setting*(New York:Wiley,1957),p. 196。引用李普塞特的话,参看Kathleen Archibald编,*Strategic Interaction and Conflict: Original Papers and Discussion*(Berkeley: Institute of International Studies of the University of California,1966),p. 150。

8. Herbert Simon,"Human Nature in Politics: The Dialogue of Psychology with Political Science," *American Political Science Review* 79(1985):293-304.有关这一基本概念的更广泛讨论,以及在对"实体理性"与"程序理性"的辨析中对这个概念的进一步提炼与锐化,参看 Herbert Simon, *Models of Bounded Rationality* (Cambridge: MIT Press,1982)。

9. Carl J. Friedrich, *Man and His Government: An Empirical Theory of Politics* (New York: McGraw Hill,1963),对霍布斯的概念进行了详细的探讨。也可参看 David Gauthier, *The Logic of Leviathan* (Oxford: Clarendon Press,1969)。

10. 正如霍华德·雷华所强调的那样,在博弈论中,在博弈者缺乏交流沟通的情况下,对博弈者而言,能实现其预期价值最大化的选择就是最佳选择——在零和博弈中这就体现在最小-最大原则上(使自己的预期价值最大化而使他方的预期价值最小化)。除了这些理论上的博弈模型,如双人零和博弈,博弈论的主要贡献是:(1)使人们注意到了战略互动的本质,即一个行为体的最佳选择取决于另一个行为体的选择;和(2)为描述、分析此类互动提供了语言。大多数博弈都存在多重纳什均衡,因此,结果也是不确定的。西蒙还提醒我们,"或许,博弈理论对政治科学的主要贡献,就是其证明在现实的博弈中,出现符合客观〔完全〕理性决策原则、并具有一个稳定的均衡的情况是极其少见的。""Human Nature in Politics",p. 300。

11. 然而,主体的价值评判却受到其对现实的认知的限制——实际上是相互渗透,因为"事实只有与一些价值判断存在关联,这些事实才会变得相关而重要;而只有与一些事实相联系,价值判断才会有意义。"Sir Geoffrey Vickers, *The Art of Judgement: A Study of Policy Making*,世纪版,(Thousand Oaks: Sage Publications,1995)[1964],p. 54。

12. 参看 Philip Zelikow,"Foreign Policy Engineering: From Theory to Practice and Back Again", *International Security* 18(Spring 1994):143-171,提出的七个要素。效用函数这个简单的概念,甚至是雷华提出的多重价值体系这概念,都意味着在从基本价值与利益到一项政策的实施与保持的过程中,要对手段—目的进行多次的协调与计算;行为体依据效用函数或多重价值体系在各种政策选项中进行选择。在有关商业或政府战略的讨论中,这些层面有时只被简单区分为"战略"与"战术"。

13. 关于早期用数学语言对这种经典理性模式的表述,参看 Herbert

Simon,"A Behavioral Model of Rational Choice",*Quarterly Journal of Economics* 69(February 1955):99-118。统计决策论和博弈论对这种模式进行了调整,以适用于存在或然性的情况。参看 R. Duncan Luce and Howard Raiffa,*Games and Decisions*(New York: Wiley,1957),特别是其中的第 13 章;William Baumol,*Economic Theory and Operations Analysis*(Englewood Cliffs,N. J.: Prentice-Hall,1961),特别是其中的第 19 章;Howard Raffia,*Decision Analysis*(New York:Random House,1968)。当代将博弈论运用于国际关系研究领域,比较有影响的有:Robert Axelrod,*The Evolution of Cooperation*(New York:Basic Books,1984),以及 Steven Brams,*Superpower Games:Applying Game Theory to Superpower Conflict*(New Haven: Yale University Press,1985)。

14. Anthony Downs,*An Economic Theory of Democracy*(New York: Harper and Row,1957),p. 4.

15. John Harsanyi,"Some Social Science Implications of a New Approach to Game Theory",*Strategic Interaction and Conflict*,Archibald 编,pp. 1,139(强调是作者后加的)。

16. 关于这一点,参看 Jack Levy,"Misperception and the Causes of War: Theoretical Linkages and Analytical Problems",*World Politics* 36(1983):76,79-80。

17. Simon,"Human Nature and Politics",p. 294. 外交政策方面的研究人员已经注意到,在许多不同的人格类型和决策环境中,"为了维持其认知结构的稳定与简洁,个人具有保持其认知体系内在一致性的强烈需要";价值、信仰和态度是这种结构的关键因素。参看 Yaacov Vertzberger,*The World in Their Minds:Information Processing,Cognition,and Perception in Foreign Policy Decisionmaking*(Stanford University Press,1990),p. 137。而且,认知心理学家已经在实验中证明,人类在正常解决问题过程中表现出的一些行为方式,如在效用函数与概率评估中的不一致性,到对待风险的态度上所表现出来的不连续性,再到使用试探法而非进行综合全面的考虑,都与完全理性模式存在着截然的区别。对这类例子的概括,参看 Daniel Kahneman,Paul Slovic and Amos Tversky 编,*Judgment Under Uncertainty*,*Heuristics and Biases*,(New York:Cambridge University Press,1982);亦可参看 Richard E. Nisbett and Lee Ross,*Human Inference*,*Strategies and Shortcomings of*

Social Judment(Englewood Cliffs,N.J.:Prentice-Hall,1980)。

18. Simon,"Human Nature in Politics",p.297。西蒙补充说,"我的主要结论是:有关目的的经验性判断,以及更重要的关于人们怎样考虑其面临的决策情境的经验性判断,是任何解释现实政治现象的理论的关键性逻辑前提。这些目的与判断并不是建立在不变的基本原则的基础上,而是随着时间与地点的变化而变化;这种变化,只有通过对经验事实的研究才可被发现与了解"。同上书,第301页。

19. 在本书第一版第一章的注19中,曾提到了一种历史哲学;它要求尽可能地对决策者实际认知的决策环境进行移情重构。这仍然是我们的看法。对此的一种基本解释,见 R. G. Collingwood,"Human Nature and Human History",(1933) in Collingwood,*The idea of History*,Jan Van Der Dussen编,修订版,(Oxford:Oxford University Press,1994),pp.214-215。对这种获得人类行为方面知识的方法的更深刻的哲学辩护,在 William James 的各种著作中有最佳的阐述。而有关在国际事务中进行这种重构所存在的困难,可参见 Michael Howard,*The Lessons of History*(New Haven:Yale University Press,1991),pp.12-14;其中有简要的评论。在信奉建构主义的国际关系理论著作中,对理性也持类似的看法,例如,Nicholas Greenwood Onuf,*World of Our Making:Rules and Rule in Social Theory and International Relations*(Columbia,S.C.:University of South Carolina Press,1989),pp.258—266。

本书的第一版中,还花很长的篇幅论述了有关完全理性与有限理性的争论。尽管大多数读者对这种争论可能并不感兴趣,但这种争论还是吸引了一些学者的注意;因此,我们在此再次附上这些争论,并在最后增加了一段评论。

"大量学术文献中提出了不同程度的批评;这些批评可以划分为三类。第一类批评意见认为,并不需要画出全部的决策树。画出全部的决策树,这超出了人类有限的智力范围。例如,考虑一下国际象棋中棋手的理性选择问题。尽管在走棋时,每步平均只有三十种走法,但如果考虑对方所有应招以及我方对其应招的所有应招,如此下去,从棋的开局直到结束,所存在的套路数,将是一个10^{120}位数。而如果对所有这些套路都要加以考虑,那么,即使用每秒可以分析100万条套路的机器,要下第一步棋,也需要10^{95}年。"

"第二类批评意见——见 R. J. Hall 与 C. J. Hitch,'Price Theory and Economic Behavior',*Oxford Economic Papers*,1939年5月。这类批评意见

把第一类对理性行为体模式现实可行性的批评与方法论上的'实在论'结合起来,批评理性行动模式是'不真实的'。这类批评意见认为,既然决策者在选择过程中,并不是有意识地对所有的目的都进行排序或考虑所有的方案,那么对决策者决策的解释与预测,也就不能运用这种模式(理性行为体模式)。这类批评源自于对理论的解释与预测作用的低级错误认知;在社会科学中,还经常出现这种错误认知令人感到沮丧。自然科学与科技哲学早已把这种'实在论'扫入了方法论的垃圾堆中。"

"确实,理性行动模式不如其他一些行动模式那样'真实'。但'实在'决不是区分理论模式是否可取的简单标准。如果构建一种理论模式只是为了提供一种描述——而据我所知,还没有人仅仅出于这个目的才构建理论模式——那么理论模式必须消除与所观察到的现实世界之间的差异。但就解释与预测来说,理论模式缺乏实在性就绝不是一种缺点——只要理论模式中的概念与观察到的现象之间的对应规则是清晰的。"

"拒绝基于实在论的对理性行为体模式的批判,并不意味着必然要接受米尔顿·弗里德曼(Milton Friedman)的观点,即'非实在性'是一切强大、有效理论的标志。见 M. Friedman,'The Methodology of Positive Economics',在其 *Essays in Positive Economics*,Chicago,1953。弗里德曼认为判断理论模式的唯一标准就是其预测力,而且,要有预测力就必须是非实在的;在此,弗里德曼的看法走上了极端,几乎到了故意偏执的地步。

"对这些观点的谱系进行研究的学者会认识到,本书对待概念模式及其批评意见的角度,代表了第三代立场。本书可以采用第一代立场,即批评理性行为体模式及其在研究文献中的运用是'非真实的',可以指出:国家的决策与行动并不是由一个铁板一块似的行为体做出的,而是由构成政府的不同个人组成的集合体做出的。这些个人在进行决策时,所依据的也并不是一个内在排序一致的系列战略目的,而是根据各个人对非常广泛的价值目标的不同排序。这种第一代观点与对汉斯·摩根索国际政治理论的大部分批评相似。而如果接受第二代的看法,本书可以采用弗里德曼的立场——这种立场在政治科学中正变得越来越普遍。本书会先介绍对理性行动模式的第一代批评,然后批评其与弗里德曼的非实在论原则不一致之处。本书会提出,理论模式的作用在于预测;因此,预测力是判断理论模式是否完备的唯一标准。而要有预测力,就要求理论模式是非实在的。因此,第一代观点所批评的恰恰是增加而不是削弱理性行为体模式的完备性。幸运的是,我们采取的第三代立场，避免使读者在第一代立场和第二代立场之中只能二者择其一；而且，第三代批判中包含了有关理性行为体模式的许多真知灼见。"

"对理性行为体模式的第三代批判，抓住了该模式存在的最严重问题。即理性行为体模式要求**所有的**方案都得到考虑、**所有的**结果都得到评估，而事实上这种要求在**概念上**并不像其看起来那样严密。认为方案、结果与效用函数等在**客观情境**中真实存在着且清晰明确的这种典型假设，可能只有在决策主体是一只老鼠而观察者是一个人的情况下（特别如果是这个人设计了这种实验情境的话），才是可以理解的。只有在这种情况下，迷宫中的各条道路与各条道路导向的结果（不论这只老鼠是否得到了奶酪）才是清楚而又明确的。因此，只有在这种人为设计的博弈中，所有方案及所有结果才是清楚的。而在现实情境中，大多数时候人们并不了解所有的方案，甚至不能（即使在无限的时间内）知道各种方案形成所依据的原理。比如，在如对外援助等这样很普通的现实案例中，在什么样的客观情境下，才可能知道所有方案的结果及其价值呢？"

"这些批评意见尖锐而切中要害。但这些批评意见对一个有效的理性行动概念意味着什么，却并不像一些批评者所认为的那样直接明了。完全理性模式只适用于人为设定的情境，这并不意味着只有一种**行为的**理性模式（a behavioral rational model）才能适用于现实的情境（与西蒙看法相反）。事实上，只要对完全理性模式稍作修改，我们就可以得到一个非常清晰而又令人满意的分析模式；它将能胜任其强有力的兄弟模式（完全理性模式）的大部分工作。完全理性模式要求'所有的'方案与'所有的'结果都应得到考虑；修订后的模式则放松了这个要求，而强调完全理性模式的核心部分，即追求价值最大化的选择是在被考虑到的各种方案与结果中进行的。如果要进行精确数学计算，这种修订带来的不确定性可能是难以接受的。而对一般行为的解释来说，揭示出该行动的**目的**特征就足够了。"（第一版第一章注 93。）最近有关这种辩论的具有争议性的看法，参见 Thomas Mayer，*Truth Versus Precision in Economics*（Aldershot，England：Edward Elgar，1993）。

考虑到理性选择视角最近在政治科学中的盛行，有关完全理性与有限理性的这种辩论已变得更为重要。西蒙证明在任何使用"完全"理性的解释中，都必须有"辅助性"假定与事实证据；这就意味着研究焦点需集中于宏观层面和微观层面的经验性分析，而这种分析的目的就在于确定：(1)在无数合理的参数（specifications）中，行为主体已经或将采取哪一个和(2)在进行这些研究

时证据的使用规则。

20. Robert Merton, *Social Theory and Social Structure*, 扩充版, (New York: Free Press, 1968), pp. 69-72。"范式"在默顿那里的用法,与今天的惯常用法一致;根据 Webster's Dictionary 的定义,范式是:"一个科学学派或学科的一种哲学与理论的框架体系(framework);在这个框架体系内,包括各种理论、规律与一般经验法则以及为了支持这些理论、规律与一般经验法则而进行的实验。"托马斯·库恩与拉卡托斯也利用这个基本概念提出了一些新的主张。参见 Kuhn, "Reflections on My Critics"与 Lakatos, "Falsification and the Methodology of Scientific Research Programmes", Lakatos and Musgrave 编, *Criticism and the Growth of Knowledge* (Cambridge: Cambridge University Press, 1970)。

21. Thucydides, *The Peloponnesian War*, Richard Crawley 译,第一章第 24 段。有关修昔底德这种观点的价值以及他是否真的如此评价这次战争的分析,可参见 Donald Kagan, *The Outbreak of the Peloponnesian War* (Ithaca: Cornell University Press, 1969), pp. 345-356, 357-374。值得一提的是,现代有些学者坚持把修昔底德划归为古典现实主义者。例如, Daniel Garst, "Thucydides and Neorealism", *International Studies Quarterly* 33, no.1(1989 年 3 月)。

22. George F. Kennan, *American Diplomacy 1900-1950* (Chicago: University of Chicago Press, 1951), pp. 3-4.

23. 尼布尔、斯皮克曼与李普曼有关这些观点的代表性著作,参见 Reinhold Niebuhr, *Moral Man and Immoral Society: A Study in Ethics and Politics* (New York: Scribner's, 1932),与 *The Irony of American History* (New York: Scribner's, 1952); Nicholas J. Spykman, *America's Strategy in World Politics: The United States and the Balance of Power* (New York: Harcourt Brace and Company, 1942); Walter Lippmann, *U. S. Foreign Policy: Shield of the Republic* (Boston: Little, Brown, 1943);还可参见 Ronald Steel, *Walter Lippmann and the American Century* (Boston: Little, Brown, 1980), pp. 404-408。在这一时期,另一个非常有影响的现实主义论述是: E. H. Carr, *The Twenty Years' Crisis, 1919-1939: An Introduction to the Study of International Relations*, 第 2 版(London: Macmillan, 1981;初版于 1940 年)。对现实主义的一般概括,可参见 Michael Joseph Smith, *Realist*

Thought from Weber to Kissinger(Baton Rouge:Louisiana State University Press,1986)。

关于凯南的思想,我们期待着 John Lewis Gaddis 正在写作的凯南传记的出版。在此之前,最好的研究文献是 John Lewis Gaddis,*Strategies of Containment:A Critical Appraisal of Postwar American National Security Policy*(New York:Oxford University Press,1982),pp. 25-53;Anders Stephanson,*Kennan and the Art of Foreign Policy*(Cambridge:Harvard University Press,1989);Smith,*Realist Thought from Weber to Kissinger*,pp. 165-191;对在政府任职期间的凯南的研究,Wilson D. Miscamble,*George F. Kennan and the Making of American Foreign Policy,1947-1950*(Princeton:Princeton University Press,1992)。

24. George F. Kennan,"Morality and Foreign Policy",(1985),载于 Kennan,*At a Century's Ending:Reflections,1982-1995*(New York:W. W. Norton,1996),pp. 270,279。

25. Morgenthau,*Politics among Nations*,pp. 5-6(强调是后加的)。有关对摩根索著作的批判,见 Smith,*Realist Thought from Weber to Kissinger*,pp. 134-164。在一篇经典文章中,阿诺德·沃尔弗斯(Arnold Wolfers)评论道:"直到最近,'把国家作为唯一的行为体'依然是国际政治研究中一种根深蒂固的方法,因此也可被称为是一种传统的研究方法。"(载于 *Theoretical Aspects of International Relations*,William Fox 编,Notre Dame,1959,p. 83)。他在文章中还进一步分析了其他两种途径即"人的理智"论与"决策"论;他认为这些新的途径并没有严重背离传统途径。尽管承认这些途径做出的贡献,但沃尔弗斯仍认为,"把国家作为唯一的行为体"这种传统模式仍然是"我们有关国家行为及其出现的偏差的分析基础"(同上,第 98 页)。它确立了"国家在各种国际环境中'正常'的行为与反应模式"。(同上)

26. 参看 Felix Gibert,*To the Farewell Address:Ideas in Early American Foreign Policy*(Princeton:Princeton University Press,1961)。

27. Henry Kissinger,*Diplomacy*(New York:Simon and Schuster,1994),p. 18.

28. 转引自 Henry Kissinger,*A World Restored:Metternich,Castlereag,and the Problems of Peace,1812-1822*(Boston:Houghton Mifflin,1957),p. 329;参见 Smith,*Realist Thought from Weber to Kissinger*,pp. 192-217。

29. Raymond Aron, *Peace and War: A Theory of International Relations* (New York: Doubleday, 1966), p. 16(强调是原文的);也可参见 Stanley Hoffmann, *The State of War: Essays on the Theory and Practice of International Relations* (New York: Praeger, 1965), pp. 22-53。

30. Aron, *Peace and War*, pp. 16, 17, 177, 177-183.

31. 有趣的是,在国际关系的各流派中,前缀"新"经常被一些批判者用来冠于他们要批判的学说上。例如, Richard K. Ashley, "The Poverty of Neorealism", *Neorealism and Its Critics*, Robert O. Keohane 编(New York: Columbia University Press, 1986), p. 257; Joseph M. Grieco, "Anarchy and the Limits of Cooperation: A Realist Critique of the Newest Liberal Institutionalism", *Neorealism and Neoliberalism: The Contemporary Debate*, David Baldwin 编(New York: Columbia University Press, 1993), p. 117。参见 Colin Elman, "Neocultural Progress? A Preliminary Discussion of Lakatos' Methodology of Scientific Research Programs",美国政治科学协会年会(1997 年 8 月)的论文。

32. Keith Shimko, "Realism, Neorealism and American Liberalism", *Review of Politics* 54 No. 2(1992 年春季号), p. 299。

33. Robert Jervis, *Perception and Misperception in International Relations* (Princeton: Princeton University Press, 1976), pp. 62-113。

34. Kenneth Waltz, *Theory of International Politics* (Reading: Addison-Wesley, 1979), p. 129 往后。对沃尔兹在该书中的思想的最佳概括,包括从他书中稍作修改摘录出来的四章,见 Keohane 编, *Neorealism and Its Critics*。

35. Waltz, *Theory of International Politics*, p. 15;和 Waltz, "Anarchic Orders and Balance of Power", *Neorealism and Its Critics*, p. 117。对于国家行为的分析,沃尔兹有时也用到一种进化论模式。"这个理论只是说,如果一些国家做得更好一些,那么其他国家要么效仿这些国家,要么就出局。"根据这种观点,在权力结构中国家采取的应对行为或多或少是机械性的,并非真正的决策;均势体系通过国家的这种机械性行为自动地有效运作着。18 世纪的思想家也曾着迷于建立一种普遍的机械论,以便在政治领域中也能发现与他们在自然界中狂热探寻的科学秩序相类似的秩序。参见 Edward Gulick, *Europe's Classical Balance of Power* (New York: W. W. Norton,

1955)。马克思主义理论也经常会演变成一种进化论模式,用自然(或历史)的规律,而不是用有目的的理性选择,来解释国家行为。更老一辈的学者可能会想到 Inis Claude, *Power and International Relations* (New York: Random Houses, 1962);其中讨论了"自动的"与"人工的"这两种不同版本的均势理论。

但沃尔兹与其他新现实主义者,如更现代的马克思主义学者一样,认为体系的结构只是提供了一系列的限制和机会;这些限制与机会对国家怎样界定其目的及国家的选择有着关键性的影响。在这些条件下,沃尔兹对国家行为的解释仍然需要使用理性行为体模式。如基欧汉所言,"沃尔兹确实要依赖于理性理论的观点,尽管他早先声称并不需要这些观点。"Robert O. Keohane, "Theory of World Politics", *Neorealism and Its Critics*, p. 173。

进化论模式通过将国家行为类比为自然界有机体在进化中的适应性行为,而抛弃了理性范式。这种模式有时还表现在强调生态结构的决定性作用或强调经济或权力结构的解释力等论调中。例如,Jared Diamond, *Guns, Germs, and Steel: The Fates of Human Societies* (New York: W. W. Norton, 1997)。但是,这种自然选择进化论范式至少有三个缺陷。第一,科学家们已经不再认为,用对一个体系的"适应"或最佳调适这样的说法就能充分解释物种偶然性的生存、消失或扩散。有关的讨论以及对通俗科学作品中滥用自然选择这个比喻的批评,见 Stephen Jay Gould, *Wonderful Life: The Burgess Shale and the Nature of History* (New York: W. W. Norton & Company, 1989);也可参见有关复杂进化趋势与"适应景观"的讨论,Murray Gell-Mann, *The Quark and the Jaguar: Adventures in the Simple and the Complex* (New York: W. H. Freeman and Company, 1994), pp. 235-260。第二,这种进化论模式容易采取一种贬低人类认知与意识重要性的立场,而这在哲学上是很难站得住脚的。见 Barry Schwartz, *The Battle for Human Nature: Science, Morality and Modern Life* (New York: Norton, 1986);但也有从生态学的角度来强调理性与认知的重要性的,见 Harold Sprout 与 Margaret Sprout, *The Ecological Perspective on Human Affairs with Special Reference to International Politics* (Princeton: Princeton University Press, 1965)。第三,这种进化论模式必然只解释那些时间跨度很大的现象,而不认真研究像人的一生(或几代人)这样时间跨度内的个体层次的现象。有关对人类理智进化理论的批判,见 Steven Jones, "The Set within the

Skull",*New York Review of Books*,1997 年 11 月 6 日,第 13—16 页。

36. 沃尔兹还试图揭示出均势以外的其他一般规律。例如,他断言在多极体系中发生战争的可能性会更大;随着两国之间相互依赖的增加,战争的可能性也会上升。关于沃尔兹与新现实主义在外交政策解释中的运用,参见 Colin Elman,"Horses for Courses:*Why Not* Neorealist Theories of Foreign Policy",*Security Studies* 6(1996 秋季号):54-57。Elman 所举的沃尔兹将其理论运用于解释外交政策的例子包括:古希腊较小的城邦国家站到较弱的斯巴达一边,对抗较强的雅典;提尔皮茨将军效仿英国建立强大的海上力量;英国则以进行海军军备竞赛作为回应;主要的陆上列强效仿普鲁士建立军事参谋体系;美国(在任何海军军备竞赛中都将成为胜利者)采取合作,使《华盛顿限制海军军备条约》成为可能;法国与俄罗斯在一战前的结盟外交;法国在二战前的推诿责任。

37. Kenneth N. Waltz,"The Emerging Structure of International Politics",*International Security* 18(1993 年秋季号):44-79。

38. Alexander Wendt,"Anarchy Is What States Make of It:The Social Construction of Power Politics",*International Organization* 46(1992 年春季号)。

39. 也可参见 Randall Schweller,"Neorealism's Status-Quo Bias:What Security Dilemma?",*Security Studies* 5(1996 年春季号)。

40. 例如,Stephen Van Evera,"The Cult of the Offensive and the Origins of the First World War" *International Security* 9(1984 夏季号):58-107;和 Jack Snyder,"Civil-Military Relations and the Cult of the Offensive,1914 and 1984",*International Security*(1984 年夏季号):108-160。

41. Steven Walt,The Origins of Alliances(Ithaca:Cornell University Press,1987).参见 Thomas J. Christensen,"Perceptions and Alliances in Europe,1865-1940",*International Organization* 51(1997 年冬季号)。Christensen 认为,领导人关注于潜在同盟中那些处于"前线"位置的国家的实力,但对体系中的实力分配与进攻防御平衡的判断却往往是错误的;特别是在多极体系中,情况更是如此。这导致他们经常采取一些事实上与人们直觉相反甚至是危险的结盟政策。例如,拿破仑三世对奥地利与普鲁士之间战争的袖手旁观;1938 年捷克斯洛伐克危机期间,英国和苏联将采取行动的关键责任推诿给法国。

42. 杰维斯思想的最新集成，见其著作 *System Effects: Complexity in Political and Social Life*（Princeton: Princeton University Press, 1997）。有关本段的背景，参见 Thomas J. Christensen and Jack Snyder，"Chain Gangs and Passing Bucks: Predicting Alliance Patterns in Multipolarity"，*International Organization* 44（1990 年春季号）：137-167。

43. 参见 Van Evera，"The Cult of the Offensive and the Origins of the First World War"；和 Snyder，"Civil-Military Relations and the Cult of the Offensive, 1914 and 1984"。

44. Stephen Van Evera，"Offense, Defense, and the Causes of War"，*International Security* 22（1998 年春季号）：5-43。

45. Elman，"Horses for Courses"。本书对这篇文章中的图 1 稍作修改，将之作为图 3 附在下面。

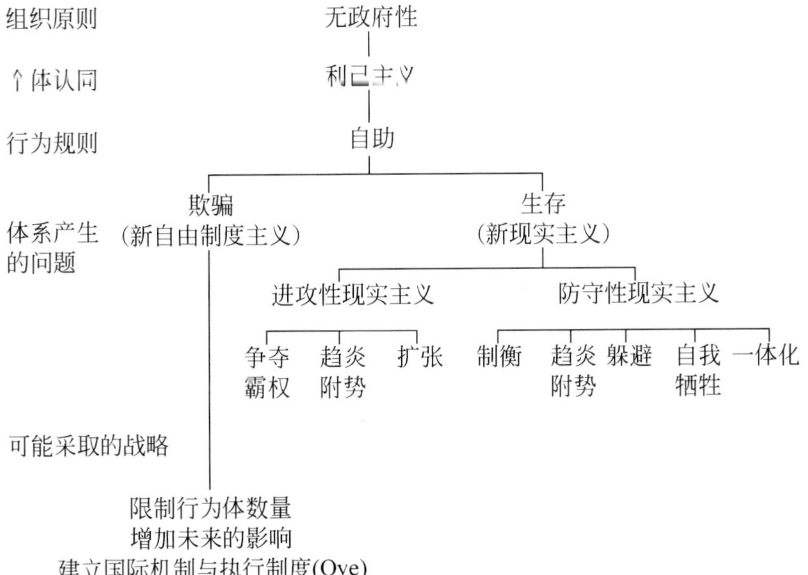

图 3 无政府性——假定和一些可能采取的外交战略

46. Robert Keohane，*After Hegemony: Cooperation and Discord in the World Political Economy*（Princeton: Princeton University Press, 1984）。还可参看 Koehane，"Instituitionalist Theory and the Realist Challenge After the

Cold War",*Neorealism and Neoliberalism*,Baldwin 编。正像基欧汉所言的那样,在 1945 年至 1980 年间,国际组织的数量增长了 6 倍。同上,第 285 页。

47. 参见 Ernst B. Haas,*The Uniting of Europe* (Stanford: Stanford University Press,1958)。而在大部分著作中,克莱斯勒(Krasner)的立场都倾向于现实主义,他将制度看作本质上是由国家权力派生出来的现象(例如,见他的文章,"Global Communications and National Power: Life on the Pareto Frontier",*Neorealism and Neoliberalism*,Baldwin 编);还可参见他有关机制作为独立变量的说明,Krasner 编,*International Regimes* (Ithaca: Cornell University Press,1983)。

48. 虽然并不为国际制度主义者经常提及,但认为这类制度具有独立的影响是他们的一个明确主张;这个主张清楚地反映在如下这个命题中:"有效制度的建立,事实上意味着大额的固定成本已经支出了,因此在采取行动时可能就只需要付出有限的边际成本,从而增加了此类行动被实施的可能性。"参见 Graham Allison 与 Hisashi Owada,"Democracy and Deadly Conflict: Reflections on the Responsibilities of Democracies in Preventig Deadly Conflict",提交给 the Carnegies Commission on Preventing Deadly Conflict(forthcoming)的论文。Graham Allison 与 Hisashi Owada 认为:"是否存在能完成工作的既有能力从而使国家只要再投入较小的边际成本就可以采取行动,会对国家的(采取行动的)意愿产生重要影响。"这实际上也是本书第三章的命题与看法;因此,存在着国际制度主义者与使用模式Ⅱ的分析人员之间进行相互沟通的可能性。有关这种观点的先前版本,参见 Graham Allison,"Military Capabilities and American Foreign Policy",*Annals of the American Academy*,1973 年 3 月,pp. 17-37:"如果美国人发现可以轻易去任何地方,做任何事,那么他们总是会去一些地方,做一些事。"

49. Keohane,"Institutional Theory and the Realist Challenge After the Cold War",*Neorealism and Neoliberalism*,Baldwin 编,p. 271;基欧汉不喜欢新自由主义这个标签,见第 289 页注 3(他更喜欢"制度主义"或"理性制度主义"这个名称)。有关国际制度与国际合作(与和睦的友好相处并不是一回事)在世界政治中的重要作用,见 Robert O. Keohane 与 Joseph S. Nye, Jr.,*Power and Interdependence: World Politics in Transition* (Boston: Little, Brown,1977);Robert Axelrod 与 Robert O. Keohane,"Achieving Cooperation under Anarchy: Strategies and Institutions",*World Politics* 38(1985 年 10

月）：226-254；Lisa L. Martin，"Institutions and Cooperation：Sanctions During the Falkland Islands Conflict"，*International Security* 16（1992 年春季号）：143-178；Richard Rosecrance，*The Rise of the Trading State*（New York：Basic Books，1986）；与 Robert O. Keohane，*International Institutions and State Power：Essays in International Relations Theory*（Boulder：Westview，1989）。有关机制的性质与界定，与国际制度主义有许多重合之处，见 Stephen D. Krasner，"Structural Causes and Regime Consequences：Regimes as Intervening Variables"，*International Regimes*，Krasner 编，pp. 1-22。

50. 参见 Keohane，*After Hegemony*，Part Ⅱ。

51. 参见 Keohane，*After Hegemony*，第 15-26 页。也可参见 Keohane，"Institutionalist Theory and the Realist Challenge"，p. 294："在《霸权之后》中，我在一开始就强调，系统层次的理论是不全面的。"

52. 同上，第 285 页。

53. 同上，第 294—295 页："如果没有对国内政治进行分析的利益理论，那么任何国际关系理论都不可能是全面而又完备的……应该在国家层次上进行更多的研究，而不是在作为一个整体的国际体系这个层次上。"还参见 Axelrod 与 Keohane，"Achieving Cooperation under Anarchy"；在文中，他们的第一个结论就强调了"认知的重要性"："我们没有特地探讨认知在决策中的作用，但认知的重要性却是不言自明的。"基欧汉的著作反映了他对现实世界的潜在兴趣，其内容并没有完全局限于制度主义当下的那些论述与框架。通过强调"利己（self-interest）这个概念是具有弹性的"，他的制度主义分析了国际制度怎样改变行为体对自我利益的认知。见 Keohane，*After Hegemony*，pp. 131-132。"受到有限理性限制的行为体，重视从机制中得到的有用经验。如果政府担心其继任者会改变偏好，那么他们可能会寻求加入机制中以约束继任政府。最后，如果政府对其自身利益的界定中包含了〔对其他国家利益的〕同情，他们就更可能——而不是相反——去构建国际机制，因为相互之间的共同利益更大了。"

54. Axelrod 与 Keohane，"Achieving Cooperation under Anarchy".

55. 参见 Robert Axelrod，"Conflicts of Interest：An Axiomatic Approach"，*Journal of Conflict Resolution* 11（1967 年 3 月）：87-99；及 Robert Axelrod，*Conflict of Interest：A Theory of Divergent Goals with Applications to Politics*（Chicago：Markum，1970）。

56. 参见 Lisa Martin, *Coercive Cooperation: Explaining Multilateral Economic Sanctions*(Princeton: Princeton University Press, 1992)。也可参见 John Duffield 对北约对于欧洲在二战后保持“长期和平”的作用的分析;他认为这个制度,或者说“国际机制”,增强了欧洲的威慑与安全保障,是欧洲 50 年没有发生战争的重要原因。John Duffield, “Explaining the Long Peace in Europe: The Contribution of Regional Security Regimes”, *Review of International Studies* 20(1994): 369-388。在 Duffield 看来,北约不仅是一种机构,而且是一种“机制”;他对“机制”这个词的界定来自于: Oran R. Young, *International Cooperation: Building Regimes for Natural Resources and Environment*(Ithaca: Cornell University Press, 1989),和 Keohane, International Institutions and State Power。这个概念比 Krasner 所使用的机制概念要更宽泛一些。Steve F. Krasner, “Structural Causes and Regime Consequences: Regimes as Intervening Variables”, International Regimes, Krasner 编。

57. Keohane, “Institutional Theory and the Realist Challenge”, p. 287.

58. John Mearsheimer, “Correspondence: Back to the Future, Part Ⅱ”, *International Security* 15(1990 年秋季号), p. 199。

59. John Mearsheimer, “Back to the Future: Instability in Europe after the Cold War”, *International Security* 15(1990 夏季号), p. 52。关于通过牵强的阐释或做一些小的改动而“挽救一个理论”的做法,一个非常有创造性的例子是 Joseph M. Grieco 对一个更强大的欧盟的新现实主义的解释/预测,见 Grieco, “The Maastricht Treaty, Economic and Monetary Union and the Neo-realist Research Programme”, *Review of International Studies* 21(1995 年 1 月): 21-40。

60. Robert O. Keohane 与 Lisa Martin, “The Promise of Institutionalist Theory”, *International Security* 20(1995 夏季号), p. 40。

61. Keohane, “Institutionalist Theory and the Realist Challenge”, p. 291. 有意思的是,基欧汉在 1993 年的预测中,对北约的前景拒绝做与欧盟相同的预测:“我对北约不愿给出相同的预言,因为现在,美国或欧洲是否认为北约会继续符合它们的利益都还不清楚。”

62. 在这一节里,“自由”一词的含义,不同于美国人惯常将其作为与保守主义相对的一种政治流派时所使用的“自由”。在这里,它指的是在国际关系研究中的一个理论流派和强调法治与人权的多元主义民主理念。

63. Jack S. Levy，"Domestic Politics and War"，*The Origin and Prevention of Major Wars*，Robert I. Rotberg 与 Theodore K. Rabb 编（Cambridge：Cambridge University Press，1988），p. 88。现在，大部分民主和平论的支持者强调民主和平论只是关于倾向性与概率的一种陈述，而不再断言民主和平论是一种普适的历史规律。例如，Bruce Russett 与 James Lee Ray 认为，"民主和平论这个命题……**并不是说**民主国家**从不**相互进行战争……任何一个民主和平论者都不会认为民主国家之间不存在（而不是相对较少出现）低层次的冲突。一个反例的出现并不能否定一个认为这种反例出现概率相对较低的命题。"Bruce Russett 与 James Lee May，"Why the Democratic-Peace Proposition Lives"，*Review of International Studies* 21（1995）：319-325，从第 322 页注 2 起。也可 David L. Rousseau，Christopher Gelpi，Dan Reiter，与 Paul Huth，"Assessing the Dyadic Nature of the Democratic Peace，1918-1988"，*American Political Science Review* 20（1996 年 9 月）：512-533，516，注 8："……大多数研究者提出与检验的是概率命题（例如，规范与结构减少了使用武力的概率），而不是普遍性规律（例如，民主国家从不对另一个民主国家使用武力）。"见 Bruce Russett，"Counterfactuals about War and Its Absence"，*Counterfactual Thought Experiments in World Politics：Logical，Methodological，and Psychological Perspectives*，Philip E. Tetlock 与 Aaron Belkin 编（Princeton：Princeton University Press），p. 171。

64. Zeev Maoz，"The Controversy over the Democratic Peace"，*International Security* 22（1997 年夏季号）：162，173-174。

65. "Perpetual Peace"，收于 Hans Reiss 编，*Kant's Political Writings*，第二版，H. B. Nisbet 译（Cambridge：Cambridge University Press，1991）。下面几段引用了 Joseph S. Nye，Jr.，Graham T. Allison，与 Albert Carnesale 编，*Fateful Visions：Avoiding Nuclear Catastrophe*（Cambridge，Mass.：Ballinger，1988），pp. 215-216。关于康德思想的复兴，还可见 Michael Doyle，"Kant，Liberal Legacies，and Foreign Affairs，Parts 1 and 2"，*Philosophy and Public Affairs* 12（1983 年夏秋季号）：205-235；323-353。

66. 见 John R. Oneal 与 Bruce M. Russett，"The Classical Liberals Were Right：Democracy，*Interdependence，and Conflict*，1950-1985"，International Studies Quarterly 41（1997 年 6 月）：267-293。

67. 有关赞成与反对民主和平论的观点，见 Michael E. Brown，Sean M.

Lynn-Jones，与 Steven E. Miller 编，*Debating the Democratic Peace*(Cambridge,Mass.:MIT Press,1996)。还可参见 Miriam Fendius Elman 编，*Paths to Peace:Is Democracy the Answer?*(Cambridge,Mass.:MIT Press,1997)。对民主和平论批评者的反驳，见 Maoz,"The Controversy over the Democratic Peace"。有关争论的概述，见 Steve Chan,"In Search of Democratic Peace:Problems and Promise",*Mershon International Studies Review* 41(1997年5月):59-91。还可参见 Spencer Weart,*Never at War:Why Democracies Will Not Fight One Another*(New Haven:Yale University Press,1998)。对此持怀疑态度的人，不是认为民主和平不存在，就是认为民主并不能解释民主和平的现象。第一种人认为，民主国家之间的战争数量要比民主和平论鼓吹者所宣布的高得多。第二种人对统计数据并不怀疑，而是怀疑是否是共同的民主制度与价值观导致了所观察到的民主国家相互的和平；他们认为应用其他原因来解释这种规律性现象。

68. 参看 Edward D. Mansfield 与 Jack Snyder,"Democratization and the Danger of War",*International Security* 20(1995年夏季号):5-38。对此的批驳，见 Michael D. Ward 与 Kristian S. Gleditsch,"Democratizing for Peace",*American Political Science Review* 92(1998年3月):51-61。

69. 同上，以及 John M. Owen,*Liberal Peace, Liberal War:American Politics and International Society*(Ithaca:Cornell University Press,1997)。

70. 参看 Fareed Zakaria,"The Rise of Illiberal Democracy",*Foreign Affairs*,1997年11-12月,p. 36。

71. 见 Michael W. Doyle,*Ways of War and Peace:Realism, Liberalism, and Socialism*(New York:W. W. Norton,1997)。Doyle 的分析将现实主义、自由主义与社会主义作为现代世界政治思想中的三大流派；他不仅从哲学根源上深刻分析了这些思想传统的演变历史，而且还分析了这些思想传统在现实世界中的应用。

72. 同上，第211,383,420页。

73. 见 Michael W. Doyle，以及 Andres Moravcsik,"Taking Preferences Seriously:A Liberal Theory of International Politics",*International Organization* 51(1997年秋季号):513,515。也可参见对自由理论的现实主义批判者 John Herz 对自由理论的三分法。Herz,*Political Realism and Political Idealism*(Chicago:University of Chicago,1951)。

74. Andrew Moravcsik,“Taking Preferences Seriously:A Liberal Theory of International Politics”。

75. 同上,第 513 页。强调是本书后加的。

76. 关于出于革命信仰或极端民族主义思想而要求推翻现状的政府的行为特征,见 Stephen Van Evera,“Primed for Peace”,*International Security* 15(1991):23-25,30-31;与 Stephen Walt,*Revolution and War*(Ithaca:Cornell University Press,1996)。

77. Moravcsik 所说的“国家—社会”范式,更接近于一种宽泛的模式Ⅲ(见第五章),其本质上是将多元主义应用于外交政策领域。他的假定 1:“政治中的基本行为体是个人与私人团体……”。事实上,在另一处,他不是将外交政策领域中的行为看作是国家的统一行动,而是看作由分散的各个行为体采取的半自治性行动。Moravcsik,“Taking Preferences Seriously:A Liberal Theory of International Politics”,pp. 516,519。但是在解释行动或预测未来行动时,他又经常将政府视为一元化行为体;领导人的行动只不过是代表了政府根据稳定的偏好而进行的理性计算罢了。

78. Kissinger,*Diplomacy*,p. 227.

79. 威尔逊 1906 年和 1908 年的著述,引自 Frank Ninkovich 对威尔逊思想的一段准确而又简洁的概括,Ninkovich,*Modernity and Power:A History of the Domino Theory in the Twentieth Century*(Chicago:University of Chicago Press,1994),pp. 41-42。但 Ninkovich 并没有详细分析托马斯·杰斐逊留下的重要精神遗产;对威尔逊那个时代的民主党人来说,杰斐逊是将世界政治自由理论作为美国治国方略的先驱。关于杰斐逊信仰的影响,见 Merrill Peterson,*The Jefferson Image in the American Mind*(New York:Oxford University Press,1960);有关杰斐逊对富兰克林·罗斯福的影响,见 John Lamberton Harper,*American Visions of Europe*(Cambridge:Cambridge University Press,1994),pp. 43-47。

威尔逊的理论建立在国家行为是理性选择的结果这个假定之上。在他看来,“社会伦理是一种功利主义伦理,而不是一种绝对伦理;它是经过同意而达成的协议,而不是通过对对错的抽象推导而得出的。”因此,像基欧汉这样的现代理论家所进行的研究,正是对威尔逊这种思想的延续与拓展。威尔逊还认为,民主国家与那些由“自私自利的小团体”统治的国家之间的斗争,将是那些正在向世界推广的新规范是否能得到尊重并被更广泛地接受的关键。因此,对威尔逊(及其后继者)来说,这种关键性斗争,从逻辑上讲其意义绝不局限于这种斗争事件本身;因为这种斗争将影响到世界上大部分尚未独立的民族,而在威尔逊看来,这些民族将最终主宰真正的全球均势。威尔逊的观点引自,Ninkovich,*Modernity and Power*,pp. 45,60-61;也见 pp. 56-68。还可参见 Athur Link,*Woodrow Wilson:Revolution,War,and Peace*(Arlington Heights,Ill.:Harlan,Davidson,1979);Thomas K. Knock,*To End All Wars:Woodrow Wilson and the Quest for a New World Order*(Princeton:Princeton University Press,1992);对威尔逊的进攻性自由主义遗产的负面评价,见 Lloyd Gardner,*A Covenant with Power:American and World Order from Wilson to Reagan*(New York:Macmillan,1984)。有关这种具有示范效应的关键性斗争的看法,在今天仍然非常普遍。在美国的波黑政策遭到失败后,克林顿总统大声疾呼:"我们〔在波黑〕的立场是脆弱而难以长久的,这种立场正在损害美国在世界中的地位。"Bob Woodward,*The Choice:How Clinton Won*(New York:Simon and Schuster,1996),p. 261。

80. 里根总统曾声称,"历史学家在回顾我们这个时代时,将会发现民主国家表现出一贯的自制与和平意愿",民主国家的使命"不仅是要保卫自由,还要保卫和平"。罗纳德·里根 1982 年 6 月 8 日在英国议会的演讲,*The New York Times*,1982 年 6 月 9 日。乔治·布什 1990 年 10 月 1 日在联合国大会作的题为《普世主义和平》(Pax Universalis)的演讲中,宣布"随着民主的繁荣,实现第三次历史性突破——国际合作——的机会也将大大增加",转引自 Doyle,*Ways of War and Peace*,p. 205。克林顿政府将其国家安全战略称为"接触与扩展"战略,声称:"我们的国家安全战略建立在市场化民主国家的规模不断扩大的基础之上。"Clinton,"A National Security Stategy of Engagement and Enlargement"(Washington,DC:U. S. Government Printing Office,July 1994)。

81. 对这个命题的详细阐释,见 John Passmore,"Explanation in Everyday Life,in Science,and in History",*History and Theory* 2,No. 2(1962)。

82. 美国政治科学协会 1996 年年会中讨论冲突与合作的圆桌会议,其中有罗伯特·基欧汉、布鲁斯·布鲁恩·德·梅斯奎塔和托马斯·C. 谢林。

83. Schelling,*The Strategy of Conflict*.

84. 对这一基本观点的进一步发展,见 Thomas Schelling,*Arms and Influence*(New Haven:Yale University,1966)。

85. 对随后关于威慑的辩论,已有多次的论述。见 *World Politics* 41(1989 年 1 月)特刊。更近些,理性选择理论与博弈论对此观点的重新表述,见 James D. Fearson,"Rationalists' Explanations for War",*International Organization* 49(1995 年夏季号):379-414;Robert Powell,*Nuclear Deterrence* Theory:*The Problem of Crediblity*(Cambridge:Cambridge University Press,1990);和 R. Harrison Wagner,"Peace, War and the Balance of Power",*American Political Science Review* Vol. 88(1994 年夏季号):593-607。Wagner 对古巴导弹危机提供了一个深刻的博弈论解释,见 Wagner,"Uncertainty, Rational Learning, and Bargaining in the Cuban Missile Crisis",*Models of Strategic Choice in Politics*,Peter Ordeshook 编(Ann Arbor:University of Michigan Press,1989),pp. 127-205。

86. 一个很好的例子是 Snidal 和 Achen 两人运用这种战略互动性,说明 Lebow 与 Stein 对威慑的分析中,忽视了威慑并没有受到挑战这种情况。见 Christopher Achen 与 Duncan Snidal,"Rational Deterrence Theory and Comparative Case Studies",*World Politics* 41(January 1989):143-169。

87. 最近对这种情况的分析,见 Devin T. Hagerly,*The Consequences of Nuclear Proliferation: Lessons from South Asia*(Cambridge: MIT Press,1998)。

88. 谢林的相关重要著作在发表时,Glenn Snyder 也在其 *Deterrence and Defense*(Princeton:Princeton University Press,1961)一书中,清楚地提出了这种基本模式。在谈到威慑问题时,他断言:"进攻方发起进攻的概率,本质上取决于他'头脑'中的四个因素——可以将这四个因素结合在一起,统称为进攻方的'风险计算'。这四个因素是:(1)他对战争目标的价值评估;(2)他预期因威慑方的各种反应将承受的代价;(3)威慑方各种反应——包括'没有反应'——发生的概率;(4)在对方可能出现的各种反应下实现战争目标的可能性。"(第 12 页)还可见 Snyder 与 Paul Diesing 利用权力界定利益的理性假定,他们通过对九个案例的研究详细论述了这种博弈论模式。Glenn H. Snyder 与 Paul Diesing,*Conflict among Nations: Bargaining, Decision Making, and System Structure in International Crises*(Princeton:Princeton University Press,1977)。

89. T. C. Schelling,"Nuclear Strategy in the Berlin Crisis",1961 年 7 月 1 日,载于 JFKL, NSF Files, Box 81, Germany-Berlin-General, 7/161-7/6/61。

这份文件收录于 *The Development of American Strategic Thought 1945-1969: Writings on Stategy, 1961-1969, and Retrospectives*, Marc Trachtenberg 编(New York:Garland Publishing,1988),pp. 9-13。编者在导言中讨论了该文件的影响。

90. Herman Kahn,*Thinking about the Unthinkable*(New York:Horizon Press,1962).

91. Herman Kahn,*On Escalation:Metaphors and Scenarios*(New York:Praeger,1965),p. 25.

92. 同上,第 211 页。

93. Herman Kahn,*On Escalation:Metaphors and Scenarios*(New York:Praeger,1965),第 212 页。

94. 见 Kee van der Heijden, Scenarios: *The Art of Strategic Conversation*(New York:J. Wiley and Sons,1996)。

95. Albert Wohlstetter,"Analysis and Design of Conflict Systems",*Analysis for Military Decision*, E. S. Quade 编(Santa Monica: RAND Corporation,1964),p. 131。

96. Howard Raiffa,*Decision Analysis:Introductory Lectures on Choices under Uncertainty*(New York:Random House,1968).

97. 麦克纳马拉 1962 年 6 月 16 日在密歇根大学毕业典礼上的演讲。强调为本书后加的。客观地说,除了这个结论以外,麦克纳马拉还分析了其他可能导致爆发核战争的原因:"采取将导致核战争的行动,对任何国家来说都不是理性的行为。不过,单单这一事实并不能保证不会爆发核战争。"

98. 国防部长 William Perry,*Report of the Secretary of Defense to the President and the Congress*(Washington, D. C.: U. S. Government Printing Office,1996),p. X。

99. 同上。

100. 见 James D. Morrow,*Game Theory for Political Scientists*(Princeton: Princeton University Press,1994);也可见 Drew Fudenberg and Eric Maskin, "The Folk Theorem in Repeated Games with Discounting or Incomplete Information",*Econometrica* 54(1988)。可能会存在多重的纳什均衡(即没有博弈者会单方背离这种均衡)。在非零和博弈中,这些均衡并不必须对博弈者具有相同的价值;像"性别之战"博弈模式中所展示的那样,实现均衡的战

略也不是可以互换的。对国际安全研究中的理性选择方法的批评,见 Stephen Walt,"Formal Theory and Security Studies",*International Security*, 23(1999 年春季号)。

101. Bruce Bueno de Mesquita 与 David Lalman,*War and Reason*(New Haven:Yale University Press,1992)。他们的核心模式假设有两个国家(A 和 B),并列出可能会出现的八种结果:维持现状、谈判、A 屈服、B 屈服、A 发起战争、B 发起战争、A 默许、B 默许。

102. 同上,第 27,35—36 页,强调为本书后加的。Bruce Bueno de Mesquita 与 Lalman 讨论了一元化行为体的假定以及其他不同的假定(第 41 页);他们还根据行为体目标函数来源上的不同区别了强权政治与国内政治这两个变种。

103. 同上,第 45 页。

104. Bruce Bueno de Mesquita 与 David Lalman,*War and Reason*(New Haven:Yale University Press,1992)。他们的核心模式假设有两个国家(A 和 B),并列出可能会出现的八种结果:维持现状、谈判、A 屈服、B 屈服、A 发起战争、B 发起战争、A 默许、B 默许,第 250、40、50 页。

105. Robert Jervis 认为,这种"第二波"的威慑理论是"最广为人知和最成熟的"。见 Jervis,"Rational Deterrence: Theory and Evidence",*World Politics* 41(1989 年 1 月):190。

106. Achen 与 Snidal,"Rational Deterrence Theory and Comparative Case Studies",p. 152。他们强调,这个理论还预测:如果不存在报复性威胁或这种威胁不可信的话,威慑就会失败。

107. Jervis,"Rational Deterrence:Theory and Evidence",p. 184。

108. 同上,第 190 页,强调为本书后加的。关于理性威慑理论对冒险倾向的假定,参见 Richard Ned Lebow 与 Janice Gross Stein,"Rational Deterrence Theory:I Think,Therefore I Deter",*World Politics* 41(1989 年 1 月)。

109. 同上。也可参见 Robert Jervis,Janice Gross Stein 与 Richard Ned Lebow 编,*Psychology and Deterrence*(Baltimore:Johns Hopkins University Press,1985);Richard Ned Lebow,*Between Peace and War*:*The Nature of International Crisis*(Baltimore:Johns Hopkins University Press,1981)。

110. Jervis,"Rational Deterrence:Theory and Evidence",第 207 页。

111. 参见 Alexander L. George 与 Richard Smoke, *Deterrence in American Foreign Policy* (New York: Columbia University Press, 1974); George, *Forceful Persuasion: Coercive Diplomacy as an Alternative to War* (Washington, D. C.: U. S. Institute of Peace Press, 1991); George, "The Causal Operational Code Belief System", *Psychological Models of Internantional Relations*, Lawrence S. Falkowski 编 (Boulder: Westview, 1979); Robert Jervis, *The Logic of Images in International Relations* (Princeton: Princeton University Press, 1970); Jervis, *Perception and Misperception in International Politics*。

112. George 与 Smoke, *Deterrence in American Foreign Policy*, p. 128。George 与 Smoke 明确宣布了他们的假定:"在威慑中的每一方都是一个有目的的单一行为体(理性行为体)";并且,"行为体行动在威慑中的支付与选择,可以根据行为体的唯一普遍理性(a single general rationality)推导出来。"(第 504 页)

113. Fearon, "Rationalist' Explanations for War".

114. 同上,第 409 页。

115. 谢林的话,转引自 Archbald, *Strategic Interaction and Conflict*, p. 150。

116. R. A. C. Parker, *Chamberlain and Appeasement: British Policy and the Coming of the Second World War* (New York: St.Martin's Press, 1993); 在其中,作者很好地分析了大量的文献。有关张伯伦掌握的希特勒会满足于以和平方式慢慢获得苏台德地区的证据,以及他与希特勒在戈德斯堡的会晤情况,见该书第 151—167 页。

117. Keith Feiling, *Life of Neville Chamberlain* (London: MacMillan and Co., 1946), p. 367.

118. 关于希特勒早年的信念,见 Gerhard L. Weinberg 的准确概括。Weinberg, *Germany, Hitler, and World War II: Essays in Modern German and World History* (Cambridge: Cambridge University Press, 1995), pp. 30-56。

119. Martin Gilbert, *Churchill: A Life* (London: Heinemann, 1991), p. 513.

120. 同上,第 552 页。

121. Winston S. Churchill, *The Gathering Storm* (Boston: Houghton Mifflin, 1948), pp. 303-304. 在随后的数月里,丘吉尔与首相张伯伦之间的观点分歧变得更加鲜明、突出:“每个人都必须认识到,首相正在奉行一种极其坚决而又极其重要的政策。对应做什么以及将发生什么,他有自己的坚定看法……首相相信希特勒不会再在欧洲大陆上进行领土扩张,主宰与吞并捷克斯洛伐克共和国已满足了纳粹德国的胃口……他认为通过这种修复外交将使大不列颠与德国之间保持长期良好而又稳定的关系……张伯伦先生确信,所有这一切将会带来一个总协定,安抚心怀不满的列强,从而实现持久的和平。但这一切只是一种希望与投机性的幻想。必须清楚,情况完全可能是事与愿违的。到明年的这个时候,我们就会知道首相对希特勒与德国纳粹党的看法是对还是错;到明年这个时候,我们就会知道这种绥靖政策是满足了德国的欲望,还是恰恰激起了更穷凶极恶的欲望。”同上,第 333—334 页。

122. Gerhard L. Weinberg, *A World at Arms: A Global History of World War II* (Cambridge: Cambridge University Press, 1994), pp. 29-30.

123. State 236637, “Iraqi Letter to Arab League Threatening Kuwait”, 1990 年 7 月 19 日,转引自 Michael R. Gordon 与 Bernard E. Trainor, *The Generals' War: The Inside Story of the Conflict in the Gulf* (Boston: Little, Brown, 1995), p. 15;可参见 Zachary Karabell 与 Philip Zelikow, “Prelude to War: U. S. Policy toward Iraqi, 1988-1990”, Kennedy School of Government Case C16-94-1245. 0 (Cambridge: Harvard University, 1994)。

124. 8 月初贝克在伊尔库茨克与谢瓦尔德纳泽举行的会谈。Baker 的回忆被引用在 Freedman 与 Karsh, *The Gulf Conflict*, p. 77。伊拉克入侵科威特之后,在莫斯科进行的讨论中,也曾有过这样或与此类似的评论;对此,James A. Backer Ⅲ 与 Thomas M. DeFrank 在 *The Politics of Diplomacy: Revolution, War and Peace, 1989-1992* (New York: G. P. Putnam's Sons, 1995), p. 24,稍有提及。

125. Vickers, *The Art of Judgement*, pp. 51-52。与之相类似的是“战略选择的黄金三角”,包括评价、信息与动机(而不是 Vicker 的工具性判断),见 Richard J. Zeckhauser, “The Strategy of Choice”, *Strategy and Choice*, Richard J. Zeckhauser 编 (Cambridge: MIT Press, 1991), p. 2 与图 1. 1。

126. *Vickers*, *The Art of Judgement*, p. 54.

127. *Vickers*, *The Art of Judgement*, 第 82—83 页。除了本书提到的这

些不同,Vickers 与 Herbert Simon 观点上的其他明显区别,同上,第 36 页注 3。还可见 Fred I. Greenstein, *Personality and Politics: Problems of Evidence, Inference, and Conceptualization* (Princeton: Princeton University Press, 1987)。还有一类经常被称为建构主义的理论,其通过对国家认同与国家利益的社会建构分析,重构了行为体的认知系统(appreciative system)。该理论仍将国家视为基本的单元(与理性行为体模式一致),因为这种理论强调这些构建出来的认同是通过国家行为而得到表达的。例如,见 Peter J. Katzenstein 编, *The Culture of National Security: Norms and Identity in World Politics* (New York: Columbia University Press, 1996); Friedrich Kratochwil 与 John Gerard Ruggie, "International Organization: A State of the Art on an Art of the State", *International Organization* 40(1986): 753-775; Freidrich Kratochwil, *Rules, Norms and Decisions: On the Conditions of Practical and Legal Reasoning in International Relations and Domestic Affairs* (Cambridge: Cambridge University Press, 1989); Richard Ned Lebow 与 Thomas Rissekappen 编, *International Relations Theory and the End of the Cold War* (New York: Columbia University Press, 1995); Alexander Wendt, "The Agent-Structure Problem in International Relations Theory", *International Organization* 41(1987): 335-370; Wendt, "Anarchy Is What States Make of It"; Daniel Friedheim 与 Alexander Wendt, "Hierarchy under Anarchy: Informal Empire and the East German State", *Interantional Organization* 49(1995): 689-721。

128. Aaron L. Friedberg, *The Weary Titan: Britain and the Experience of Relative Decline, 1895-1905* (Princeton: Princeton University Press, 1988), pp. 290, 288.

129. 还可见这类融合的成功例子,如 Fareed Zakaria, *From Wealth to Power: The Unusual Origins of America's World Role* (Princeton: Princeton University Press, 1998); Randall Schweller, *Deadly Imbalance: Tripolarity and Hitler's Strategy of World Conquest* (New York: Columbia University Press, 1998)。也可比较, G. John Ikenberry, "Creating Yesterday's New World Oder: Keynesian 'New Thinking' and the Anglo-American Postwar Settlement", 与 Stephen D. Krasner, "Westphalia and All That", 两篇文章都在 Judith Goldstein 与 Robert O. Keohane 编, *Ideas and Foreign Policy:*

Beliefs, Institutions, and Political Change(Ithaca: Cornell University Press, 1993), pp. 57-86, 235-264。

130. William Curti Wohlforth, *The Elusive Balance: Power and Perceptions during the Cold War*(Ithaca: Cornell University Press, 1993), pp. 299, 306；也可见 Ted Hopf, *Peripheral Visions: Deterrence Theory and Soviet Foreign Policy in the Third World, 1965-1990* (Ann Arbor: University of Michigan Press, 1994).对中美互动中的权力认知和国内环境有类似强调的研究，见 Thomas Christensen, *Useful Adversaries: Grand Strategy, Domestic Mobilization, and Sino-American Conflict* (Princeton: Princeton University Press, 1996)。

第二章　古巴导弹危机:第一层截面

任何一个分析人员对“十月导弹”,都会有许多百思不得其解的困惑。[1]1962 年 10 月,美利坚合众国和苏维埃社会主义共和国联盟,这两个拥有相互毁灭对方实力的国家站到了战争的边缘,眈眈相向了 13 天。两国的政府领导人都明白,他们之间如果爆发战争,可能很快就会升级为一场使用热核武器进行的大屠杀,数百万人将因此丧命。因为在古巴问题上发生的战争可能会促使苏联做出包围西柏林或攻击土耳其境内的导弹基地等这样的反应,加之其他系列的反应,热核大战的导火索可能很快就会被点燃。因此,如果当时在古巴问题上真的爆发了武装冲突,那么,世界历史的进程将会被改写;我们现在仅能隐约想象得到这种悲惨的可能。

这些可能的场景现在看起来是如此的空洞、遥远或恐怖,以至于如同来自于一些幻想小说或电影中描绘的故事。但其发生的可能性却是真实的。两个政府在战争的边缘相互对峙;领导人们采取那些他们认知到的危险行动的同时,却没认识到他们的行动又产生了他们无法驾驭的危险。为什么会这样?在危机中,美国政府立场坚定却又有所克制;苏联看起来强硬,却两次动摇,并最终退缩。我们在回顾这些事件时,又要问:为什么?

回过头来看,这次危机事实上已成为了冷战的一个重要分水岭。在危机中，美苏两国在核大战的深渊边缘进行对抗；随后，两国后退，形势走向缓和。此后，美苏两国之间再也未出现过如在1962年10月份最后两个星期中所面临的那样的战争危险。对每位严肃的外交研究人员来说，理解这次危机都是基本的要求。

而要理解两个超级大国是如何走到了核战争深渊的边缘和它们又是怎样从核战争深渊边缘后退的，就必须解答如下三个重要问题：为什么苏联要在古巴部署进攻性导弹？为什么美国以封锁古巴作为反应？为什么苏联又决定撤回导弹？幸运的是，关于这次危机现已可获得包括录有白宫大部分商讨情况的录音带等在内的大量资料，这使比较可靠地重现两国在当时的考虑成为了可能。

为什么苏联要在古巴部署进攻性导弹？

到1962年的夏末为止，每个人都已知道，苏联正在向古巴运送大量武器和一些部队，以增强古巴对美国可能发动的进攻的防御能力。这样，就出现了苏联所运送的货物中是否有核武器的问题。此前，莫斯科从未在其领土之外——包括苏联帝国在东欧的共产主义卫星国——部署过战略核武器；即使当共产党领导的中国还是苏联的亲密盟友时，苏联同样也未曾在中国部署过这样的武器。[2]

苏联政府指示其驻华盛顿大使阿纳托利·多勃雷宁（Anatoly Dobrynin）对所有的质询都声称保证苏联只是在提供“防御性武器”。9月4日，多勃雷宁私下向总统的弟弟、司法部长罗伯特·肯尼迪（Robert Kennedy）传达了这种保证。白宫得到了再次保证后,在当天稍晚时间就发布了一个书面声明,称没有证据显示苏联正在古巴建立军事基地或部署弹道导弹。“否则的话,将会是极其严重的问题。”多勃雷宁又向深得肯尼迪信任的总统特别顾问西奥多·索伦森(Theodore Sorensen)重复了他的保证,并补充说没有发生任何“新的或特别的”事情。事实上,赫鲁晓夫曾授权多勃雷宁向白宫保证“在〔11 月上旬〕美国国会选举之前,不会采取任何可能使国际形势复杂化或加剧我们两国关系紧张状态的行动。”[3]

一个星期后,9 月 11 日,苏联政府又就其在古巴的行动发表了一个冗长而明确的公开声明。莫斯科在确认了对古巴的承诺、警告美国不要进攻古巴或攻击苏联向古巴运送物资的船只的同时,也再次重申了苏联在向第三国转让核武器方面的政策,其中宣布:

> 苏联政府授权塔斯社声明,不存在为了反击侵略或进行报复性打击而向其他国家,如古巴,转运武器的必要。我们拥有足够强大的核武器和运载导弹,无须在苏联境外为这些武器寻求发射基地。[4]

这样一个正式的公开声明似乎使此事得到了解决。此后,在与美国官员的所有谈话中,所有的苏联官员都很自然地重复了这样的保证。苏联发出的信号是清晰的。

而美国发出的警告也同样是坚定、清晰的。通过公开和私下的渠道,白宫已警告苏联政府美国不会容忍古巴存在进攻性武器;并且双方都知道美国把弹道导弹界定为“进攻性武器”。无论是在白宫9月4日的公开声明中还是在私下里，这都已经表达得很清楚。而且对于这个警告，美国是以其公开的声誉作为担保的。9月7日，国会授权总统征召预备役入伍。9月13日，肯尼迪总统召开新闻发布会，第一次就苏联增加在古巴的军事存在向美国人民发表讲话。实际上，他接受了苏联在9月11日声明中的保证。他承诺，如果古巴不威胁拉丁美洲其他国家或不成为苏联的进攻性基地，他就不会下令进攻古巴。但如果古巴变成了“苏联强大的进攻性军事基地，那么，本国将采取一切必要的行动以保卫自身和盟国的安全”。[5]

赫鲁晓夫当然也听到了这个警告。他在9月28日给肯尼迪的信中，愤怒地抱怨道：“我必须直率地告诉你，总统先生，你发表那份恐吓古巴的声明是个不可理喻的举动。”征召预备役是在使情势“白热化”和“火上浇油”。赫鲁晓夫信中说，那些对古巴的恐吓就如同是中世纪强盗的行为。[6]

除去外交辞令，两国这些一来一往的互动就如同教科书中描述的负责任外交(responsible diplomacy)的一个经典案例。美国阐述了它的政策，清楚表明“我们准备反对什么样的战略变化。”[7]而苏联则认识到了其中牵涉到的利益的重要性，并宣布实行一种不会造成根本性冲突的战略。这也似乎是两个超级大国之间相互沟通或传递信号的典型案例。在私下传达的信息中和在公开的声明中，美国都宣布一旦苏联越过一条明确无误的界线(即在古巴部署进攻性导弹)就会做出反应。而苏联的所有反应都显示其理解了这些信号，并接受了这种声明。[8]这些做法在当时或现在看来，都符合威慑方面的最杰出学者所提出的成功威慑条件。[9]

但美国政府对苏联的意图仍感到不安。共和党人在来自纽约州的参议员肯尼思·基廷(Kenneth Keating)的领导下,正在使苏联在古巴不断增加军事力量这个问题成为即将举行的国会选举的一个话题。基廷不断地表达对敌人正在美国的对岸部署核武器的担忧。在政府部门内也有一个持不同意见的人;他怀疑苏联在撒谎以其掩盖其真正意图。此人就是当时的中央情报局局长约翰·麦康(John McCone)。麦康虽并无可靠的证据,但是苏联防空导弹正被运入古巴使他凭着直觉强烈地意识到,只有打算用这些防空导弹为那些针对美国的弹道导弹基地提供防御,苏联才会向古巴运入这些导弹。

从这些警告、承诺和保证中,美国得到的对事态的判断集中反映在国家评估办公室(Office of National Estimates)的一份评估中。这个办公室是个负责协调政府各机构的情报分析、进行全国性评估的组织。十年来,这个办公室一直由"可能是美国情报史上最杰出的分析家"舍曼·肯特(Sherman Kent)领导。[10]肯特手下的分析人员所做的这份评估报告在9月19日被分发到政府各部门的高级官员手中。这份名为《古巴境内军事力量的增长》的报告认为,即使苏联可能为了获得巨大的军事优势而在古巴部署射程更远的弹道导弹,或更可能是建立一个导弹潜艇基地。"但根据我们目前的分析,这样一些做法都不符合苏联迄今的一贯做法和政策。"为什么?因为向古巴运送导弹"将意味着苏联要有比迄今为止其在美苏关系中表现出来的冒险意愿大得多的意志"。[11]

事后,肯特1964年在中央情报局内部刊物上发表了对此事的分析文章,他认为这些分析人员是试图从苏联政府的特有立场上看待问题的;而上百个案例都表明这种方法是可靠的。根据肯特的解释,这种方法之所以可靠,是因为“对方”是精神正常的,他不会自己随心所欲、胡乱地做出决策,他必须考虑其国家内部的各种势力与大多数人关于国家利益的看法,他对于情况是非常了解的。[12]他解释说,“只有当这些正常存在的因素不再发挥作用,分析才会出现大的问题。”“只有当对方严重偏离‘正常’行为轨道,你才可能无法理解他的行为”。[13]

在10月15至16日间,当肯尼迪和他的顾问们得知在古巴发现苏联弹道导弹时,总统和其他人都大吃一惊。“在我看来,我在新闻发布会上已经说得很清楚,在什么样情况下我们将不采取行动,在什么样情况下我们将采取行动。他知道我们肯定会发现这些东西。因此,在我看来,他……”肯尼迪没有再说下去。[14]肯尼迪在危机开始时的讲话中所说的“共产主义国家导弹的秘密、迅速而非同寻常的增加”,对美国而言确实是严重的问题与挑战。但苏联为什么要采取如此莽撞的行动呢?苏联冒如此巨大的核对抗危险,究竟要达到什么目标?这些是肯尼迪高级顾问们在10月16日星期二上午11:50召开的会议上首先考虑的问题。“我们肯定已错判了他在古巴的意图,”肯尼迪补充说。在当天,肯尼迪至少四次大声地表示对苏联行动的困惑。“哦,”他耸了耸肩说,“这对我来说是个该死的谜。”[15]

此次及其后的一系列会议上的讨论中,关于苏联行动原因形成了下面四种假说。而通过仔细分析苏联行动的各个细节,我们能比当时处于危机风暴中心的政策制定者更容易对这些看法予以比较分析。

假说 1:古巴防御说

如果一个分析人员只知道苏联是个大国,它的一个重要盟国古巴正担心遭到一个不断发出威胁的强大邻国的进攻,对其他情况则不了解,那么它就很可能会推测这个大国将向它的这个弱小盟国提供援助。在古巴发现这些进攻性导弹后,中央情报局在其提交的一份备忘录中分析说:"在古巴部署弹道导弹的决策,证明苏联领导人决心遏制美国采取任何试图削弱或推翻卡斯特罗政权的积极干预行动。很明显,在他们看来这种干预不仅是可能的而且是迫在眉睫的。"[16]尽管美国1961年利用中央情报局训练的古巴流亡者对古巴的入侵行动以灾难性的失败而告终,但苏联仍有足够的理由相信美国并未死心。而且猪湾事件已证明美国确实会这样干的。

赫鲁晓夫及其他苏联官员,当然也正是以此为苏联1962年在古巴部署武器作辩护的。当肯尼迪向全世界宣布发现这些导弹后,苏联的回应则强调苏联对古巴的任何援助,"唯一目的就是增加古巴的防御能力"。[17]整个危机中,苏联一直坚持这个立场。赫鲁晓夫在他的回忆录中说,"我在对保加利亚的一次官方访问中〔1962年5月14日至20日〕,一个担忧不断地浮现出来:如果我们失去古巴将会怎么样?"[18]

从苏联的观点来看,古巴的防御事关重大。自称是社会主义国家的古巴,是西方世界中唯一的共产主义展示窗口。我们现在知道,特别是根据亚历山大·富尔先科和蒂莫西·纳夫塔利的那本新作的研究,当时苏联与古巴的关系比美国所知道的要密切和复杂得多。早在1959年春,苏联就向卡斯特罗政府秘密提供援助,并在当年秋向古巴出售了第一批武器。而那时美国政府还在判断卡斯特罗是朋友还将是敌人,直到过了很久才发现这些援助。[19]

1960年6月,卡斯特罗认为他把美国炼油厂(这些公司拒绝提炼苏联原油)收归国有的决定将很快引起美国的入侵(美国当时并没有这样的计划)。赫鲁晓夫宣布如果华盛顿入侵古巴,苏联可能会对美国发动核打击。虽然赫鲁晓夫这次讲话针对的美国入侵计划根本就不存在,但这仍使古巴领导人感到高兴:他们认为俄国威慑住了美国的一次进攻企图。[20]当年10月,古巴又开始担心中央情报局在关塔那摩训练的那些流亡分子将发动进攻。这些训练工作确实一直在进行中,但要准备好入侵仍需要几个月的时间。而苏联和古巴政府则错误地认为,入侵已经迫在眉睫。莫斯科再次挥舞它的核导弹。最后,美国入侵并没发生;古巴人又一次认为苏联的威胁遏制住了美国的入侵(事实上,正当古巴认为美国被威慑住的时候,中央情报局正开始准备入侵计划)。1960年11月初,卡斯特罗在对古巴共产党员的一次私下谈话中说,他一直就是个马克思主义者,并一再宣布"莫斯科是我们的大脑和伟大领袖,我们必须听从它的指示"。[21]

因此,1961年4月当那些古巴流亡者在猪湾真正发动入侵时,古巴和苏联都大吃了一惊。赫鲁晓夫尽其所能支持古巴,并警告肯尼迪"任何所谓的'微型战争'都可能引发全球范围内的一系列反应"。[22]因威慑住肯尼迪,使其没有给予这次入侵成功所必需的军事支援,苏联又获得了一些声誉。在苏联和古巴看来,这一连串的事件都代表了苏联导弹取得的成功威慑;而美国对此几乎或者说完全是毫无意识。

赫鲁晓夫和苏联政府认为他们的地位与卡斯特罗的统治越来越紧密地连在了一起。在新宣布的通过不发达世界的民族解放战争打击资本主义的全球战略中,古巴被当作首要的成功典范。古巴的命运正在变成对苏联权力和全球声望的一种考验。如果“失去”古巴,赫鲁晓夫说,“我知道这将是对马列主义的沉重打击,将严重损害我们在全世界特别是在拉丁美洲的形象。”[23]而赫鲁晓夫也早因降低军事斗争准备和在外交中没有采取足够强硬的革命立场而一直受到来自其国内的重要官员和中国的挑战。卡斯特罗在1962年2月号召全拉丁美洲进行革命时,也发出了同样的批评声音。[24]

苏联和古巴对美国反古巴活动的判断,如果与美国实际上所做的相一致,那通常也只是一种巧合。不过,苏联和古巴的情报机构肯定发现了大量值得怀疑的迹象。1961年11月,美国批准了“獴行动”(operation mongoose)计划——一个由中央情报局领导的试图从内部颠覆古巴的秘密计划。罗伯特·肯尼迪领导的一个跨部门小组负责监督这个计划的实施。至少从1960年开始,就存在各种刺杀卡斯特罗的行动;对于这些行动,美国知道并支持了其中一部分,还有一些是不为美国所知的。[25]但獴行动面临一个许多此类秘密行动都存在的基本问题:尽管可以向古巴派遣特工进行某些小的破坏活动,但包括中央情报局重要官员在内的大部分人都认为,单单靠内部叛乱本身并不会成功,而美国却将不得不发动入侵以救出这些叛乱分子。事实上,美国军方确实已制订了这样的紧急入侵计划。但直到 1962 年，肯尼迪的许多顾问（特别是来自国务院和白宫的）不仅反对入侵，而且还反对支持任何可能迫使美国采取入侵行动的叛乱。肯尼迪在 1962 年与古巴流亡者领导人的一次谈话中，清楚地阐述了他对此事的看法。他并没有说流亡者领导人期望听到的东西，而是重复了总统国家安全事务助理麦乔治·邦迪（McGeorge Bundy）一个月前传达的观点；他说他将不承诺用美国军事力量支持叛乱。[26]

但在同时，秘密的獴计划继续被执行；其鼓吹者从美国对古巴革命热浪的公开谴责中得到了鼓舞。为了孤立与胁迫古巴，1962 年 1 月，美国在美洲国家组织中努力发动西半球其他国家与古巴断绝贸易和外交关系。1962 年 2 月，赫鲁晓夫根据新的情报，又开始担心美国会入侵古巴。苏联已对美国在古巴的低度渗透行动略有察觉。他们也已知道美国武装入侵古巴的紧急计划。赫鲁晓夫女婿、《真理报》编辑阿朱别伊（Adzhubei），也在就他与肯尼迪的一次秘密长谈所提交的报告中称，肯尼迪曾谈到古巴情况与苏联 1956 年对匈牙利入侵时的情况之间的类似之处。[27]

赫鲁晓夫对美国入侵古巴的担忧，比美国官员所意识到的或想当然地认为的要更大。但现在也没有证据显示赫鲁晓夫当时认为入侵危险已非常严重或是迫在眉睫的。“我并不是说我们已掌握了能证明美国正在准备第二次侵略的正式证据；我们并不需要这样的证据。我们了解美国的阶级本性和那个阶级的狂妄无知，这就足以使我们要做最坏的打算。”富尔先科和纳夫塔利注意到，“苏联情报机关未能提供有力证据证明美国对古巴的进攻是迫在眉睫的，这让莫斯科在这个方面的政策制定进行得非常缓慢。”[28]

但在 1962 年 3 月,苏联与古巴之间的关系出现了一次危机。其原因与华盛顿并没有关系,因此,华盛顿对此也几乎不了解。当时,出于国内原因,卡斯特罗开始攻击忠于莫斯科的古巴共产党领导人、野心勃勃的阿尼瓦尔·埃斯卡兰特(Anibal Escalante)。[29] 同时,卡斯特罗开始谈到要从中国获得经济援助。4 月初,苏联政府评估了它的政策选择,决定增加对古巴的援助。

数月的时间里,苏联已小心翼翼地对古巴开展了一系列的军事援助。在赫鲁晓夫女婿提交报告之后,1962 年 2 月,苏联最高主席团最终批准了一直悬而未决的对古巴的巨额援助。国防部建议应尽快把原承诺给埃及的 SA-2 防空导弹转运给古巴。在埃斯卡兰特事件和得知美国将在加勒比举行新的军事演习后,这个请求得到了考虑。4 月 12 日,最高主席团批准向古巴运送教官和约 180 枚导弹,并部署一个团的苏联常规部队。一个军事委员会也被派到古巴,以调查其他的援助需求。[30]

如果古巴的防御是苏联的目标,那么,苏联的行动无疑是取得了成功。在导弹危机结束之际,肯尼迪总统宣称如果古巴不威胁其邻国、美国或其他西半球国家,其他任何国家也都不会侵略古巴。这个保证似乎消除了苏联运入古巴导弹行动所要针对的威胁,因此那些导弹也就可以撤回了。

以古巴防御假说解释苏联在古巴部署导弹行动,尽管有说服力,却无法经受住仔细的检验。首先,如果威慑美国对古巴的进攻是苏联的首要目标,那么苏联就无须在古巴部署弹道导弹。苏联向古巴运送的那些军事装备肯定会使美国放弃不进行大规模进攻的谨慎做法。如果遏制对古巴的大规模进攻是苏联的目标,那么,向古巴派驻一支一定数量的苏联军队将会是一个更好的选择。这支苏联驻古巴军队所能发挥的威慑作用，将大体上等同于美国驻柏林军队的作用。

第二，苏联也可以不派驻军队，而是与古巴签署一个公开的防御条约。苏联国防部长罗金·马利诺夫斯基(Rodin Malinovsky)和卡斯特罗的高级助手切·格瓦拉发起和起草的防御条约，正准备由赫鲁晓夫在1962年11月访问古巴时胜利签署，到时还将向世界展示那些已部署完毕、可以发射的导弹。不过，这个签字仪式最终并未能举行。8月底，格瓦拉和另一名古巴高级官员埃米利奥·阿拉贡内斯(Emilio Aragones)赴莫斯科，为条约做最后的扫尾工作。他们要求赫鲁晓夫公开条约的准备工作，并不再隐藏那些核导弹；他们认为该条约将足以威慑住美国。在当时，古巴要求他们有权公开允许苏联在其境内设立基地，正如美国盟国(如土耳其)公开地接受美国部署的核武器。但这遭到了赫鲁晓夫的拒绝。[31]

第三，古巴防御假说与部署的核武器性质相冲突。即使苏联基于某些原因认为核威慑是必需的，其在古巴部署战术核武器(即射程在100英里以内的导弹)就足够了；而且战术核武器部署起来也更快、成本更小，在部署完成前被发现的可能性也要小得多。赫鲁晓夫确实也做出了匆忙向古巴运送战术核武器的决定，但那已是在1962年9月肯尼迪的公开讲话再次引起他对美国入侵古巴的担忧之后的事了。

第四，如果基于某些原因，苏联认为战略导弹确实是必需的，那么也无须部署那么多的中程弹道导弹(MRBMs，射程约1100英里),数量再少一些的中程弹道导弹也足够了,而且也根本不需要部署那些更昂贵、更易被发现的中远程弹道导弹(IRBMs,射程约2200英里),更无需在古巴设立弹道导弹潜艇基地。

第五,也是非常重要的一点,我们现在所知的苏联相关决策的时间顺序,与古巴防御说对苏联部署核导弹行动的解释不一致。早在运送这些导弹之前,苏联就开始担忧美国对古巴的威胁,并对此进行了分析并做出了小心谨慎的反应;最高主席团4月12日的决定就是对美国威胁的最终反应。这些反应才是莫斯科针对古巴防御需求采取的行动。而一个多月后,赫鲁晓夫采取的行动则是一个全新的进程;这些行动的最重要部分是根据5月21日和24日的系列决定,苏联开始向古巴部署规模比此前大得多且装备有核武器的军队。在4月与5月间,美国在加勒比海举行了事前已公开宣布过的军事演习〔“兰特弗拜克斯(Lantphibex)1-61”演习与“奎科克”(QuickKick)号演习〕,苏联和古巴的军事情报机构肯定已注意到了这些演习。[32]这样一种行动本应引起苏联的反应。但现在并没有证据显示苏联的有关官员对这些演习做出了反应,哈瓦那也没有要求苏联重新考虑最高主席团在4月12日做出的关于对古巴的军事援助的决定。苏联派到古巴的军事委员会在5月18日确实接到了卡斯特罗要求得到更多的岸防导弹的请求;请求中可能也还包括要求派驻更多的苏联军队(对这一点,卡斯特罗有点羞于开口)。但卡斯特罗和苏联军事代表团都没有对核武器表示出任何的兴趣。[33]

毕竟,正如卡斯特罗所说的那样,古巴已“一再重申它无意向任何国家提供任何领土以用于建立军事基地”,[34]卡斯特罗这样做

部分是因为他认识到，这样的举动可能会激起美国对古巴的入侵，并会为这种入侵提供合适的借口。而在决策讨论期间被召回莫斯科的苏联驻古巴特使，在被征询意见时，基于这些原因，也确信卡斯特罗不会接受这些核导弹。[35]

卡斯特罗事实上最终收下了这些导弹。但他和他的同僚一直称他们这样做，只是因为他们感到有义务帮助苏联实现其改变全球均势的愿望。当然，在接受这些危险的军事部署时，卡斯特罗及其同僚可能也期望古巴将得到免遭进攻的保护。但卡斯特罗也估计到这样的部署将导致严重的危机。对此，他抱着宿命的态度，并说他“无视了北美所拥有的核武器数量……我们真的相信他们〔苏联〕的行动是在了解全部形势的情况下进行的。”[36]因此，古巴防御说面临的最后一个问题是，苏联的行动实际上是使古巴的境地变得更加危险，而不是相反；赫鲁晓夫在莫斯科的顶级古巴问题专家也已指出了这一点。

在支持古巴防御说方面，现已清楚，赫鲁晓夫确实对古巴问题感到担忧。他可能对美国的军事演习感到担心，即使这并未使他的专家和卡斯特罗感到多大的恐慌，也未使他担忧到就此事给肯尼迪写信的地步。赫鲁晓夫的冲动性是明显的。现在没有证据表明赫鲁晓夫曾仔细或系统地分析过古巴防御方案，他的军事专家也没有。对苏联总参谋部来说，赫鲁晓夫的计划“如同是晴天霹雳”。他们唯一研究过的方案就是最初被批准的那个，即 4 月那个为古巴防御提供常规军事力量的决定。[37]

假说 2:冷战政治说

古巴防御说的缺陷,可以通过把此次导弹危机事件置于大国对抗的背景下进行分析而得到一定的弥补。以美国及其所代表的价值观、利益为一方,以苏联共产主义为另一方,两者之间的全球性竞争,是冷战的标志性特征。任何一方所失即为另一方所得——世界上其他国家也是这么认为的。在对美国和苏联没有详细了解的情况下,一个分析人员很快就会明白两国正在进行全球权力之争。双方都可能会利用各种机会去展示其全球性权力,特别是在如古巴等这样离对手海岸如此近的地方。

在国防部长罗伯特·麦克纳马拉刚开始认为苏联在古巴的导弹几乎没有军事意义时,肯尼迪总统就采纳了这样一种宽泛的全球政治假说。他划出了一条底线,而他们却明目张胆地越过了它,全面挑战美国的权力。"上个月,"肯尼迪思索道,"我说我将不会〔允许这种情况〕。我上个月应该说我们不在乎。但当我说我将**不会**,他们却继续前进并越过了界线。如果我们对此什么反应也没有,我认为那时我们的危险将增加……毕竟,这既是一场军事斗争也是一场政治斗争。"[38]

几天后,整个政府内的情报专家也评估认为,"苏联在古巴增加军事力量的一个主要目标,就是为了显示全球的力量均势已向他们那边倾斜,美国再也不能阻止苏联的进攻性权力进入其半球之内了。"如果美国对此默认了,将导致整个拉丁美洲和全世界对美国失去信任。国务卿迪安·腊斯克(Dean Rusk)认为"苏联内部一直存在着关于〔在全球竞争中的〕行动路线的激烈争论。和平共处方针并没有将他们改变多少;我认为其主旨是清楚的,那些强硬的家伙已占据了主导地位。因此,我们必须关注的将不仅仅是那些导弹,而且还包括苏联的整体性政策变化,因为这影响着我们面临的全球形势。"[39]

在 1962 年,美国领导人将冷战看作是为了争夺全球优势而进行的一场长期斗争。肯尼迪做出的导致入侵古巴的猪湾行动失败的决定,被广泛地看作是缺乏意志的表现。赫鲁晓夫在 1961 年 6 月维也纳与肯尼迪举行的面对面会谈中,也曾试图摆布肯尼迪。"总的来看,"肯尼迪顾问、历史学家阿瑟·M.小施莱辛格(Arthur Schlesinger,Jr.)后来写到,赫鲁晓夫向古巴运送导弹,"显然代表着苏联对美国意志进行的最高级别的试探。"[40] 赫鲁晓夫计划要取得成功,需要通过欺骗和秘密实行而造成一种既成事实。当导弹已经完成部署、可以发射了,美国的反应就将无足轻重了。外交上的抗议将只能昭示华盛顿的软弱和肯尼迪所发出的威胁的虚假。而通过展示美国的优柔寡断,苏联可以沉重打击美国对其他国家承诺的信誉。而如果在古巴都无所作为,谁还会期望美国在其他地区采取什么行动呢?因此,尽管向古巴运送进攻性导弹显然是很冒险的举动,但其胜利将显示冷战的胜负趋势已经改变。

今天,人们已难以理解当时许多美国人对冷战结局所持的强烈悲观态度。就在肯尼迪就任前,当时还是哈佛大学教授的亨利·基辛格写道:"美国再难以经受得起过去十五年中所遭遇的那种衰落了。"如此进一步恶化,"将使我们在一个我们已经变得越来越无关紧要的世界里,退缩回美洲大陆的壁垒之中。"[41]

肯尼迪感受到了这样的全球性斗争。10 月 21 日,当小施莱辛格问肯尼迪苏联为什么在古巴部署导弹时,肯尼迪回答指出苏联将因此获得下列潜在好处:(1)将中苏关系拉得更近,以修复中苏之间自1959年以来不断扩大的裂痕,或至少可通过展示莫斯科在支持共产主义革命上的勇气而加强苏联在共产主义世界的地位;(2)彻底改变美国在11月国会选举之后将再次激化柏林问题上的处境;(3)给美国施加沉重的政治打击。[42]

尽管这些观点具有说服力,但冷战政治斗争假说却忽视了当时情况中的五个关键之处。

第一,美国已在1961年柏林问题上显示了强硬立场,苏联为什么还需要再次试探美国意志的坚定性呢?为什么要再试一次呢?这也是罗伯特·麦克纳马拉在多个场合公开表示的困惑。

第二,苏联部署的武器的规模和性质远远超出了单纯的政治性试探的需要。要考验美国的意图和坚定性,即使只有一些能威胁整个美国南部地区(包括华盛顿)的中程弹道导弹也足够了。那些中远程导弹或计划部署的潜射弹道导弹对实现这个目标会有什么用处呢?

第三,在冷战的博弈中,行动成功的一个基本条件就是:它应当是一种既成事实。而部署中程弹道导弹、中远程弹道导弹和建立核潜艇基地等会使这个条件变得更难得到满足。如果苏联部署规模更小、更适当的核武器,以保证这些武器在被发现之前就已完成部署、进入可发射状态,那么,苏联就可使其在古巴的基地事实上与西方在柏林的飞地一样的安全、稳固。但苏联实际采取的部署行动却是有害于这个目标的实现的。

第四,为什么要在1962年秋对美国意图进行如此挑衅性的试探呢？当然，美国可能会因此遭到羞辱。但试图在那个特定的时间试探和羞辱美国有一些特别的原因吗？哪些现实的好处可为这样的冒险行动辩护呢？

第五，为什么选择古巴作为试探的地点呢？除了美国大陆以外，世界上再没有比苏联在加勒比地区对美国的军事劣势更大的地方了。如果这样的试探激起美国的有力反击，显而易见的失败将只能使苏联整个冒险行动适得其反。那时将是莫斯科成为一个大输家，而不是华盛顿。

假说3：导弹力量说

10月16日上午，肯尼迪在与其顾问们举行的第一次会议上，第一个提到了苏联的动机问题。他提到了战略力量的平衡。“俄国人这样做必定是有重要的原因，”他一边思索一边说道，“他们肯定是不满于他们的中远程弹道导弹力量。”参谋长联席会议主席马克斯韦尔·泰勒(Maxwell Taylor)认为肯尼迪的推测正中要害。[43]

一个分析人员如果对苏联政府或其领导人毫不了解，那么，他通过分析客观的事实，也更可能会得出这样的看法。设想有一个来自火星的战略分析人员，他可以阅读报纸，并可观察到美苏双方已完成或正在进行的军事力量部署。那么，只根据每个国家都有追求生存和免遭其他人极端强制的目的这个前提，以及有关双方当前和计划拥有的战略核力量的客观事实，这个分析人员，相比于舍曼·肯特领导的国家评估办公室，会更可能推测出苏联将在古巴部署导弹。如果借用“当前危险委员会”(Committee on Present Danger)在描述20世纪70年代末美国政治中存在的威胁时所使用的一个生动词汇,那么可以说,苏联在当时客观上确实面临着严重的且正在扩大的"脆弱之窗",特别是在1962年美国可能拥有或自认为拥有对苏联的"辉煌的第一次打击"(splendid first strike)能力的情况下。根据赫尔曼·卡恩在其1960年出版的畅销书《论热核战争》中提出的观点,如果国家A能通过第一次打击摧毁国家B对国家A本土的报复能力,那么国家A就拥有了辉煌的第一次打击能力。[44]

第一,考虑一下冷酷的事实。由于技术和预算上的原因,在1962年,苏联政府会发现其只拥有20枚可携带核弹头、能从苏联境内的基地打到美国的洲际弹道导弹(射程大于5000英里)。他们也有足够的理由担心这些导弹在技术上的可靠性和精确性。而下一代的洲际导弹则无法在1964年之前投入使用。此外,苏联战略力量还包括约六艘弹道导弹潜艇。而苏联当时唯一的战略核潜艇基地位于科拉半岛北部,距美国海岸约7000英里;这些潜艇所携带的早期相对原始的导弹的射程则还不到600英里。因此,这些潜艇很难到其携带的导弹可打到美国的区域内进行定期的战略值班;而且,在驶往这些发射区的非常漫长的航行中,苏联的这些潜艇将很容易被美国反潜力量发现和歼灭(正如古巴导弹危机期间这些潜艇真的进入大西洋时发生的情况所证明的那样)。苏联威胁美国本土的最大希望在于其所拥有的约200架远程轰炸机。但尽管美国的防空可能漏洞百出,一个谨慎的作战计划人员仍可能会对这种力量的可靠性感到担忧。由于航程远、缺乏前沿机场和需要在中途进行空中加油,苏联去轰炸美国的飞机能够返回的可能性将极小或为零;而且,在长达7000英里的航线上的各个点

上，都可能会遭到美国防空力量的拦截。

苏联核武库中的大部分不是能威胁到美国的远程核导弹，而是中程和中远程弹道导弹。这些中程和中远程导弹性能稳定，有几百枚。它们可以从苏联境内打到美国的盟国，但不能打到美国（这使西欧出现了对是否需要拥有自己的核武器的辩论）。苏联还拥有许多航程相对短一点的可携带核炸弹的轰炸机，但它们同样只能打击到美国的盟国。

而在 1962 年苏联面对的美国核武库中，至少有 180 枚洲际弹道导弹，12 艘北极星弹道导弹潜艇（每艘携带 12 枚导弹），以及 630 架战略轰炸机。这些轰炸机不仅在美国有部署，在欧洲和亚洲也有部署，可从各个方位对苏联目标发动攻击；并且这些轰炸机部队训练有素，保持着高度的战备状态。而且肯尼迪政府在 1961 年 2 月宣布，把迅速增加美国的战略核力量作为其优先议程之一，使美国的洲际弹道导弹数量到 1964 年增加两倍，潜射弹道导弹增加一倍。此外，为了对抗苏联短程和中程核武器对欧洲和亚洲构成的威胁，美国和北约在它们的欧洲和亚洲基地派驻了几百架携带核武器的飞机；早先还曾在英国、意大利和土耳其部署了“雷神”（Thor）和“朱庇特”（Jupiter）中远程弹道导弹——现已废弃。在 1962 年春“朱庇特”导弹已按计划完成部署。

这样的战略力量对比的结局，对一个中立的分析人员来说，无论他是个美国人、苏联人或是个火星人，都是可以推算得出的，并且是令人不寒而栗的。核战争作战计划人员根据谁首先发起打击，区分了“第一次打击”和“第二次打击”。根据双方在 1962 年所拥有的以及在 1963 年将拥有的核力量，理性的苏联作战计划人员将永远不会有首先发动核打击的动机,但理性的美国作战计划人员会怎么样呢?他们会希望通过先发制人的打击彻底摧毁和解除苏联的核报复能力吗?故意消灭几千万苏联平民的可怕后果,以及第一次打击将无法避免能否百分百有效的不确定性,使得实际做出这种决策的可能性是极其低的——即使一方拥有巨大的战略优势。

但战争计划人员却必须考虑到极端的情况。如果领导人认为核战争是可能的,甚至是不可避免的,情况会怎么样呢?那么,在理论上,对一个美国领导人来说,首先发动核打击的利益也许就是巨大的——是死亡一千万人还是死亡一亿人的差别。而且在1962年还有一个广为人知的事实,这就是根据美国的战略和柏林防御计划,如果苏联使用其占优势的常规力量封锁或占领柏林(西方在东德境内被苏联军队包围着的一个陆上前哨),美国可以首先发动核战争。[45]

除了这些冷酷的事实外,这名分析人员可能还会注意到在当时的战略家和政治领导人中普遍存在的一种共同信念,即一国如果拥有战略核优势,那么该国在谈判的讨价还价中也将占有优势。在1962年,各国政府相信:规模至关重要。巨大的战略核优势意味着巨大的谈判优势,特别是在危机期间,因为每一方都明白对手知道占优势的一方可以把事件升级到其优势可以发挥作用的层次上。[46]而且,拥有巨大核优势的国家在追逐其利益时可能更具进攻性,退让的可能性更小,这在1962年是广为人知的“真理”。

另外,这名中立的分析人员会注意到战略核武器在政治——国际政治、国内政治和官僚政治——中的象征性意义。战略核武器被视为最后的王牌,是进入世界上最具排外性的俱乐部——核大国俱乐部——的入场券;是大量核武器造就了“超级大国”。1957年,苏联发射了第一颗人造卫星“旅伴”,它使他们在太空领域领先了一步,成为其领导人骄傲的资本。这在太空和导弹军事应用方面的竞赛中对美国提出了挑战。苏联领导人四处吹嘘他们的战略核优势,说能“像做香肠那样生产导弹”。因此,1960年在与理查德·尼克松的竞选中,肯尼迪使“导弹差距”成为了一个关键性的竞选议题,他猛烈批评共和党人让苏联取得了对美的巨大优势。在即将上任之际,肯尼迪和其国防部长宣布大规模扩充美国的战略核武库,包括迅速增加新型“侏儒”(Minuteman)洲际导弹和“北极星”(Polaris)潜射弹道导弹的数量。

总之,在1962年,一个明眼的战略分析人员,无论是火星人、苏联人还是美国人,都会很自然地得出这样的结论,即苏联面临着一个问题,而且是一个非常严重的问题。对此问题,苏联可以通过在其领土上部署洲际弹道导弹实现核平衡,但这需要数年之久。而对在1962、1963和1964年所面临的威胁,它所拥有的选项则很少,而把现有的核武器部署到可以打到美国的地方则是其中的一种。

如果对苏联领导人有更具体的了解,这名分析人员将更有理由认为苏联政府对此种状况是感到忧心忡忡的。赫鲁晓夫坚信不疑导弹是国家力量的一个标志,并在数年中,他宣布拥有的导弹数量超过了其实际拥有的数量。[47]

在1956年,美国通过U-2高空侦察机获取了苏联军事实际发展情况的情报;在一架U-2被击落后,U-2直接飞越苏联领空的侦察活动被暂停,而代之以从1961年夏就开始的用卫星从太空对苏联领土进行照相侦察的"日冕"(CORONA)计划。卫星获得的第一批照片所覆盖的区域超过了此前所有U-2飞行所拍摄的区域的总和。尽管这些照片显示苏联正在紧张地生产新型洲际弹道导弹,但也使人确信苏联现存的洲际弹道导弹武库还很小。这个发现得到了一个了解内幕的苏联高级军官、为美国情报机构服务的间谍奥列格·佩尼科夫斯基上校(Colonel Oleg Penkovsky)所提供的报告的证实。[48]

一般人对这一切并不了解。但他们确实知道,在1961年10月,肯尼迪政府让副国防部长罗斯韦尔·吉尔帕特里克(Roswell Gilpatric)发表了一个公开讲话,以让赫鲁晓夫明白华盛顿知道苏联的洲际打击能力实际上是虚弱的。"总之,"吉尔帕特里克最后说到,美国有强大的力量,在遭受苏联全面打击后,"我们仍拥有至少与苏联首先打击所使用的力量相当的第二次打击能力。因此,我们相信,苏联不会挑起大的核冲突。"[49]

在肯尼迪政府的高官中,只有中央情报局局长约翰·麦康预见到了这些导弹的部署,并在有关的记录上(当时是秘密的)也是这样记载的。他有这样一种"直觉"。这种预感不是来自于抽象的推理,而是基于苏联向古巴提供的武器的规模和性质;给他最强烈预感的是那些在当时最为先进的地对空防空导弹(SAMs)。他说,如果"苏联在当前防空导弹部署完成,从而能确保不受(U-2)侦察后却不部署中程弹道导弹",那么"对我来说,就让人难以解释为什么要部署这些非常昂贵的防空装备了"。[50]

但中央情报局的专业分析人员和政府中的其他人并不同意麦

康的猜测。有三种反驳意见。第一,一些人认为苏联把导弹部署到古巴并不会获得任何军事优势。在10月16日第一晚的讨论中,当被问到苏联的部署行动能多大程度上改变战略平衡时,罗伯特·麦克纳马拉回答说,“实际上今天下午我已就此咨询过参谋长联席会议。他们说是实质性的。但我个人的观点是根本没有。”麦克纳马拉的看法对肯尼迪产生了很大的影响,使肯尼迪重新考虑他刚开始的强调中对远程弹道导弹价值的推测。但麦克纳马拉所代表的只是少数人的观点。在同一次会议上,总统国家安全事务助理麦乔治·邦迪稍后在回应国务院的官员时说:“我确信这一年半以来,他(赫鲁晓夫)的将军们肯定一直在不断地警告他,他正在失去增加苏联战略力量的战略性黄金机会。”[51]

在此后数天里,苏联军事部署的总规模变得清晰起来,关于苏联这种军事部署在军事上的意义的分歧也就消失了。美国政府内低层的专家赞同导弹力量说,他们注意到,从古巴发射四十枚导弹(具有可以发射更多导弹的再装填能力)将至少能使苏联对美国的导弹打击能力增加50%。迪安·腊斯克后来以其自己都未意识到的精确性,向国家安全委员会的其他成员解释说,“部署这么大的数量,我们不能置之不理,最简单的原因就是苏联还有其他许多可以打到美国的导弹。事实是……从这些地点可发射的导弹数量,将使苏联对我国的导弹打击力量增加一倍。”[52]

第二种反驳意见。舍曼·肯特和他的跨部门情报分析小组认识到这些导弹具有重要的军事意义。但他们认为,一个理智的苏联政府不会愿意冒如此巨大的风险而采取这种行动,特别是在这种行动的成功有赖于秘密地造成一种既成事实的情况下。

第三,麦康直觉中并没有充分注意到"古巴防御说"中的理由。被麦康视为极重要的地对空导弹部署行动,其实早在 4 月就由最高主席团批准了;此决定只是为了帮助古巴进行自我防卫,而早于任何关于部署核导弹的考虑。因此,他所观察到的行为以及所做的推测都可能是错误的。

我们现在知道,赫鲁晓夫第一次就古巴部署弹道导弹问题咨询其重要高官,是在 4 月做出那个向古巴提供防御性援助决定的一两个星期之后;他咨询的人中有国防部长罗金·马利诺夫斯基。[53]在听了马利诺夫斯基有关苏联可打击美国的中远程弹道导弹进展情况的令人沮丧的报告后,赫鲁晓夫提出了把中程弹道导弹或中远程弹道导弹部署到古巴的这条捷径。"为什么不扔只刺猬到山姆大叔的裤裆里呢?"[54]

因此,在赫鲁晓夫看来,"你们(美国人)拥有这样的实力地位,我们低一等的地位也是不可接受的。"[55]而且,在重新整理这些决策的时间顺序时,注意同时正在发生的其他情况是必要的。在 1962 年三四月间,美苏核竞赛的一个议题肯定吸引了赫鲁晓夫的全部注意力,这就是在日内瓦进行的关于禁止进行核武器爆炸试验的一系列紧张谈判。谈判没有取得成功。然后,美国在太平洋上进行了一系列爆炸试验。苏联认为美国重新进行核试验不仅是为了进一步改进美国的核武库,而且是为了炫耀美国的核优势。正是在这个时刻,赫鲁晓夫私下里开始考虑把导弹部署到古巴。[56]

而这时正在发生的一件事,与赫鲁晓夫对在古巴部署导弹的考虑在时间上讽刺性地碰到了一起。即西方拖延已久的在土耳其境内五个发射场部署 15 枚"朱庇特"中远程弹道导弹的工作终于完成。这些“朱庇特”导弹的第一个发射场建于1961年9月,最后一个在1962年3月完工。苏联几年前就已知道此项部署计划,并且可能知道最后一枚导弹已到位。对他们来说,这会是对手长期挑衅行动中一个让人愤怒的极点。对此,莫斯科一直在大声地抱怨,特别是在1958—1959年北约宣布决定部署这些导弹后。不过,现在并没有证据显示苏联的政策制定者给这些落后的武器系统赋予了什么特别的军事价值;从军事方面看,驻扎在土耳其的那些携带核武器的飞机更具有威胁性。但赫鲁晓夫对这些导弹带来的公然侮辱一直耿耿于怀。这些“朱庇特”导弹并不是赫鲁晓夫采取向古巴部署导弹这个非同寻常的步骤的原因,但它们为之提供了现成的借口。[57]

赫鲁晓夫后来在他的回忆录中说,他认为“是让美国尝尝自己领土和人民受到威胁的滋味的时候了”。[58]他们当然早已受到俄国轰炸机和一些导弹的威胁。当时还是赫鲁晓夫高级顾问的尤里·安德罗波夫(Yuri Andropov)私下向他提议说,把苏联导弹部署到古巴,则可以“用它们瞄准美国人柔软的下腹部”。[59]肯尼迪肯定也正是有这样的感觉。“一把插入我们腹部的刀子”,他在10月19日的一次会议上用了这样一个比喻。[60]

正如当时曾任作战参谋的格里布科夫(Gribkov)将军后来所写的那样,“凭此一举,他(赫鲁晓夫)就能改变战略核力量的不平衡状态。”[61]苏联部署在古巴的导弹将还可以绕过美国现有的预警系统(针对从大西洋和其他路线来的苏联威胁)。5月21日和24日,赫鲁晓夫正式向国防委员会和最高主席团提交了他的计划方案;在形式上经过讨论后,该方案得到一致通过。五天后,一个苏联代表团抵达哈瓦那。

正如美国后来所发现的那样,苏联的意图是把古巴变成一个全面的战略基地。批准的方案中还包括在古巴建立一个潜艇基地;这个基地将成为首批十一艘潜艇的母港,其中包括七艘携带百万吨级核弹头的弹道导弹潜艇。除了弹道导弹带有核弹头外,岸防巡航导弹也将配备核弹头。对此,美国并不知情;苏联也未打算披露他们的岸防部队已核武器化了。正如格里布科夫后来回忆所说的:“相比较于那些晦涩的核威慑理论,对我们来说,怎样确保我们处于炮火威胁下的部队拥有对抗进攻的最坚固防护这个实际问题更为重要。”[62]

但导弹力量说仍存在两个明显的可反驳之处。第一,为什么赫鲁晓夫要如此急迫地实现战略平衡?为什么他不能再等上两三年,等他的中远程弹道导弹武库变得更庞大、更令人恐惧呢?

第二,为什么赫鲁晓夫为了解决他的问题,情愿冒如此非同一般的危险呢?这样的行动将会有极其巨大的风险,这是肯特及其手下的评估人员的看法,而在苏联,当时也不止一个高级官员持同样的看法。一种无疑具有某些价值的答案就是:赫鲁晓夫天性冲动,愿冒其他领导人可能不愿冒的风险。但麦克纳马拉在评论肯特的评估时所给出的答案是:赫鲁晓夫想在世界其他地方获得巨大的政治报酬,而他将用在古巴的导弹来赢得它。[63](肯特的评估中并没有分析到这个方面。)确实,如果在1962年春夏之际了解赫鲁晓夫的部署计划,那么无论是美国政府中的高级高官还是苏联政府中的高级官员都会马上清楚赫鲁晓夫心中想得到的报酬是什么。

假说4:柏林问题说——胜利、交易或圈套

肯尼迪对导弹力量说并不满意。国防部长麦克纳马拉认为古巴境内的那些导弹对全球战略平衡并没有太大影响的看法,在刚开始似乎是有说服力的。10月16日晚上,肯尼迪大声地表达了他的困惑,“如果不能大幅度增加他们的战略力量,那为什么——哪位俄罗斯专家能告诉我们——为什么他们……?”他的一些顾问解释说,那些导弹确实能改变战略平衡。肯尼迪仍没有信服。赫鲁晓夫为什么要采取这样的冒险行动呢?那些导弹的重要性肯定不仅仅在于其本身吗?他的顾问开始讨论其他问题,但这个问题仍困扰着肯尼迪。他突然说道:“我们确实从来没遇到过像这样的事……”肯尼迪仍没有得到一个答案。[64]

很快,肯尼迪想到了一个对他来说至少是更为合理的答案——苏联肯定是因为柏林问题。赫鲁晓夫将利用那些导弹解决柏林问题——按他自己的条件。在第一次会议上,腊斯克就提出了这样的怀疑,“柏林问题与这有很大的关系。我第一次开始怀疑赫鲁晓夫先生在柏林问题上是否是完全理智的。我们早已说过他对此会一直耿耿于怀的。”[65]

在1945年,柏林被美苏英法四国分区占领。被占领下的德国变成了分裂的德国,柏林的西方占领区则成为了资本主义的民主大都市,但它却不幸地处在共产主义东德的心脏地区。因此,东德认为西柏林是对他们脆弱的新国家的致命威胁。加上其他原因,在1958年赫鲁晓夫决定将西柏林变成冷战的中心角斗场。他发出一个实质上是命令西方撤出柏林的最后通牒。经过与艾森豪威

尔政府紧张的对峙,在将与艾森豪威尔于1960年举行最高会晤的情况下,赫鲁晓夫同意取消最后通牒。然而,在一架美国U-2侦察机在苏联上空被击落后,计划中的这次最高会晤也被取消了。

1961年6月与肯尼迪在维也纳会晤时,赫鲁晓夫再次发出最后通牒。他宣布,西方部队必须在当年年底前撤出柏林。对此,肯尼迪以大规模增加美国军队作为回应,但他知道这并不够。从军事角度来看,现实是清楚的:美国和其北约盟国用常规力量无法保卫柏林。肯尼迪认为只有通过发出将把冲突升级到核战争的可信威胁,他才可以威慑住苏联的行动。8月,共产主义当局在东西柏林之间筑起一道墙。接近年底时,1961年11月,赫鲁晓夫再次从冲突边缘退缩回去,答应完成当时正在进行的紧张谈判。这些谈判的最重要部分是苏联外交部部长安德烈·葛罗米柯(Andrei Gromyko)和美国国务卿迪安·腊斯克在1962年三四月间进行的会谈。但在答应继续进行谈判时,赫鲁晓夫也清楚表示,他并不是企图"像外交官们所说的那样,为下一次的退让争取更有利的位置"。他警告美国及其盟国必须放弃它们在柏林的地区。这位苏联领导人颇有宿命意味地说道:"你们必须明白,我已无路可退,身后就是悬崖。"[66]

当谈判在1962年4月再次公开陷入僵局,赫鲁晓夫又开始在柏林问题上施加压力。甚至美国驻莫斯科大使卢埃林·汤普森(Llewellyn Thompson)也无法理解赫鲁晓夫究竟想要干什么;而美国再没有人能比他更了解赫鲁晓夫或更准确地把握赫鲁晓夫的立场了。事实上,苏联驻华盛顿大使阿纳托利·多勃雷宁后来也充满敬意地称赞汤普森是"整个冷战期间美国驻莫斯科的最优秀大使”。但汤普森也对赫鲁晓夫在柏林问题上不断增加压力的做法感到困惑不解。他在发回华盛顿的电报中说，“他肯定知道我们的立场是坚定的”，因此“他继续押上他早已深陷其中的个人威望，是令人难以理解的”。但压力仍在增加。[67]

1962 年 8 月，汤普森带着赫鲁晓夫给肯尼迪的信飞回华盛顿。在信中，赫鲁晓夫表示，美国总统肯尼迪想柏林危机在 11 月的“国会选举之前还是之后”摊牌，“他不想给总统制造麻烦，并事实上是想帮助总统。”多勃雷宁也接到指示，要求他与肯尼迪最信任的政治顾问、白宫助理西奥多·索伦森接触。邦迪警告索伦森，“柏林危机最近几个星期已热了起来，并似乎正在恶化。”索伦森告诉苏联，任何危机都会被肯尼迪的政治对手所利用。因此，在 9 月初，多勃雷宁带着莫斯科的指示，再次向索伦森保证，他们在国会选举之前不会采取任何会使肯尼迪的处境变得更为困难的行动。[68]

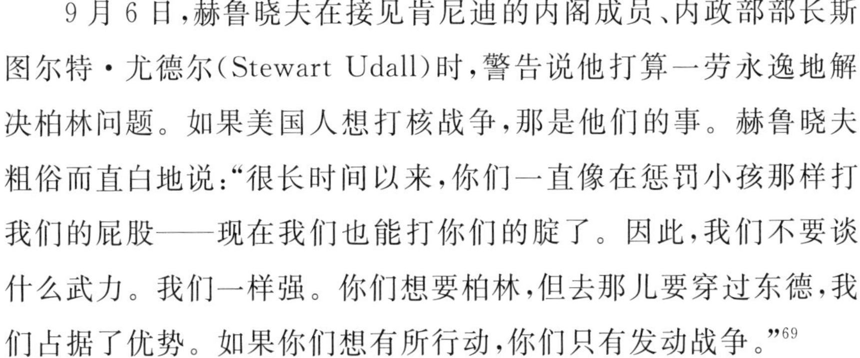

9 月 6 日，赫鲁晓夫在接见肯尼迪的内阁成员、内政部部长斯图尔特·尤德尔(Stewart Udall)时，警告说他打算一劳永逸地解决柏林问题。如果美国人想打核战争，那是他们的事。赫鲁晓夫粗俗而直白地说：“很长时间以来，你们一直像在惩罚小孩那样打我们的屁股——现在我们也能打你们的腚了。因此，我们不要谈什么武力。我们一样强。你们想要柏林，但去那儿要穿过东德，我们占据了优势。如果你们想有所行动，你们只有发动战争。”[69]

然后，赫鲁晓夫第三次，也是最后一次，为柏林问题的解决设定了最后期限。在写给肯尼迪日期为 9 月 28 日的信中，赫鲁晓夫确认，“在美国选举之前，我们不会对西柏林采取行动。”选举之后，显然是在11月下旬,就必须"清除这个无时无刻不在破坏着我们关系的危险毒瘤"。苏联外交部部长葛罗米柯10月访问美国,并在10月18日与肯尼迪进行了会谈(此时肯尼迪已知道苏联在古巴部署的那些导弹,葛罗米柯则还不知道那些导弹已被发现)。葛罗米柯再次警告将在11月重新提出柏林问题,以取得"具体的成果"。"如果到时还未达成此类的谅解,苏联政府将被迫——葛罗米柯先生希望强调是'被迫'"——与东德签订一个正式保证同盟国权利的条约。葛罗米柯还补充说,根据这个条约采取的行动将意味着把西方的军队从柏林赶走。肯尼迪曾说过他喜欢直率,因此,葛罗米柯说在这个问题上他也是直率的。"正如赫鲁晓夫先生曾说的那样,北约在西柏林的军事基地和占领统治,就像一颗蛀牙,必须拔掉,没有人会因此遭到损失。"葛罗米柯最后强调了解决问题的积极意义,说如果柏林问题能被解决,"可能除了裁军以外,我们两国之间将不存在其他有分歧的问题了。"[70]

当那些导弹被发现,卢埃林·汤普森(当时从莫斯科被召回任国务院苏联问题的特别顾问)解开了他的困惑。在7月,他对赫鲁晓夫为什么把越来越多的个人威望押在一项将遭到美国坚决抵制的政策上而感到困惑。现在汤普森才明白"(赫鲁晓夫)不是个笨蛋,我一直奇怪他为什么说他将把这(在柏林的对抗)推到选举之后。现在在我看来,一切都与这(向古巴运入导弹)有关。"肯尼迪同意这种看法。肯尼迪在几天后向英国首相解释说,赫鲁晓夫"玩了一个双簧把戏"。"你还记得他不停地说,他将在(国会)选举后处理这个问题,在大选之前不会采取任何扰乱形势的行动。他说那些武器是防御性的,他们不会向那儿及其他地方运入任何导弹。

但他显然一直在增加这些力量，以使我们在11月处于一种不利的局面；那时，他就会在柏林问题上敲诈我们。”[71]

因此，在肯尼迪看来，赫鲁晓夫的策略就是要在柏林问题上赢得胜利。如果美国无所作为，到时赫鲁晓夫将把西方从柏林赶走，因为他坚信古巴境内的那些导弹将能阻止美国发动战争。如果美国试图谈判，而条件就将是在古巴与柏林之间做交易。既然柏林比古巴重要得多，因此，这样的交易对赫鲁晓夫而言也将是个胜利。而如果美国封锁或进攻古巴，赫鲁晓夫就能以此为借口，同样封锁或进攻柏林。“因此，不管我们对古巴采取什么样的行动，”肯尼迪说，“都会给他在柏林采取同样行动的机会。”[72]肯尼迪认为更糟糕的是，美国的欧洲盟国将把丢掉柏林的责任归咎于美国。因为它们不会理解美国为什么要进攻古巴。联盟将在苏联的巨大威胁下陷入分裂，莫斯科将再次成为最终的赢家。

正如肯尼迪认识到的那样，在针对那些苏联导弹做出决策时，他并不是在挑起古巴问题上的核危机还是不挑起之间做选择。他所能选择的是现在就在古巴问题上面临一场核危机——此时发动核战争的责任将落在赫鲁晓夫身上，还是下个月在柏林面临一场核危机——届时美国的战略形势将大大恶化，挑起核战争的责任将落到肯尼迪身上。这是10月19日肯尼迪就他的困境向参谋长联席会议所做的分析的最本质的内容。“我们面临的问题不单单是古巴问题，”他说，“还包括柏林问题。我们认识到柏林对欧洲的重要性，认识到盟国对我们的重要性，正因为如此，这三天来此事才一直处于一种两难的困境中。否则，我们的答案将非常容易。”他继续说到：“另一个方面，我们不得不采取一些行动。因为如果我们什么都不做,我们无论如何都仍将面临柏林问题。昨晚(葛罗米柯让)这一点已非常清楚。这把刀子将直直插入我们的腹部"——当古巴境内的那些导弹可以投入使用时。从谈判的角度来看,不得不佩服赫鲁晓夫的行动。"就赫鲁晓夫而言,他得到的好处是他获得了一个只会得到巨大奖赏的绝佳机会。"[73]

现在再分析有关苏联决策的资料,我们可以发现大量支持柏林假说的证据。多勃雷宁回忆 1962 年春的情势时指出,"德国和柏林问题影响到每件事。"[74]一年前,1961 年 9 月,在柏林墙建成之后,赫鲁晓夫与肯尼迪之间建立了一个秘密的私人通信渠道,讨论那些双方认为无须让各自政府中其他人知道的问题与条件。图 1 列出了双方认为需要在这个渠道中进行讨论的问题。赫鲁晓夫在导弹危机前的最后一封信中宣布,他在 11 月的目标是解决柏林问题。但在导弹危机后,赫鲁晓夫在信中去掉了柏林问题,只象征性地提及两次,肯尼迪对其也未予以理睬。

但到 1962 年春,从赫鲁晓夫的方面看,他又一次没有兑现全世界都知道的他所设定的解决柏林问题的最后期限。而赫鲁晓夫在国内和共产主义世界中的政治地位,早已因他在财政和农业政策上的失败或退缩而受到损害。[75]美国人似乎认为,他们是强大的,可以用核战争威胁来对抗苏联在柏林用它的地区军事优势对西方的勒索。对赫鲁晓夫来说,华盛顿这样的核战争威胁,"只能是——恕我刻薄——一种狂妄自大,只是企图以强力压人。"[76]

1962 年 4 月至 5 月初,是赫鲁晓夫向古巴部署导弹决策的最后定案时间;与此同时,他在柏林也正面临着一个巨大的问题。他曾承诺将取得谈判成功,并以此为借口放弃了他在 1958 年最后通

发信人	日期	主题(按被提及的顺序)
赫鲁晓夫	1961/9/29	柏林、老挝
肯尼迪	1961/10/16	柏林、老挝
赫鲁晓夫	1961/11/9	柏林
赫鲁晓夫	1961/11/10	老挝、越南
肯尼迪	1961/11/16	老挝、越南
肯尼迪	1961/12/2	柏林
赫鲁晓夫	1961/12/13	柏林
赫鲁晓夫	1962/1/16[1]	柏林
肯尼迪	1962/2/15	柏林
赫鲁晓夫	1962/3/10	柏林、核试验[2]
肯尼迪	1962/6/5	柏林
赫鲁晓夫	1962/7/5	柏林
肯尼迪	1962/7/17	柏林
赫鲁晓夫	1962/9/4	核试验
肯尼迪	1962/9/15	核试验
赫鲁晓夫	1962/9/28	核试验、柏林、古巴、对苏联船只的侦察、U-2 对苏联领空的侵犯、柏林、核试验
肯尼迪	1962/10/8	核试验

[1] 大概的日期。

[2] 赫鲁晓夫称他提出这个问题只是因为罗伯特·肯尼迪曾在一次口信中提出过。

资料来源:《美国外交关系:1961—1963》第 6 卷,《肯尼迪—赫鲁晓夫的通信》;并与俄国的档案进行了验证。

图 1　赫鲁晓夫—肯尼迪的秘密通信

(1961 年 9 月—1962 年 10 月)

牒中规定的最后期限;但谈判并没有取得成功。而他这一次又没有兑现其 1961 年年底最后通牒中的时间期限要求,并再次保证谈判将取得成功。但在 1962 年 3 月底,腊斯克与葛罗米柯的谈判陷入了僵局;而到了 4 月底,这些谈判显然是失败了。这次失败正在被越来越多的人认识到。赫鲁晓夫感受到了来自东德同志持续不断的压力,他们建议苏联采取更强硬的政策,使对抗升级。[77]

5月12日,在赫鲁晓夫考虑向古巴部署导弹的关键时刻,这位苏联领导人有了一次——数月中的第一次——与肯尼迪白宫中的人进行会谈的机会。他利用这次机会,与肯尼迪新闻秘书皮埃尔·塞林格在两天中谈了14个小时。柏林问题是中心议题;柏林问题与导弹力量差距问题,似乎已成为赫鲁晓夫的一个心病。而在刚刚接受的一次新闻采访中,肯尼迪承认为了保卫存在至关重要利益的地区,美国可能需要首先使用核武器。肯尼迪暗指柏林问题核逐渐升级,所谓逐渐升级即灵活反应,而非全面的先发制人式打击。对此,赫鲁晓夫早已知道。但他仍对肯尼迪的这个新闻讲话感到愤怒。“连一个傻瓜都不会想为西柏林问题打仗。”美国需要柏林“就像狗需要五条腿一样”,赫鲁晓夫说,“钥匙在肯尼迪总统手中,因为他要开第一枪。”他强硬地补充说,苏联“准备好了迎击这样的打击”。赫鲁晓夫多半可能并不如此的自信。第二天他开始赴保加利亚访问,根据他自己的说法,正是在此期间,他下定了向古巴运送导弹的决心。九天后,克里姆林宫的国防委员会批准了这个决定。[78]

要解决柏林问题,赫鲁晓夫有哪些选项呢?赫鲁晓夫本可以从这个问题中脱身。但他炫耀着设定了解决问题的最后期限,并完全押上他日益衰落的个人威望。他也还可以接受一个大约是维持现状的临时解决方案。肯尼迪也曾提出过这样的解决方案(这使西德总理康拉德·阿登纳愤怒不已),但赫鲁晓夫早早地就将之拒绝了。或者,赫鲁晓夫可以希望在更有利的环境下重新挑起对抗。这位苏联领导人早已否决了最前面的那两种选择方案。美国仍以他所谓的“强力政策”屹立于柏林。[79]

1962年3月，新大使多勃雷宁将赴华盛顿之际，赫鲁晓夫告诉他柏林问题是苏美关系中的首要问题。美国自认为拥有核优势，这使他们的行为，用赫鲁晓夫的话来说，是“极其狂妄自大的”。赫鲁晓夫最后说，“是该把他们伸得过长的手砍得短一点的时候了。”他喜欢肯尼迪，认为他是一个有品格的人。但据多勃雷宁回忆，赫鲁晓夫“并不掩饰其认为对肯尼迪施加压力就会给我们带来成功的想法”。[80]

赫鲁晓夫当然需要一场胜利。正如詹姆斯·里克特(James Richter)所说的那样，“赫鲁晓夫的国内地位是他外交行动的基础。他比任何时候都需要一场外交胜利。即使当时资金上的日渐趋紧正促使他节约国防支出，赫鲁晓夫还是声称他可以领导苏联在经济竞赛中取得对美国的胜利，但国内计划遇到的越来越多的困难，已使他的话不再可信。”[81]

这种背景限定了赫鲁晓夫对其所面临的各种选项的评估：在这种背景下，导弹力量说和柏林问题说为苏联向古巴运送核导弹这个行动背后的考虑，提供了最令人满意的解释。通过在古巴部署导弹，赫鲁晓夫可以成本低廉地快速增加苏联的导弹力量。他明显在盘算，柏林危机将会有一个胜利的结局。而在外交上的胜利之后，赫鲁晓夫就将可以按他曾承诺的，与肯尼迪一起实现两个超级大国之间关系的根本性改善。而他也就能把用于防务和重工业的资源更多地转到用于满足人民的需要上来，从而可以进行其所期望的苏联国内改革。“这种向古巴部署导弹的冒险行动”，詹姆斯·里克特的结论是，“为他提供了一种前景，即他可以摆脱这种境地、挽救他早已衰落的权威,而不论这种前景是多么的渺茫。”[82]

古巴防御在这种背景中,是一个不变的考虑因素。但值得注意的是,在10月18日与葛罗米柯的会谈中,肯尼迪曾两次声称其政府并不打算入侵古巴,愿意做出不入侵古巴——无论是用古巴流亡分子还是用美国的军队——的保证。了解真实情况和赫鲁晓夫意图的葛罗米柯,漠视了肯尼迪的这个提议,甚至在向赫鲁晓夫汇报此次会谈情况的电报中都没有提到这个提议。[83]

但必须认识到,根据导弹力量说和柏林问题说以及上述其他假说,苏联在古巴军事部署的许多实际行动仍无法得到解释。首先,根据前面四个假说,应该是先有在古巴部署导弹的决定,然后才会有实施该决定的计划,即部署保护基地和防止空中照相侦察的对空防御,然后再运入核武器。但苏联的实际行动与这种推测并不一致。在美国看来,苏联是在地对空导弹防御就位**之前**就进行了中程弹道导弹的部署。肯尼迪顾问、演讲稿的撰写人西奥多·索伦森强烈地表达出了白宫对此的困惑。“苏联为什么未能在时间上协调一致仍不清楚。”[84]不过,我们现在已知道,为了防止导弹被发现,事实上苏联确实在部署导弹之前就建立起了对空防御。但即便如此,古巴境内的苏联部队为什么又允许U-2飞越古巴上空而发现那些导弹呢?

赫鲁晓夫的将宣布他制造的既成事实的宏大计划也是难以解释的。他计划在11月上旬访问美国时宣布真实的情况,好像到那时导弹的部署将可以完成似的。但事实上,即使苏联在美国宣布发现那些导弹之后日夜不停地施工,到时也将只有中程弹道导弹可以投入使用。而复杂的中远程弹道导弹只有到 12 月才能进入发射准备状态。[85] 苏联行动再次表现出来的这种缺乏协调一致是令人难以理解的。

而苏联忽视对那些导弹场地进行伪装，则是第三个令人困惑不解之处。在危机期间，汤普森甚至曾一度认为苏联可能希望在部署过程中让那些导弹被美国发现。“伪装这些东西太容易了，或者把它们藏到树林中。他们为什么不一开始就这么做？他们肯定希望我们在某个阶段发现它们。”[86] 否则，对那些导弹场地竟然按照苏联的标准式样进行建设又如何解释呢？在 10 月 16 日晚的白宫会议上，汇报情报的人员解释说，他们能够发现那些发射装置，部分正是因为“他们是按四个 线的方式部署的，…… 而这……与我们在苏联境内发现的这些类型导弹的部署方式完全一样。”[87] 但如果说苏联期望这些部署被发现，则又很难解释苏联在导弹运抵古巴和从码头运到发射场地的过程中采取了大量且是有效的伪装和欺骗这个事实。

最后，为什么在肯尼迪一再发出警告的情况下，苏联还要一意孤行呢？亚历山大·乔治（Alexander George）和理查德·斯莫克（Richard Smoke）把此次苏联的行动解释为威慑中制造既成事实战略的一个典型例子。在这种情况下，威慑的失败是因为，被威慑方（赫鲁晓夫）认为其可以在威慑方有时间或有机会针对被威慑方试图采取的行动建立一种可信的威慑限定之前就采取行动。[88] 亚历山大·乔治和理查德·斯莫克的解释是正确的吗？美国发出的信号太弱了或未被接收到？或警告是不可信的吗？苏联怎么会认为肯尼迪会对他们的行动不作反应呢？

赫鲁晓夫并没有要求苏联驻华盛顿大使或其他著名的美国问题专家对他的判断做认真的研究。当时的外交部部长葛罗米柯后来写到,他曾私下警告赫鲁晓夫,“把我们的导弹放到古巴,将意味着在美国引爆一颗政治炸弹。对这一点,我绝对能肯定,因此这一点应该被考虑到。”在提出这个判断时,他担心赫鲁晓夫会“大发雷霆”,但赫鲁晓夫并没有什么反应。根据葛罗米柯的说法,他只是对这个建议无动于衷。多勃雷宁后来也抱怨赫鲁晓夫“完全错误地理解了对手的心理。如果他先前征询使馆的意见,我们也就可以预料到一旦其冒险行动被发现,美国将做出强烈的反应。值得注意的是,卡斯特罗认识到了这一点……但赫鲁晓夫想让华盛顿大吃一惊;事实是,当他的秘密计划最后被发现,大吃了一惊的是他自己。”[89]

为什么美国以封锁应对苏联在古巴的导弹部署?

美国对苏联在古巴部署导弹的反应,在战略上,可被视为只不过是追求价值最大化的升级行动罢了。美国拥有可以摧毁苏联核武备的核优势,因此,如果苏联是理性的,它就不会用核武器反击美国针对其古巴部署导弹行动而采取的低层次的武力反应。而在加勒比地区,美国的优势也是压倒性的,这意味着它可以先采取低层次的武力行动,同时能可信地威胁美国的行动将根据情况逐步进行升级。而这些只需要美国运用它在战略层面和地区层面所拥有的优势,显示它要求撤走这些导弹的坚定决心,同时又留给莫斯科体面退让的时间和余地。而海上封锁(为了规避国际法上的一些问题而被委婉地称为“隔离”(quarantine))正符合了这样的要求。

美国在选择反应时应已考虑到苏联可能做出的反制行动,特别是在柏林问题上。美国通过不进攻古巴,也避免了在柏林招致苏联的进攻。肯尼迪总统还否决了封锁范围应扩大到包括向古巴运送的生活必需品的建议;他考虑到这样做会降低苏联对柏林采取同样的封锁行动的可能性和危机升级到为战争的危险。[90]而如果苏联对柏林进行核武器和核材料的封锁,则将是没有意义的,因为美国本来就未打算将这些东西运入柏林。

美国政府选择封锁方案的实际过程,也正体现了这样的逻辑。在得知古巴境内发现苏联的核导弹后,总统召集了他最信任的顾问们商讨对策。这个后来被命名为国家安全委员会执行委员会(Executive Committee of the National Security Council)的小组主要成员包括司法部长罗伯特·肯尼迪、国务卿腊斯克、国防部长麦克纳马拉、参谋长联席会议主席泰勒将军、中央情报局局长麦康、财政部长道格拉斯·狄龙(Douglas Dillon)、总统国家安全事务助理邦迪、特别顾问西奥多·索伦森、国务卿帮办(腊斯克助手)乔治·鲍尔(George Ball)、副国防部长罗斯韦尔·吉尔帕特里克(Roswell Gilpatric)、副国务卿帮办U.亚列克西斯·约翰逊(U. Alexis Johnson)、负责苏联事务的无所任大使汤普森、助理国务卿埃德温·马丁(Edwin Martin)和国务院政策办公室主任沃尔特·罗斯托(Walt Rostow),以及助理国防部长保罗·尼采(Paul Nitze)。副总统林登·约翰逊(Lyndon Johnson)也几乎出席了在白宫召开的所有关键性会议。驻联合国大使、前总统候选人阿德

莱·史蒂文森(Adlai Stevenson)也返回华盛顿,参加了在白宫召开的一些会议。前国防部长罗伯特·洛维特(Robert Lovett)也参加了一些会议。前国务卿迪安·艾奇逊(Dean Acheson)向肯尼迪提出了私人的建议,并参加了在国务院召开的一些会议,但未参加在白宫召开的执行委员会的会议。

在发现苏联那些导弹之后的五天里,美国探寻了各种可能的行动方案,并就这些方案进行相互比较、权衡。在最后做出的综合了几个方案的决策之前,考虑的主要行动方案可被归为下面六大种。

方案 1:不做任何反应

美国易受苏联导弹威胁,这种脆弱性并不是什么新鲜物。因为美国早已生活在那些俄国部署于其境内的导弹的威胁之下,苏联从古巴打击美国的能力实质上也就不值得大惊小怪了。更大的危险也许是美国对苏联的行为反应过度,使苏联对柏林采取爆炸性的反制措施。而如果美国对苏联这个行动轻描淡写,就可以使赫鲁晓夫无法从这些导弹上捞取任何政治资本。

肯尼迪的顾问中,除了邦迪,没有一个人建议采取不做任何反应的方案。邦迪也只是在 10 月 18 日提出了这种看法。第二天他就改变了主意,开始赞成实行空中打击。邦迪在 10 月 18 日提出这种看法的理由正如肯尼迪概括的那样,“苏联将不可避免地在柏林进行报复。这将使我们的同盟分裂,并使分裂的责任落到我们的头上。他认为我们最好能密切关注那些导弹而又按兵不动,等待柏林问题紧要关头的到来,而不玩这个他认为是苏联设定好的游戏。”

肯尼迪回忆说，“其他的所有人都感到，如果我们不做任何反应，将使我们在柏林问题上采取行动的意志受到怀疑，使我们的同盟和国家陷入分裂。（他们感到）我们将在两三个月后在柏林面临一场对决，而到时苏联如果在西半球已拥有庞大的导弹武库，将会削弱我们在西半球的地位和事业。而无论如何，在柏林我们仍要面临同样的问题。”[91]

尽管麦克纳马拉并不看重苏联部署行动的军事意义，但他仍认为从政治上考虑，仍需采取某种行动。正如他在第一天所说的，“我们所面临的不是一个军事问题，而是个政治问题，是个保持联盟团结的问题，是如何为了未来与苏联的交往而适当规约赫鲁晓夫的问题。”麦克纳马拉还间接提到了美国无论采取何种应对都将对国内政治产生的影响。[92]

国内政治肯定是肯尼迪考虑的一个因素。在共和党人不断猛烈抨击肯尼迪有关古巴问题的政策的情况下，肯尼迪清楚，对苏联的行动不做出任何反应的国内后果将是难以承受的。他感受到了当时的紧张气氛，当只有他和他弟弟两个人时，他说“这真卑鄙，不是吗？但却又没有任何办法。如果他（赫鲁晓夫）正是要达到这个目的，我们……毫无办法。我认为没有任何选择。”

罗伯特·肯尼迪表示同意，“是，没有任何选择。我想，那样你将……你将遭到弹劾。”肯尼迪回答道，“对，我认为我可能遭到弹劾……因为我说他们不会那样做（在古巴部署导弹），和……”他没有把话说完。[93]即使考虑到这些话在当时多少可能有夸张的成分，但也表明不做任何反应并不是总统认真考虑的方案。

方案2:外交施压

美国讨论的外交施压主要有两种基本方式。一种是两位前驻苏联大使查尔斯·波伦和汤普森所提出的,以秘密备忘录形式要求赫鲁晓夫撤出那些导弹,给赫鲁晓夫一个接受这些要求、避免对抗公开或演变成为军事冲突的机会。

另一种由阿德莱·史蒂文森提出的外交行动,则是要求联合国或美洲国家组织对古巴进行核查,并且美苏双方就撤走那些导弹进行谈判,为此双方最高领导人可举行峰会进行商谈。最终的安排可以是古巴成为中立国,同时美国撤出关塔那摩基地,或从土耳其或意大利或从两国一起撤出"朱庇特"导弹。

这两种外交方式都有特定的缺陷。向赫鲁晓夫派密使要求他撤走那些导弹的做法,将产生无法接受的结果。一方面,这将使赫鲁晓夫掌握外交上的主动权,可能会使其宣布如果弱小的古巴遭到进攻,苏联就将进行战略报复;同时,他还可以坐等美国的国内外舆论最终迫使美国不得不参加类似于张伯伦与希特勒在慕尼黑举行的那种会议;另一方面,美国可能将会不断软化其最后通牒,因为任何一个大国对这种通牒都不可能不提出相应要求就加以接受。而要与赫鲁晓夫举行峰会谈判解决,就必定意味美国一定要做出某种让步,而且,在这种峰会上,美国在土耳其部署导弹与俄罗斯在古巴部署导弹之间表面上的相似之处也不可能被忽视掉。苏联还能在联合国否决任何动议。而当外交官还在争论不休时,那些在古巴的导弹却将会完成部署、可以使用了。

但为什么不拿在土耳其和意大利的"朱庇特"导弹交换在古巴

的那些导弹呢?几乎没有人认为部署在意土两国的这些导弹有任何的价值。美国在 1961 年春就曾要求土耳其放弃部署,但土耳其坚持继续部署,美国也就默许了。而且,美国已制订好了替换这些导弹的计划,代之以至少是象征性地承诺将用美国的核弹道导弹潜艇保卫土耳其的安全。但肯尼迪认为,现在“不是退让的时候,退让将使欧洲人证实他们的怀疑,使他们认为我们会为了在一个与他们并无利益关系的地区保护自身的利益而牺牲他们的安全;这将导致同盟破裂。相反,我们应该控告苏联的欺骗行为和其对世界和平的威胁,而不是采取外交上的守势。”肯尼迪认为在当前时刻采取撤走导弹此类的行动“将向世界表明,我们在恐吓之下放弃了我们的立场”。美国可以在某个时间表示愿意撤走这些导弹,但这只能是在将来的某个时候。[94]

方案 3:与卡斯特罗秘密接触

通过让卡斯特罗在“决裂或倒台”中做出选择,此次危机提供了把古巴从苏联共产主义阵营中分裂出来的机会。腊斯克在介绍这个主意时认为这“只有百分之一的可能性”,但“如果卡斯特罗了解其所面临的致命危险”,[95]也很可能会与莫斯科断绝关系。但执行委员会并不认为卡斯特罗会接受这种建议。这种建议反而可能预先就泄露了美国的意图,并且会陷入与向赫鲁晓夫发出最后通牒的做法而产生的类似的外交纠缠。最后,那些苏联导弹肯定仍将会被苏联牢牢地控制住。

方案 4:入侵古巴

美国通过这种行动,将不仅能摧毁那些导弹,而且可以除掉卡斯特罗。入侵的紧急计划早已制订好,并做过了演练。在危机第一天的讨论中,肯尼迪说,在古巴的那些导弹"表明猪湾行动(1961年用古巴流亡分子对古巴发动的进攻)事实上是正确的。我们做得对。那是一种在越来越好还是越来越坏之间的(抉择)。"泰勒将军回答说:"总统先生,对此我是个悲观主义者。我们现已为你制订了一个战争计划。攻占那个小岛将需要25万名美国士兵、海军陆战队员和航空兵等。一年半之前,我们是用1800名古巴人进攻它。我们已改变我们的估计。那么……"他的声音削弱下去。[96]

入侵被认为是最后的手段。它将是代价高昂的大规模行动,会使美国陷入泰勒所说的古巴的"深深泥潭"之中。它意味着美国军队将不得不与苏联的地面部队进行两个超级大国自冷战以来的第一次直接战争冲突。这种危险做法将有导致核灾难的危险,并可能导致苏联对柏林采取同样的行动。

方案 5:空中打击

通过迅速的常规空中打击摧毁那些导弹发射场,将比入侵古巴来得干净利落得多。这种坚定有效的反击也是苏联的欺骗行为罪有应得的。这种打击可以在那些导弹投入使用、能向美国发动核打击之前就将之清除。直接进行打击,还可以避免苏联因察觉美国已发现那些导弹而先采取行动的危险;这些危险包括苏联可以发动外交、军事上的反制措施,而且可能将那些导弹隐藏起来,使对它们的打击变得非常困难。此外，空中打击还拥有军事上的奇袭优势。肯尼迪可以在飞机接近目标时，才向全国和苏联发表公开声明，呈述其行动理由，并警告苏联不要采取报复行动。

肯尼迪在一开始就倾向于这种选择方案，且这种方案一直在吸引着他。但是，其中存在的四种困难给这种方案蒙上了阴影。

第一，打击能保证是小规模的且针对非常有限的目标吗？事实上，即使那些导弹场地被摧毁，苏联驻古巴的米格-21 战斗机和伊尔-28 轰炸机仍能攻击美国东南部地区。泰勒不断提请肯尼迪注意这个问题以及参谋长联席会议刚刚得出的结论，即美国这部分地区的防空处于令人悲哀的脆弱状态。而如果是因为军方没有力图去摧毁那些米格飞机和伊尔飞机及它们的机场而使佛罗里达遭到了轰炸，美国公众将会无比地愤怒。而如果把这些飞机等列入打击目标之内，则将大大扩大打击的规模。但如果不将这些飞机列入打击目标，任何一名负责任的空军指挥官又都不会在没有清除可能会使飞行员送命的敌方防空力量的情况下，同意发动大规模打击的。到 10 月 18 日，肯尼迪顾问们的看法开始接近一致。他们开始相信，唯一可行的空中打击方案就是要包括这些防空基地和轰炸机；这将意味着需要投入几百架飞机对古巴全境的目标进行打击。而这又可能导致局势混乱和卡斯特罗政权的崩溃，从而把美国卷入入侵的旋涡之中。

与这种观点相对应的是，邦迪和艾奇逊提出了范围更窄的外科手术式的空中打击方案。10 月 20 日，在做出封锁决定的关键性的那天，摆在总统面前的实际上只有两种空中打击方案：小规模版本和大规模版本。肯尼迪明显倾向于小规模版本的方案，但对这两种方案都存在着反对意见。

第二,突然的空中打击将会消灭那些导弹场地上的俄国人——如果打击规模更大,还将意味着会打击到包括在古巴其他地方的俄国人。而攻击一个大国的军队和公民不可能是小事一桩。肯尼迪因担心苏联那些导弹会向美国发射,因此命令实行前所未有的大城市防御和人员疏散的紧急民防计划。而苏联在面临进行报复的巨大压力下,极可能会对柏林或土耳其发动进攻。肯尼迪就这种可能的情况继续推测下去:如果他们开进柏林,美国军队就会被击溃。一个人问道,那我们怎么办?鲍尔回答说:“打全面战争(general war)。”邦迪表示同意说,“那将是全面战争。”肯尼迪问:“你们是指相互扔核武器吗?”其他人表示同意。一分钟后,肯尼迪强调说:“问题的关键是我们应采取什么行动,一方面可以减少核战争的危险,爆发核战争明显是个最大的失败——这一点对我们来说非常清楚;另一个方面又能在一定程度上保持我们盟国的团结。”[97]

第三,发动空中打击还存在着预先警告的问题。突然袭击,鲍尔在执行委员会上说,“就像偷袭珍珠港行动一样。人们认为苏联也许会做这种事,却不会期望美国也会这么做。”没有解决预先警告问题的方法。而不警告就发动进攻似乎是一种非常令人憎恶的行为。腊斯克称这会是“使你余生都将在脑门上带着可耻印记的事”。[98]

第四,空中打击并不能清除古巴境内所有的导弹,也不能保证苏联在将来不会再部署。参谋长联席会议一开始就建议进行入侵,部分就是因为这样可以彻底解决问题。泰勒原不同意采取入侵方案,但当情报显示在古巴部署的不仅有中程弹道导弹,还有中远程弹道导弹时,他就开始加入参谋长联席会议的同事行列之中,认为为了彻底解决苏联导弹部署问题,空中打击和入侵都是必需的。而这正是波伦在提出反对无事先警告就发动空中打击这个有重要影响的看法时,明确指出的危机可能出现的升级路径。波伦认为,"这将迅速演变为与古巴的战争,而不是如预期的那样干净利落地干掉他们的基地。而且,我很有理由肯定,盟国的反应将对我们极为不利,特别是如果苏联在某些地区(土耳其或意大利或柏林)采取报复行动……我强烈地感到,任何认为行动将是有限、快速的看法都是个幻觉,这将一步步把我们引向与古巴的大规模战争(full war),从而大大增加全面战争的可能性。"[99]

方案6:封锁

由麦克纳马拉在10月16日首先提出的、采取某种封锁形式的间接军事行动,对在仔细研究其他方案的总统和其顾问们来说,变得越来越有吸引力。但是,由海军执行封锁、对古巴实行军事禁运这个方案也存在着一些问题。

第一,甚至"封锁"一词本身就带来了巨大的麻烦。大部分总统顾问强调,封锁是一种敌对行动,因此进行封锁将不得不同时意味着要向古巴宣战。尽管到10月19日,国务院和司法部的法律专家认为宣战并不是必需的,但要获得采取封锁行动的另一个法律依据,根据有关西半球防御的《里约热内卢条约》,则意味着采取这样的行动需要经美洲国家组织三分之二成员国同意、投票通过相关决议才可以。

第二,美国的封锁不会导致苏联在柏林采取以牙还牙的报复行动吗?而双方都进行封锁则可能会意味着双方要一起解除封锁。这将使美国又回到问题的起点处,苏联却额外获得了完成那些导弹部署工作的时间。

第三,封锁方案潜在的结果与空中打击方案的结果有类似的缺陷。如果苏联船只并不停下,美国将被迫开第一枪从而招致报复。并且,卡斯特罗可能会攻击封锁古巴的美国船只。正是这种可能性以及苏联报复的可能性,使肯尼迪在 10 月 22 日告诉国会领导人,即使采取的是封锁行动,“我们在未来 24 小时内仍可能面临着战争危险。”[100]

第四,封锁对那些早已运到古巴并一天天正接近完成部署的导弹有什么作用呢?封锁使苏联可以采取许多拖延战术来获得时间以完成导弹部署。“这只是个慢一点的死法罢了,”罗伯特·肯尼迪质疑说。“建立起封锁,然后实施封锁,这需要几个月的时间,而在此期间,你早已把所有人吓得又喊又叫的。”[101]

汤普森在 10 月 18 日白宫会议上力陈这个主意后,肯尼迪立即抓住了封锁方案存在的这个主要问题。肯尼迪问:“我们怎样对付那些早已在那儿的武器呢?”

汤普森的回答同样的简洁:“要求它们必须拆除,并宣布我们将继续进行侦察,如果它们被部署,我们就会把它们打击掉。这样也许就可以了。”他继续说道,“我认为我们不应有任何幻想,这个方案的最终结果可能还是一样的(仍需要进行打击)。但这样做,我们所处的位置和环境将是截然不同的,爆发大战的危险也要小得多。”[102]

汤普森的回答突现了两种不同的封锁方法;这两种方法与上面已讨论过的外交途径的两种方法相对应。汤普森与前财政部长道格拉斯·狄龙两人首先提议将封锁与波伦所建议的最后通牒结合起来。这种也得到了麦康和罗伯特·肯尼迪支持的方法,需要一上来就进行封锁,要求苏联撤走那些导弹,并拒绝进行谈判,威胁将采取进一步的军事行动。[103]

但支持进行封锁的其他人则建议首先进行谈判。根据麦克纳马拉、史蒂文森和索伦森支持的这种方法,美国将只寻求冻结现状,而不要求撤走那些已存在的导弹;同时进行谈判,包括提议进行最高级会晤,以达成一定的交易。这种交易可以是用在古巴的关塔那摩基地或在土耳其与意大利的"朱庇特"导弹方面的让步,换取苏联撤走古巴境内的那些导弹。这两种封锁方案在10月20日被呈交给了肯尼迪。

不论是采取哪种方法,封锁都有几个优点:(1)它是介于不行动与军事打击两者之间的一条中间路线,既具有足以显示坚定意志的进攻性,又不像直接军事打击那样危险;(2)它将球踢到了赫鲁晓夫那边,他可以让他的船离得远远的而避免直接的军事冲突;(3)从军事上而言,没有一个军事冲突能比在加勒比地区进行海战对美国更为有利的了。在家门口,美国的海上封锁将是不可战胜的;(4)封锁还将使美国可以展示其常规军事力量,威胁采取进一步的其将占据巨大地区优势的常规军事行动。

无论如何,到10月20—21日,行动被确定为包括封锁和最后通牒后,封锁方案被选定下来。[104]也就是说,在封锁的同时将要求苏联撤出那些导弹。将没有所谓的最高级级别领导会晤或直接谈判,以避免造成苏联对解决核心问题的拖延或敷衍。封锁中所采取的军事行动,将显示出问题的紧迫性和对抗迫在眉睫的气氛。

因此,封锁将仅仅是第一步,是一种鸣枪警告。尽管对古巴的直接军事行动被推后了,但促使美国采取这样军事行动的危险仍然存在;形势仍十分危急。虽然肯尼迪在 10 月 18 日就开始倾向于封锁方案,但在 10 月 22 日,他向国家安全委员会解释说,"从一开始,快速打击的主意就很吸引人,我确实直到昨天晚上才放弃这个主意……(它)似乎与偷袭珍珠港相似,这会给我们带来很多的麻烦,而且也不能解决问题。只有入侵才能解决问题。"[105] 肯尼迪知道,即使选择封锁了仍可能需要发动入侵。

苏联为什么撤走导弹?

10 月 28 日,星期六上午苏联在广播中发表的声明,标志着危机关键阶段的结束。赫鲁晓夫宣布苏联决定"拆除那些你们所认为的进攻性武器装备,并把其运回苏联"。[106] 美国的目标达到了。显然,美国采取了一些正确的做法。但苏联决定撤走导弹的原因却并不是如此的清楚。

对此次危机的许多研究者来说——特别是对美国军方分析人员来说——答案是明摆着的。美国拥有压倒性的战略和战术优势。战术上,在加勒比地区,美国拥有的舰船、飞机和人员使其可以采取任何行动。战略上,美国有实力对苏联发出将实行灾难性核打击的可靠威胁。拥有这些战略、战术上的压倒性优势,使美国一旦可信地显示出其撤走导弹要求的坚定性,其结果也就显而易见了。而10月22日的总统声明和封锁,正是坚定地表明了美国强制撤走那些导弹的意志。苏联所能做的也就只剩下考虑下一步的行动和如何进行退缩了。

一些战略分析家对苏联退缩的这种解释进行了精炼。托马斯·谢林在分析这些情况时认为,封锁是在"威慑性威胁"(deterrent threat)未能阻止苏联对古巴进行核武装后,一次成功的"驱迫性威胁"(compellant threat)。[107]亚历山大·乔治写到,封锁"使赫鲁晓夫认识到了肯尼迪的坚定性,使这位苏联领导人确信自己是完全误判了,并给他和平解决危机的机会……而且,在美国向加勒比地区不断集结军事力量的情况下,封锁还可以产生足够的压力并成为一种谈判手段,使赫鲁晓夫按照肯尼迪可接受的条件撤走那些导弹"。[108]而最严谨和最坚实的战略分析大概是由阿伯特·沃尔斯泰特和罗伯特·沃尔斯泰特提供的:

> 威胁采取的只是一种没有涉及使用核武器的地区性行动,一种非常有限的武力措施,即仅仅是登船检查。在武力使用的升级阶梯上,有许多梯级,许多决策点,每一方都可以决定是向上升级还是向下降级。美国拥有的核报复力量,使苏联用导弹打击美国的后果对苏联来说将是灾难性的。[109]

苏联为什么撤走导弹?**"赫鲁晓夫主动退让,以避免发生一场他将会输掉的常规军事冲突。**而如果他升级危机以避免常规军事冲突层次上的失败,他则要不负责任地冒大得多的风险。"[110]

对苏联撤走导弹的这种解释存在的主要问题是,它过分强调

封锁已充分展示了美国的意志。封锁奏效了吗?或是正如其反对者所预测的那样,它失败了?毕竟,封锁所针对的那些导弹不是早已在古巴,并正接近于完成部署吗?封锁展示了美国将危机升级到地区性海上常规战争,并承担这种冲突的所有潜在外交后果的意志。这迫使赫鲁晓夫必须在三个方案中做出抉择:(1)让苏联船只停留在封锁区外,避免摊牌;(2)屈从美国封锁要求,允许船只停下来接受检查;(3)无视美国封锁要求,迫使美国首先使用武力。而他如果选择了第一个方案,为什么不能继续完成那 24 个中程弹道导弹发射场的建设工作呢?这些发射场所配备的 42 枚导弹——36 枚中程弹道导弹和 6 枚训练弹早已运到了古巴。

确实,这不正是所发生的事实吗?明显未装载违禁品的苏联“布加勒斯特”号油轮在自我标示身份后,被允许通过封锁线。苏联租的只装有卡车、硫黄以及一些零部件的黎巴嫩籍货轮“玛鲁克拉”号,停船接受了检查(但苏联租的一艘瑞典籍船则无视封锁,直接驶过封锁线,而美国并没有向其开火)。正驶向古巴的苏联干货船,其中包括美国认为可能装有武器的船,则停下来,然后调转了航向。而已运到古巴的中程导弹部署工作正在飞速地接近于完成,它们到 10 月 27 日就可作好发射准备。这些事实好像并不能支撑苏联撤走导弹仅仅是因为美国封锁行动的这种观点。

肯尼迪总统在宣布实施封锁时强调,这只是**第一步**行动。在佛罗里达准备实施入侵的 20 多万美国部队的大规模集结并没有进行伪装。美国几百架战术战斗机转移到了能更容易对古巴境内目标实施打击的机场上。10 月 27 日星期六的夜里,麦克纳马拉命令空军预备役部队载有1.4 万名士兵的 24 个运输中队进入待命状态。因此，封锁仅仅是将发动空中打击或入侵的一系列行动中的第一步。

得知肯尼迪即将发表全国讲话的消息后，克里姆林宫才开始进行商议。在还不知道肯尼迪会说些什么时，赫鲁晓夫非常担心。他认为美国可能只会宣布进行封锁而不采取其他行动，但仍非常害怕美国会直接进攻古巴。赫鲁晓夫开始考虑苏联政府对这样的进攻应作何反应。苏联可以把核武器控制权交给古巴，让他们去反击。但赫鲁晓夫向其同僚保证他不会让卡斯特罗用那些中程弹道导弹威胁美国。[111]当然，如果是这种情况，美国的空中打击将是非常有效的。

肯尼迪的讲话和宣布进行封锁，不是使正在忧心忡忡地推测肯尼迪将采取什么样行动的苏联领导人感到害怕，而是使其松了一口气。多勃雷宁从华盛顿发回的报告认为，美国所采取的行动是为了扭转其世界权力的衰落，反映了美国在柏林问题上的担忧。他警告说，美国正在准备进行一场真正的实力较量。因此他建议莫斯科对柏林采取威胁行动，首先进行地面封锁，但“暂时不要进行空中封锁，以免立刻导致对抗”。不过多勃雷宁又补充说，“既然极端严峻的形势毋庸置疑是不符合我们利益的”，莫斯科就不要急着采取这样的行动。[112]美国没有进攻古巴使苏联领导人看到了希望。他们认为封锁是一种软弱的反应，这就留下了在政治上进行捭阖的空间。因此，他们第二天就对肯尼迪的要求作出不退让的断然反应。

正如肯尼迪及其顾问们所预料的那样，苏联确实考虑过在柏林采取反制措施。请注意，在多勃雷宁从华盛顿发回的电报中就

提到了这个主意。苏联的一位外交部副部长也提出了对西柏林施加压力以对抗封锁的主意。但赫鲁晓夫对此的反应则表明他已认识到他早已处于水深火热之中。据当时一位在场的人回忆,在柏林采取反制措施的主意"激起了赫鲁晓夫强烈、我称为是暴怒的反应",他说"没有这样的主意照样行……我们不想再在冲突上火上浇油了"。[113]就这一点而言,沃尔斯泰特夫妇只强调美国所拥有的战略和战术优势也许是正确的。但现在也很清楚,苏联的一些官员的确曾考虑过对柏林采取反制行动。

赫鲁晓夫确实命令了许多船返航,尽管不是全部。留下来的船只明显是为了试探美国的意志。在 10 月 24 日给肯尼迪的信中,赫鲁晓夫还是挑衅性的;赫鲁晓夫称他将命令苏联的船长无视美国的隔离措施。赫鲁晓夫还公开呼吁与肯尼迪举行最高级别会晤。

第二天,10 月 25 日上午,赫鲁晓夫一改一天前的挑衅性态度,换上了和解的口气,至少他在与最高主席团的同僚们进行商讨时的态度是这样的。他说他不想再与肯尼迪相互"刻薄"地攻击,而是想试着解决危机。他说他准备"拆除导弹,使古巴成为一个和平区"。他提出了他的条件,即"给我们一个不入侵古巴的保证,我们就会撤走导弹"。他还表示准备允许联合国对那些导弹场地进行核查。但是,他想首先"观望"一下,以确信肯尼迪真的不会退让了。[114]

在当天,苏联政府可能收到了美国让"布加勒斯特"号通过封锁驶往古巴的消息。

第二天,也就是 10 月 26 日,关于美国即将对古巴采取军事行动的一系列情报,其中包括一些基于谣传的虚假情报,促使赫鲁晓夫开始采取行动。[115]赫鲁晓夫迅速采取了多个行动。他命令接受联合国秘书长吴丹提出的避免在隔离线对峙的建议,也就是承诺使苏联船只远离隔离线。他还给肯尼迪发了一封冗长的私人信件,建议和平解决危机。他在信中称,如果美国承诺不入侵古巴,"我们在古巴派驻军事专家的必要性也就消失了。"[116]

一方面,肯尼迪及其顾问们推测,苏联这些关于可用导弹换取不入侵古巴保证的种种暗示,表明赫鲁晓夫已基本作出不会为在古巴保留导弹而冒军事对抗危险的决定。另一个方面,赫鲁晓夫已向肯尼迪发出进行交易的暗示——但还不是具体的提议。他并没有将这种通信告知卡斯特罗,而是对卡斯特罗隐瞒了其试探性的行动。因此,他可以继续实行他在10月25日主席团会议上提到的拖延战术,同时在古巴紧锣密鼓地加紧完成导弹部署工作,使之准备投入使用。

第二天即10月27日上午,基于现在尚不清楚的原因,赫鲁晓夫做出了认为可进一步挤压美国的判断。可能是美国宣布进行隔离却又未能真正执行,使赫鲁晓夫错误地估计了美国的决心。赫鲁晓夫的儿子称,他父亲感到必须至少让一艘船("布加勒斯特"号)通过封锁线,因此当美国允许其通过时,他感到又惊又喜。苏联驻古巴大使阿莱克谢耶夫(Alexander Alexeev)后来评论说,美国实际实行的只是纸上的封锁,因为很清楚,一些船只毫不受影响地就通过了封锁线。[117]美国官员确实曾对他们有选择性地实施隔离会不会向莫斯科发出混乱或显示虚弱的信号,感到非常担心。但赫鲁晓夫以及其官员在当时实际上是怎么看待这些情况的,现在仍不清楚。

赫鲁晓夫召集最高主席团会议,分析说他认为美国将不敢进攻古巴。“必须考虑到美国并没有进攻古巴。”肯尼迪讲话已过了五天,而什么都没发生。“我的看法是,他们现在也不准备这样做了。”但并不能确保美国不会进攻古巴,因此赫鲁晓夫提出了另一个更具体的交换条件——实际上是承认了在古巴的那些导弹的存在。但这一次,他将把美国在土耳其的那些导弹纳入讨价还价之中。这样,他说,“我们就赢了。”[118]

正如现在很少有证据能解释赫鲁晓夫为什么改变其对美国意图的判断一样,现在也很少有证据能解释赫鲁晓夫为什么要把土耳其加入到谈判之中。尽管关于土耳其境内的那些导弹的谈论已很多,成为了媒体竞相猜测的一个话题。但正如富尔先科和纳夫塔利所指出的那样,在此之前,最高主席台团关于危机的任何一次商讨中,都没有提到过土耳其境内的那些“朱庇特”导弹。没有人认为除掉那些无用的导弹是重要的目标。

如果赫鲁晓夫是在 10 月 26 日发出的私人信件中提出其关于土耳其境内那些导弹的要求,那么,美国对他的这项新条件就可能会做出不同的反应。肯尼迪和其顾问们都认为那些“朱庇特”导弹并没有什么用处。但赫鲁晓夫在这个节点上提出这个要求,则明显存在着一些问题。赫鲁晓夫的这个要求与其在 10 月 26 日信中所提出的建议明显不一致,美国不会把这视为苏联在改变其谈判立场吗?确实,任何有头脑的分析人员都会认识到,美国很可能会对苏联通过谈判解决问题的诚意产生怀疑,而不是接受这个建议;而这将大大增加美国采取军事行动的可能性。现在还没有证据显示苏联政府曾考虑到这种危险。一位知情者仅仅回忆说赫鲁晓夫10月27日的建议是“为进行进一步的讨价还价而提出的”。[119]

而赫鲁晓夫最后决定以公开方式提出他的这个最新交易条件，又进一步减少了其成功的可能性。这使美国几乎不可能接受他的这个交易建议，特别是考虑到这样的公开交易对北约可能产生的影响。公开的交易条件可以使赫鲁晓夫保持脸面，但如果美国拒绝了——而这几乎是每个分析人员都可预测到的结果——赫鲁晓夫就将丢尽脸面。而早在一开始美国讨论这种交易时，土耳其就已公开拒绝了，但在莫斯科几乎没有人考虑过土耳其的态度。卡斯特罗当然希望美国拒绝这样的交易提议。苏联驻哈瓦那大使向莫斯科报告说，正是这一点使卡斯特罗感到安慰。[120]

现在没有证据表明赫鲁晓夫曾考虑到这一点，或最高主席团中曾有人提到过。赫鲁晓夫身边的一位工作人员回忆说，通过广播宣布新的交易建议是为了节约传达的时间，“没有人考虑到将交易中有关土耳其部分的内容公开会给白宫制造额外的麻烦。”[121]

或许正如华盛顿中的一些人所认为的那样，赫鲁晓夫的行动实际上并不像其看起来那样欠缺考虑。赫鲁晓夫提出这种交易可能正是为了使谈判陷入僵局，而不是推动它。其姿态是做给公众看的，而不是为了让美国接受。苏联当时可能认为美国也许会退缩，接受漫长而没有结果的谈判，尽管这仍要冒美国可能会采取新的军事行动而使危机升级的危险。事实上，这正是肯尼迪所有顾问们的反应。

10月27日，古巴即将发生战争的迹象传到了莫斯科，这使赫鲁晓夫从其溢于言表的暗自得意中清醒过来。卡斯特罗的一封信交到了赫鲁晓夫手中。在信中,卡斯特罗估计美国在24—72小时内发起进攻“几乎是不可避免的”,并很可能是大规模空中打击,但也可能是入侵。如果真的发生美国入侵这种情况,卡斯特罗要求赫鲁晓夫考虑“消除这种危险”;他直白地提出用苏联的核武器对付美国。“无论做出这种决定是多么的艰难、可怕,”卡斯特罗写道,“但我相信,除此之外别无选择。”[122]古巴境内的防空部队开始向美国的侦察机开火。一架美国U-2被苏联的地对空导弹击落,飞行员丧生。

10月27日傍晚时分,在莫斯科的赫鲁晓夫得知,美国通过对外声明方式迅速拒绝了他的公开建议。据说赫鲁晓夫曾对击落U-2飞机感到非常担心。卡斯特罗在信中似乎敦促他要准备好用核武器对付美国,这肯定使赫鲁晓夫感到有些不安。一些天后,在写给卡斯特罗的一封信中,赫鲁晓夫提到了这封“非常令人震惊”的信,信中说到“你建议我们应对敌人的领土首先实施核打击”。“自然,”赫鲁晓夫补充说道,“你明白那将会把我们引向何处。这将不单是一次打击,而且将是世界热核大战的开始。”[123]

10月27日晚上星期六,肯尼迪致赫鲁晓夫的一封公开信抵达莫斯科;信中提出苏联以可核实的撤走“进攻性”武器,换取美国的不入侵保证。

美国政府清楚它正在向赫鲁晓夫发出的一系列信号。腊斯克对此说得很清楚。在10月27日晚上,他列出“今天发生的七件事”,“正对赫鲁晓夫造成越来越大的压力,而其影响却是我们能承受的。”这七件事是:(1)白宫上午发表公开声明,拒绝了赫鲁晓夫在广播中提出的有关土耳其—古巴的建议;(2)致信联合国,明确划出美国将对驶向古巴的苏联船只实施拦截的区域范围;(3)下午,五角大楼宣布尽管美国飞机遭到了攻击,但仍将继续对古巴实施侦察;(4)在给联合国秘书长的一封短信中,拒绝了赫鲁晓夫提出的交易;(5)肯尼迪在傍晚时分(华盛顿时间)给赫鲁晓夫的公开信中,实际上对赫鲁晓夫前一天的秘密建议给予了积极答复,提出以不入侵保证换取那些导弹的撤走;(6)麦克纳马拉在新闻发布会上宣布征召空军预备役中队,进一步做好入侵准备;(7)就一艘苏联船只接近美国封锁线,准备向联合国发出警告。[124]

10 月 28 日,星期日上午,赫鲁晓夫召开了一次最高主席团会议;他对美国威胁的判断再次来了个一百八十度转变。这次他告诉其最高主席团的同僚,他们"正面临着战争和核灾难的危险,其结局可能是整个人类的毁灭"。他继续说道,"为了挽救世界,我们必须退让。"[125]

总而言之,封锁并没有改变赫鲁晓夫的看法。只有威胁将采取进一步的行动——第一个星期中由于上文已讨论过的那些原因而被否决的方案中的那种行动,封锁才成功迫使苏联撤走导弹。没有美国将进行空中打击或入侵的威胁,单单封锁本身并不会迫使苏联将那些早已存在的导弹撤走。

有一种相关的解释,认为赫鲁晓夫是在大棒和胡萝卜的双重作用下屈服的。在 10 月 27 日夜间向多勃雷宁递交肯尼迪写的信件时,罗伯特·肯尼迪非常明确地发出美国将采取进一步行动的威胁,并且指出时间所剩无几。多勃雷宁问到了那些"朱庇特"导弹。按照根据腊斯克的提议而形成的指示,罗伯特·肯尼迪回应说因为这个问题牵涉到北约,因此不可能就它们进行交易。但他说他私下可以向苏联保证,那些“朱庇特”导弹将在四五个月内被撤走。[126]腊斯克主意的聪明之处在于,这种方式的建议通过将“朱庇特”导弹问题排除出美苏讨论的范围而避免了与苏联就交易的范围和时间等进行谈判,也使苏联无法借此进行拖延。而正是赫鲁晓夫提出建议的方式是致命的,而不是他的建议内容本身。[127]罗伯特·肯尼迪就即将采取军事行动的紧迫性发出的警告是真实的。如果认为他的哥哥会使他成为一个撒谎者,罗伯特·肯尼迪也不会发出这样的威胁。肯尼迪总统本人在10月29日的回顾中说,“我们在星期六(10月27日)夜里已决定将在星期二(10月30日)发动空中打击。这可能是俄国人最终这样做(退让)的一个原因。”[128]

但无论如何,赫鲁晓夫的退缩很明显不是因为罗伯特·肯尼迪在与多勃雷宁谈话中透露出的大棒或胡萝卜。根据富尔先科和纳夫塔利的研究,多勃雷宁就与罗伯特·肯尼迪会谈情况从华盛顿发回的那份充满悲观、不祥语气的电报,是在赫鲁晓夫向政治局宣布了他的决定之后才到达的。尽管信中提到了罗伯特·肯尼迪关于“朱庇特”导弹的那个建议,但也未带来丝毫的安慰。这个信号被全文充满威胁与紧迫的语调淹没了,而这种语调只能使赫鲁晓夫加快做出他已经定下的决定。根据一位向最高主席团宣读该份电报概要的工作人员的回忆,“总统弟弟的话的大意,经过阿纳托利·多勃雷宁转述,增强了最后摊牌时刻已来到的看法。”赫鲁晓夫后来告诉卡斯特罗,他关于美国即将发动进攻的警告有其他来源的情报的证实,因此他匆忙做出决策阻止进攻的发生。[129]

赫鲁晓夫撤走那些导弹,不是因为封锁,而是因为美国威胁将采取进一步行动。中间道路——即封锁——可能为苏联屈从于美国的意志而撤走导弹提供了时间。但这也为苏联可能把那些导弹转入战斗值班状态留下了时间。是赫鲁晓夫相信他面临着美国明确而又紧迫的升级行动的危险，缩小了这种空间。在升级的阶梯中，美国利用了它在核力量与常规力量上都占据的优势。正如麦克纳马拉在危机后的一次听证会上作证所言："我知道在关于哪一个因素最重要的问题上存在着一种'鸡与蛋'的争论。但对我来说，这就如同是试图辩论剪刀的哪一半剪了纸一样。"[130]

注释：

1. 本章利用模式Ⅰ解释导弹危机中的重要问题，目的在于通过古巴导弹危机来展示这种强有力的经典解释模式。

2. 这种一贯判断——即苏联没有在其境外部署过中程和远程导弹，最终使美国人在发现苏联在古巴境内部署的导弹时大吃一惊，见 Theodore Sorensen, *Kennedy*(New York: Harper & Row, 1965)，第 670—671，673 页。

3. 关于给多勃雷宁的指示，见 Anatoly Dobrynin, *In Confidence*(New York: Random House, 1995)，第 69，74 页。关于多勃雷宁与肯尼迪的谈话，同上，第 68—69 页；和 Robert F. Kennedy, *Thirteen Days: A Memoir of the Cuban Missile Crisis*(New York: W. W. Norton, 1968)，第 24—27 页。至于 9 月 4 日声明的文本，见 Department of State, *Bulletin*, 1962 年 9 月 24 日，第 450 页。至于多勃雷宁与索伦森的会谈，见 Sorensen to the Files, 1961-64, Cuba, General-1962；和多勃雷宁，Dobrynin, *In Confidence*，第 68 页。

4. 肯尼迪图书馆中有这份 11 页声明的完整译本，*National Security Files*(以后简称为 NSF)，Box 36, Cuba, General-9/62。文中引用的则是 1962 年 9 月 12 日 *New York Times* 上登载的该声明的摘录，"Text of Soviet Statement Saying That Any U. S. Attack on Cuba Would Mean War"，第 16 页(强调之处为后加的)。

5. *Public Papers of the Presidents of the United States: John F. Kennedy*, 1962，第 674—675 页。

6. 赫鲁晓夫 1962 年 9 月 28 日致肯尼迪的信,藏于肯尼迪图书馆,NSF, Countries Series,USSR,Subjects,Khrushchev Correspondence,Vol. Ⅲ-B—9/15/62-10/24/62。

7. 对于当时的决策者来说,本文引用的 Henry Kissinger, *Nuclear Weapons and Foreign Policy*(New York:Harper and Bros.,1957)中的段落就是这种条件要求的例证,第 5 页往后。

8. 美国官员也知道这种主要由 Thomas C. Schelling 在其 *The Strategy of Conflict*(Cambridge:Harvard University Press,1960)第三章中提出的威慑条件要求。

9. 之后对于成功威慑的条件要求的最好概括之一,见 Alexander L. George 和 Richard Smoke,*Deterrence in American Foreign Policy:Theory and Practice*(New York:Columbia University Press,1974),第 519—586 页;Alexander L. George,"Theory and Practice",*The Limits of Coercive Diplomacy*,Alexander L. George 和 William E. Simons 编,第二版(Boulder:Westview Press,1994),第 16—20 页。

10. 在 20 世纪 50 年代,威廉·兰格和肯特领导了后来被称为国家评估办公室的机构。在 70 年代,该机构又被改名,成为今天的国家情报委员会。有关肯特的引述来自 Donald P. Steury,"Introduction,"*Sherman Kent and the Board of National Estimates:Collected Essays*(Washington,DC:Central Intelligence Agency,1994),Donald P. Steury 编,第Ⅸ页。

11. U. S. Intelligence Board,"The Military Buildup in Cuba," Special National Intelligence Estimate 85-3-62,1962 年 9 月 19 日,载于 CIA History Staff,*CIA Documents on the Cuban Missile Crisis 1962*(Washington,DC:CIA,1992),第 92—93 页。

12. Sherman 该文最初作为一篇机密文章登载在 1964 年春季号的 *Studies in Intelligence*,后收在 Steury,*Sherman Kent and the Board of National Estimates*,第 184—185 页。关于肯特对情报评估技术上的更多论述,见 Sherman Kent,*Strategic Intelligence for American World Policy*,修订版(Princeton:Princeton University Press,1966)。对评估技术简短但是很有见地的讨论见肯特继任者之一的小约瑟夫·奈的"Peering Into the Future",*Foreign Affairs 77*(July/August 1994):82-93。

13. Kent,"A Crucial Estimate Relived",第 185 页。有关最坏情况评估

的观点在 181—182 页中。

14. Ernest R. May 和 Philip D. Zelikow，*The Kennedy Tapes：Inside the White House During the Cuban Missile Crisis*（Cambridge：Harvard University Press，1997），第 88 页（10 月 16 日下午 6：30 的会议）。本书对该书的全部引用，都是来自于其精装第二版。第二次印刷以及往后印刷的版本中包括了一些小的修正之处，并标明了发言者的身份。在第一版将付梓之际，Ernest R. May 和 Philip D. Zelikow 才得以解决整理过程中产生的疑惑。

15. 同上，第 89、107 页。

16. CIA，"Probable Soviet MRBM Sites in Cuba"，1962 年 10 月 16 日，Mary S. McAuliffe 编 *CIA Documents on the Cuban Missile Crisis*（Washington，DC：CIA History Staff，1992），第 141 页。〔译者注：应与注 11 中的 CIA History Staff，*CIA Documents on the Cuban Missile Crisis 1962*（Washington，DC：CIA，1992）相同。〕

17. 苏联政府 1962 年 10 月 23 日的声明，David L. Larson，*The 'Cuban Crisis' of 1962：Selected Documents，Chronology and Bibliography*，第 2 版（Lanham：University Press of America，1986），第 72 页。

18. 赫鲁晓夫在他失去权力后口授了他的回忆录；这些回忆录被偷偷传到西方。这些回忆录分三卷发行：Nikita Khrushchev，*Khrushchev Remembers*，Strobe Talbott 编译（Boston：Little，Brown，1970）；Nikita Khrushchev，*Khrushchev Remembers：The Last Testament*，Strobe Talbott 编译（Boston：Little，Brown，1974）；Nikita Khrushchev，*Khrushchev Remembers：The Glasnost Tapes*，Jerrold Schecter 与 Vyacheslav Luchkov 编译（Boston：Little，Brown，1990）。本处引用来自于 Khrushchev，*Khrushchev Remembers*〔1970〕，第 493 页。

19. Aleksandr Fursenko 和 Timothy Naftali，"*One Hell of a Gamble*"：*Khrushchev，Castro，and Kennedy，1958-1964*（New York：W. W. Norton，1997），第 11—39 页。

20. 同上，第 51—53 页。

21. 同上，第 71 页。

22. 赫鲁晓夫 1961 年 4 月 18 日给肯尼迪的信，Department of State，*Foreign Relations of the United States，1961-1963*〔以后简称为 *FRUS：1961-1963*〕，vol. 6，*Kennedy-Khrushchev Exchanges*（Washington，DC：Government

Printing Office,1996),第 8 页。

23. Khrushchev,*Khrushchev Remembers*〔1970〕,第 493 页。

24. Robert E. Quirk,*Fidel Castro*(New York:W. W. Norton,1993),第 400—401 页。

25. 有关"獴行动"的历史文件收录于 *FRUS*:*1961-1963*,vol. 10。有关刺杀卡斯特罗的证据,在爱德华兹(Edwards)致罗伯特·肯尼迪的"Arthur James Balletti et al"中有详尽讨论,1962 年5 月 14 日,同上,第 807—808 页(和见编者在第 807 页做的注释 1);Senate Select Committee to Study Governmental Operations with Respect to Intelligence Activities(也以其主席参议员弗兰克·丘奇而得名,被称为"丘奇委员会"),*Alleged Assassination Plots Involving Foreign Leaders*,第 94 届国会第 1 次会议,1975 年 11 月;和 John Ranelagh,*The Agency*:*The Rise and Decline of CIA*(修订版)(New York:Simon and Schuster,1987),第 336—345、355—358、384—389 页;Seymour Hersh,*The Dark Side of Camelot*(Boston:Little,Brown,1997)中也收集了其他一些未经仔细辨别的细节资料,第 187—221、268—293 页。当然,现在还没有白宫在 1961 年后支持中央情报局官员威廉·哈维找人刺杀卡斯特罗的断断续续活动的直接证据。但赫什(Seymour Hersh)说罗伯特·肯尼迪曾要求一位叫查尔斯·福特(Charles Ford)的特工去拜访全国各地的黑手党头头,看看他们在古巴是否还保留一些有用的情报联系。这些行动的规模非常小,以至于中央情报局局长约翰·麦康对所发生的情况还一无所知;现在也很少有证据能证明,在苏联或古巴方面关于各种真真假假的阴谋的情报中,这些真的由中央情报局支持的活动曾引起过苏联领导人的注意。

26. 如果苏联或古巴的情报机构在 1962 年三四月期间,真的已渗透到古巴流亡者群体中,他们就会听到对肯尼迪用美国军队支持叛乱意愿的怀疑。如,Nestor Carbonell,*And the Russians Stayed*:*The Sovietization of Cuba*(New York:William Morrow,1989),第 208—209 页。在 3 月 29 日,古巴流亡政府的领导人何塞·米罗·卡多纳(Jose Miro Cardona)在白宫与麦乔治·邦迪进行了会谈。这些古巴人请求美国给予充分的支持以攻入古巴推翻卡斯特罗。邦迪告诉他们,如果美国要支持这样的行动,肯定必须是决定性的和全面的支持,而这又必然要求美国军事力量的公开参与。"这就将意味着对古巴的公开战争,而根据美国的判断,这种做法在当前国际形势下是不明智的。"卡多纳并不喜欢这个答复。Memcon of Meeting between

Cardona and Bundy，1962 年 3 月 29 日，*FRUS*：*1961-1963*，vol. 10，*Cuba 1961-1962*（Washington，DC：Government Printing Office，1997），第 778 页。卡多纳在 4 月 10 日又会晤了肯尼迪。像邦迪一样，肯尼迪也明确地拒绝做出卡多纳所请求的入侵承诺。Passavoy to Record，"Topics Discussed during Meeting of Dr. Miro Cardona with the President"，1962 年 4 月 25 日，和 Goodwin to President Kennedy，两份文件存于肯尼迪图书馆中，NSF，Box 45，Cuba：Subjects，Miro Cardona，Material Sent to Palm Beach。负责古巴事务的国务院官员在 4 月 19 日写到，在古巴流亡者中，"对他们所认为的在推翻卡斯特罗统治上的'无所作为'"，存在着"深深的沮丧与不耐烦情绪"。流亡分子领导人"因为未能说服美国采取军事行动而遭到了大量的批评"。当时卡多纳正在谈论是否要辞职。Hurwitch to Martin，"The Cuban Exile Community，the Cuban Revolutionary Council，and Dr. Miro Cardona"，1962 年 4 月 19 日，*FRUS*：*1961-1963*，vol. 10，第 797 页。

27. 见 Fursenko 和 Naftali，"*One Hell of a Gamble*"，第 149—160 页。

28. Khrushchev，*The Last Testament*，第 511 页；Fursenko 和 Naftali，"*One Hell of a Gamble*"，第 160 页。

29. 1962 年埃斯卡兰特被撤职后的一年中，在一些地区，有高达 80%的领导成员被开除出共产党。Jorge Dominguez，*Cuba*：*Order and Revolution*（Cambridge：Harvard University Press，1978），第 210—218 页。

30. 见 Fursenko 和 Naftali，"*One Hell of a Gamble*"，第 169—170 页证明，对中国在古巴影响的担心对于促使苏联最终批准对古巴的援助方面的作用，比美国军事演习消息的作用更为明显。

31. 见卡斯特罗在 1992 年于哈瓦那召开的口述历史研讨会上的回忆，James G. Blight，Bruce J. Allyn 和 David A. Welch 编，*Cuba on the Brink*：*Castro*，*the Missile Crisis*，*and the Soviet Collapse*（New York：Pantheon Books，1993），第 85—86 页；阿拉贡内斯（Aragones）1989 年在另一次于莫斯科召开的口述历史研讨会上的回忆，Bruce J. Allyn，James G. Blight 和 David A. Welch 编，*Back to the Brink*：*Proceedings of the Moscow Conference on the Cuban Missile Crisis*，*January 27-28*，*1989*，Harvard CSIA Occasional Paper no.9（Lanham：University Press of America，1992），第 52 页；和 Anatoli I. Gribkov，"The View from Moscow and Havana"，*Operation ANADYR*：*U. S. and Soviet Generals Recount the Cuban Missile Crisis*（Chicago：Edition q，

1994),Anatoli I. Gribkov 和 William Y. Smith,第 23 页。

32. 见 James G. Hershberg,"Before 'The Missile of October': Did Kennedy Plan a Military Strike against Cuba?", *The Cuban Missile Crisis Revisited*,James A. Nathan 编(New York:St.Martin's Press,1992),第 250—251 页。

33. 见 Fursenko 和 Naftali,"*One Hell of a Gamble*",第 178—179 页。

34.《真理报》在 1962 年 2 月 26 日又意味深长地重新予以登载。Yuri Pavlov, *Soviet-Cuban Alliance: 1959-1991* (New Bruswick: Transaction, 1994),第 37 页。

35. 见 Fursenko 和 Naftali,"*One Hell of a Gamble*",第 179—180 页;亚历山大・阿莱克谢耶夫 1989 年的回忆,*Back to the Brink*,第 150—151 页。

36. 见卡斯特罗秘书处成员埃米利奥・阿拉贡内斯〔其他五个成员为菲德尔・卡斯特罗、劳尔・卡斯特罗、切・格瓦拉、奥斯瓦尔多・多尔蒂科斯(Osvaldo Dorticos)和布拉斯・罗加(Blas Roca)〕以及另一名古巴官员豪尔赫・里斯克特(Jorge Risquet)等 1989 年的回忆谈话,*Back to the Brink*,第 51、26 页。他们的回忆谈话与卡斯特罗本人在 1992 年那次哈瓦那会议上的回忆是一致的,第 38—40 页。也见布莱特、阿林和戴维・A. 韦尔奇在 *Cuba on the Brink* 中对卡斯特罗接受导弹的真正动机的讨论,第 345—347 页。

37. Gribkov,"The View from Moscow and Havana",第 13 页。

38. Ernest R. May 和 Philip D. Zelikow,*The Kennedy Tapes*,第 92 页。

39. CIA Special National Intelligence Estimate,"Major Consequences of Certain U. S. Courses of Action on Cuba",SNIE 11-19-62,1962 年 10 月 20 日,*CIA Documents on the Cuban Missile Crisis*,第 214 页;腊斯克的话来自于他与国会领导人的一次讨论,见 Ernest R. May 和 Philip D. Zelikow, *The Kennedy Tapes*,第 255 页。

40. Arthur Schlesinger, Jr., pbk. Ed. *A Thousand Days: John F. Kennedy in the White House*(Boston:Houghton Mifflin,1965),第 728 页。

41. Henry Kissinger, *The Necessity for Choice* (New York: Harper and Row,1960),第 1 页。

42. Schlesinger,Jr.,*A Thousand Days*,第 742 页。

43. Ernest R. May 和 Philip D. Zelikow,*The Kennedy Tapes*,第 59 页。

44. Herman Kahn, *On the Thermonuclear War* (Princeton: Princeton

University,1960)。

45. Richard K. Betts,*Nuclear Blackmail and Nuclear Balance*(Washington,DC:Brookings Institution,1987)对美国从首先发起打击中明显可获得的收益与肯尼迪政府实际上对这些情况做出的更为谨慎的评估,作出了很好的分析,第159—179页。美国有关柏林的绝密计划——该计划的滑稽代号"宝宝包毯"(Poodle Blanket)巧妙掩盖了其严肃性——假设第一个阶段是进行外交交涉与军事集结。如果苏联坚持继续封锁柏林,西方将试着用常规部队突破。如果苏联用其更强大的常规部队击败了西方,按计划,美国将"开始进行核军事行动",首先是有限地使用核武器以发出形势极端严峻的信号。情况概述见 National Security Action Memorandum No. 109,"U. S. Policy on Military Actions in a Berlin Crisis,'Poodle blanket'",1961年10月23日,*FRUS 1961-1963*, vol. 14, *Berlin Crisis 1961-1962* (Washington, DC: Government Printing Office, 1994);以及 Bundy to President Kennedy, "NATO Contingency Planning for Berlin(BERCON/MARCON Plans)and the Conceptual Framework of Poodle Blanket",1962年7月29日,*FRUS 1961-1963*, vol., *Berlin Crisis 1962-1963* (Washington, DC: Government Printing Office,1994),第232—234页。

46. 对当时战略思想的经典概括,见 Thomas C. Schelling, *Strategy of Conflict*(Cambridge:Harvard University Press,1962)。

47. William Curti Wohlforth 在 *The Elusive Balance: Power and Perceptions during the Cold War*(Ithaca:Cornell University Press,1993)中对这一点做了很好的分析,第157—166页。

48. Kevin C. Ruffner 编,*CORONA: America's First Satellite Program*(Washington,DC:CIA History Staff,1995);和 Jerrold L. Schechter 与 Peter S. Deriabin, *The Spy Who Saved the World: How a Soviet Colonel Changed the Course of the Cold War*(New York:Charles Scribner's Sons,1992)。

49. 关于吉尔帕特里克的讲话,见 Michael R. Beschloss, *The Crisis Years: Kennedy and Khrushchev 1960-1963* (New York: HarperCollins, 1991),第328—331页。

50. 麦康致其副手马歇尔·卡特,1962年9月10日,*CIA Documents on the Cuban Missile Crisis*,第59页。麦康当时正在法国南部度蜜月,但仍每天关注这个问题。他在8月份的白宫会议上提出了他的担心。

51. Ernest R. May 和 Philip D. Zelikow,*The Kennedy Tapes*,第 100 页。

52. 腊斯克在星期一 10 月 22 日下午一次会议上的发言,同上第 236 页。在一天前发给其他重要官员的简报中,专家的判断是:“现已辨明的场地在完工后,将使苏联总共拥有 36 个发射架和 72 枚导弹。而据我们现在的估计,苏联境内投入使用的中远程弹道导弹发射架也只有 60—65 个。”CIA,“Soviet Military Buildup in Cuba”,1962 年 10 月 21 日,*CIA Documents on the Cuban Missile Crisis*,第 259 页。专家判断“这对美国的威胁能力约为苏联境内现有的中远程弹道导弹威胁能力的一半。”Guided Missile and Astronautics Intelligence Committee,Joint Atomic Energy Intelligence Committee 和 National Photographic Interpretation Center,“Supplement 2 to Joint Evaluation of Soviet Missile Threat in Cuba”,1962 年 10 月 21 日,同上,第 262 页。腊斯克很可能是把再装填能力也计算在他的数字中了,但实际上他的估计大体上接近真实情况,因为美国过高估计了苏联中远程弹道导弹的实力。

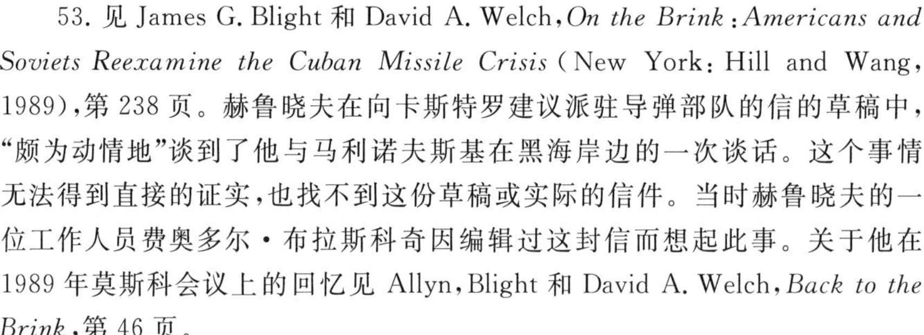

53. 见 James G. Blight 和 David A. Welch,*On the Brink:Americans and Soviets Reexamine the Cuban Missile Crisis*(New York:Hill and Wang,1989),第 238 页。赫鲁晓夫在向卡斯特罗建议派驻导弹部队的信的草稿中,“颇为动情地”谈到了他与马利诺夫斯基在黑海岸边的一次谈话。这个事情无法得到直接的证实,也找不到这份草稿或实际的信件。当时赫鲁晓夫的一位工作人员费奥多尔·布拉斯科奇因编辑过这封信而想起此事。关于他在 1989 年莫斯科会议上的回忆见 Allyn,Blight 和 David A. Welch,*Back to the Brink*,第 46 页。

54. Dmitri Volkogonov,*Sem Vozhdei*(Seven Leaders),转引自 Fursenko 和 Naftali,“*One Hell of a Gamble*”,第 171 页。

55. 马利诺夫斯基的话,转引自 Beschloss,*The Crisis Years:Kennedy and Khrushchev 1960-1963*,第 332 页;和 Vladislav Zubok 与 Constantine Pleshakov,*Inside the Kremlin's Cold War:From Stalin to Khrushchev*(Cambridge:Harvard University Press,1996),第 258 页。此前赫鲁晓夫在 1961 年秋恢复核试验的决定,见 Viktor Adamsky 和 Yuri Smirnov,“Moscow's Biggest Bomb:The 50-Megaton Test of October 1961”,*Bulletin of the Cold War International History Project*,No. 4(1994),第 3 页。有关艾尔索普的采访与克里姆林宫的反应,见 Beschloss,*The Crisis Years:Kennedy and Khrushchev 1960-1963*,第 370—372 页;谢尔戈·米高扬的回忆,*On the*

Brink,第 243 页。

56. 苏联在 1961 年 9 月恢复地上核试验后,美国在内华达试验场恢复了地下核试验。1962 年春的议题是地上核试验,其引起的争论要大得多,也吸引了媒体更多的注意。腊斯克关于他与葛罗米柯谈话的报告,见 Minutes of Meeting of the National Security Council,1962 年 3 月 28 日,*FRUS 1961-1963*,vol. 7,*Arms Control and Disarmament*(Washington,DC:Government Printing Office,1995),第 411 页;也见 Memcon of Meeting between Rusk and Dobrynin,1962 年 4 月 28 日,同上,第 443 页。美国“多米尼科(Dominic)Ⅰ”系列核试验,包括从 4 月 25 日起在太平洋上的圣诞岛和约翰斯顿岛附近进行的 36 次核爆炸试验。苏联接着从 1962 年 8 月起又在大气层中进行了一系列核试验。

57. 对“朱庇特”导弹部署情况的最好研究是 Philip Nash,*The Other Missiles of October:Eisenhower,Kennedy,and the Jupiters,1957-1963*(Chapel Hill:University of North Carolina Press,1997);也见 Barton J. Bernstein,“Reconsidering the Missile Crisis:Dealing with the Problem of the American Jupiters in Turkey”,*The Cuban Missile Crisis Revisited*,Nathan 编,第 55—67 页。

58. Khrushchev,*Khrushchev Remembers*,第 494 页。

59. Oleg Troyanovsky,“The Caribbean Crisis:A View from the Kremlin”,*International Affairs*(Moscow),1992 年 4/5 月号,第 147、148 页。

60. Ernest R. May 和 Philip D. Zelikow,*The Kennedy Tapes:Inside the White House During the Cuban Missile Crisis*,第 176 页。

61. Gribkov,“The View from Moscow and Havana”,第 13 页。苏联认为他们拥有 20 枚可以作战的中远程弹道导弹,因此他们在古巴的导弹将能大大增加其对美国的打击能力,有关苏联的这种估计,见季米特里 · 沃尔科戈诺夫将军(Dimitri Volkogonov)(他事前曾研究过一些机密档案)在 1989 年莫斯科会议上的发言,*Back to the Brink*,第 53 页。季米特里 · 沃尔科戈诺夫声称苏联有 20 枚中远程弹道导弹,这与美国在 1961 年 9 月的估计一致;美国当时认为苏联可能已拥有 10—25 套可打击到美国的中远程弹道导弹发射装置,“并且这种能力在未来数月中不会显著地增加。”National Intelligence Estimate,“Strength and Deployment of Soviet Long Range Ballistic Missile Forces”,NIE 11/8-1/16,从 CIA History Office 可获得该文件。下一次即

1962 年 7 月的国家评估中,认为苏联可作战的中远程弹道导弹的数量已高达 75 枚了。前高级情报分析员和国务院官员雷蒙德·加特霍夫(Raymon L. Garthoff)后来根据美国此后的一些观测,认为在 1962 年某个时刻,苏联实际约拥有 40 枚可使用的中远程弹道导弹。由于估算时间的不同与对什么是"可作战的"导弹的界定不同,加特霍夫的估计与季米特里· 沃尔科戈诺夫的估计也许没有大的差别。见 *Back to the Brin*,第 134 页;以及 Raymond L. Garthoff,*Reflections on the Cuban Missile Crisis*(Washington,DC:Brookings Institution,1989),第 20—21 页,还有加特霍夫在危机期间写的备忘录,附在第 197—198、202—203 页;和对此最广泛的分析,Raymond L. Garthoff, *Intelligence Assessment and Policymaking:A Decision Point in the Kennedy Administration*(Washington,DC:Brookings Institution,1984)。

62. Gribkov,"The View from Moscow and Havana",第 27—28、43 页。

63. 麦康并没有试图隐藏肯特小组 9 月 19 日的评估报告,但他认为,"作为一种不同的看法,我认为,如果苏联在古巴获得一个进攻性基地,它在其他所有的关键地区就会获得一种非常重要且有效的筹码,因此,他们也许会为了获得这种筹码而采取一种难以预料的冒险行动。"McCone to Carter,1962 年 9 月 20 日,*CIA Documents on the Cuban Missile Crisis*,第 95 页。

64. Ernest R. May 和 Philip D. Zelikow,*The Kennedy Tapes*,第 106 页。在肯尼迪离开会场后,副国务卿乔治·鲍尔向其他人提到国务院的专家在赫鲁晓夫是否认为这是一种低风险行动的看法上存在分歧。一些人认为赫鲁晓夫认为他只是在采取一种低风险的行动,因此只是一种误判。其他人,特别是卢埃林·汤普森,认为苏联领导人知道其正在采取一种风险非常高的行动。

65. 腊斯克先是提出导弹力量说,引用麦康的话说:"赫鲁晓夫先生可能念念不忘……他知道我们拥有巨大的核优势,他也知道我们实际上对他的核武器的恐惧并不像他对我们核武器的恐惧那么大。"然后,他又补充了本书中引述的与柏林相关的观点。同上,第 60—61 页。

66. Khrushchev to Kennedy,1961 年 11 月 9 日,*FRUS 1961-1963*,vol. 15,第 579 页;也参见当时西德驻莫斯科大使 Hans S. Kroll,Lebenserinnerungen eines Botschafters(Köln:Kiepenheuer and Witsch,1967),第 524—527 页。

67. Khrushchev to Kennedy(明显在 1962 年 7 月 3 日左右送出的),*FRUS 1961-1963*,vol. 15,第 208—209 页;Bohlen to Rusk,1962 年 7 月 6 日,

同上,第 213 页;至于汤普森的困惑,见 Moscow 187,1962 年 7 月 20 日,同上,第 234 页;Secto 50(memcon of meeting between Rusk and Gromyko,1962 年 7 月 24 日),1962 年 7 月 25 日,同上,第 248—249 页。至于多勃雷宁对汤普森的评论,见 *Dobrynin*,*In Confidence*,第 63 页。到此时,危机即将来临的气氛正弥漫开来,美国的盟国也急于考虑各种紧急计划。见 Weiss to Johnson,"Berlin",1962 年 7 月 11 日;和 Secto 13(Rusk to Kennedy and Ball),1962 年 7 月 22 日,*FRUS 1961-1963*,vol. 15,第 213—214、236—237 页。

68. 见 Moscow 225,1962 年 7 月 25 日;也见 Moscow 228,1962 年 7 月 26 日;和 Copenhagen 76(Thompson to Rusk),同上,第 252—255 页;Bundy to Sorensen,见 Bundy to Sorensen,"Berlin",1962 年 8 月 23 日,同上,第 284—285 页;关于索伦森的通报,Dobrynin,*In Confidence*,第 67—68 页。

69. Memorandum of Conversation between Udall and Khrushchev, Petsunda,1962 年 9 月 6 日,*FRUS 1961-1963*,第 15 卷,第 309 页。

70. Khrushchev to Kennedy,1962 年 9 月 28 日,*FRUS 1961-1963*,vol. 6,*Kennedy-Khrushchev Exchanges*(Washington,DC:Government Printing Office,1996),第 161 页;Memorandum of Conversation for October 18 meeting between Kennedy and Gromyko,"Germany and Berlin;Possible Visit by Khrushchev",*FRUS 1961-1963*,第 15 卷,第 371—372、375 页。

71. 关于汤普森 9 月 18 日的评论,见 Ernest R. May 和 Philip D. Zelikow,*The Kennedy Tapes*,第 139 页。关于肯尼迪 10 月 22 日与英国首相哈罗德·麦克米伦的谈话(摘自英国速记记录),同上,第 285—286 页。在分发给美国海外使馆阅读的电报中,汤普森的看法被概括为,"随着苏联用进攻性核导弹武装古巴的行动变得很清晰了,(夏秋时候柏林问题上的)发展,使政府倾向于认为苏联行动的首要目标很可能是为了在赫鲁晓夫访问美国以及这些导弹在古巴完成部署之时,在柏林问题上摊牌。"State telegram,1962 年 10 月 24 日,*FRUS Berlin Crisis 1962-1963*,第 15 卷,第 397—399 页。英国外交部北半球司的专家提出了相似的观点。"如果苏联想在军事上处于劣势的情况下通过政治谈判迅速解决柏林问题,苏联就必须尽快采取某些行动改变不平衡状态。赫鲁晓夫很可能认为,一旦在古巴的导弹部署完工,他就可以通过威胁将用苏联在古巴的军事基地攻击美国的脆弱之处,来恐吓美国不要在柏林采取强硬行动,从而使他在期望于年底解决的柏林问题的谈判中获得重磅筹码。"London 1696,1962 年 10 月 26 日,传达了这份已提交给英国内阁联合情报委员会的评估,在 National Security Archive,Cuban Missile Crisis Files,1992 Release Box。

72. 肯尼迪10月22日向国会领导人作的简要通报,Ernest R. May 和 Philip D. Zelikow,*The Kennedy Tapes*,第256页。

73. 肯尼迪至少四次详细阐述了对赫鲁晓夫战略的这种理解,分别是10月19日与参谋长联席会议,10月22日与国家安全委员会、国会领导人和哈罗德·麦克米伦的讨论中。书中引述的是肯尼迪10月19日与参谋长联席会议的会谈,同上,第176页。最后一个引述来自10月22日与国会领导人的会谈,同上,第256页。

74. Dobrynin, *In Confidence* (New York: Random House, 1995),第63页。

75. 关于在来自其国内和整个共产主义世界的政治对手的批评越来越多的情况下,赫鲁晓夫所处的困境以及其对在柏林问题上取得进展的需要,詹姆斯·里克特,更早的还有米歇尔·塔图,有很好的论述。关于赫鲁晓夫到1961年末在国内与国际面临的困难处境的更多介绍,见 James G. Richter, *Khrushchev's Double Bind*: *International Pressures and Domestic Coalition Politics*(Baltimore:Johns Hopkins University Press,1994),第142—147页;Michel Tatu,*Power in the Kremlin*(New York:Viking,1968),第148—214页;和 Robert M. Slusser,*The Berlin Crisis of 1961*: *Soviet-American Relations and the Struggle for Power in Kremlin, June-November 1961* (Baltimore: Johns Hopkins University Press,1973)。

76. Khrushchev to Kennedy,1961年12月13日,*FRUS 1961-1963*,第14卷,第683—684,690页。

77. 见对东德档案的研究著作 Michael Lemke,*Die Berlinkrise 1958 bis 1963*: *Interessen und Handlungsspielraume der SED im Ost-West Konflikt* (Berlin:Akademie Verlag,1995),第186—190页。

78. 塞林格的访问,是对赫鲁晓夫女婿、《真理报》编辑阿列克谢·阿朱别伊与肯尼迪1月份会谈的回访。关于这次会谈,见 Pierre Salinger,*With Kennedy*(New York:Doubleday,1966),第225—237页;Fursenko 和 Naftali,“*One Hell of a Gamble*”,第176—177页。

79. 麦克纳马拉肯定会认为美国明显拥有的核优势将影响柏林问题上的外交,并使苏联避免采取直接对抗行动。他详细地向肯尼迪解释了这种看法。见 McNamara to Kennedy,"U. S. and Soviet Military Buildup and Probable Effects on Berlin Situation",1962 年 6 月 21 日,*FRUS Berlin Crisis 1962-1963*,第 15 卷,第 192—195 页。

80. Dobrynin,*In Confidence*,第 52 页。

81. Richter,*Khrushchev's Double Bind: International Pressures and Domestic Coalition Politics*,第 128 页。

82. 同上,第 150 页。里克特理解柏林问题的重要性,但并未论及赫鲁晓夫 1962 年在柏林问题上采取的举动。关于赫鲁晓夫在国际与国内对取得一次外交成功的需要,相似的看法见 Richard Ned Lebow 和 Janice Gross Stein,*We All Lost the Cold War*(Princeton:Princeton University,1994),但其中忽视了柏林问题可作为实现成功的手段,第 58—60 页。此前 Tatu,*Power in the Kremlin* 在有关柏林问题方面的分析要更好,尽管由于缺乏证据,塔图的精彩分析多数只能是推断性的。关于赫鲁晓夫在分配资源方面的困境,除了里克特和塔图的著作,更早的但仍有价值的著作是 Merle Fainsod,*How Russia is Ruled*(修订版)(Cambridge:Harvard University Press,1970),特别是第 545—558、611—612 页。

83. 见肯尼迪与葛罗米柯会晤的谈话备忘录,"Cuba",1962 年 10 月 18 日,in *FRUS 1961-1963* 第 11 卷,*Cuban Missile Crisis and Aftermath*(Washington,DC:Government Printing Office,1997),第113—114页;葛罗米柯给苏联共产党中央委员会的报告,1962 年 10 月 19 日,"*Russian Foreign Ministry Documents on the Cuban Missile Crisis*",*CWIHP Bulletin*,No 5(1995 年春),第 66—67 页。

84. Sorensen,*Kennedy*,第 673 页。

85. 例如,Carter to U. S. Intelligence Board,"*Evaluation of Offensive Threat to Cuba*",1962 年 10 月 21 日,*CIA Documents on the Cuban Missile Crisis*,第 237 页。这种判断后来再未发生变动。为那些中远程弹道导弹发射场准备的导弹也从未被运抵古巴。在美国封锁古巴时,它们还在途中,因此又被运回苏联。

86. 汤普森在 10 月 18 日白宫会议上的发言,Ernest R. May 和 Philip D. Zelikow,*The Kennedy Tapes*,第 138 页。

87. 马歇尔·卡特,同上,第 79 页。

88. George 和 Smoke,*Deterrence in American Foreign Policy*,第 537—

539 页。如果将威慑界定为劝阻不采取某种行动,那么美国的行动就可以被看做是一种强制外交——劝使对方停止某种无预定目的的行动。George, "Coercive Diplomacy: Definition and Characteristics", *The Limits of Coercive Diplomacy*,第 8—9 页。这种最克制的防御性强制外交的前提条件,类似于有效威慑所需要的条件。

89. Andrei Gromyko, "The Caribbean Crisis: On Glasnost Now and Secrecy Then", *Izvestia*, 1989 年 4 月 15 日;Dobrynin, *In Confidence*,第 79—80 页。

90. 例如,见肯尼迪总统 10 月 22 日在国家安全委员会的讲话,Ernest R. May和 Philip D. Zelikow, *The Kennedy Tapes*,第 237 页。

91. 肯尼迪在 10 月 18 日深夜对刚刚结束的会议的总结发言,他已知道他的发言不会被录音;为了避免新闻界的注意,会议是在白宫的起居区举行的。同上,第 172 页。

92. 同上,第 133 页。

93. 10 月 23 日晚在椭圆形办公室召开的一次有录音的会议,同上,第 342 页。有关这些谈话的更详细叙述,见 Robert Kennedy, pbk. Ed. *Thirteen Days: A Memoir of the Cuban Missile Crisis* (New York: W. W. Norton, 1968),第 67 页。

94. 国家安全委员会 10 月 20 日下午的那次决定性会议的记录,摘自 Ernest R. May 和 Philip D. Zelikow, *The Kennedy Tapes*,第 199 页,自 *FRUS 1961-1963*,第 11 卷,第 126—136 页。

95. 10 月 16 日晚的讨论,Ernest R. May 和 Philip D. Zelikow, *The Kennedy Tapes*,第 82—83 页。这个主意在 10 月 25—26 日以另一种形式被重新提出,并得到了认真的考虑。肯尼迪和他的顾问们同意向卡斯特罗发出口信,但直到赫鲁晓夫退缩,这个口信还未被巴西的中间人送出,因此,也就不需要再送出了。同上,第 458—462 页和第 462 页上的注 16。

96. 摘自 Ernest R. May 和 Philip D. Zelikow, *The Kennedy Tapes*,第 91 页。

97. 10 月 18 日的讨论,同上,第 144 页。

98. 10 月 18 日,同上,第 143 页(鲍尔)、149 页(腊斯克)。鲍尔在 10 月 17 日就向肯尼迪送交了一份书面备忘录,慷慨激昂地阐述了这种看法。

99. 波伦 10 月 17 日备忘录,腊斯克在 10 月 18 日白宫会议上大声宣读了备忘录的全文,同上,第 130 页。波伦当天上午就离开,去赴任已公布的驻法国大使之职。

100. 波伦 10 月 17 日备忘录,第 264 页。

101. 10 月 18 日的讨论,同上,第 138 页。

102. 10 月 18 日的讨论,第 137 页。

103. 实际上,狄龙在 10 月 17 日夜送交肯尼迪的备忘录中首先提出了这个主意。C. Douglas Dillon,"Memorandum for the President",收录于 *The Cuban Missile Crisis,1962:A National Security Archive Documents Reader* (New York:New Press,1992),Laurence Change 和 Peter Kornbluh 编,第 116—118 页。

104. 见 Ernest R. May 和 Philip D. Zelikow,*The Kennedy Tapes*,第 202—203、208—213 页,其中包括国家安全委员会 10 月 21 日的会议摘录,来自 *FRUS 1961-1963*,第 11 卷,第 141—149 页。

105. Ernest R. May 和 Philip D. Zelikow,*The Kennedy Tapes*,第 230 页。

106. Khrushchev to Kennedy,1962 年 10 月 28 日,David Larson,*The 'Cuban Crisis' of 1962:Selected Documents,Chronology and Bibliography*,第 189 页。

107. Thomas C. Schelling,*Arms and Influence* (New Haven:Yale University Press,1966),第 80—83 页。但谢林也认识到这是"不同的行动威胁"。

108. Alexander L. George,"The Cuban Missile Crisis:Peaceful Resolution Through Coercive Diplomacy",Alexander L. George 和 William E. Simons 编,*The Limits of Coercive Diplomacy* (Boulder:Westview Press,1994),第二版,第 114 页。

109. Albert Wohlstetter 和 Roberta Wohlstetter,*Controlling the Risks in Cuba*,Adelphi Paper no. 17 (London:International Institute for Strategic Studies,1965),第 16 页。沃尔斯泰特夫妇也认识到了美国"如果必要就采取下一步行动"的意志。

110. 同上,第 16 页。

111. 见 Lebow 和 Stein,*We All Lost the Cold War*,第 115 页;Garthoff,*Reflections on the Cuban Missile Crisis*,第 67 页,注 17。

112. Dobrynin to Foreign Ministry,1962 年 10 月 23 页,*Bulletin of the*

Cold War International History Project,No.5(1995年春),第70—71页。

113. Troyanovsky,"The Caribbean Crisis:A View from the Kremlin",第152页。

114. Fursenko和Naftali,"*One Hell of a Gamble*",第259页。

115. 同上,第257—258、260—262页。

116. 同上,第263页。

117. Lebow和Stein,*We All Lost the Cold War*,第115页;Garthoff,*Reflections on the Cuban Missile Crisis*,第67页,注107。

118. Fursenko和Naftali,"*One Hell of a Gamble*",第153页。

119. Troyanovsky,"The Caribbean Crisis:A View from the Kremlin",第153页。

120. Alexeev to Foreign Ministry,1962年10月27日,Bulletin of the Cold War International History Project搜集的一组文件,由哈佛科学与国际事务中心翻译(以后称为CWIHP/Harvard Collection)。

121. Troyanovsky,"The Caribbean Crisis:A View from the Kremlin",第153页。

122. Alexeev to Foreign Ministry,1962年10月25日;Castro to Khrushchev,1962年10月26日,两者都在CWIHP/Harvard Collection。

123. Khrushchev to Castro,1962年10月30日,在肯尼迪图书馆中已公布的通信中。

124. Ernest R. May和Philip D. Zelikow, *The Kennedy Tapes*, 第616页。

125. Fursenko和Naftali,"*One Hell of a Gamble*",第284页。

126. McGeorge Bundy,*Danger and Survival*:*Choices About the Bomb in the First Fifty Years*(New York:Random House,1988),第432—434页;罗伯特·肯尼迪对这次会谈的说明,在1962年10月30日致腊斯克的备忘录中,收录于JFKL,President's Office Files;多勃雷宁关于此次会谈的说明,*Bulletin of the Cold War International History Project*,No.5(1995年春),第79—80页; Arthur M. Schlesinger, *Robert Kennedy and His Times* (Boston: Houghton Mifflin, 1978), 第522—523页; 和Ernest R. May和Philip D. Zelikow,*The Kennedy Tapes*,第605—609页以及注2、3、5和7。

127. 要通过谈判进行交易,就涉及要在美国—土耳其之间和苏联—古巴之间公开进行复杂的谈判,并涉及如何处置苏联在古巴的轰炸机和美国驻土耳其有核攻击能力的飞机的问题。这些谈判的结果可能正如一些美国人所担心的那样,就是根本没有结果——只能造成既成事实。

128. Ernest R. May 和 Philip D. Zelikow, *The Kennedy Tapes*,第 656 页。关于肯尼迪的打算可能恰恰相反,即所谓"科尔迪方案"(Cordier Maneuver),同上,第 606 页,注 3。

129. Fursenko 和 Naftali,"*One Hell of a Gamble*",第 284—286 页;以及 Troyanovsky,"The Caribbean Crisis:A View from the Kremlin",第 154 页。在迅速做出有条件的公开让步后,赫鲁晓夫向肯尼迪发了一封秘密信,试图获得撤走那些"朱庇特"导弹的承诺。在多勃雷宁试图把该信交给罗伯特·肯尼迪时,罗伯特·肯尼迪对赫鲁晓夫试图减少让步而要求得到正式的补偿,感到非常愤怒,就把信扔回给多勃雷宁,并表面上拒绝了这个要求。后来,为了研究之用,这封信从俄国的档案中找出。见 Ernest R. May 和 Philip D. Zelikow, *The Kennedy Tapes*,第 663—664 页以及注 1、2。

130. 麦克纳马拉在 1963 年 1 月 12 日,在众议院军事委员会上的证词,见于国防部办公室文件中。

第三章 模式Ⅱ：组织行为模式

将政府视为一个单一理性行为体——即一个能集中统一行动、充分知情和追求价值最大化的决策者，而政府行为则被视为是这样一种行为体的决策行动，这样做有时对于分析是非常有帮助的。然而，事实上政府并不是一个人。政府不只意味着总统及其随从人员，甚至也不只意味着整个总统体系和国会体系，而是一个由各种组织构成的巨大的集合体(conglomerate)。这些组织松散地连结在一起，每个组织都独立而真实地存在着。政府通过这些组织来感知形势与现实状况；通过这些组织来处理信息、确定行动方案和评估结果；通过这些组织依据组织常规的运作，政府做出行动。因此，在第二种概念模式看来，政府行为不是经过仔细计算而精心做出的选择，而是各个大型组织根据组织的标准运作程序(Standard Operating Procedures)的运作而产生的**输出**(output)。

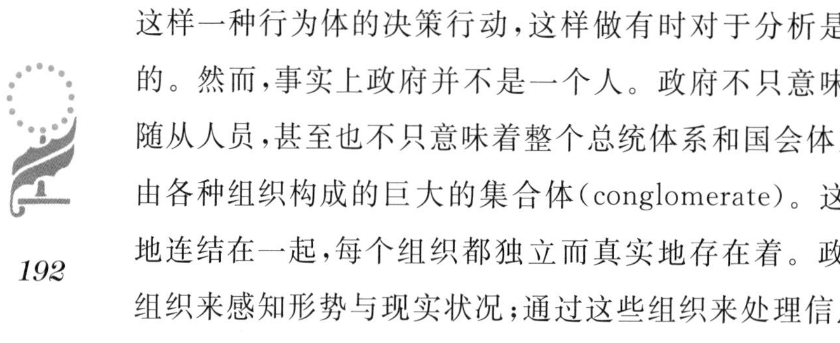

为了处理各种各样的问题，政府中设立了各种各样的大型组织，这些组织根据它们的主要使命，各司其职。每个组织负责一类问题，并且，在处理与这些问题相关的事务时，它们的行动是准独立的。但很少有议题只涉及一个组织的权责范围。因此，任何重要的政府行动，事实上都是多个政府组织输出的结果；政府领导人会部分协调这种输出。而对于这些组织的具体行为，政府领导人可以有重大的影响,但极少能进行精确的控制。

为了完成复杂的任务,就必须协调许多个人的行为。而协调就要求有标准运作程序,即做事规则。需要上百人参与的行动要想能够可靠地取得成功,则需要确定好的“程式”(programs)。正如一支由十一名队员组成的橄榄球队,如果这支球队想在一轮进攻中取得很好的成绩的话,那么,它就不能让每个球员“各自决定自己该干什么”或靠“四分卫告诉他该干什么”。相反,每个队员在球场上必须根据先前就确定好的战术安排采取行动;在这种情况下,四分卫也只不过是根据这种战术安排在组织队员进攻罢了。

在任何时候,政府都是由许多组织构成的;这些组织根据一套固定的标准运作程序和计划而运行。因此,一个情景中的组织行为,即政府行为,主要是由在此情景出现之前就已确立的组织常规(routines)决定的。要解释政府的行动,就要研究这些组织常规,并要注意这些常规逐渐发生的偏移(incremental deviation)。组织确实会发生变化。随着时间的推移,学习(learning)会逐渐出现。而在出现严重的灾难后,作为应对,组织也会进行巨大的变革。不过,组织的学习和变革都受到现存的组织能力和程序的影响。

上述这些从组织研究中借用来的并未经过严谨表述的命题,概括言之,表明了组织行为有某种**倾向**。在现实中,倾向或多或少会存在;关键的问题是在一个具体情景下,呈现出的倾向是多些还是少些。但这种倾向的存在表明,如果人们——无论他是一位学者还是一位美国总统——在思考和分析的时候能够意识到组织行为会存在倾向这一点的话,那么,他就可能会注意到一个原本可能会被他忽视掉的变量。

不过,组织行为模式对于政府行为的理解与模式Ⅰ是完全不同的。利用这个参照系去分析外交事务,将会有截然不同的解释。对于古巴导弹危机,使用模式Ⅰ的分析人员会问为什么"赫鲁晓夫"将导弹部署在古巴或为什么"美国"以封锁加最后通牒作为应对。在模式Ⅰ中,政府被拟人化了,政府行为就像一个人出于一定动机而采取的行动一样。而在模式Ⅱ的解释中,行动主体根本不会是某个人或整个政府,而是各种组织。模式Ⅱ利用这些组织成员共同的目的和实践来解释组织的行为,而不是根据某个具体个人的目的或实践来解释。

本章的这些基本论点在本书第一版首次提出时,政治学研究中还很少有学者从组织理论的角度开展研究,而在国际关系和外交政策研究领域,更是如此。但到本书这一版准备发行的时候,有关组织的研究已经沿着许多路径很有前途地发展起来了;这些研究已经涵盖从武器采购、军事学说、财政预算到战争的威慑、防御和风险等各种问题。鉴于这些研究已取得的进展以及为了推动进一步的思考,本书对于模式Ⅱ的阐述强调下面的五点。

第一,为什么需要组织,为什么要组织起来?根据字典的解释,组织就是为了协调或统一行动而系统地安排在一起的人们的集合体,或者说组织是"由具有各种不同功能的部分构成而实现集体功能的整体;一个有机体"。尽管组织在正式化程度上存在着区别,且这种区别也并不是十分清晰、明确的,但仍可以说,正式组织(formal organization)是为了完成某种任务或实现某个目标而根据确定好的结构与程序有规则地集合在一起,并进行专业分工合作的一群人形成的团体。[1] 因此,正式组织不同于那些为了某种临时目的而暂时集合在一起的群体。对于这两者之间的区别,可以想象一下下面这些群体之间的差异:一支交响乐团和在即席演奏中临时凑在一起的乐手们;一支橄榄球队和一个为了玩耍而临时凑起来的球队;一支军队和暴动中的一群人。

第二,也是最重要的一点是:组织**创造**实现某种目的或完成某种任务的**能力**,而如果没有组织,实现这些目的或完成这些任务将是不可能的。就如亚当・斯密在对制钉厂的分析中所发现的那样,一个组织通过劳动分工、任务专业化、成员工作程式化等,能使成百上千的人生产出品质相同的产品;而且,通过将各个人组织起来而生产出来的钉子数量远远超过个人独立制造钉子所能够生产的数量。亚当・斯密解释说,"一个未在制钉方面受过训练的工人(劳动分工已经使它成为一门独立的技能)……最勤快的话,一天可能可以做出一枚钉子,但肯定做不出二十枚钉子。"然而,如果有正确的劳动分工和专业化,"我曾见过一个只雇用了十个人的小型制钉厂,……却可经过努力……一天就能制造出四万八千枚钉子。"[2]

第三,现存的组织及组织的常规和程式制约着组织下一次的行为,即组织倾向于以其当下正在采取的方式来行事。想想我们举过的那个中餐馆的例子。餐馆根据原料、搭配和烹饪方法等的不同,制订好菜谱;顾客根据这个菜谱进行点餐。如果没有这个菜谱,顾客就不知道点什么了。但顾客也只能根据这个菜谱点他要吃的东西,因此,在中餐馆他就不能吃到菜单中所没有的东西,如汉堡或比萨等。

第四,**组织文化**(organizational culture)以正式或非正式的规范影响着组织内的个人。不同的文化下,组织会有不同的认同和表现。

第五,也是最后一点,即组织既不是一个人,也不是一堆的技术装备。中餐馆的工作台、灶具、碗筷等,或者说航空公司的飞机、导航系统、特定规格的引擎等,这些硬件是餐馆能够向顾客提供食物或航空公司能够把乘客从一地运到另一地的必要条件。但餐馆的厨师们在制作菜肴时或航空公司的飞行员、技师、空管人员等在航班飞行中的标准运作程序同样重要;可以说,这些构成了组织的软件。组织的这种情况,正如电脑只有硬件并不行,还必须有软件;只有硬件与软件结合起来,电脑才能发挥出强大的功能。当然,这些硬件和软件在创造出强大能力的同时,也限定了组织下一次的表现。

当詹姆斯·马奇和赫伯特·西蒙在 30 多年后谈到他们的那本组织研究方面的经典著作时,强调要注意两种不同的“行动逻辑”(logics of action),即“结果”逻辑与“适当”(appropriateness)逻辑之间的区别:

> 第一个是结果逻辑,即分析理性。在该逻辑中,行为体根据其对行动结果对其偏好可能产生的影响的评估来选择其行为。与这种逻辑联系在一起的是预期、分析和利益计算等这样一些概念。这种逻辑主要表现为根据对各种方案结果能够满足偏好的程度的评估,寻找和确定行动方案。
>
> 第二个是适当逻辑,即行为体将其所面临的情境与某种标准进行比对后采取行动。在该逻辑中,当行为体认为某种

> 行动情景与其所熟悉、经常遇到的情景相似，且符合行为体的一定标准，其就会选择该行动……与适当逻辑联系在一起的，是经验、角色、直觉与专家知识等概念。该模式中的利害计算主要表现为对保存在组织档案或个人记忆中的经验进行检索。[3]

这两种逻辑的不同也正是模式Ⅰ和模式Ⅱ之间的本质区别。[4]

你在与组织打交道的过程中，肯定会有过如下令人沮丧的经历，即这些组织的成员坚持要遵循一些“没有头脑”的规章、常规办事而不是采取在当时情景下更为合理的一些做法。但是，尽管本书中概括为模式Ⅱ的这些组织逻辑可能会使你感到沮丧和挫折，但有的时候，这种逻辑却可能保障你的生命安全。例如，如果要求航空公司、医院或核电站等在它们日常运作中必须按照模式Ⅰ行事，那么，这些组织的领导人将会感到极度恐惧。组织就是要确保它的成员不论偏好和天赋如何都能够在任何时候成功地完成正常工作，而且无论更换了哪个成员，仍能确保这种工作会被成功完成。因此，如果必须知道某趟航班的飞行员是谁才能确定这趟航班是否是安全的或是否能够顺利到达目的地，那么，经营这个航班的航空公司真是失败透顶(它很可能会被监管机构关闭)。

现代社会的一个典型特征就是出现越来越多的复杂组织。这些组织内部依据常规和惯例互动。不同组织之间也在一个日益拥挤的环境中不停地互动着，为社会提供各种各样的服务。这些组织经常会处理非常危险的事项或它们的行动会给人类带来某种巨大的潜在危险。尽管这些组织的基本运作体系本身已经非常精密,但这些组织仍通常会配备有独立运作程序的安全保障体系。不过,这些体系及程序之间也会发生相互作用,有时,这种相互作用会造成致命的后果。

在接下来的几节中,我们将考察组织研究的相关进展,分析各个学者对组织特征的不同观点。但是,尽管这些学者之间存在着分歧,但他们都承认存在着一种与理性行为体模式截然不同的组织行为模式。

组织逻辑(Organizational Logic)和效率(Efficiency)

早期的组织理论家——如马克斯·韦伯——将组织看作是实现理性选择的有效工具,组织的效率有时甚至达到了危险的地步。在当代生活中,一个最重大的特征就是,无数行为、无数人都受到其所在的组织的影响。拥有大规模生产、分配和销售的现代社会代表了这些目的性组织(purposive organization)的胜利。麦当劳是一个公司组织,它的目的是通过销售成品食品特别是汉堡而实现利润的最大化。它向顾客提供标准化产品;从如何购买所需原料、储存原料,到如何将原料配送到世界各地的餐厅、在各个餐厅中存放、将原料烹饪成食品,再到如何将食品提供给顾客、如何向顾客说“请享用”或“祝你今天快乐”等各个环节,麦当劳都制定了标准运作程序。在它给各个餐厅的经营手册中,包括了从餐厅的设计与验收、餐厅与设施的外观、烹饪设备、清洁卫生、提供食物的方式到广告宣传等各个方面的标准运作程序;正是通过这些程序,麦当劳管理着上万人,保证它生产出来的产品的品质本质上是一致的(当然,公司可能会为不同的市场进行细微的调整)。同样的描述也适用于许多国家的许多其他组织。这样一些组织对没有组织化的非专业化的个人生产者的胜利,极大地增加了现代社会中物品的数量、质量和种类,提高了这些物品的功能和生产的效率。而在公共部门领域,从海军到城市的供水部门,各种各样的组织也被建立起来,成为政治领导人实现其意图的高效率的有用工具;设想一下如果没有这些组织情况将会怎样,就会很容易理解这些组织的作用了。因此,大量组织在公共领域中兴起。正如美国在约1880至1940年间所发生的情况那样,如何用经过训练的专业人员替代业余的公共管理者以促进公共管理、实现更高效率,成为了新兴的公共管理研究关注的焦点。[5] 贝尔电话公司(Bell Telephone)的一位执行官切斯特·巴纳德(Chester Barnard)在20世纪三四十年代时就有力地论证说,结合了人的才能和劳动分工的组织既大大提高了私人选择的理性,也大大提高了公共选择的理性。[6]

从这个角度而言,这些被贴上理性主义、功能主义或工具主义等各种不同标签的组织逻辑似乎只不过是用来解释有意图行动的模式Ⅰ的一个分支罢了。毕竟,难道我们不能通过分析组织创立时它要实现的核心宗旨来解释组织的行为吗?但是,对此问题的答案是:不完全能够这样。经济学家确实在一开始是将创立组织视为是帮助行为体更有效率地实现行为体偏好的一种解决方法。为此,行为体必须进行一定的谈判与交易。比如,我交税,而你则要帮我清理街道。到此为止,将组织视作为一种工具的看法都是没有问题的。但接下来,正如一些经济学家所发现和警告的那样,官僚组织的影响将很快超乎它们本身(无论其本身为何物);它们将开始寻求获得更多的资源,而它们所实现的东西也往往并非社会真正需要或承受得起的。[7]

许多经济学家和经济史学家都选择一个社会为进行经济交换活动而发展起来的制度作为分析的起点,并集中关注与这些制度相关的组织是如何创设起来的。如果组织能够有效地处理经济交换活动中的内在不确定性,且它降低的交易成本要超过组织自身所需要的成本,那么组织就会适应环境需要并发展起来。当然,也正如道格拉斯·诺斯指出的那样,一个社会及其组织的发展可能会对某一个特定的路径过于依赖,以至于它们的惯性和进行变革的交易成本变得非常大,从而严重限制了其未来发展的选择。即这个社会及其组织在过去的环境中所选择的工具,会限制它们在将来新环境中的选择。[8] 学者们也指出,即使一个组织一心一意要成为帮助创设者实现他们目的的有效工具,该组织的行为也不可能只是反映组织创设者的意志。创设者并没有面对组织必须要解决的那些问题。组织必须在充满各种各样公共组织或私人组织的环境中,根据它所遇到的新问题进行调整。这种调整也是为什么一个组织在经过一段时间的发展后,“组织的政策偏好主要反映的是组织生存的非意识形态化的必然需求”的一个原因。[9] 这些必然需求使得在各种截然不同的领域中活动的不同组织,却会呈现出一些学者所说的“同态性”(isomorphism)。[10]

现有的研究倾向于把私人组织与政府中的公共组织等同视之。但是,政府部门的组织与私营公司等组织是不同的。政府部

门的组织产生于政治过程中;它们的目标就如同其创设者一样,也是多种多样的。政府部门组织还受到各种特别的限制;它们不能追求利润;它们在组织创设方面的影响是有限的;它们在组织目标方面的影响也是有限的;它们的管理与运行要受到外部(以及内部)规则的控制;它们的输出往往难以简单地用成功或失败这样的结论来进行评价。[11]"美国公共官僚体制的目的并不是追求有效(effective)。"[12]因此,研究美国公共生活的史学家们对于政府官僚组织和行政权力的兴起,提供了一种不同的解释。一种对美国公共治理中组织的兴起的功能主义解释大致是这样的:社会出现了问题,有影响力的精英或利益集团认识到了问题,然后,组织被创设起来以利用其非同凡响的能力和效率去解决这些问题。然而,至少在美国,问题是否存在及如何界定本身就已经充满了政治争论;对问题的认识取决于一定时期美国政治生活方面的具体条件与结构;有可能在问题凸显了很久以后(或甚至早在问题出现之前),组织才被创设起来,且根据对该问题的不同界定,会有一些组织出现。[13]

政治学家也开始认识到组织一旦被设立后,组织就将不仅仅是它的创设者或主管的代理者,无论它的创设者或主管是个政治领导人还是个利益集团。虽然说组织是被作为实现某个或某些目的的工具而设立的,但一些学者,例如菲利普·塞尔兹尼克(Philip Selznich)和特里·莫(Terry Moe),已经证明组织在如何实现这些目的的方面可以发挥重要的影响。[14]而尊重专业化的专家意见有时也意味着失去对组织的有效控制。[15]一个能够将其意志强加于每个人的强势政治团体可能会有它自己的行动战略,但它"几乎可以肯定会缺少怎样有效实施该战略的知识。它不知道该告诉人们做什么,这是专业知识问题……这种专业知识缺乏问题又会因未来中存在的不确定性而变得更加严重”。[16]

下面先从核心宗旨(central purpose)这个概念谈起,因为核心宗旨将转化为组织的使命或任务。核心宗旨中有关目的的规定可能非常抽象而且教条,因此,组织在接收到这些目的后,会以各种方式将其转化成组织的使命。马克·摩尔(Mark Moore)根据现实案例分析了环保署的管理人员在确立保护环境的宗旨后,是如何将这个宗旨独特地界定为对污染行业实施严格管制的使命的。摩尔还分析了一个地方青少年服务部门的管理者如何处理将当地青少年犯罪和不良少年的问题这个宗旨,转换为建立基于社区的关怀机制、使有关少年获得一个最少约束性的康复环境这个使命。[17]

追求效率、追求组织使命的最优实现也使组织为了完成詹姆斯·Q.威尔逊(James Q. Wilson)所说的“关键任务”(critical task)而发展出一些独特的能力。而所谓“关键任务”是指组织必须为之特别确定明确的行动目标的任务。威尔逊通过举例说明这个概念:

> (在第一次世界大战末期)对德国军队来说,问题是掩体内的机枪与大炮的杀伤力,他们的关键任务是找出针对此问题的解决办法。这既包括技术上的解决办法(使用坦克),也包括战术上的解决办法(采取渗透战术)。德国人同时使用了这两种办法,其中主要是战术上的办法。而对美国得克萨斯

州的犯罪教改部门来说,它面临的核心问题是如何在大量的性格乖张并常富于攻击性的牢犯中保持秩序;它的关键任务就是制定与实施非常清晰明确、易于理解而又严格的规章制度,以使这些人永远没有机会采取单独或集体的行动。对卡弗(Carver)高中来说,它面临的关键问题则是学生和教师当中存在恐惧、迷茫和士气低落等情绪,它的关键任务是采取一系列公开,甚至是大张旗鼓的坚决行动来清理(clean)那些建筑物、确保其安全以及对学生进行鼓励,以消除这些情绪。[18]

与组织使命的界定相似,当涉及的是公共领域的大型任务时,对行动目标的界定也如效率这个概念本身一样,充满了弹性。

这并不是说政府组织缺乏核心宗旨。这些论述的关键在于指出,在国家的行政、立法或司法等部门的主管在考虑哪些目标是可能的和选择这些目标的过程中,组织实质性地参与了其中。在将宗旨转化为“使命”的过程中,组织影响着这些目标的优先排序;而在“使命”转化为具体任务、转化为更明确的行动目标时,组织的影响又更为明显。在这个过程中,组织可能会根据它所拥有的特定的高效能力来确定其行动目标。

社会学家唐纳德·麦肯齐(Donald MacKenzie)的研究对象是神秘的核导弹制导系统。他得出的最有力的结论是,核导弹制导系统并不必然要发展成今天这个样子,而是还存在着许多其他可能的发展路径。特定的组织,例如麻省理工学院仪器实验室(M. I. T. Instrumentation Laboratory)(后来成为德雷柏实验室公司“the Draper Laboratory, Inc.”),将泛泛的保卫国家这个宗旨变成制造超级导弹制导系统这一使命。接着,它又在具有相同看法的空军和海军的资助下,在各种官僚机构的质疑声中,帮助确定了使用这些卓越技术与能力来发展导弹的任务和行动目标。理论上讲,购买什么样的武器系统是由国家的战略决定的,而“在实际中,这一点没有任何保证。在每一个层面,都牵涉到各种各样的行为体和考虑。‘防御态势’主要是形式上占据权力顶端的那些人关注的事情…… 另一方面,行动计划则更主要是军事部门圈内的人关心的事情…… 最后,武器系统设计则又涉及其面向的不同主顾,其中经常包括不同的军种和军事部门。但在美国早期的中远程弹道导弹设计中,与武器系统设计有至关重要关系的战略空军司令部却被蓄意地排除在外。”[19] 在宗旨、使命和行动目标这三个层次中,特别是在后两个层次中,组织都有相当大的自由来根据它早已拥有或试图拥有的特殊能力确定它的行动目标。

公共组织及它们的管理者并不只是法律、规章等的中立执行者,一旦意识到这一点,一个民主社会自然就会产生这样的担忧,即政府真正的决策者实际上是非民选的官僚或由有关的政治家、利益集团和官僚等组成的同盟。针对这种担忧,一些政治学家重新关注对组织宗旨的控制,重视能使民选领导人可以施加重要控制的“理性选择”的观点。这些研究中,争论的一个关键问题就是对组织能重新施加多大程度的有效控制,而政治领导人又在多大程度上必须跟着“官僚机构的潮流”随波逐流。[20]

组织为运行和重复性决策设立了规则(rules)、规范(norms)或常规(routines)。如果满意是规则,即决策在发现第一个足够好的方案时即做出,那么,对各种方案的考虑顺序就至关重要了。而组织是以一种相对稳定的顺序逐个提供方案的,这样做的结果就是选择的范围受到了严重限制,成功更可能只是被视为符合相关的规则要求。[21]

组织很不愿意在采取行动时考虑不确定的未来。为此,组织的选择程序是以短期回馈为基础的。组织的行动就如房子中的温度调节器一样:当房间中实际温度与事先设定好的温度之间出现不一致,它就相对迅速地采取纠正行动、消除温度偏差;但它不会根据对下个月温度的准确预测进行调整。组织在与它的运作环境的各种不同互动与联系中发展出许多进行这种频繁调整的常规。[22]

"组织程式化活动整体呈现出的模式",马奇和西蒙评论说,"就如同一幅由各种执行程式(program)的行动构成的马赛克拼图,而每个行动又有其特定的程式运行步骤。"[23]这些程式决定了惯常情境下的选择的有效范围。"当新的情况出现时,很少会想到建构全新的程式。在大多数情况下,调整是通过对现存的较低层次的程式进行重新组合的方式进行的。"[24]而对于这些程式的共同理解以及包括专业的分工等在内的组织对这些程式的运行情况,对组织文化的塑造具有非常重要的影响,是组织文化的重要组成部分。[25]

这些程式和教条的常规容易招致批评,但它们对于组织的有效运行是不可或缺的。它们的价值对于那些实践者来说是非常清楚的,这正如作为一名实践者的戈登·蔡斯(Gordon Chase)在"实施一项社会服务计划会有多难"(Implementing a Human Services Program:How Hard Will It be?)一文中清楚论述的那样。[26]组织形成的那些常规反映了在组织所处的技术和社会环境下各种考虑之间的平衡。它们在为所有组织单元设定各种限制的同时,也为这些单元的自由与自治创造了空间。真正的问题经常不在于这些规则,而在于这些规则建立的前提条件或其适用的体系发生了变化。[27]

组织逻辑和组织文化

效率问题并不是将组织推向“适当逻辑”(logic of appropriateness)的唯一动力。组织的表现看起来经常与功能解释不一致,即使这种功能解释考虑到了不同组织可能有其各自独特的追求效率的方式。“主管和政治家倡导或拥护各种制订好的计划,却不负责执行;管理人员辛苦地搜集各种信息,却没有分析这些信息;雇用专家不是为了获得忠告,而是为了标榜合法性。”[28]那些倡导“新制度主义”(new institutionalism)的学者认为,组织的宗旨和常规产生于组织内部,而这些宗旨与常规又与詹姆斯·马奇(James March)所说的“认同”(identity)这个概念联系在一起。“认同是将自我纳入到为各种情境下的行动提供指导的规则体系中的一种观念。”这些规则既是组织文化的标志,又源自于组织文化。[29]因此,组织文化是组织成员对组织持有,并在组织成员间不断传承的一套信仰(beliefs)。

从这个角度来分析组织行为,就会发现组织和组织官僚们更为独立自主的一面;他们在实现组织及其管理者自身的偏好中,对于怎样定义关键任务有很大的自由。不过,尽管塞尔兹尼克、莫

(Moe)以及其他一些学者承认组织的管理人员对于组织及组织的行为可以发挥很大的影响,但"新制度主义者"却认为,他们的研究做得还不够,他们并没有将组织及组织本身的需要视为解释公共领域行动的核心变量。

其中这些分歧可能只不过是叙述角度的问题。从国会的角度来看,政府官员似乎是受到限制的。但对一个更为积极的政府官员来说,来自国会的限制可能只不过是他们所面临的众多行动背景之一罢了,并不妨碍他们做出重要的决策。例如,约翰·迪伊利奥(John DiIulio)已论证,美国监狱中囚犯的生活质量更依赖于管理的具体实践而非其他变量。不是社会,也不是政治家,而是官僚们及他们选择的程序,决定了这些监狱怎样运作以及囚犯怎样生活。[30]在最近一波有关公共管理实践的研究著作中,学者们并未贸然加入到有关"新制度主义"的理论论战中,但他们把组织官僚们视为是有相当大的自由裁量权的主要行为体,事实上也意味着他们与新制度主义者一样,将组织及其自身的需要作为分析的核心变量。[31]

理查德·西尔特(Richard Cyert)和詹姆斯·马奇的《企业行为理论》是这种研究路径中较早的一本里程碑性的著作。与主流经济理论家根据市场因素来解释企业行为的做法不同,西尔特和马奇将组织结构及日常实践对于确定目标、表达预期和决策执行等的影响作为分析的中心。作为组织理论中"卡内基学派"(Carnegie School)影响下的产物,这本著作延续了赫伯特·西蒙(Herbert Simon)对有限理性(bounded rationality)条件下的解决问题(problem-solving)的关注。西尔特和马奇沿着巴纳德

(Barnard)的思路,将组织看作是由各种参与者组成的联盟(其中一些参与者可能并不是组织的成员,如供货商和顾客);这些参与者的需求各异,兴趣焦点不断变化,且在同一时间内没能力关注所有的问题。潜在的联盟成员之间相互进行讨价还价,达成一系列事实上的协议,这些协议既构成了对组织的限制,也使组织构建起它自己的独特认同。[32]

组织为执行具体任务而确立行动目标的过程也影响着组织的文化。马奇后来在与约翰·奥尔森(Johan Olsen)合作的一本著作中认为,组织实际上是在行动中界定自己的。在行动中,最初的环境变得明确、清晰起来,激发行为体采取行动,并使其形成和明确对于自我的认识。漫步于五角大楼各大厅的参观者会看到墙上的一系列画作和相片,这些画作和相片记录了军队各种或平凡或辉煌的行动和事件。每一个行动或事件都意味着一个决策;而这些决策又产生了将有力影响着五角大楼未来行动的认同和规则。马奇和奥尔森注意到,对一个组织来说,决策"为其他事情提供了一个机会、而且是一个很好的机会:一个执行标准运作程序和履行角色期望、责任或事前承诺的机会;一个界定美德和真理的机会,其间组织确定和诠释它所面临的现实、它当下的行动以及它未来将采取的行动;一个赢得荣耀还是罪责的机会;一个发现自我和集体利益的机会"。[33]

证据表明,关键性的判断和信息集中于组织的底部而非顶层,这种证据有力地支持了组织实际运作实践塑造组织文化的观点。如果是"基层官僚体系"(street-level bureaucracy)及其"实地学习"(field-based learning)界定了组织的行动目标,那么,组织关于它自身的信念就是来自于组织内部而不是组织外部的。[34]

组织在一个领域的运作经验会强化组织的某种特殊能力和常规,甚至会赋予这种能力和常规某种形式化权力,使其在对内或对外事务中具备合法性。由此产生的结果就是,组织中重要职位的专业分化极有力地强化了组织文化。这些专业人员试图将他们的工作性质与非专业人员区分开来。他们设立职业的行为规范(甚至是细化到着装方式和言谈举止),并使组织的某些部门遵从某一种共同的理想——不同组织在此又一次表现出同态性。借用罗莎贝斯·莫斯·坎特(Rosabeth Moss Kanter)的一个著名术语来说,这就是"管理的同性繁殖"(homosexual reproduction)。汤姆·沃尔夫(Tom Wolfe)在他《太空先锋》(*The Right Stuff*)书中讲述了,"水星"号飞船上的宇航员是如何依据军方试飞员的共同专业规范和组织规范进行培训的。有时,组织的这些文化常规会与对于效率的要求发生冲突;其结果往往是效率让位于文化常规。[35]

虽然个人在行动中也会依赖于"适当逻辑",但组织的一些特征却强化它行为中的这一倾向。组织确定界定认同、判断情势和应用适当规则等的**模式**(model);它们通过设置标签和将人们安置于规定好的角色而为行动确定指引(cues and prompts);它们提供那些强化某种行为或进行某种学习、调适和创设新规则的**经验**。[36]

尽管其结论有时可能是相同的,但是从效率角度对于组织行为的解释和从组织文化角度对于组织行为的解释,或新制度主义的解释与旧制度主义的解释,仍是存在着重大区别的。我们根据保罗·迪马吉奥(Paul Dimaggio)与沃尔特·鲍威尔(Walter

Powell)著作中的分析,并对这些分析做进一步延伸,确定了这些解释在四个方面的不同。

1. **组织的偏好来自何处?** 强调效率者将组织看作是实现合作和集体行动的利益的产物。为解决合作和集体行动的问题,在各种纷扰中建立大型组织确实要付出一定的成本,但是,当因缺乏这些组织而带来的摩擦或成本更大时,这些组织就会出现。效率论者强调委托—代理(principal-agent)关系,将之作为理解组织的关键。[37]而强调文化方面的学者虽部分地承认这一点。但他们倾向于将利益看作是一种社会建构,会随着组织所处的制度背景的变化而变化。他们把有关这些利益所进行的决策视为是根据“适当逻辑”而非“结果逻辑”作出的。这些文化论者与马奇和奥尔森及其他人一样,也关注于行动理论,关注于基层官僚体系;他们认为,利益产生于决策,而非相反。在行动中,组织界定它的真正需求和决定它在未来的行为。组织的需求内生于组织,而非外生于组织。[38]

2. **为什么组织行为会限制“理性”?** 对此,强调效率者指出,为了实现已有组织常规的效率而确立的各种规则必然会限制做出最优选择。他们还指出,这些规则可能反映出组织内部以及组织与它的服务对象之间所进行的谈判与交易,使组织保持拥有实现预期结果的能力。最后,他们认为,官僚作为一种工具并不好用:他们要么对主管的要求推三阻四或有选择地予以满足,要么就是缺乏回应性或制造出一些难以预见到的结果。而文化论者则并不将组织或组织的成员视为某个外在行为体的工具，无论这一工具是有效的还是无效的；相反，他们强调组织怎样为自身的合法性、地位和理想而奋斗；而这些东西对于一个组织或组织共同体(organizational field)内行为体的重要性要远超其对于组织外的行为体的重要性。如果说组织及其成员确实实现了组织外行为体所指派的目的或价值，那也仅仅意味着组织及组织成员将这些目的或价值视为其运作或行动的一种环境了。“不是规范和价值，而是那些被当然接受的脚本、规则和分类体系(classifications)构建了(组织)。”[39]

3. **为什么组织结构有时会如此的不同？**对此，效率论者强调组织中非正式结构的影响。他们认为不同利益集团会推动形成不同的派系或互动模式，从而产生出不同的非正式结构。这些非正式结构可能会超越组织原初的创设者所设立的正式组织结构，而使组织实现它的新的、潜在的主人的目的。而文化论者则更强调“正式结构本身存在的非理性，他们将组织部门和运作程序的扩散与变化，归因于组织间的影响与模仿以及文化因素的普遍影响，而不是用这些东西要实现的功能来解释”。[40]

4. **组织与组织所处的环境有怎样的关系？**在这个方面，效率论者更强调组织运作的场所的重要性，其中包括该场所中存在的需要以及那些影响组织运作的利益集团的重要性。文化论者则倾向于关注组织与某个部门或领域的关系，而不是某种特殊地理位置的影响。因此，文化论者更可能会通过分析休斯敦警察局的警员们对自我及其责任的认知来解释该警察局的行为,而不是通过分析该警察局所处的得克萨斯州的特殊环境来解释。根据这种看法,重要的组织常规可能会超越不同组织之间的地区差异;其不再仅仅是对某一特定地点的需要的回应,而是扩散并影响到整个组织共同体,为该共同体中的所有组织所共享。[41]换言之,休斯敦的警察与芝加哥的警察之间的共同之处,比这两地的任何一个警察与其所在城市的普通公民之间的共同之处都要多。

本书的作者并不要求读者在效率范式与文化范式之间做出选择。就我们的目的而言,更重要的是弄清这两种范式在一些基本问题上存在何种程度上的共同之处,如在组织的使命,组织为了完成某个具体任务以实现行动目标而建立的特殊能力,组织对于各种常规的依赖等这些方面上这两种范式之间的一致之处。两种范式以不同的方式都承认,组织行为有它自身的独特模式;它不仅在确定具体行动目标方面,而且在确定如何衡量行动成效方面,都有相当大的自主性。[42]一些国际关系学者,特别是罗伯特·基欧汉(Robert Keohane)和斯蒂芬·克莱斯勒(Stephen Krasner),已经证明这些组织行为模式对于理解政府行动是十分重要的。基欧汉言简意赅地解释道:“制度不只是反映其构成单元的偏好和权力,制度本身还塑造(shape)着这些单元的偏好和权力。”[43]

在研究了常规(routines)对于第一次世界大战爆发的影响后,杰克·利维(Jack Levy)认为常规并不是随着这些常规的运行而发生的那场大灾难的唯一动因。然而,正如他所强调的那样,对常规的依赖“不能用理性的战略计算(rational strategic calculus)来

解释”。就影响当时关键官员的各种复杂互动而言,常规以及塑造常规的组织逻辑是一个强有力的独立变量;其使这些官员趋向根据适当逻辑行事、做出程式化的反应,而不是根据结果逻辑的要求行事。[44]而在20世纪末,巴里·波森(Barry Posen)的研究则展示了美国军方在冷战晚期针对苏联的常规战争作战计划是如何导致形成了那些在美国军方的组织逻辑之外根本难以理解的能力、行动目标和常规的,特别是考虑到这些能力、目标和常规中潜伏着多个会使冲突在不经意中就升级到核战争的危险。[45]幸运的是,现实的发展最终并没有像1914年所发生的情况那样,波森的观点也从未能得到验证。

伊利莎白·基尔(Elizabeth Kier)在《为战争画像》(*Imaging War*)一书中曾提出这样的问题:在二战前的那些年,为什么英国和法国发展起来的是防御性的而不是进攻性的军事方针。对此,她的分析关注于军事部门的组织文化与国内政治环境中存在的可供军事部门独立自主行动的空间之间的关系。但她也强调了组织文化的灵活性。“我们不应认为,不同国家中有类似处境的团体会有相似的偏好。”并非所有的军队都偏爱进攻性军事方针。而且,即使是在同一个军队内部,空军和陆军也可能信奉截然不同的军事思想;这些军种下的各个作战单位也可能会有截然不同的特殊能力和文化。“军事偏好并不能从军事组织功能方面的需要中推导出来”;[46]或者,至少可以说这些功能性需要是客观现实、政治环境和这些组织的高级成员有关自身和他们共同任务的信念等因素混合作用的一定产物。

互动的复杂性(Interactive Complexity)

组织为了执行决策和政策,发展出特殊能力和常规。一旦了解了这一点,下面就要关注这些特殊能力和常规等是如何互动的。组织程式或常规之间的互动有不同的方式。一个大的组织可能有许多次级组织,而这些次级组织实现相关功能的常规和程序等又会存在着交叉重叠部分。一些行政部门就像一个控制着许多公司的控股集团一样,也控制着许多的次级组织。而国防部就是部分因为五角大楼内各军种所颁布的作战指挥、控制程序存在着不一致,甚至是相互冲突而导致的种种问题,才在1986年对它的组织结构进行了一次重大的调整。

当一个依旧依据原有常规运作的机构被强加给一项它并不熟悉的新任务时,就可能会出现有破坏性作用的互动。社会保障署在养老金管理方面曾有过很好的成绩;但当它因此被要求负责医疗保健资金的支付工作时,它绝佳的绩效记录就遭到破坏了。[47]

当今,大型的公共活动都会涉及大量的各种组织;而这些组织在试图解决问题时,它们之间的互动往往进一步增加了这种复杂性。杰弗里·普雷斯曼(Jeffrey Pressman)和阿伦·威尔达夫斯基(Aaron Wildavsky)在《执行》(*Implementation*)一书中,向我们讲述了一个联邦机构怎样在加利福尼亚的奥克兰(Oakland)创造工作机会的故事。其中,普雷斯曼和威尔达夫斯基发现联邦、州、郡、地方及相关的私人组织的责任存在着交叉重叠,而这些组织的各种规则、常规等也相互影响、相互作用。[48]这种他们称之为"共同行动的复杂性"普遍存在于大多数现代政府的工作中。将问题简单化很难,这不只是因为不同的管辖权意味着不同的利益,而且还是因为一个问题有时确实需要由多个组织来应对。[49]

在这个方面,查尔斯·佩罗(Charles Perrow)的《高风险技术与正常事故》(*Normal Accidents*:*Living with High-Risk Technologies*)是一部开创性的研究著作。书中分析说明,当各种大型组织进行风险越来越高、复杂性越来越高的行动时,其中涉及的组织常规的数量也会持续地增加。高风险促使许多新的组织常规被创设出来以保证组织可靠、安全地运行,但这些新的常规之间也自然会产生互动。佩罗认为,其结果就是,这些互动可能会出乎既有的预期,并放大一些小的失败或失误的后果,而发生这些小的失败与失误又是不可避免的。而当这种复杂互动性所产生的失败或失误出现在一个各种行动紧密联系在一起的系统——如一个核反应堆——中时,就可能意味着巨大的危险了。对于许多系统来说,建立更好的组织或进行技术革新都不能使组织更好地避免发生意外事故。事实上,重大的矛盾与冲突包含在这些系统所需要的各种组织结构内,而对此技术上的补救措施往往只是徒增互动的复杂性和各部分联系的紧密性。这些系统将因此更易于发生某些意外事故。佩罗这本书的书名即指此意。[50]

我们前文有关组织行动逻辑中效率和认同的作用的讨论,凸显了危机中组织根据适当逻辑所做出的行动可能与理性行动的要求存在着冲突。正如萨根(Sagan)所认为的那样,组织主导国家行为可能会导致"竞争性国际系统中的破坏性"行为。[51]在任何情况下,无论是一个分析人员、管理人员还是一个政治领导人,都应该敏锐地意识到组织特征所产生的影响。要想取得政策的成功,就需要领导者格外注意在目的和组织特征的作用之间保持某种平衡。

我们的结论并不是说组织一定会不可避免地产生破坏性行为,因此政治领导人必须要对组织进行监管。事实上,总体而言,组织不仅提高了应对各种新的战略环境的能力,而且还提供了应对这些环境的卓越能力。[52]但是,组织仍然存在着产生危险的破坏性作用的潜在可能性;因此,必须持续认识到这种潜在可能性,并持续认真关注组织的行动。

美国宇航局(NASA):英雄和替罪羊

美国国家航空航天局(The National Aeronautics and Space Administration,简称 NASA)就集中体现了组织的力量与弱点、组织的逻辑以及组织文化的影响等。《阿波罗 13 号飞船》是首部因讲述一个组织的英雄事迹而获得奥斯卡最佳影片奖的电影。当然,这部影片中也有主人公,即飞船的宇航员,尤其是由汤姆·汉克斯(Tom Hanks)扮演的宇航员吉姆·洛弗尔(Jim Lovell)。但是,不管是在现实中还是在虚构的故事里,当洛弗尔乘坐的太空飞船在距地球 20 万英里的太空高速飞向月球的过程中飞船的一个氧气罐发生爆炸后,都不是洛弗尔发挥了挽救他自己生命或其他机组人员生命的领导作用。

1970 年,国家航空航天局担负起一个使命,即将人运送到月球,在月球登陆,对月球表面进行一定的探索研究,然后再将人安全带回地球。为了完成这一使命,美国宇航局花费巨资,发展出一些独一无二的能力;这些能力大多与非常复杂、充满风险的航天系统的运作有关,并产生于解决一系列具体工程问题的能力基础之上。为了使这种能力能够稳定地发挥出来,就需要建立起各种非常详细的程序和常规。在这些程序和常规所针对的工作中,一方面要求绝不容许出现差错,另一方面又经常需要临时采取各种技术办法解决不可避免会出现的各种小问题,而这些小问题又会威胁着对错误零容忍的标准。

“阿波罗 13 号”飞船上发生的那次爆炸是三个事件导致的结果:1968 年飞船的储氧罐在科罗拉多州建造过程中被错误地安装了一个 28 伏而非 65 伏的温控器;1970 年初在工厂装配中,飞船的一个排流管装配错误,导致它滑落了两英寸;离发射还不到两天时,在发现那个错误安装的导流管后,又决定对储氧罐进行加热以排掉罐中氧气。如果不是那个有问题的温控器(因温控器保险熔断,导致其既没有关掉加热装置也没有显示出储氧罐中不断升高的温度),那么在洛弗尔的关注且在他的同意下进行的那个加热储氧罐的最后做法,也不会造成什么问题。而早在两年前,就有三组技术人员按照程序检查了储氧罐的建造工作;但没有一组发现那个有问题的温控器。[53]

而在飞船的一次正常飞行中,那个储氧罐发生了爆炸;在两个小时之内,太空飞船就将会“失去动力而走向死亡”。飞船将会失去大多数氧气和用于人工控制飞船的喷气发动机。不过,早在这些可能情况出现之前,新的组织常规就开始启动起来。根据用魔术扣固定在飞船内的操作手册上指示的详细应急程序,经过数十个步骤,飞船动力系统已经被关掉。按照休斯敦飞行控制中心的指令,飞船上的宇航员启动了操作手册中“粉红色部分、应急情况的第1至第5页”的程序。然后,在机组人员撤退到与控制舱相连的仍完好无损的月球登陆舱后,负责电力与环境系统的控制人员又启动了把登陆舱转变为“救生船”的程序。而国家宇航局也早就准备好了“LEM(月球旅行模块)的救生船程序”,并在数月前对该程序进行了紧急情况应对的模拟测试。

然后,工程师们设法启动了飞船的主引擎,将飞船推到返回地球的完美轨道上。在这个方面,国家宇航局并没有什么现成的应对办法或惯例,而是成立一个由15名来自各个专业的顶级飞行控制人员组成的小组,来处理其中出现的各种问题。这个小组被称为“老虎队”;小组成员经验丰富,受过特殊训练,拥有现成的分析方法、技术支持以及实施他们想法和方案的组织常规等。为了检验这个小组的方案和做好方案执行的准备工作,模拟器和其他宇航员被启用起来。飞船返回地球可能需要超过四天的时间,如何在这段时间里向飞船提供足够多的氧气和电力以使飞船上的宇航员们能活着回来,需要解决一系列的问题。执行营救方案、指导飞船上宇航员在每一阶段中的操作的程序被紧急建立起来;经过对各个选项的风险—收益的计算与比较,经过工程师、宇航员、飞行指挥官和国家宇航局官员等之间的详细讨论,行动方案最终被确定下来。[54]

最终,国家宇航局取得了成功。要解释他们为什么能够取得成功,分析尼克松总统或美国政府的那些显而易见的愿望是没有意义的。因为在国家宇航局的整个营救行动中,并没有来自政治官员的相关指导。根据国家宇航局的程序,与飞行指挥人员、飞控人员和工程师等相比,即使是国家宇航局的高级官员,也是没有什么权力的。在很多方面,“阿波罗13号”的成功,都可被视为是对一种充满“能成功”精神的“纯粹”技术文化的最高献礼。[55]

1986年1月28日,国家宇航局进行了“空间运输系统(Space Transportation System Mission,译者注:此为美国宇航局对整个航天飞机项目的正式称呼)51-L”的发射;在过去近五年的时间里,这种太空飞行已经成功地进行了多次。但此次“挑战者”号航天飞机的发射,却最终变成了一场灾难性的失败。人们从电视转播中可以看到,仅仅发射约一分钟后,“挑战者”号航天飞机就爆炸了。航天飞机上的七名机组成员,包括一位为激励学生而被邀请参加此次飞行的中学教师,全部罹难。

事后,由总统委任成立的罗杰斯委员会(the Rogers Commission)的调查认为,为了进行发射,将航天飞船送入轨道的固体火箭推进器长期存在的一些令人担忧的问题没有得到重视。罗杰斯委员会将失败归咎于决策过程存在缺陷。而其他批评者则将失败归咎于对宇航局所施加的政治压力,认为这种压力迫使国家宇航局避免在太空飞船发射中采取已经一再出现的推迟发射的做法。

但社会学家迪亚娜·沃恩(Diane Vaughan)经过广泛的调查却发现,在“挑战者”号发射之前所进行的各方面考虑和决策中并没有什么不正常之处。多年来,国家宇航局已逐渐地取得了很多进步。“每当要做出发射的决定时,技术专家就会进行系统的技术分析,尽量把不确定的东西变为确定的。……随着时间的增加,工作团队已经建立起一种能考虑到各种经常出现的异常之处的科学范式,这个范式在实践中也正变得更加稳定可靠。”[56]

沃恩认为,对于“挑战者”号的发射,并不存在什么确定的政治压力。“这里的决策是在一个受到高度管制且公开的决策过程中针对一个相同的技术目标而进行的一种重复性选择。”她认为,不能用常规的理性选择模式来解释这个事件,认为决策者在发射时进行了成本与收益的计算;也不能将之视为是集体迷思(groupthink)的产物,即发射决定并不是一个紧密联系在一起的小团体在决策时其成员通常会产生的自我保护和相互支持意识的产物。许多人和一些组织部门参与到发射决策中。他们在有关决策的讨论中,严格遵守着此类技术讨论的规范和规则,符合国家宇航局的主导性工程文化的要求。虽然确实面临着发射飞船和资源短缺的压力,但这些压力早已被国家宇航局内化了,融入一部分“被视为理所当然的那些假设、倾向、脚本、常规和分类体系”中;根据这些东西,对于参与者来说,决定进行发射是合理的。根据结果逻辑来看待此事件的局外人可能会认为发射决策是不正常的。而对于事件的参与者来说,根据适当逻辑当时的发射决策则是正常的。诚然,其中存在着个人理性的问题,但在此事件中,个人理性的影响“根本无法与个人在组织结构中的位置区分开来。”发射“挑战者”号的决定,不应归咎于任何个人的考虑不周,而只能被视为是一个组织的输出。[57]

沃恩指出,对一个组织而言,“挑战者”号发射决策所处的环境是前所未有的;但没有人认识到这一点。而当组织遇到不确定性时,它采取遵从组织文化中的惯常规则和常规的做法,而不是革新。因此,是遵从——而不是偏离——正常行为要求,应为这个悲剧性结果负责。

国家宇航局的教训绝非独一无二的。1994 年 4 月,美国空军的两架 F-15 战斗机,在有世界上最先进空中指挥控制体系支援的情况下,在伊拉克北部的晴空下误将美国军方的两架黑鹰直升机击落,造成 26 名维和人员死亡。对于此事,尽管流行的看法认为这次事故是由飞行员或飞行控制人员的失误造成的,但斯科特·斯努克(Scott Snook)经过两年的深入调查却发现,该事件只能解释为“正常人在正常的组织中以正常方式行动的结果”。在当时的信息和应对程序下,相关人员在这条最终导致此悲剧事件的链条的每个环节上的反应都是适当的。

当时空中预警机上的飞行控制人员并未采取什么非常规的,却可能可以避免悲剧发生的行动。他们不确定谁该做关键决定,结果是他们什么都没有做。空军事实上事前已经预见到了这种问题,并采取了鼓励一起执行任务的一个飞行机组的人员组成要相对稳定的“固定机组”(hard crews)政策。但由于组织还受到其他条件的限制,在实践中,这些政策并没有得到执行。正如一位军官所言,“我们所承担的行动任务和所拥有的人力,使其几乎不可能得到真正执行。因此,情况就是表面上是你制定吧、我们飞固定机组,但事实上每个人都清楚,真正飞固定机组的概率是非常低的。”[58]

为了防止失败而采取多重负责的做法,却又可能会导致责任分散而诡异地使失败成为可能。在此事件中,大量的常规相互作用。“陆军从未得到过有关型号Ⅰ的敌我识别(IFF)代码的任何信息;F-15 战斗机飞行员也没有接到那天有我方直升机执行任务的通告;那两架黑鹰直升机在被击落前进入了禁飞区;战斗机和直升机使用不同的无线电通话频率”。正如一位学者所言,即使是将许多常规联系和整合起来的那些常规,“如果稍微不加注意的话”,其很快也会“分崩离析”。[59]

组织行为范式(Organizational Behavior Paradigm)

从上述对组织理论的简要回顾中,我们可以概括出一种与外交政策和国际政治相关的组织行为范式。我们现在有关组织行为的分析,已足以说明对于解释和预测政府行为的模式Ⅰ存在着重大的局限性和需要进行重要的补充。

Ⅰ. **基本分析单位:作为组织输出的政府行动。**从下述三个关键方面看,国际政治中所发生的现象可以被视为是组织输出。首先,现实事件是组织的输出。例如,想一想美国在波斯湾战争中的军事干预行动(沙漠盾牌行动和沙漠风暴行动)。美国士兵1990年8月在沙特阿拉伯与科威特交界处的驻扎和美国飞机1991年1月对伊拉克全境目标的打击,这些就是组织行动。行动中的士兵组成一个个排,而排又组成连,连又组成营,这样依次组成旅、师、军而成为一个战区司令部指挥下的部队;同样依此顺序,士兵听从尉官的指挥,尉官听从校官的指挥,直到战区司令部的将军。在这样的组织下,他们开进科威特和伊拉克,根据美国军事常规向敌人发动进攻。政府领导人的决策促发组织常规,并对组织输出有一定的影响,且在采用哪些组织输出上有一定的选择权,但大多数政府行为仍都是由先前就确立的组织程序决定的。

其次,组织现有的使用当下物质条件的能力,决定了面对问题时政府领导人的有效选择范围。只有在人员被组织起来,进行装备和训练,并能够被运送到千里之外的波斯湾,那么发动海湾战争才是美国领导人的现实选择。既有程式(即某一时期所拥有的装备、人员和常规)决定了领导人有哪些按钮可按,对此,领导人并不一定能够意识到;但是,无论如何,这些程式对于政府的实际行为都有关键性影响。

最后,组织的输出构成了领导人在就某一议题进行决策时所处的结构;领导人的决策受到这种结构的约束。组织的输出提出问题、提供信息、影响着提交给领导人的问题将以何面目呈现。如西奥多·索伦森(Theodore Sorensen)曾说过的那样,"如果说是总统做决策的话,那么,总统也很少能够如在一张白纸上随心所欲地书画那样完全自主地决策,特别是在外交领域……基本的决策,往往都早已经做出,总统能够做出的选择已经非常有限。"[60]对于一个已明了某个议题的性质及该议题所处环境中的结构限制的人来说,领导人的决策往往只不过是形式上的和乏味的;而组织的输出决定着议题的性质和环境中的结构限制。

革新(Innovation):有的时候,领导者可能会想采取一些新的行动;对于这些新的行动,可能并没有现存的组织能力或组织常规可供使用。为此,领导者在组织方面可能试图采取一些革新行动。而如果领导者认识到产生有效的组织输出是需要一定的前提条件的,那么,他们就会知道,他们的付出所得到的回报只能有助于他们应对未来的问题,而不是有助于应对他们当下面临的问题。[61]现实中,领导者这么做的时候,他们往往并没有认识到这一点或是因为别无选择。在海湾战争期间,美国面临着发现并摧毁伊拉克的飞毛腿导弹发射装置的巨大压力;这些导弹正不断射向以色列和沙特阿拉伯。对于美国中央司令部司令诺曼·施瓦茨科普夫(Norman Schwarzkopf)将军来说,这是一个让人头疼的问题。从他的军事组织立场来看,那些导弹并未造成严重的军事损失。而他的部队也尚未拥有一种搜索、定位和摧毁飞毛腿导弹的实力和常规。而且,美国中央司令部认为,在几千平方英里的伊拉克西部寻找移动的飞毛腿导弹发射台要耗费大量的资源,而用这些资源击败伊拉克、结束战争则是解决这种威胁的更有效途径。但美国中央司令部并未能按它的想法行事。迪克·切尼(Dick Cheney)吼道:"只要我还是国防部长,国防部就要按我的要求做。最优先的问题就是要防止以色列被拖入战争!"美国中央司令部被要求对射向以色列的导弹做出积极且公开的应对。虽然施瓦茨科普夫对这种干预感到不满,且挡开了其他可能会对他正在进行的打击伊拉克作战行动造成更大干扰的提议,但他还是采取了寻找和摧毁那些导弹的行动。中央司令部还拒绝了来自另一个军事组织,即特种作战司令部,关于处理飞毛腿导弹问题的不同建议;中央司令部认为这些建议会干扰它既有的作战计划和常规。当战争结束,政治领导人对以色列没有被卷入战争(少有地)感到满意。而从军事上看,中央司令部对那些飞毛腿导弹临时采取的不情愿地搜索和摧毁行动的成绩却是乏善可陈的。[62]

如果分析单位是作为组织输出的政府行动的话,那么,对于正式政府决策的分析就应是以下述几个方面为中心的,即组织提供了怎样的信息,组织确定了怎样的备选方案,决定着领导人将有哪些有效选项的组织能力如何，以及决定事态的那些组织的互动和输出如何。对于现实中政府行为的分析，既要关注相关组织的能力以及它们之间的相互关系，又要分析这些组织产生了哪些可供选择的输出。

Ⅱ. 概念体系

A. **组织行为体（Organizational Actors）**。行为体不是单一的国家或政府，而是松散地联系在一起的组织集合体；而政治领导人则位于这个集合体的顶端。这个组织集合体的行动，依赖于它下面的各个组织依据常规的运行。例如，就美国政府来说，典型的行为体就是如空军、国务院、美国贸易代表办公室等这样的组织机构，或这些大型组织下的一些次级单位，如海军中的潜艇部队或特种部队。这些组织行为体往往有各自独特的规范和常规。

B. **分解的问题（Factored Problems）和分割的权力（Fractionated Power）**。因国家对外事务涉及多个方面，这就意味着需要把其中的问题进行分解，打包分配给不同的组织处理。例如，对于美国政府来说，国务院首要负责其中的外交事务，国防部首要负责其中的军事安全问题，财政部首要负责其中的经济事务，中央情报局首要负责其中的情报评估工作等。

为了避免组织陷入瘫痪，权责必须一致，负首要责任就要有首要的权力。因此，国防部有权决定购买哪些国家安全必需的武器准备，中央情报局则有权收集相关秘密情报，等等。而一旦组织被赋予处理某些问题的责任和权力，组织的行为就将在很大程度上由组织的内部因素决定。因此，（在国家大的政策框架内和一定的限制下）每个组织在对问题的判断、相关信息的处理和采取的行动等方面都有相当大的自主权。

关于大型组织一个最重要的事实就是,这些组织的规模决定了它们的所有重要决策不可能都是由一个单一的中央权威做出的或它们所有的重要行动都会受到这样的中央权威的指导与监管。问题的分解和权力的分割是伴生在一起的。把问题分解给不同部门来应对,而不是由政府领导人自己来应对,将使这些问题得到更好、更专业化的处理,但同时也意味着政府领导人必须关注这些组织部门用由此获得的权力来干什么以及怎样处理问题。

C. **组织使命(Mission)。**许多组织,尤其是商业组织,都有关于组织使命的简明扼要的说明,只不过有些组织的说明更正式一些,而另一些则不那么正式。这些组织试图通过这样的说明,使它们的成员或顾客知道其所从事的事业和所追求的目标。而许多政府组织都有正式的章程;这些章程具体界定了组织的权威、组织的行动领域和行动禁区。组织会将这种授权和任务用自己的术语重新加以说明,特别是当其中泛规定的任务之间存在着冲突或缺乏明确的行动指导时。为此,莫顿·霍尔珀林(Morton Halperin)提出了“组织精髓”(organizational essence)这个概念。他把这个概念界定为“在组织中占支配地位的团体所持有的关于组织的使命是什么和应具有怎样的能力的信念”。[63]

D. **行动目标(Operational Objectives)、特殊能力与文化。**主要局限于特定的问题领域内,且日复一日地运作,组织对于如何完成使命、完成使命需要怎样的能力等就会形成它独特的信念。而这些信念又产生组织的文化。这种文化表现在下面几个方面,并被这些方面所强化。(1)在现实中组织是如何界定成功的;(2)组织是如何选择信息的;(3)在完成任务时组织运用了怎样的技术或制度;(4)组织中关于人事招聘和任职的职业规范是怎样的;(5)基层的决策是如何做出的;(6)组织如何分配它的奖赏。此外,组织的主顾(例如利益集团)、政府中的同盟(例如,国会的各种委员会)以及他国的对应组织部门(例如,对于美国国防部的部长办公室来说,英国的国防部则就是这样的对应组织,或英国外交部则是国务院欧洲和加拿大事务司的对应组织)也会影响和反映出一个组织的文化特征。这样,组织在优先事项、行动目标、认知和议题等方面就会形成相对稳定的特性。例如,在军队中,职业升迁有着相对固定的途径;要向上升迁就需要有明显的杰出贡献。还比如,就军队为了完成它的任务而试图获得某种新的武器装备的努力——比如空军试图采购某种新型攻击机——来说,如果我们知道军队相关的工作常规、同盟关系和信息渠道等,并了解相关团体和它在国会中的支持者所施加的压力等情况,那么,我们就可以很有把握地知道空军试图获取新武器装备的努力的结果将是怎样的。

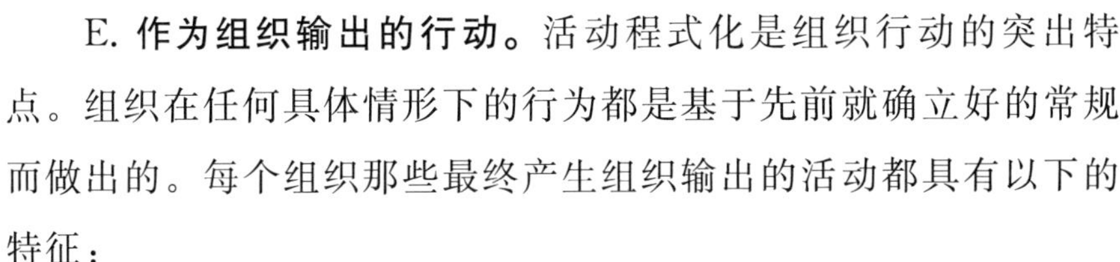

E. **作为组织输出的行动。**活动程式化是组织行动的突出特点。组织在任何具体情形下的行为都是基于先前就确立好的常规而做出的。每个组织那些最终产生组织输出的活动都具有以下的特征:

1. **行动目标(Objectives):遵从界定成功。**对组织的有关授权或任务要求中,很少包含对组织行动目标的明确规定;相反,只有明确了它所要承担的关键任务、其中要实现的目标以及它受到的约束,组织才形成它的行动目标。因此,组织成员必须遵从这些目标和约束的要求。对他们来说,成功的遵从就是成功的表现。这些目标或约束有些可能是以量化形式出现的,如采访客户的数量;在接到命令后可于一小时内起飞的飞机的比率;或无事故飞行的小时数,等等。有些也可能是程序性的要求,如完成制订课程计划,遵循采购规则等。无论怎样,这些目标和约束都使组织成员倾向于根据“适当”的控制逻辑行事。遵从的需要源自其他组织的期望与需求、一个领域或政府部门或法律方面的专业人士的期望与需求、一般公民和特殊利益集团的期望与需求,以及组织内部的讨价还价等多方面的综合作用。组织的这些目标和约束代表了对冲突的一种准解决:各种要求相对稳定,对这些要求存在着某种解决方案;而从较长一段时间来看,这些要求又不总是一致兼容的,因此,这种解决又是暂时的。而对组织的限制通常表现为组织必然要避免某些麻烦或灾难的出现。例如,对于美国诸军种(陆军、海军和空军)来说,它们的行为似乎都会表现出如下特征,即力图避免:(1)预算被压缩,(2)人员被裁减,(3)重要专业人员(例如对空军来说,就是飞行员)的减少,(4)军事预算中分配给本军种的比例的降低,(5)其他军种对本军种的地位和使命的侵蚀,以及(6)敌人有比自己更先进的武器装备。

2. **对目标的顺次关注。**组织的各种目标和相关限制中可能存在着冲突,对此,组织往往采取一次只考虑有限的几个目标和限制、对这些目标和限制依序顺次加以考虑的做法。当一个问题出现后,组织中与该问题最相关的部门就会根据其认为是最重要的目标和限制对该问题进行应对。而当另一个问题出现,则可能由组织的另一些部门进行处理;其中,这些部门所关注的可能是与另一组完全不同的目标与限制。

3. **标准运作程序(Standard Operational Procedures)。**组织要能稳定、可靠地完成重要任务和遵从行动目标要求与相关限制,则需要有标准运作程序。组织的行为准则,为每个人的行动提供基本的指引,从而使大量的个人能够采取协调一致的行动。这些行为准则通常简单易学、便于应用。不过,由于程序是"标准的",因此,程序也不会很快或轻易地发生改变。

1989年11月9日晚,东德政府在一次新闻发布会上宣布改变公民申请去西德旅行的有关政策。但声明的措辞不当,很容易使人产生误解;这使得成千上万的东德人当夜就赶到柏林墙下,并试图穿过柏林墙进入西柏林。而东德边防警卫部队对此一无所知,他们不清楚政府宣布了什么东西,在处理拥挤的人群或回答他们的问题方面,他们也没有任何标准运作程序。在局势即将失去控制和感到困惑不清的情况下,这些边防警卫部队要么向人群开枪射击要么给他们让路。他们选择了让路;柏林墙因此倒塌。[64]

没有标准运作程序,组织就不可能完成那些需要采取某种协调行动的任务。但也正因为有这些标准运作程序,现实中组织可能出现过分形式化、反应迟缓或反应不当等问题。有些标准运作程序只不过是那些使活动规则化或协调起来的常规罢了。而最重要的标准运作程序则根植于组织的激励体系中,或存在于组织规范、组织成员的基本态度、职业文化和行动方式等之中。越深层次的标准运作程序,也越难以发生改变。

4. **程式(Programs)和脚本集(repertoires)。**组织需要采取那些需要精确协调、组织大量个人行为的行动。而要具备采取某些行动的能力,如能够与敌方部队作战或给大使馆发电报,则必须要有一组经过演练的标准运作程序。而这样一组标准运作程序就构成了组织应对某种情势的一个程式(借用戏剧或电脑方面的概念)。与一类活动——例如战斗——相关的一系列程式则构成了组织的一个脚本集。一个脚本集中程式的数量总是非常有限的。当合适的时机出现,组织就会执行相关的程式;而在一个具体的情境中,程式不会发生实质性变化。组织的行动越复杂,涉及的人数越多,程式与脚本集对组织行为的影响也就越大。

5. **不确定性的规避(Uncertainty Avoidance)**。组织并不愿意评估未来各种事态发生的可能性;相反,组织力图避免不确定性。组织通过影响人为环境(negotiated environment),力图使自己的自主性最大化,并使它必须与之打交道的那些行为体的行动也变得稳定、有规律。梅尔文·莱尔德(Melvin Laird)1969年就任国防部长,在任期内他大幅度削减了国防经费,但是,他给各军种在怎样使用预算经费上更大的自主权。而他也成了一个非常受欢迎的国防部长。正如霍尔珀林(Halperin)所解释的那样,官僚机构往往宁可"少些钱但有更大的支配空间,而不是多些钱少些支配空间"。[65]而当组织无法获得这种自主性时,则通过达成预算分配协议、划定责任范围和确定行为惯例等,稳定第一层次的环境(即与政府的其他组织的关系);通过签订同盟(正式或非正式同盟)条约、建立俱乐部关系(如美国国务院与英国外交部关系,或美国财政部与英国财政部关系)等,稳定第二层次的关系(即与国际社会的关系)。

而对于那些无法影响或控制的国际环境,组织则针对可能出现的紧急情况制定标准行动方案(standard scenarios),以消除其

中的不确定性。例如20世纪60年代,美国陆军关注的是大规模地面作战行动以及如何发挥其火力优势。不过,在越南战争中,经过初步的作战后,美国陆军发现这些方案很难在越南实施,且很难进行调整。[66]

6. **以问题为导向的搜寻(Problem-directed Search)**。当情景不能被建构成标准情景时,组织就会搜寻应对该情景的行动方案。而组织搜寻的方式及何时停止搜寻在很大程度上是由组织的常规决定的。而组织对各种行动方案的搜寻是以问题为导向的,关注于消除异常情况所带来的不适。组织在搜寻中的考虑也是很简单的:先搜索一下该不适的症候是否与已知的相似,然后根据已有方案寻找相似的应对方案。而这种搜寻受到组织所受的专业训练、组织不同部分的经验、组织内部的沟通方式等诸因素的影响。接着上个例子来说,当美国军队在越南发现无法迫使对手与之进行大规模作战时,它就利用其现有的资源和常规,采取了基于其火力优势和直升机机动性的大规模搜索和摧毁敌人的作战计划。

7. **组织学习和变革(Organizational Learning and Change)**。组织的行为往往是持续不变的。而当非常规的问题出现后,组织就会搜寻新的解决方案,对组织的常规进行一定的调整,以适应新的情况;但组织文化中的世界观则不会改变。组织这样的学习和改变大多是在现有程序内进行的,但有时组织确实会发生根本性的变化。组织可能发生巨大变化的条件包括:

a. **获得大量预算(Budgetary Feast)**。通常,组织对预算的要求是无止境的。但是,控制着财政预算的领导人如果决意要进行变革的话,也可以通过给予组织大量预算而使组织发生改变,以使组织获得完成一项重新界定的关键任务的能力。20 世纪 70 年代中期,英国政府在应对北爱尔兰内的暴力冲突时,开始放弃依靠军队和军事法庭审判的方法,转而强调“警察首责”和将恐怖主义作为司法中的刑事犯罪问题来处理的方法。而在英国给予了巨额的预算后,北爱尔兰的警察力量即乌尔斯特皇家警察部队也得到了重建,具备了新的能力、新的规范和新的常规。[67]

b. **长期的预算紧缩(Prolonged Budgetary Famine)**。虽然一年的预算紧缩可能会影响组织执行某些任务的效能,但通常不会导致组织的结构和程序发生什么大的变化。不过,长期的预算紧缩则可能会使组织发生重大的压缩调整。例如,美国国务院在经历几年的外交活动预算紧缩后,被迫关闭了许多外交机构,而采取了一个新的特别使馆计划,以一种成本更低的方式向一些小国派驻外交人员。

c. **重大的运行失灵**。重大的组织变革通常是作为对严重灾难的回应而出现的。当发生这种情况时,组织文化会遭到重创、失去信任,从而使组织使命、行动目标和组织的特殊能力被重新界定而产生出一种新的组织文化。例如,美国军队就受到越南战争中失败经历的巨大影响。在组织的程式和脚本集运行出现无可争辩的失败时,组织外的权威可能会要求组织进行变革;那些不会怎么抵制变革的人会留下来;而组织的关键成员则会被那些立志改革的人所取代。

F. **中央协调和控制(Central Coordination and Control)**。政府行动需要将责任和权力进行分散。但问题却不会恰好可以分配到各个部门。每个政府组织的工作都会对其他部门产生重要影响,而且重要的问题所涉及的不同组织的管辖权往往也会有所重叠。因此,分权的需要就与协调的需要直接存在着冲突。(分权并由各部门各自负责采取行动,还是中央控制、由中央协调各部门行动,这方面的矛盾往往是造成政府改革重组的一个非常重要的原因。)

协调的需要和外交对国家利益的重要性,使得政府领导人必然要干预在相关领域中共享权力的各种组织的行为。每个组织的倾向和常规都会受到这种干预的影响。然而,中央不可能始终指挥、控制组织的运作和活动。为此,为组织设定目标和限制的重要性就再次凸显出来。但是,为组织设定目标和限制只是一种原始的控制手段。对于大多数政府组织的活动而言,要详细、明确地规定组织的行动标准、目标和限制等是极其困难的。对于詹姆斯·威尔逊(James Q. Wilson)所说的"生产型"组织(例如寄送支票的机构)而言,可能还存在一定标准可供评估。但对于那些"程序型"、"技艺型"、"沟通型"等组织,其输出则无法被观测到,政策的结果也无法被观测到,因此,这些类型的组织的输出或结果也就难以被有效地监控。[68]

政府领导人的干预有时确实可使一个组织改变行动而使它按照领导人想要的方式行动;但出现这样情况的概率比想象的要少。要改变这些组织不是如扳动一下开关就可将机器关闭或开启那样简单。1970年,理查德·尼克松和亨利·基辛格迫使并不情愿的中央情报局通过两个途径采取反智利政府的行动,其一是施加外交和经济压力,另一个则更为秘密,即组织军事政变。当中央情报局并未全心全意支持的一个政变企图失败之后,恼怒的尼克松回想说,他曾指示中央情报局“放弃行动”。但后来中央情报局的特工则作证说,基辛格只是要求他们停止第一种行动,而继续采取第二种行动;而基辛格则在后来作证时说,他告诉他们停止第二种行动。事实上,在这两种行动混淆不清以及对事态缺乏后续关注的情况下,中央情报局的第二种行动仍在继续中;并且,中央情报局也事前知道(虽然并未参与)那个在 1973 年推翻智利民主制度的军事政变计划。换言之,尼克松不仅难以让中央情报局做他想要它做的事情;而且,通过他和基辛格后来的证言也可知,他也难以让中央情报局停止做某事。[69]

而政治家如果试图介入一个组织、改变组织的基本程式或标准运作程序的话,他们通常也会遭到挫败。正如政府机构的操纵大师富兰克林·罗斯福所说的那样:

> 财政部是如此的庞大,如此地无所不在,如此地固执于它自己的行为,以致我发现几乎不可能得到我想要的行动和结果……然而与国务院比,财政部算不上什么。如果你尝试过改变那些外交家们的思维、政策或行为,你就会知道有多难了。但与海军相比,财政部和国务院两个加起来也不值得一提了…… 你要想改变海军的什么东西,就好比用拳头去打羽绒被。你左拳打,右拳打,左右开弓使出浑身力气,直至你筋疲力尽,但到头来却发现,那该死的被子仍与原先一样,一点都未变。[70]

G. **政府领导人的决策。**尽管难以轻易改变组织的行为,但这并不意味着政府的行为不会发生改变。位于这个组织集合体顶端的政府领导人,在许多重要问题上,可以决定在何处由哪些组织采取哪些程式;尽管政府领导人对于改变一个组织的目的或标准运作程序的影响是有限的。因此,在政府组织的特性或标准运作程序没有发生变化的情况下,政府行为仍可能发生重大的改变。当然,这种改变仍然是局限于现有组织程式所能允许的范围之内的。

领导人在一定时节点上,可以改变政府行为的选项包括:(1)选择启动脚本集中的程式A而非程式B;(2)选择在一种新环境中启动现有的组织常规;以及(3)选择同时启动若干不同组织的程式。同时,政府领导人还可采取将议题交给一个组织中的一个部门而不是另一个部门处理的办法,来改变政府行为。例如,将一个议题交给预算部门处理或将一个议题转移出预算部门的管辖范围。而从长时期来看,政府领导人还可创设新的组织。偶尔,政府领导人甚至可通过操纵现有组织运行所基于的那些条件来使组织发生他所期望的那些改变。不过,即使政府领导人在做出这些选择时,他往往也有赖于各种组织根据组织程式所提供的信息、评估和方案。

Ⅲ.主要的推导模式。如果一个国家今天采取了某种行动,那么,构成这个国家的组织一定在昨天采取过与今天的政府行动仅有细微差别的行动。在时间序列的任何一点t上,政府都是由特定的一群组织构成的集合体;而这些组织又都有它们既定的关键任务、特殊能力、程式和脚本集。而在任何时候,政府的行动,都是产生于这些既有的组织常规,产生于政府领导人基于由这些既有组织常规所提供的信息和评估而在既有程式中所作的选择。对

组织 t 点上行为的最佳解释是组织 $t-l$ 点上的行为;而对组织 $t+l$ 点上行为的最佳预测,则是组织在 t 点上的行为。模式Ⅱ的解释即是要揭示出组织的哪些特殊能力、脚本集和组织常规等的输出导致及如何导致待解释项发生的。另一个方面,如果一个组织成员采取了某些行为,而这些行为又与组织常规一致,那么,这些行为本身并不能证明该情境下政府领导人有某种特定的意图。

这种推理模式,在有关日本 1941 年 12 月 7 日偷袭夏威夷珍珠港内美国太平洋舰队事件的各种研究中得到了清楚的展示。[71] 对于此事件,一个经常被提出的问题就是,为什么美国当时毫无防备。在美国已经得到大量情报且是非常高质量的情报的情况下,特别是在美国已经破译了日本的外交通讯联络密码后,美国怎么会想不到日本要对珍珠港发动袭击?对此,理性行为体模式可能会提供这样的解释:混乱或阴谋(通常认为是富兰克林·罗斯福为了将美国拖入战争而设计的一个阴谋)、无能或有意设计。到了 12 月 7 日,太平洋舰队司令金梅尔上将已经收到过下列信息:(1)来自海军的警报称"任何地点出现突然进攻行动,包括对菲律宾或关岛的袭击,都是有可能的";(2)从华盛顿也连着发来几次警报称,外交谈判已经破裂,战争随时都可能爆发,而且,战争很可能从东南亚开始爆发;(3)日本海军密码出现不同寻常的变化,且日本航空母舰的无线电信号也发生了变化,而且很明显的一个问题是日本的航母不知去向了;(4)大量的信息显示日本正在调动舰船和部队,准备在东南亚的一些地点发动进攻;(5)被破解的日本外交通讯显示日本在命令其使馆销毁秘密文件和密码机;以及(6)联邦调查局注意到,日本驻檀香山领事馆正在焚烧文件。而此前华盛顿已截获与破解的日本驻檀香山领事馆与东京之间的通讯联系也显示,日本对于确定和跟踪珍珠港内美国舰船的方位表现出异常的兴趣。

假设不存在阴谋和能力方面的问题,那么,根据模式Ⅰ,分析人员可能会认为:(1)截获的日本驻檀香山领事馆与东京之间的通信会被提供或告知给金梅尔的司令部;(2)在可能遭到袭击的情况下,舰队会驶出港口,或会采取所有可能的防御措施,如架设保护舰船的防鱼雷网;(3)会尽其所能地对夏威夷岛屿进行空中巡逻;(4)会尽量增加防空预警部队的人员,并最大限度地利用现有的雷达;以及(5)根据现有的紧急计划(联合海岸防御计划),陆军会被告知相关情况,并且,陆军在收到相关情报后,会下发防空弹药,并采取其他防御措施。但上述这些预期没有一个是事实。相反,海军在 11 月 7 日的活动与它在 11 月 6 日的活动并无不同,而它 11 月 6 日的行为又与 11 月 5 日的行为相差无几,如此等等。如戈登・普兰奇(Gordon Prange)所说,"在明确无误的警报前,常规还是战胜了进行警戒(空中巡逻)的需要。"他还补充说:"正是因为美国舰队的活动是有规律因而可预测的,日本的特工才能够向东京报告说,舰队的主要舰船在周末肯定会停泊在港口里。而日本的袭击计划正是建立在这个情报之上的。"而相关的组织却继续根据其既有的常规运行。[72]

IV. **一般命题(General Propositions)**

A. **现有的组织能力影响政府的选择。**一个拥有特殊能力的组织的存在,增加了该组织的输出/行动/选项被组织领导人和政府选中的可能性。如果有现存的组织能够完成某种行动,那么作

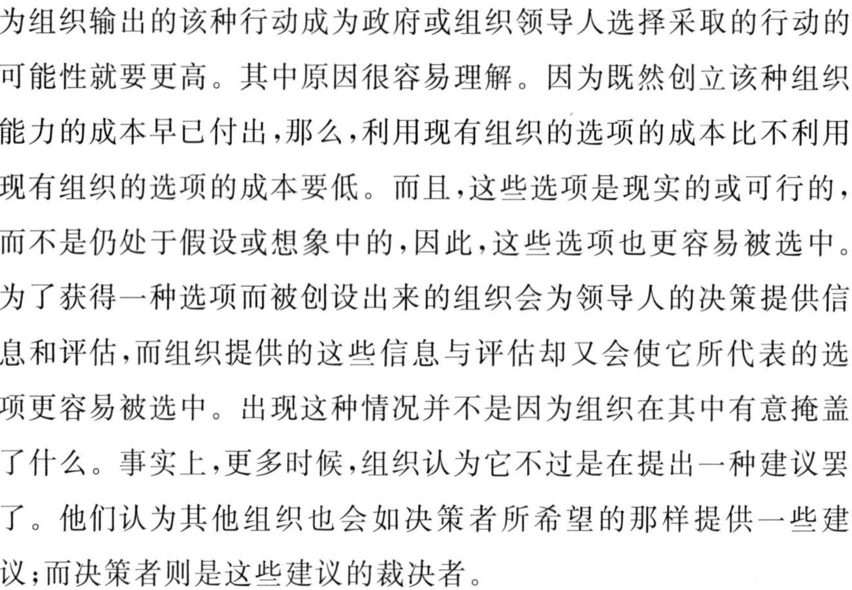

为组织输出的该种行动成为政府或组织领导人选择采取的行动的可能性就要更高。其中原因很容易理解。因为既然创立该种组织能力的成本早已付出，那么，利用现有组织的选项的成本比不利用现有组织的选项的成本要低。而且，这些选项是现实的或可行的，而不是仍处于假设或想象中的，因此，这些选项也更容易被选中。为了获得一种选项而被创设出来的组织会为领导人的决策提供信息和评估，而组织提供的这些信息与评估却又会使它所代表的选项更容易被选中。出现这种情况并不是因为组织在其中有意掩盖了什么。事实上，更多时候，组织认为它不过是在提出一种建议罢了。他们认为其他组织也会如决策者所希望的那样提供一些建议；而决策者则是这些建议的裁决者。

B. **组织的优先事项（priorities）影响组织的执行行动。**当组织遇到相互冲突的目标或命令时，组织会对这些目标或命令进行优先排序，决定在其间如何进行平衡。

1. 在现实中，组织倾向于重视那些与组织所拥有的特殊能力相契合、与组织文化中的信仰体系相契合的目标。二战后，美苏两国的军队都一直无法抹去对在1941年遭受的毁灭性突袭的记忆。许多高级军事将领因此被送上军事法庭，前程被毁；在苏联，甚至有一些人因此被判处死刑。而对美国海军和空军和对苏联的陆军和空军而言，这个经历又是尤其的惨痛。因此，在二战后，这些组织不断强调保持高度戒备状态的重要性。而在危机中，这些组织面临着不同要求相互冲突的困境：是提升军队的战斗戒备级别还是保证不发生武力的误用，是保持对核武器的集中控制还是将这种控制权分散以提高核武器的反击速度。在现实中，这些组织在面临危机时往往依据它们认为对自身利益以及它们责任最重要的那些目标而做出反应;这种责任就是要随时做好准备,以确保它们的军队不再遭到突然袭击。

2. 如果两个相互冲突的目标都与组织的能力和文化相契合,组织就会依次处理这两个不相容目标;组织会先满足其中一个目标要求而推迟实现或忽视另一个目标。[73]

珍珠港事件之前,驻扎在夏威夷的美国海军航空兵有两个使命:(1)训练飞行员,为打击太平洋中部的那些日控岛屿(主要是马绍尔群岛)做好准备和(2)对敌人进行远程侦察。但当时其拥有的飞机数量使海军航空兵不可能同时实现这两个使命,因此,海军把重点放在了第一个目标上。而为了保存实现首要目标(袭击那些日控岛屿)的实力,飞机在周末(包括星期五)就需要待在基地进行维护保养。而如果在 11 月 7 日(星期六)即使派出有限的几架飞机去执行第二个使命即空中侦察的话,珍珠港基地也将至少会提前一个小时得到袭击警报。但由于注意力集中于太平洋舰队的战争计划上,第二个使命就被忽视了。

C. **执行(Implementation)反映了先前确立的常规。**根据标准运作程序和程式而进行的组织行动并不会(像分析人员所想象的那样)对“问题”进行长远的分析并进行灵活的调整。组织行动的细节和特征主要是由组织的常规而不是由政府领导人的命令决定的。因此,模式Ⅰ中试图根据这些行动细节来判断领导人采用的是哪种计划,是一种错误做法。

1. **标准运作程序(SOPs)。**标准运作程序是在标准情境下运行的组织常规。这些常规使大量的个人协调起来、不需思考就可日复一日地处理大量事务成为可能。设计良好的组织常规甚至能够使组织取得如二战期间美英在密码破译方面的成就那样巨大的成功。而组织要具备有效履行组织职能的稳定能力,则必须进行标准化。标准化后,如果标准运作程序是合适的,那么,组织在其职能范围内所取得的平均成绩将比没有标准化的好;没有标准化意味着组织将其职责范围内的每件事情(根据禀赋、时间和资源限制等不同)分别进行不同的处理。但就具体事件而言,特别是对那些不具有"标准"特征的关键事件来说,标准化往往意味着组织对这些事件的应对迟缓或不当。

2. **程式(Programs)**。一个程式,即一串复杂的标准运作程序,很少会根据其运行的具体情势进行调整;相反,(最多能做到的是)所运行的程式可能只是现有脚本集中最恰当的那个。

3. **脚本集(Repertoires)**。由于脚本集是组织根据界定的标准情景而准备的,因此,在某一特定情景下,组织拥有的程式经常并不适合该情景。

1941 年 12 月 7 日,驻夏威夷的美国陆军在做什么呢?驻军司令在收到发自华盛顿的战争警报后,认为(就像他所拥有的情报显示的那样)真正存在遭到攻击的危险位于东南亚。为此,他从三个戒备程式中选择了一级戒备,即采取反阴谋破坏的防御措施。这样,为了更好地进行防卫,飞机被集中到一起,防空弹药则被锁到了地下掩体里。然而,这一程式缺乏灵活性;它在阻止了阴谋破坏活动的同时,实际上增加了美军在面临空中打击时的脆弱性。

D. **领导人不考虑实施的可行性(administrative feasibility)可能会造成严重后果。**行动蓝图提供的是一组机会和限制,而行动蓝图的实际实施中所面对的却可能是另一组机会与限制。要想有全面的解释、分析和预测，则必须将实施的可行性作为需要加以考虑的一个重要方面。在领导人所决策的与组织所实施的之间往往存在着巨大的鸿沟。在珍珠港事件之前的数月中，美国考虑的与日本的对抗主要是如何威慑住日本对美国的进攻。而对于这种威慑，美国依赖的主要组织力量是部署在菲律宾的一小支没有实战经验的 B-17 轰炸机部队。但战争的实际进程很快揭示出政治领导人对于这种力量的认知与现实之间的巨大差距；在实际战争中，这一小支轰炸机部队的作用几乎可以忽略不计。在考虑实施可行性时，领导人应该记住下面几点：(1)组织并非锋利的工具；(2)那些需要现有组织单元偏离它们既定程式、采取某种非程式化行动的项目，很少能够按预计的那样完成；(3)那些需要协调若干组织的程式的项目，很少能够按事先预计的那样完成；(4)那些需要将若干组织的程式集合在一起的项目，通常会使不同组织常规之间出现相互作用而产生某种意外的，甚至是危险的后果；(5)如果将与组织的现有目标相反的问题分配给该组织，组织会进行抵制；(6)政府领导人应认识到，每个组织会根据自己的认识与方式"尽责做事"；以及(7)政府领导人应认识到，(从领导人的角度来说)组织在它负责的那些方面所提供的信息是不完全的，甚至是扭曲的。

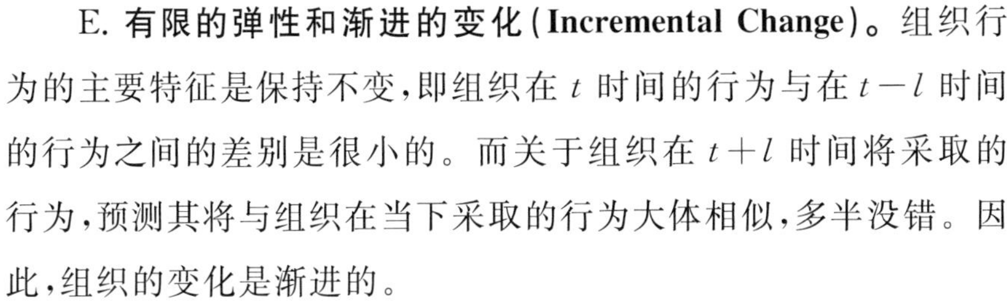

E. **有限的弹性和渐进的变化(Incremental Change)**。组织行为的主要特征是保持不变，即组织在 t 时间的行为与在 $t-l$ 时间的行为之间的差别是很小的。而关于组织在 $t+l$ 时间将采取的行为，预测其将与组织在当下采取的行为大体相似，多半没错。因此，组织的变化是渐进的。

1. **组织预算的变化是渐进的变化**——预算的总量和预算在组织内部的分配都是如此。组织不会(根据目标或环境的变化)每年重新分配蛋糕——即它掌握的资金;组织当年的预算是以上一年的预算为基础、经过适当调整而形成的。不能期望组织之间或组织内部各单位之间的预算安排,在一年内就会发生巨大变化。

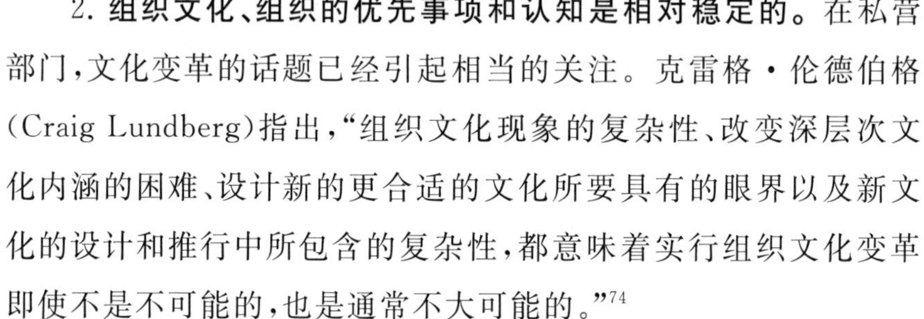

2. **组织文化、组织的优先事项和认知是相对稳定的。**在私营部门,文化变革的话题已经引起相当的关注。克雷格·伦德伯格(Craig Lundberg)指出,“组织文化现象的复杂性、改变深层次文化内涵的困难、设计新的更合适的文化所要具有的眼界以及新文化的设计和推行中所包含的复杂性,都意味着实行组织文化变革即使不是不可能的,也是通常不大可能的。”[74]

3. **组织程序(Procedures)和脚本集的变化是渐进的。**

4. **新行动通常只不过是由对现有程式和行动进行细微调整而得来的。**

5. **程式一旦实施,即使出现实现目标的成本超过实现目标可获得的收益的情况,也不会停止;组织的惯性会使其很容易继续向前运行。**

F. **长期规划(Long-range Planning)。**在美国政府负责外交事务的有关部门中,有些单位负责对长期政策进行规划,如国务院中的政策规划办公室。这个事实似乎支持模式Ⅰ的认为政府会通过制定长远规划来应对未来中的不确定性的看法。然而,模式Ⅱ则对这种负责长期规划的单位对于实际政策输出的影响表示怀疑。在模式Ⅱ看来,这种长期规划通常会被制度化(以提供某种方向性的指引),然后就会被束之高阁。

早在1941年12月7日之前的很长一段时间内,日本偷袭珍珠港这种可能就是美国在军事规划中考虑的一个问题。在1941年1月,海军作战室(Navy's War Plans Division)曾就珍珠港防御问题提出了一份非常出色的纲要,其中准确地分析了珍珠港遭到突然袭击的危险,认为“舰队遭到这种灾难性袭击的潜在可能……意味着必须尽快采取每个可行的措施提升陆军和海军联合应对上述类型攻击的能力”。海军部长和海军作战总长(Chief of Naval Operations)批准了这份纲要,并要求广泛传阅这份文件。这份纲要提出了五条行动建议,而其中唯一一条被完全实行的建议就是进行更多的规划。1941年3月,陆军和海军的一些航空兵高层军官就夏威夷的防御规划问题提出了一份非常精彩、有预见性的报告。华盛顿很赏识这份报告。但在当时,在夏威夷尚未部署这份报告中所要求那些执行空中巡逻防卫任务的飞机;而且,九个月后,这些飞机仍未到位——尽管这份报告中提出的计划仍在执行。[75]

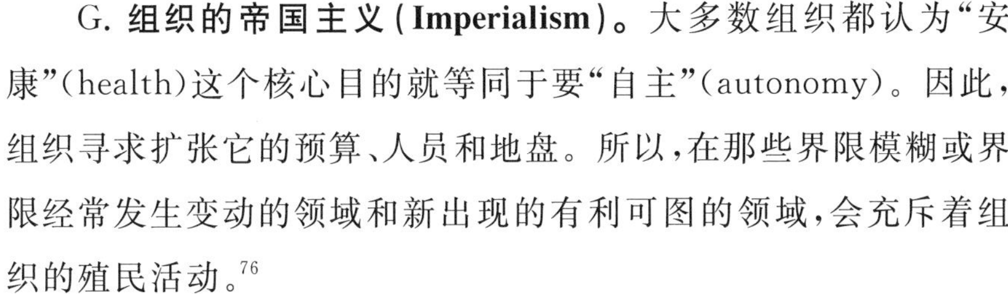

G. **组织的帝国主义(Imperialism)。**大多数组织都认为“安康”(health)这个核心目的就等同于要“自主”(autonomy)。因此,组织寻求扩张它的预算、人员和地盘。所以,在那些界限模糊或界限经常发生变动的领域和新出现的有利可图的领域,会充斥着组织的殖民活动。[76]

当破译日本外交密码的工作出现突破后,在海军中,“这些情报意味着什么”的问题常常让位于“由谁负责深入评估敌人意图”的问题。而在这个方面,海军情报办公室和海军作战室之间出现了竞争。最后,尽管缺乏日语方面的人员和专家,有权势的海军作战室还是在一位令人生畏、脾气暴躁的上将的领导下争夺到了“分析和评估从各个来源收集到的有关敌对国家发动进攻的危险的各种各样情报”的权力。但这样的结果对美国来说,却并不是一件好事。[77]

H. **指示下的变革(Directed Change)。**现有的组织倾向(organizational orientations)和常规有时也会在指示下发生改变。如果能够准确地影响组织常规运行所基于的人事、激励、信息和预算等方面因素,那么,改变组织的努力经过一段时间就可能会实现。但因为政治家往往任期有限且他们的注意力会随热点议题的改变而转变,因此,组织因政治领导人的指示而发生重大变化的情况并不普遍。

V. **具体命题(Specific Propositions)**

A. **威慑方面。相比较于实力均衡或失衡、战略稳定或不稳定**(模式Ⅰ的战略分析家使用的这些概念)而言,一些组织因素对于是否会发生核战争有更大的影响。除非在大国中有一方具有了显然且可信的能打击对方却不用担心自己会遭到毁灭性报复的能力,否则,实力上的优劣导致核战争的危险,要小于一些促使组织根据各种适当逻辑采取行动的因素所产生的核战争危险。

组织行为范式意味着,另一些无论力量均势还是力量失衡都可能会发生的情节,相比较于现有战略文献中所分析的那些“情节”,要重要得多。组织的这些影响体现在如下方面。第一,如果不想看到的事情(即核战争)真的发生了,那么,发生这样的事情将会是组织行为的结果——导弹部队发射了核导弹。那么,一个核心的问题就是:敌人的**控制**体系是怎样的?如果敌方控制体系中的客观机制和标准运作程序使敌方的多个部门都有权决定向美国发射核武器,那么,这带来的核战争危险就要远高于有关力量失衡或战略不稳定分析中所考虑的那些危险。这个分析结论提醒我们,应建议敌方尽可能地强化其对核武器使用的中央控制机制。

第二,敌方战略核力量转入临战状态的程式如何?如果在这个过程中,组织常规涣散,就可能会发生意外事件。如果其中程序非常混乱不堪以至于敌方战略核力量从未有过转换临战状态的经验,那么,在考虑核战争危险和如何使危机降级时,这就是尤其需要关注的重要问题。类似的,如果在第一次世界大战爆发前,俄国沙皇能够认识到他进行全面动员的命令从组织过程上看将造成的结果,那么,他就会知道他这样的命令实际上意味着他已选择了进行战争。

第三,敌方的组织过程决定了敌方领导人有哪些现实的选择,当摊牌时刻到来时,敌方领导人将拥有什么样的计划和程序。1914 年俄国沙皇的选择菜单上只有两个选项:要么进行战争的全面动员、要么不动员;他的组织并没有提供部分战争动员这个选项。

第四,组织常规与程序的输出设定了政府领导人在决策时所面临的局势与选择规则。如对于敌方来说,这些组织常规与程序包括敌方的军队是如何训练的、核武器是怎样部署的,等等。

第五,组织过程影响着发生核武器意外发射事故的可能性。在设计核武器控制体系时,既要考虑到如何降低在遭到核打击后的损失,也要考虑到如何在出现警报被证明是假的情况下使己方先前的反应是可挽回的。而要满足这些要求,就可能必须要适当降低对理性对手的威慑(这正是标准威慑理论所担心的),使控制核武器的组织建立起核力量的安全体系。

在军备控制领域,这些问题的许多方面都已显现出来。一些思想敏锐的威慑理论家,特别是谢林(Schelling)、沃尔斯泰特夫妇(Wohlstetters)以及较为晚近些的布鲁斯·布莱尔(Bruce Blair)和斯科特·萨根(Scott Sagan),对于这个方面的研究已经做出了重要的贡献。然而,大多数学者、军方和许多政策制定者有关威慑的讨论,却仍是在以战略稳定与力量均势为中心的框架内进行的,并没有将组织在其中的影响纳入分析中。[78]

B. **兵力态势(Force Posture)**。兵力态势(即生产和部署某些武器而非另一些武器的现实)是由诸如各军种的目标与程序或相关研发机构等的目标与程序等组织因素决定的。政府领导人的决策只能决定总的预算和影响一些重大的武器采购决定;而大部分兵力态势是由各组织单位运行的常规决定的。

苏联空军在把打赢地区战争视为关键任务、地面部队占据主导地位的苏联军事体制中的卑微地位,是苏联到 20 世纪 50 年代仍未建立起一支强大的轰炸机部队的关键原因(这也证明美国所做的关于苏联将超越美国、美苏间在轰炸机力量上将出现巨大差距的情报评估是有问题的)。这种地位甚至使苏联对设计一款洲际远程轰炸机都缺乏热情。苏联的战略计划由有权势的组织主导着,而苏联政治领导人事实上“严重依赖于其军事顾问们提供的专业意见。”最高权力机构——政治局——不得不“在这些军事部门(组织)设定的背景下行动;它不仅是重视这些军事部门的意见,而且,经常可能会因缺乏其他有效方案而不得不批准这些部门的建议。"在美国的情报评估中,未来的兵力态势是今天兵力态势的投射,因为组织必然会"小心谨慎地沿着既有的路线运行",其关于问题的解决方案"更多是基于那些已被验证过的路径设计出来的,而不是基于什么最先进的技术或方法。"[79]

在崩溃之前,苏联在兵力态势上最具威胁的一个决策,是它在20世纪70年代末决定部署大量高精度、多弹头的瞄准西欧的SS-20中远程弹道导弹。根据模式Ⅰ的逻辑,西方认为这个决定是试图改变欧洲军事平衡的一个极具威胁的行动。但从我们现在所了解的情况来看,苏联部署SS-20导弹的决定更多是由模式Ⅱ的组织过程驱动的,即只不过是苏联军事组织在用能够满足覆盖欧洲全境目标这个既定要求的新导弹替换旧导弹罢了。雷蒙德·加特霍夫(Raymond Garthoff)认为,采取这样的决定是"自然而然的,且几乎是不可避免的……对于当时的军事预算总量及这些预算的具体分配安排而言,这是一项很正常的武器更新计划。"[80]其中,苏联政府并没有做什么政治分析,也没有考虑到它的行动对西方的影响。因此,当西方做出激烈反应时,苏联感到很意外,并在此后数年中一直拒绝西方将此事作为西方在欧洲部署战术核导弹的借口。而西方的这个部署行动则成为了80年代初期西欧及东西方关系中一场折磨人的危机的焦点。[81]

在冷战后期的数十年中,苏联在兵力态势方面的行为非常适合用模式Ⅱ来进行解释,虽然到20世纪80年代中期,当戈尔巴乔夫试图全面改变对军事部门的资源分配状况时,苏联的有关行为可能更适合用模式Ⅰ和模式Ⅲ来解释。[82]而就美国的战略兵力态势来说,其在很大程度上也可以用模式Ⅱ来解释。正如麦乔治·邦迪所言,“战略空军司令部在设定战略目标时,从艾森豪威尔政府时期到约翰逊政府时期,都是根据战略空军司令从二战那里继承来的标准进行的。”将多个弹头放在战略导弹上的做法,也“总是对那些更多根据自己能投送什么来决定其需要什么,而不是根据苏联未来可能具有的能力来决定其需要的军事指挥官们很有吸引力”。而美国有关如何应对苏联的 SS-20 导弹部署行动的充满争论的考量过程,也再一次显示了组织的程式和脚本集的影响。[83]

Ⅵ. **证据(Evidence)。**上述这个范式中,虽然有关组织行为趋势的总结是简单、概要式的,但仍显示出了一个重大的不同的分析视角。在分析时,即使利用其中尚未经过精确表述的概念与命题来分析政府行为,也会大有收获。例如,即使一个分析者对于组成政府的各种组织及它们的常规、标准运作程序等只掌握非常少的信息,如果他利用这个范式,也能对运用理性行为体模式所进行的分析做出重大的改进。然而,要想利用这个范式对一个具体事例进行更进一步的深入分析,则除了上述范式中简要概括的那些命题外,还必须要掌握该事例中相关组织的具体信息。

注释:

1. 在这个定义中,组织是“制度”下的实体,并不等同于制度。制度指决定社会、政治实体或政治经济活动的结构的那些正式或非正式的规则与实践。“正式组织一般被理解为在工作面临一个技术联系与跨界联系日益复杂化、网络化的背景下出现的一种协调与受控活动体系。而在现代社会,正式组织结构则出现于高度制度化的环境中。”John W. Meyer and Brain Rowan, “Institutionalized Organizations:Formal Structure as Myth and Ceremony,”in Walter W. Powell and Paul J. DiMaggio, *The New Institutionalism in Organizational Analysis*(Chicago:University of Chicago Press,1991),p. 41.

2. Adam Smith, *An Inquiry into the Nature and Causes of the Wealth of Nations*〔1776〕, ed. Edwin Cannan(New York: Modern Library, 1994), Book One, chapter one.

3. "Introduction to the Second Edition," in James G. March and Herbert A. Simon, *Organizations*, 2nd ed. (Cambridge: Blackwell Publishers, 1993), p. 8. 在他们的著作首版35年之后,这两位作者认为,他们希望对初版中的观点进行的四条主要修订中的一条就是:"相比较而言,我们可能会更重视从规则方面对行动的分析,而不是从理性方面对行动的分析。"Ibid., p. 8.; 也可参见 James G. March, *A Premier on Decision Making: How Decisions Happen* (New York: Free Press, 1994), p. viii。

4. 约翰·D. 斯坦布鲁纳也将"分析"范式与"自动控制"范式进行过类似的对比。在自动控制范式中,通过实现"高度集成化的关注和高度程式化的应对"来控制不确定性问题;在其中"决策被划分成许多小的部分,然后对这些小的部分按序顺次进行处理。而这个过程都是由确定好的程序来控制的"。John D. Steinbruner, *The Cybernetic Theory of Decision: New Dimensions of Political Analysis* (Princeton: Princeton University Press, 1974), pp. 86-87. 有关F-111飞机研发、采购案例的研究,也验证了对"僵化教条、视野狭隘、认识不切实际等,这些稍作观察就可发现的滋生蔓延于许多大型组织中的问题"的"自动控制"范式解释。Robert F. Coulam, *Illusions of Choice: The F-111 and the Problem of Weapons Acquisition Reform* (Princeton: Princeton University Press, 1977), p. 366.

5. 例如 Max Weber, *Economy and Society*〔1922〕(Berkeley: University of California Press, 1978); Weber, *The Theory of Social and Economic Organization* (New York: Oxford University Press, 1947)。关于公共管理学在美国的兴起,参见 Frederick C. Mosher, ed., *American Public Administration: Past, Present, Future* (University, Ala.: University Alabama Press, 1975)中收录的文章。然而,到了40年代早期,学术界中对于将政治与"高效"行政割裂开的做法的反对意见已经明显起来。例如, Schuyler C. Wallace, *Federal Departmentalization: A Critique of Theories of Organization* (New York: Columbia University Press, 1941),并参见 Matthew Holden, Jr., *Continuity and Disruption: Essays in Public Administration* (Pittsburgh: University of Pittsburgh Press, 1996), esp. chapters 1 and 2 有关这个趋势的评论。

6. 例如,Chester Barnard,*The Functions of the Executive*(Cambridge:Harvard University Press,1938);Barnard,*Organization and Management*(Cambridge:Harvard University Press,1948)。关于这个思想的现代变种,参见 Charles T. Goodsell,*The Case for Bureaucracy:A Public Administration Polemic*,3rd ed.(Chatham:Chatham House,1994)。

7. William A. Niskanen,*Bureaucracy and Representative Government*(Chicago:Rand McNally,1971);也参见 James S. Coleman,*Individual Interests and Collentive Action*(Cambridge:Cambridge University Press,1986)。

8. 参见 Douglass C. North,*Institutions,Institutional Change and Economic Performance*(Cambridge:Cambridge University Press,1990);也参见 John Pratt and Richard Zeckhauser,*Principals and Agents*(Cambridge:Harvard University Press,1986);Terry Moe,"The New Economics of Organizations,"*American Political Science Review* 28(1984):739-777;Oliver E. Williamson,*The Economic Institutions of Capitalism:Firms,Markers,Relational Contracting*(New York:Free Press,1985);Armen A. Alchian and Harold Demsetz,"Production,Information Cost,and Economic Organization,"*American Economic Review* 62(1972):777-795;Richard Nelson and Sidney Winter,*An Evolutionary Theory of Economic Change*(Cambridge:Harvard University Press,1982);R. C. O. Matthews,"The Economics of Institutions and the Sources of Growth,"*Economic Journal* 96(1986):903-918。

9. Edward O. Laumann and David Knoke,*The Organizational State:Social Choice in National Policy Domains*(Madison:University of Wisconsin Press,1987),p. 383(强调是原文的)。Laumann and Knoke 还加上他们的另一个主要研究发现,即组织逻辑还产生一个"反复博弈策略",在其中,"事态发展反映的是组织自身的独特利益与兴趣",而不是某种从外部强加给他们的信念。也参见 Kenneth A. Shepsle,*Perspectives on Positive Economy*(Cambridge:Cambridge University Press,1990)以及 Shepsle and Barry Weingast,"The Institutional Foundations of Committee Power,"*American Political Science Review* 81(1987):85-104。

10. 参见 Jeffrey Pfeffer,*Organizations and Organization Theory*(Marshfield:Pitman Press,1982);W. Richards Scott,*Organizations:Rational,Natural,*

and Open Systems(Englewood Cliffs: Prentice Hall, 1981); Jay Galbraith, *Designing Complex Organization*(Reading: Addison-Wesley, 1973); Paul J. DiMaggio and Walter W. Powell, "The Iron Cage Revisited: Institutional Isomorphism and Collective Rationality in Organizational Fields,"〔1983〕 in DiMaggio and Powell, eds., *The New Institutionalism in Organizational Analysis*, especially pp. 63-70(关于强加的同态性和模仿过程);以及 Michael T. Hannan and John Freeman, *Organizational Ecology*(Cambridge: Harvard University Press, 1989)。

11. James Q. Wilson, *Bureaucracy: What Government Agencies Do and Why They Do It*(New York: Basic Books, 1989), pp. 113-136, 156-171.

12. Terry M. Moe, "The Politics of Bureaucratic Structure," in John Chubb and Paul Peterson, eds., *Can the government Govern*? (Washington: DC: Brookings Institution, 1989), p. 267. 由于受到英国在这个领域中做法的影响,克林顿政府的《国家绩效评估》中的一个重要部分,就设定了判断哪些是令人满意的政府绩效的标准。

13. 以编年方式对美国公共管理发展的最好介绍是 Leonard D. White, *The Federalist: A Study in Administrative History*(New York: Macmillan, 1948); White, *The Jeffersonians: A Study in Administrative History*(New York: Macmillan, 1951); White, *The Jacksonians: A Study in Administrative History 1829-1861*(New York: Macmillan, 1954); *White, The Republic Era: A Study in Administrative History 1869-1901* (Cambridge: Cambridge University Press, 1958); Stephen Skowronek, *Building a New Administrative State: The Expansion of National Administrative Capacities 1877-1920*(Cambridge: Cambridge University Press, 1982); Morton Keller, *Regulating a New Economy: Public Policy and Economic Change in America, 1900-1933*(Cambridge: Harvard University Press, 1990); and Keller, *Regulating a New Society: Public Policy and Social Change in America 1900-1933*(Cambridge: Harvard University Press, 1994)。

14. 参见 Philip Selznick, *TVA and the Grass Roots*(Berkeley: University of California Press, 1949); Selznick, *Leadership and Administration* (Evanston: Peterson, Row, 1957); Terry Moe, "Interests, Institutions, and Positive Theory: The Politics of the NLRB," *Studies in American Political*

Development 2(1987):236-299。根据这种看法,组织与其主管或创设者处于持续对话互动中,在这其中,双方都掌握一些信息和权力;经过双方的讨价还价,确定行动目标和实现的方式。例如,Gary J. Miller and Terry Moe, "Bureaucrats,Legislators,and the Size of Government," *American Political Science Review* 77(1983),pp. 297-323。

15. 关于作为对信息缺乏和不确定性问题的一种理性解决办法,立法者听从被想当然认为能够知道立法的社会影响的各种专门委员会的意见的做法,参见 Keith Krebiel, *Information and Legislative Organization* (Ann Arbor:University of Michigan Press,1991)。然而,即便如此,这些专门委员会也倾向于将好处更多地分配给己方的人。这大概是作为解决不确定性而必须付出的代价而被其他立法者所接受。参见 John A. Ferejohn, *Pork Barrel Politics*(Stanford:Stanford University Press,1974)。

16. Moe,"The Politics of Bureaucratic Structure,"pp. 270-71.

17. 参见 Mark H. Moore,*Creating Public Value*:*Strategic Management in Government*(Cambridge:Harvard University Press,1995),pp. 70-99。

18. Wilson,*Bureaucracy*,p. 25.

19. Donald MacKenzie,*Inventing Accuracy*:*A Historical Sociology of Nuclear Missile Guidance*(Cambridge:MIT Press,1990),pp. 398-399.也可参见 Graham T. Allison, "Questions about the Arms Race: Who's Racing Whom? A Bureaucratic Perspective,"in *Contrasting Approaches to Strategic Arms Control*, ed. Robert L. Pfaltzgraff, Jr. (Lexington: Lexington Books, 1974)。Michael Brown 在对战后美国 15 个重大的战略轰炸机发展项目的一项广泛研究中得出了非常类似的结论;他认为"作战条令或组织上的先入之见"的影响,要超过经济或技术因素的影响。战略需要是无所不在的且是抽象的,因此,要更多地通过分析组织关于这些需要的理解来解释组织的行为。Michael E. Brown,*Flying Blind*:*The Politics of the U. S. Strategic Bomber Program*(Ithaca:Cornell University Press,1992).但在解释武器革新(而不是生产当下主流的武器)中更强调战略环境影响的研究,参见 Mattew Evangelista,*Innovation and the Arms Race*(Ithaca:Cornell University Press, 1988)。

20. 对其潜在的理性选择视角的概述,参见 Jack H. Hnott and Gary J. Miller,*Reforming Bureaucracy*:*The Politics of Instutional Choice*(Englewood

Cliffs:Prentice Hall, 1987),以及 Moe 在其"The Politics of Bureaucratic Structure,"pp. 267-329 中的一个特别好的概述。关于"官僚倾向"和对政治控制机制的阐述,参见 Mattew McCubbins,Roger Noll,and Barry Weingast, "Structure and Process,Politics and Policy:Administrative Arrangements and the Political Control of Agencies,"*Virginia Law Review* 75(1989):431-483。也可参见 Matthew McCubbins and Thomas Schwartz, "Congressional Oversight Overlooked:Police Patrols versus Fire Alarms,"*American Political Science Review* 28(1984), pp. 165-179; John Ferejohn and Charles Shipan, "Congressional Influence on Administrative Agencies: A Case Study of Telecommunications Policy,"in Lawrence C. Dodd and Bruce I. Oppenheimer, eds., *Congress Reconsidered*, 2d ed. (Washington, DC: Congressional Quarterly Press,1989); Barry Weingast and Mark Moran,"Bureaucratic Discretion or Congressional Control?: Regulatory Policymaking by the Federal Trade Commission,"*Journal of Political Economy* 91(1983),pp. 765-800。

21. March and Simon, *Organizations*, pp. 160-162; 以及 Wilson, *Bureaucracy*.Steven Kelman 已经证明,将好的表现界定为遵守规则的适当逻辑,可能会产生从后果逻辑来看是非常可怕的结果。Kelman,*Procurement and Public Management: The Fear of Discretion and the Quality of Government Performance* (Washington, DC: American Enterprise Institute Press,1990).

22. March and Simon,*Organizations*,pp. 162-165;Sir Geoffrey Vickers, *The Art of Judgment:A Study of Policy Making* 〔1965〕(Thousand Oaks: Sage,1995),pp. 39-49.

23. March and Simon,*Organizations*,p. 170.

24. 同上,p. 171。

25. Wilson,*Bureaucracy*,pp. 90-110.

26. Gordon Chase, "Implementing a Human Services Program: How Hard Will It Be?,"*Public Policy* 27(1979):285-346.

27. Charles Perrow,*Complex Organizations: A Critical Essay* 3d ed. (New York:McGraw-Hill,1986),pp. 20-26.

28. Paul J. DiMaggio and Walter W. Powell,"Introduction,"in Powell and DiMaggio,eds., *The New Institutionalism in Organizational Analysis*,

p. 3.

29. March, *A Primer on Decision Making*, p. 61;也可参见 Edgar H. Schein, *Organizational Culture and Leadership*, 2d ed.(San Francisco:Jossey Bass,1992)。

30. John J. DiIulio, Jr., *Governing Prisons: A Comparative Study of Correctional Management*(New York:Free Press,1987).

31. 强调以管理者为中心的新的学术研究潮流的主要例子可以在 Moore, *Creating Public Value*; Philip B. Heymann, *The Politics of Public Management* (New Haven: Yale University Press, 1987); Robert Behn, *Leadership Counts: Lessons for Public Managers from the Massachusetts Welfare, Training and Employment Program* (Cambridge: Harvard University Press, 1991); Laurence E. Lynn, Jr., *Managing Pubic Policy* (Boston: Little, Brown, 1987); Richard N. Haass, *The Power to Persuade* (Boston: Houghton Mifflin, 1994); Hal G. Rainey, *Understanding and Managing Public Organizations* (San Francisco: Jossey Bass, 1991);以及 Martin A. Levin and Mary Bryna Sanger, *Making Government Work* (San Francisco:Jossey Bass,1994)中找到。而关于这样的叙事视角对于公共管理、公共行政和公共政策等领域影响的一个很好的综述,参见 Laurence E. Lynn, Jr., *Public Management as Art, Science, and Profession* (Chatham: Chatham House,1996)。

32. Richard M. Cyert and James G. March, *A Behavioral Theory of the Firm*, [1963] 2d ed.(Cambridge:Blackwell Publishers,1992).

33. James G. March and Johan P. Olsen, *Ambiguity and Choice in Organizations*(Bergen: Universitesforlaget, 1976), p. 11; Wilson, *Bureaucracy*, pp. 55-59 同样强调了这一点。

34. 参见 Michael Lipsky, *Street Level Bureaucracy*(New York: Russell Sage Foundation, 1980); Arthur Stinchcombe, *Information and Organizations* (Berkeley: University of California Press, 1990); Robert Behn, "Management by Grouping Along," *Journal of Policy Analysis and Management* 8(1988): pp. 643-663; Eugene Bardach and Robert A. Kagan, *Going by the Book: The Problem of Regulatory Unreasonableness* (Philadelphia: Temple University Press, 1982);关于"实地学习",参见 Levin and Sanger, *Making Government*

Work,pp.127-148。

35.关于职业规范,参见 Wilson,*Bureaucracy*,pp.59-65。威尔逊认为,职业规范也有可能产生于组织之外,并且实际上可能会与组织内部管理者的偏好相冲突。但政治家或一般公民可能并不会区分来自一个组织内的规范与一个组织领域内的规范。关于 Kanter 的引文,参见 Rosabeth Moss Kanter,*Men and Women of the Corporation*(New York:Basic Books,1977),也可参见 Tom Wolfe,*The Right Stuff*(New York:Farrar,Straus,Giroux,1979)。对职业影响的深入研究,参见 Meyer and Rowan,"Institutionalized Organizations:Formal Structure as Myth and Ceremony;" DiMaggio and Powell,"Institutional Isomorphism and Collective Rationality,"pp.70-74;以及 Lynne G. Zucker,"The Role of Institutionalization in Cultural Persistence,"in Powell and DiMaggio,*The New Institutionalism in Organizational Analysis*,尤其是 pp.103-104。

36. March,*A Primer on Decision Making*,pp.71-73.

37.关于国家安全决策领域中,文职领导者如何通过创设激励体系影响组织偏见的,参见 Deborah D. Avant,*Political Institutions and Military Change:Lessons from Peripheral Wars*(Ithaca:Cornell University Press,1994)。

38. James G. March and John P. Olsen 在最近也强调过这一点。参见 James G. March and John P. Olsen,"Institutional Perspectives on Political Institutions,"*Governance* 9(July 1996),pp.247-264。

39. DiMaggio and Powell,"Introduction,"p.15.但接受这种关于组织需求的一般描述,并认为"合法性"与公共价值联系起来——尽管这些可能是组织的管理者而非组织外的人选定的价值——仍然是可能的。参见 Moore,*Creating Public Value*,pp.105-192;这些都载于 Heymann,*The Politics of Public Management*;更具讽刺意味的参见 Haass,*The Power to Persuade*,pp.28-43,48-51。

40.同上,p.13。

41.这一点意味着,同一领域的组织,不论它们在哪个国家,看起来都是相似的。在一定程度上,这无疑是正确的。人们经常认为,一个国家的警察与世界其他地方的警察之间的相似性,要远比这些警察与其各自国家的人民之间的相似性多;另一方面,强调"认同"的学者又经常强调这些认同是在某一特定体制所产生的制度背景下构建起来的,不同的体制可能会使这种同态性在不同国家有不同的模式。关于这种组织模式的变化,参见 Ronald L. Jepperson and John W. Meyer,"The Public Order and the Construction of Formal Organizations,"in Powell and DiMaggio,eds.,*The New Institutionalism in Organizational Analysis*,pp. 204-231。

42. Moore,*Creating Public Value*,pp. 33-36.

43. Robert O. Keohane,"International Institutions:Two Research Programs," *International Studies Quarterly* 32(1988),pp. 379,382. 参见 Stephen Krasner,ed.,*International Regimes*(Ithaca:Cornell University Press,1983); Friedrich Kratochwil and John Gerard Ruggie,"International Organization:A State of the Art on the Art of the State,"*International Organization*,40(1986),pp. 753-776;Oran R. Young,"International Regimes:Toward a New Theory of Institutions,"*World Politics* 39(1986),pp. 104-122.

44. Jack Levy,"Organizational Routines and the Causes of War," *International Studies Quarterly* 30(1986),pp. 193,219.

45. 波森特别分析了美国空军强调对敌防空力量进行先发制人式压制打击的计划和美国海军在苏联近海针对苏联海军(包括苏联的导弹核潜艇)的进攻性作战计划。Barry R. Posen,*Inadvertent Escalation*:*Conventional War and Nuclear Risks*(Ithaca:Cornell University Press,1991).而现在浮现出来的关于80年代早期美国和苏联的军事行为的一些零零碎碎的资料,证实了波森的观点与担心。

46. Elizabeth Kier,*Imagining War*:*French and British Military Doctrine Between the Wars*(Princeton:Princeton University Press,1997),pp. 142,143.杰克·斯奈德认为一战前的各国军事组织容易从其自身利益出发形成强调进攻的组织意识形态;波森(基于对二战前相关情况分析而得出的)也有相似的看法,认为除非文官干预这些军事组织以使其根据国家利益(和理性行为体模式中的结果逻辑)行事,否则,这些军事部门往往喜欢采取进攻性军事方针。对于这种观点,Kier 在这本书中提出了不同的看法。Jack Snyder,*The Ideology of the Offensive*:*Military Decision Making and the Disasters of 1914*(Ithaca:Cornell University Press,1984);Barry R. Posen,*The Sources of Military Doctrine*:*France*,*Britain*,*and Germany between the World Wars*(Ithaca:Cornell University Press,1984)。

47. See generally, Harold Seidman and Robert S. Gilmour, 4th ed. *Politics, Position and Power*(New York: Oxford University Press, 1986).关于国防部将命令和控制权分散化的做法以及这种做法后来对采取联合行动造成的困难,参见 C. Kenneth Allard, *command, Contral, and The Common Defense*(New Haven: Yale University Press, 1990)。关于社会保障方面的案例,参见 Martha A. Derthick, *Agency Under Stress: The Social Security Administration in American Government* (Washington, DC: Brookings Institution, 1990)。

48. Jeffrey L. Pressman and Aaron Wildavsky, *Implementation* 2d ed. (Berkeley: University of California Press, 1983);也可参见 Eugene Bardach, *The Implementation Game: What Happens After a Bill Becomes Law* (Cambridge: MIT Press, 1977)。

49. 参见 Jonathan B. Bendor, *Parallel Systems: Redundancy in Government* (Berkeley: University of California Press, 1985)。

50. Chaeles Perrow, *Normal Accidents: Living with High-Risk Technologies*(New York: Basic Books, 1984), p. 5.

51. Scott D. Sagan, "Culture, Strategy, and Selection in International Security,"未发表的论文。

52. 关于革新,参见 Stephen Peter Rose, *Winning the Next War: Innovation and the Modern Military*(Ithaca: Cornell University Press, 1991); Kimberly Martin Zisk, *Engaging the Enemy: Organization Theory and Soviet Military Innovation, 1955-1991* (Princeton: Princeton University Press, 1993); Kier, *Imagining War*, pp. 92-97(关于英国军方认为需要在欧洲大陆承担义务的先见之明);关于约束战争中各方战斗行为的军事文化,参见 Jeffrey W. Legro, *Cooperation Under Fire: Anglo-German Restraint during World War II*(Ithaca: Cornell University Press, 1995)。

53. 在 Jim Lovell and Jeffrey Kluger, *Lost Moon: The Perilous Voyage of Apollo 13*(New York: Houghton Mifflin, 1994), pp. 372-380 中概括了科特莱特委员会(Cortright Commission)的结论。

54. 同上, pp. 104-240。

55. See generally, Howard McCurdy, *Inside NASA: High Technology and Organizational Change in the U. S. Space Program* (Baltimore: Johns

Hopkins University Press,1993).如果说“阿波罗 13 号”的这个故事中有个英雄的话,那么在组织内部这个人就是约翰 · 阿伦(John Aaron);他的头衔并不惹眼,即登月计划中负责飞行部分任务的四种颜色团队中的栗色团队的负责人,亦即飞行电力和环境指令官。

56. Diane Vaughan, *The Challenger Launch Decisions: Risky Technology, Culture, and Deviance at NASA* (Chicago: University of Chicago Press, 1996), pp. 400-401.

57. 同上, pp. 403, 405。关于这种制度行为与“集体迷思”之间的区别,参见p. 525,注 41。也可参见 Diane Vaughan, “The Trickle-Down Effect: Policy Decisions, Risky Work, and the Challenger Tragedy,” *California Management Review* 39(1997):80-102。

58. Scott A. Snook, “Practical Drift: The Friendly Fire Shootdown Over Northern Iraq,” Ph.D. diss., Harvard University, 1996, pp. 281, 290.

59. 同上, pp. 295-296. 更一般的情况,参见 Karl E. Weick, “Organizational Culture as a Source of High Reliability,” *California Management Review* 29 (1987):112-127;以及 Weick, “The Collapse of Sensemaking in Organizations: The Mann Gulch Disaster,” *Administrative Science Quarterly* 38(1993):628-652。

60. Theodore Sorensen, “You Get to Walk to Work,” *New York Times Magazine*, March 19, 1967.

61. Pressman and Wildavsky, *Implementation*, 可被看作是对试图通过创设新的组织能力和常规以解决迫在眉睫的当前问题这种做法中的风险进行的一个大型案例研究。对此的概述,可参见 *Wilson*, *Bureaucracy*, pp. 218-232。

62. 参见 Michael R. Gordon and Bernard E. Trainor, *The Generals' War: The Inside Story of the Conflict in the Gulf* Boston: Little, Brown, 1995, pp. 227-248 中对这一点的概述。

63. Morton H. Halperin, *Bureaucratic Politics and Foreign Policy* (Washington, DC: Brookings Institution, 1974), p. 28.

64. Philip Zelikow and Condoleezza Rice, *Germany Unified and Europe Transformed: A Study in Statecraft* (Cambrideg: Harvard University Press, 1995), pp. 98-101.

65. Halperin, *Bureaucratic Politics and Foreign Policy*, p. 51.

66. 越南 1965 年 11 月在德浪河谷一战中试图发动大规模战斗行动,但在遭到重大损失后就一直采取了一种不同的战略,直到 1968 年的春季攻势。而在军事上对越南是灾难性的、政治上对美国及其盟国南越则是灾难性的春季攻势之后,越南又开始采取一种更有耐心的地面军事行动,直到大多数美军撤出越南。关于美国的各种标准方案及其导致的困境,最好的参考资料是 Andrew Krepinevich, *The Army and Vietnam* (Baltimore: Johns Hopkins University Press, 1986);但也可参见 Robert Buzzanco, *Masters of War: Military Dissent and Politics in the Vietnam Era* (New York: Cambridge University Press, 1996)。

67. Philip Zelikow, "Policing Northern Ireland," Parts A and B (Cambridge: Kennedy School of Government Case Study, 1994).

68. Wilson, *Bureaucracy*, pp. 158-171.

69. 参见 John Ranelagh, *The Agency: The Rise and Decline of the CIA* rev. ed. (New York: Simon and Schuster, 1987), pp. 514-520。

70. Marriner S. Eccles, *Beckoning Frontiers: Public and Personal Recollections*, ed. Sidney Hyman (New York: Knopf, 1951), p. 336.

71. 除非另加说明,否则有关珍珠港事件背景的相关观点引自 Gordon W. Prang, *At Dawn We Slept: The Untold Story of Pearl Harbor* (New York: McGraw-Hill, 1981); Edwin T. Layton with Roger Pineau and John Costello, *"And I Was There": Pearl Harbor and Midway—Breaking the Secrets* (New York: William Morrow and Company, 1985); John Costello, *Days of Infamy* (New York: Simon and Schuster, 1994);以及更早的经典著作, Roberta Wohlstetter, *Pearl Harbor: Warning and Decision* (Stanford: Stanford University Press, 1962)。珍珠港事件方面的严肃研究者必须既要进行军事方面的分析,又要有对其他因素的更广泛分析,例如 Waldo Heinrichs, *Threshold of War: Franklin D. Roosevelt and American Entry into World War II* (New York: Oxford University Press, 1988)。

72. 关于引文,参见 Prange, *At Dawn We Slept*, pp. 732-733。对檀香山—东京之间的日本通讯联系的截获、破译工作,是代号为"神奇"(MAGIC)的密码破译工作的一部分,由位于华盛顿(有部分是位于菲律宾)的海军和战争部(Navy and War Department)的密码破译人员负责进行。有几个方面因素阻碍了对破译得到的情报的利用。首先,日本在檀香山—东京之间通讯联系中使用的是较不安全的密码系统,因此,其更少被重视(因为通常认为使用较不安全的密码系统传递的是较不重要的信息);其次,从海军作战总长(the chief of naval operations)到太平洋舰队之间传递“神奇”破译工作获得的情报的程序不太通畅。这部分地是由于后文将提到的海军情报局和作战室之间的紧张关系。由于对“神奇”破译工作颇为自满,华盛顿也没有在1941年更早一点的时候分配人员和资源进行破译日本海军通用密码(JN-25B)的工作;事实上,如果这样做,当时这些密码就可被破译。在珍珠港事件后,这项破译工作有了资源上的保障后,在四个月内,日本的新版海军密码就被破译了。事实上,美国人(事后发现)当时就已经截获了包含有珍珠港袭击计划信息的使用JN-25B密码传递的日本情报;如果这些截获的情报在当时被利用起来,或许就可发现日本的袭击计划。关于最后这一点,参见Costello,*Days of Infamy*,pp. 278-301。

关于将舰船停在港口内的问题,海军上将金梅尔及他手下确实在11月6日曾考虑过将一些战船移到海上,但最后还是决定将它们集合在一起,以备战争爆发之后执行舰队作战计划。因为太平洋舰队的两艘航空母舰当时正在海上——向美国在中途岛和威克岛上的驻军运送飞机,因此,珍珠港内的这些舰船非常容易遭到攻击。Layton,“*And I Was There*,”p. 275. 理论上,陆上的航空兵会为这些舰船提供空中保护,但在日本袭击的那天早上,这种空中保护并不存在。金梅尔既没有对早些时候调出其航空母舰的命令表示异议,也没有命令他当时正在加利福尼亚进行大修的第三艘航母尽快返回舰队。而夏威夷海区的司令官也没有启动联合海岸防御计划。

73. 因此,在目标不一致时组织关注、实现这些目标的顺序就至关重要了。

74. Craig C. Lundberg,“On the Feasibility of Cultural Intervention in Organizations,”in *Organizational Culture*, ed. Peter L. Frost, Larry Moore, Meryl Reis Louis, Craig C. Lundberg, and Joanne Martin(Beverly Hills: Sage, 1985), p.183. 关于文化的稳定性,及Diane Vaughan对“挑战者”号研究的重要性,参见Karl E. Weick的评论(*Administrative Sciences Quarterly*, June 1997, pp. 395-401)。

75. 关于1941年1月诺克斯(Knox)的信件及1941年3月马丁—拜林格(Martin-Bellinger)的报告(对联合海岸防御计划的补充附件),参见Prange, *At Dawn We Slept*, pp. 45-47, 93-96。关于更广范围的现象,参见

Lee Clarke,*Fantasy Documents*(Chicago:University of Chicago Press,1998)。

76. James Q. Wilson 认为(并主张)官僚奉行下述六条帝国主义原则:(1)“找出尚未被别人执行的任务”;(2)“与那些试图执行你的任务的组织进行斗争”;(3)“避免承担那些与组织的核心使命存在很大差异的任务”;(4)“小心联合或合作的风险”;(5)“避免承担那些会使自己人变得敌对或分裂的任务”;以及(6)“避免无人不知的那些弱点”。*Bureaucracy*,pp. 181-195. 威尔逊注意到,这种殖民行为可能与拒绝进入新领域的行为同时存在;马修·霍尔登(Matthew Holden,Jr.)也注意到了这一点,参见他“Imperialism' in Bureaucracy,”*American Political Science Review* 60(1966),pp. 943-951。因此,威尔逊认为将这种混合行为称为帝国主义是过于简单化了(p. 195)。但我们认为是他对帝国主义的定义过于简单了。许多帝国并不想征服什么,只想获得——尤其是在古典的商业模式里——那些能保障自主和国家安康的东西。因此在 19 世纪 80 年代,英国控制了埃及以确保对苏伊士运河的控制,对苏伊士运河的控制又保证了与印度之间联系的生命线的安全;而与印度之间的联系,则又被认为关系到整个帝国体系的兴衰安危。但同时期的英国政府对在苏丹进行扩张的问题上的态度则模棱两可。

威尔逊只讨论了行政机构。关于对国会中各委员会存在的类似行为的最重要分析,参见 David C. King,*Turf Wars*(Ann Arbor:University of Michigan Press,1996);以及 King,“The Nature of Congressional Committee Jurisdictions,”*American Political Science Review* 88(1994),pp. 48-63。

77. 领导海军作战室的是当时尚为海军少将的理查蒙德·凯利·特纳(Richmond Kelly Turner)。他的强硬性格和能力给海军作战总长哈罗德·斯塔克上将(Harold Stark)留下了深刻印象。关于海军情报办公室和海军作战室之间竞争的性质和影响,参见 Prange,*At Dawn We Slept*,pp. 87-88;Layton,“And I Was There,”pp. 95-102。

78. 参见 Bruce Blair,*Strategic Command and Control*(Washington,DC:Brookings Institution,1986);Blair,*The Logic of Accidental Nuclear War*(Washington,DC:Brookings Institution,1993);以及 Scott Sagan,*The Limits of Safety:Organizations,Accidents,and Nuclear Weapons*(Princeton:Princeton University Press,1993),pp. 259-262。关于模式(Ⅰ)和模式(Ⅱ)在威慑分析视角上的更直接冲突,也可参见 Scott Sagan and Kenneth Waltz,*The Spread of Nuclear Weapons:A Debate*(New York:W. W. Norton,

1995)。

79. National Intelligence Estimate, "Issues and Options in Soviet Military Policy," NIE 11-4-72 (1972), excerpted in Donald P. Steury, ed., *Intentions and Capabilities: Estimates on Soviet Strategic Forces*, 1950-1983 (Washington, DC: CIA History Staff, 1996), pp. 291-293. 虽然美国情报界可能低估了苏联战略力量发展的速度和规模,但事实证明,其在分析苏联整体兵力态势时运用的方法还是有效的。

80. Raymond L. Garthoff, *Détente and Confrontation: American-Soviet Relations from Nixon to Reagan* rev. ed. (Washington: Brookings Institute, 1994), pp. 963-964.

81. 苏联驻美国大使阿纳托利·多勃雷宁回忆说,"在我为〔部署 SS-20 决策〕提供咨询意见时,我从未听说有哪位政治局成员或高级将领讨论过或哪怕是提到过这种部署行动的政治影响。我没看到政治局或外交部有任何文件曾谈到我们部署SS-20 可能带来的政治上的利弊。军事方面因素是唯一的考虑。在因部署行动而导致的外交对抗出现之前,外交部几乎不知道这个军事部署行动……这可能令人难以置信,但确实是事实。"Anatoly Dobrynin, *In Confidence* (New York: Random House, 1995), p. 432.

82. 关于这一点的概述,参见 Coit D. Blacker, *Hostage to Revolution: Gorbachev and Soviet Security Polity, 1985-1991* (New York: Council on Foreign Relations Press, 1993)。

83. McGeorge Bundy, *Danger and Survival: Choices About the Bomb in the First Fifty Years* (New York: Random House, 1988)一书中对这个方面的大量文献提供了一个非常清晰的概括。关于引用的观点,参见 pp. 548, 551, 568。其他有关兵力态势和武器采购的重要研究包括 Robert Art, *The TFX Decision: McNamara and the Military* (Boston: Little, Brown, 1968); Michael Armacost, *The Politics of Weapons Innovation: The Thor-Jupiter Controversy* (New York: Columbia University Press, 1969); Ted Greenwood, *Making the MIRV: A Study of Defense Decision Making* (Cambridge: Ballinger Publishing Company, 1975); Harvey Sapolsky, *The Polaris System Development: Bureaucratic and Programmatic Success in Government* (Cambridge: Harvard University Press, 1972)。

第四章　古巴导弹危机:第二层截面

大多数对古巴导弹危机的解释,是通过比较各种假说、研究苏联在古巴部署导弹行动或美国封锁行动的具体细节、找出有关政府目标或意图的线索,试图以此解答关于此事件的中心疑问。这些解释根据行为体行为反映其目的这个假设,认为通过对行为体行动具体细节的分析和对行为体所面临的不同选项的成本收益分析,就可确定行为体的意图。但在古巴导弹危机中,即使是对苏联和美国政府行为的最好分析——这包括我们在第二章所做的分析,也仍存在着大量与这些解释似乎是相冲突和不一致的地方;而正是这些用理性行为体模式"不可解释之处"促使我们通过组织行为的透镜来分析问题。

下面就让我们首先从土耳其境内部署的"朱庇特"中远程弹道导弹(总共有 15 枚)说起。这些后来在古巴导弹危机事件中变得棘手的导弹由土耳其控制,但这些导弹携带的核弹头则处于美国的控制之下。直至 1962 年,部署这些落后的使用液体燃料发动机的导弹和携带核炸弹的F-100 战斗轰炸机,一直都是北约在欧洲,特别是欧洲东部侧翼——土耳其——的防御计划的一部分。而这些部署行动最初又是美国为了安抚 20 世纪 50 年代末因苏联部署弹道导弹行动而感到惴惴不安的盟国,做出的一个非常高调的行动。[1]但美国在与苏联战略对抗棋局中的这些棋子,在古巴导弹事件中则使肯尼迪总统在与苏联的危机对抗中所面临的问题大大复杂化了。

而要理出这个事件的重要头绪,就需要进入军事领域中一个由首字母缩略词构成的神秘世界——或如我一个同行所称的缩略词综合征(acronymphomania)。缩略词综合征这个术语是指在华盛顿,特别是在五角大楼流行大量使用缩略词,而在讨论中,许多人并不理解其意思,却又因担心会显示出自己无知而不愿去询问。而有关土耳其问题的最重要缩略词是 EDP 和 QRA。这分别是指:紧急(或欧洲)防御计划〔Emergency(or European) Defense Plan〕和快速反应戒备状态(Quick Reaction Alert)。

有关古巴导弹危机美国决策过程的录音带中记录下了肯尼迪在发现 EDP 时的反应。在持续两个星期的古巴导弹危机中,肯尼迪下达的直接命令只有有限的几个,而 10 月 21 日,肯尼迪就下达了这样一个命令。即他专门向驻土耳其的司令官发出一个指令,明确要求其如果没有接到白宫的直接命令,**即使他们遭到攻击**,也**不应**使用核武器。但在 10 月 22 日上午的会议上,副国防部长报告说,参谋长联席会议反对发出这个特别命令,因此也就没有任何命令发出。[2]

肯尼迪重申了他的指示:“我们可能会进攻古巴,因此可能会遭到报复。我们不想这些核弹头在我们不知道的情况下就发射出去。”助理国防部长保罗·尼采解释说,参谋长联席会议认为这样的指令会“危及他们的常备条令”(standing instructions)。邦迪和泰勒想避免总统与参谋长联席会议之间发生冲突,就企图把话题岔开，说会提醒军队司令官们审查他们的常备条令，以确保要得到总统的授权才能使用核武器。

但保罗·尼采却泄露出了真相。“他们（参谋长联席会议）事实上是这样回复的，就是北约战略联络（NATO strategic contact）机制要求发生这类事件时就立即实施 EDP。”许多与会者毫无疑问会感到迷惑：“战略联络”或“EDP”是什么意思？事实上，在大多数讨论中，大量使用缩略词可能会扼杀辩论，特别是那些可能知道这些词含义的权威人物在使用时。

但肯尼迪并不是如此，他坚持问道：“什么是 EDP？”保罗·尼采回答说，“欧洲防御计划，即进行核战争。因此意味着……”肯尼迪打断道，“对，这就是我们为什么要对此发出那个（特别指令）的原因。”

保罗·尼采试图退一步，解释说执行常备条令事实上需要得到总统的批准。但肯尼迪指出了问题更深层次的方面。“他们（在土耳其）并不知道……我们所了解的，”他说，“因此他们认识不到可能会遭到突然报复。所以，我们所做的就是要确保这些家伙确实了解情况，从而使他们不会发射它们而导致美国遭到攻击。保罗，我认为我们在这点上不应听参谋长联席会议的话。”

保罗·尼采意识到已掉进自己挖的坑中，就试图停止讨论这个问题，他说：“我已明白你的意思，我们将那样做。”内阁会议室中爆发出一阵笑声。邦迪意识到总统还有怀疑，就说：“交给我正式的文件，我会把它们给心存怀疑的头儿看看。”大家笑得更厉害了。在一个小时后，肯尼迪的命令最终发出了。该命令明确指出，“确保土耳其和意大利境内的‘朱庇特’导弹未经总统的特别授权不得使用。在遭到进攻的情况下,无论是核打击还是常规打击……如果发现任何试图使用这些武器的企图,应摧毁这些武器或使之不能使用。"美国没有将这个命令告知土耳其、意大利和其他北约盟国。[3]

肯尼迪的小心谨慎是非常有道理的。保罗·尼采和参谋长联席会议认为任何美国核武器的使用从法律上讲都需要总统的批准;这当然是正确的。但所有的人——包括肯尼迪——都知道总统已经在先前的命令中把在遭到进攻情况下使用这些武器的一部分权力授予了北约的机构。这种预先授权的做法至少有两个方面原因:首先,总统和其他领导人可能还未来得及下达报复命令,就已被苏联的核打击消灭了。因此,为了防止苏联出于这种可能性而首先发起核打击,就将发生这种紧急情况时的发射权预先授出。(理论上,苏联应该知道这种制度安排,但现在还不清楚是否曾有人告诉过他们。)预先授权的第二个方面的原因是一些盟国政府(如德国)希望得到保证,即如果发生事先明确禁止的情况,北约就将使用其所有的核武器;他们希望以这种使美国总统很少有选择机会的自动反应机制威慑住苏联的进攻。出于第一种考虑,艾森豪威尔政府已预先授出"美国遭到核攻击情况下"的核武器使用权——要尽可能地对这种攻击情况加以核实。而针对第二个方面的问题,艾森豪威尔政府预先授出了在有"极端的必要"并经过与盟国的必要协商的情况下,为保卫驻扎在海外的美国军队而使用核武器的权力。[4]

肯尼迪政府上台后,希望限制核武器使用权的预先授出。邦迪向肯尼迪警告说,艾森豪威尔政府的那些程序,"到今天已造成

一个下层的指挥官在面对俄国人重大军事行动时,如果(因任何一端通讯的失败)不能与你联系上,他自己就可采取将引发一场热核战争灾难的行动。”在这一点上,邦迪并没有夸大其辞;他警告肯尼迪注意的这些确实是“生死攸关”的事。到1962年,肯尼迪政府已在联盟中努力减少核武器“一触即发”的危险,而增加了对常规防御力量的依赖。在1962年5月的雅典会议上,北约成员国“批准”了新的核武器使用指导方针。尽管这些指导方针迄今尚未解密,但肯尼迪显然只批准在“出现明确无误地对北约的大规模核攻击的特定紧急情况”下,才能动用那些预先授出的北约核武器使用权。我们推测——但不能肯定——这是北约紧急防御计划(EDP)中可以使用预先授权的唯一一种紧急情况。考虑到以前存在的层层指令、肯尼迪对这个计划不甚了解以及对紧急情况界定存在着模糊性(什么是“无误的”或“大规模的”)等情况,肯尼迪坚持发出这个特别命令就显得非常明智了。[5]

肯尼迪对这次总统理性对组织常规(organizational routine)的胜利感到有些满意。但同时,正在发生的其他相关事态则显示出重要组织常规的数量是如何超出总统所能控制的范围的。除了“朱庇特”导弹,美国在土耳其和欧洲其他国家还部署有携带核武器的飞机。正如斯科特·萨根(Scott Sagan)在《有限的安全》(*The Limits of Safety*)中的分析详细揭示出的那样,北约军事基地——包括在土耳其境内的基地——携带核武器的战斗轰炸机,在10月22日被置于核“快速反应戒备”(Quick Reaction Alert)状态。这些全副武装、处于快速反应戒备状态下的飞机,可在15分钟内起飞。而且,根据“确定控制发射(即‘保险’)程序(positive control launch procedures)”,北约的欧洲总司令〔一位美国人,劳里斯·诺斯塔德(Lauris Norstad)将军〕在接到遭到攻击的战术警报时,就有权命令他指挥的那些处于戒备状态下的飞机发动攻击。[6]而在刚刚提到的那次白宫会议上,没有人提到过快速反应戒备状态。因此,虽然这些飞机与肯尼迪的那个特别命令所针对的“朱庇特”导弹一样,都是可能导致冲突升级的危险因素,但却没有针对它们的特别命令;那些可能导致危机升级为核战争的常备授权(standing authorizations)依然有效。

而且,当时驻土耳其的空军中队指挥官在后来评论当时的安全状况时回忆说,核安全问题“严重得超乎你的想象……我们装上了所有的东西(包括核弹),枕戈待旦,在跑道上睡了两个星期,飞机都要散架了……机组人员筋疲力尽。”虽然他认为没有人会在未得到授权的情况下启动那些携带核武器的飞机,但“回过头来说,总是有些人你连给他一支点 22 口径的步枪都会感到不放心,更不要说是热核炸弹了。”[7]这些核武器没有一件装有密码锁装置——行动控制链(permissive action links),而这个装置后来成为防止核武器意外或未经授权的使用而必备的惯常保护装置。

部署在土耳其和欧洲大陆的北约战斗轰炸机所处的核快速反应戒备状态,则是又一个奇怪与危险的举动——如果苏联情报分析人员当时知道这种情况,将会感到困惑与不安。正如萨根的研究所揭示的那样,在肯尼迪宣布美国在古巴境内发现苏联导弹的当天,美国战略部队提高了戒备等级;这在欧洲就可能导致一个明显不同的问题。曾历经几次柏林危机的北约和美军驻欧洲部队的司令诺斯塔德将军深知此问题,因此,他很明智地注意使北约的戒备行动不惊动苏联领导的华沙条约组织。在与英国首相哈罗德·麦克米伦(Harold Macmillan)的会谈中,诺斯塔德同意"北约部队**不应**提高到三级战备状态(DEFCON 3),并且已向参谋长联席会议提出了这样的建议。"而作为参加过第一次世界大战的老兵,这位英国首相也很清楚地记得动员计划是如何将欧洲推上战争之路的。他在10月22日的日记中写道:"我说,我**不**会同意北约的这种战备层次——重复了一次'不'字。诺(诺斯塔德)对此表示同意,并说他认为北约的主要成员国也会持同样的看法。我说'动员'有时会导致战争。"[8]

诺斯塔德敏锐的判断与做法给肯尼迪留下了深刻的印象。[9]但正如萨根所揭示的那样,就是诺斯塔德的命令,也不足以阻止美国驻欧洲空军司令听从其在华盛顿的上司的旨意,尽力提升飞机的核战备状态,包括使大量飞机处于快速反应戒备状态下。[10]

如果古巴导弹危机最终正如肯尼迪所担心的那样发展下去——美国打击苏联在古巴境内的那些导弹,而苏联则攻击美国在土耳其的基地,美国又发射核导弹或用飞机进行反击;那么,历史学家解释此事件时,可能会仔细分析事件的各个细节,试图从美苏在国家利益和重要目标方面的冲突上寻找灾难的原因。[11]而在对此类重大历史事件的解释中,上述列举的那些主要事件与组成政府的那些大型组织的程式与常规(the programs and routines)相关的事件则通常被忽视掉。因此,本章试图关注于古巴导弹危机中行为体行动中所表现出来的、由组织所决定的那些特征。

在这个层面上,我们关注于三个核心事件:(1)苏联在古巴部署进攻性导弹;(2)美国对古巴进行封锁,(3)苏联从古巴撤出导弹。用组织理论分析现有的信息,将得到有启发性的发现。

苏联在古巴部署导弹

苏联在古巴增加兵力的详细情况

对苏联在古巴部署导弹行动的大多数解释集中关注于行动中的几个明显特征,如苏联部署的规模和中远程弹道导弹与中程弹道导弹的同步部署。一些学者认为这些特征就排除了古巴防御说的解释。但这些特征支持了苏联的目的是增加其导弹力量的假说,因为一个有这样目的的国家,将很自然地选择既部署大量的中程弹道导弹,也部署大量的中远程弹道导弹。苏联在总体战略力量上所处的相对弱势地位也同样使人得出这样的结论,即苏联在古巴部署核武器是为了实现战略平衡,从而可以威慑住美国发出的使用核武器保卫柏林等威胁。但苏联在古巴部署导弹行动的许多细节似乎与这些假说并不一致。仔细分析这些令人困惑的行动细节就会发现,并不能根据 1962 年 9 月至 10 月期间苏联在古巴的行动特征来判定苏联的意图。

来自美国和新近从苏联获得的资料,使我们现在可以描绘出苏联在古巴增加军事力量的一系列行动的详细过程;而这些行动中的最重要部分是把古巴打造成一个重要的战略导弹基地。[12] 苏联政府在 1959 年秋就决定向古巴提供武器;1962 年初,在苏联与古巴讨论下个阶段的军事援助时,提供武器行动曾暂停过一段时间。1962 年上半年,美国发现苏联开往古巴的干货船航班平均每月只有 15 次,并仅装有极少量的武器。

古巴要求得到常规武器以增强防御能力的请求,在 1962 年 4 月得到苏联最高主席团的批准;但美国对此并不知情。亚历山大·富尔先科和蒂莫西·纳夫塔利在他们的开拓性著作中,注意到最高主席团是把那些早已答应给埃及的地对空防空导弹(SAMs)转送给了古巴。他们的分析显示出,六周后向古巴运送核导弹的最高主席团决定,是由赫鲁晓夫主导的另一个独立的决策过程的结果。[13]卡斯特罗并没有要求得到核武器,但被说服接受了苏联的这个决定。而对美国人来说,这两个不同的决策产生了相同的组织输出;这一系列的输出到夏季就是可见的了。苏联武器运输的进度在 7 月底有一个显著的增加;8 月,有 37 艘苏联干货船抵达古巴港口,其中大约有 20 艘装有武器。截至 9 月 1 日,苏联运抵古巴的武器已包括地对空导弹、“火山”岸防巡航导弹(类似于无人驾驶式喷气飞机)、装备有常规反舰导弹的巡逻艇,5000 多名苏联技术人员和战斗人员,以及大量的运输、电子、建筑等方面的设备。[14]

苏联首批核导弹在 9 月 8 日运抵古巴。这些长 59.6 英尺(不包括 13.7 英尺长的整流罩)、直径为 5.4 英尺的中程弹道导弹,是放在苏联为运输木材而设计有巨大舱口的船的甲板下运到古巴的。装有第一批中程弹道导弹的“鄂木斯克”号抵达马列尔港口后,第二艘大舱口船“波尔塔瓦”号也在 9 月 15 日随之而来。然后,其他中程弹道导弹、导弹拖车、燃料加注车、特种雷达车、导弹竖起装置、核导弹掩体建设设备,以及其他与战略导弹有关的设备也相继运抵古巴,并很快被运到了建设场地(许多事先已建设好)。

类似的中远程弹道导弹设备也陆续被运到。9月运到古巴的不只有核弹道导弹。在这个月中,不断运到古巴的还有伊尔-28喷气式中程轰炸机和首批苏联当时最先进的喷气式战斗机米格-21,以及更多的地对空导弹、巡航导弹和巡逻艇等。而苏联只公开承认已同意帮助古巴对付来自"帝国主义侵略集团"的威胁,向其提供军事培训人员和"只用于防御目的的……部队与军事装备"。莫斯科宣布,不存在向其他国家运送核武器的必要。[15]

10月,更多的这类装备以更快的速度运进古巴,直到10月24日美国开始对古巴采取"隔离"行动。中程弹道导弹携带的核弹头,与几十颗"火山"岸防巡航导弹携带的核弹头、6颗伊尔-28携带的核炸弹以及12颗短程战术火箭携带的核弹头一起,在10月4日运抵古巴;美国对此并不知情。[16]截至美国开始进行封锁,已有超过24枚的中远程弹道导弹运抵古巴。而当美国宣布采取封锁行动时,还有许多干货船正在驶向古巴,其中有些就装有未带弹头的中远程弹道导弹。

按照苏联原有的计划,至10月20日,所有运送武器的船都应起航,并应在美国国会选举之前将货物运抵古巴。[17]赫鲁晓夫和葛罗米柯不断地警告肯尼迪和其他人,苏联将在美国国会选举之后强行解决柏林问题。

即使不算上那些被拦截的船上所装的武器,苏联在古巴境内的军事力量仍包括:

1. **中程弹道导弹。**这些移动式的中程弹道导弹有六个发射场,其中四个在位于哈瓦那西南50英里的圣克里斯托瓦尔附近,两个位于哈瓦那以东135英里的大萨瓜附近。每个发射场有四个发射架、可移动的地面支援装备、把核弹头从独立的储藏设施中运到发射点的设备,以及额外的存放导弹的掩体——这表明苏联打算使这些发射点都具有再次发射能力。六个发射场,每个发射场有四个发射架,每两个发射架配有一枚备用导弹。这就意味着总共有 36 枚中程弹道导弹;再加上六枚用于欺骗美国可能的打击(或用于训练)的诱饵弹,总共就达 42 枚。这些中程弹道导弹射程为 1100 海里,分属三个导弹团。所有这些导弹都已运抵古巴。

2. **中远程弹道导弹。**中远程弹道导弹的三个固定的混凝土发射场正在建设中,第四个则正准备开工。其中两个发射场位于哈瓦那附近的瓜纳哈伊,另两个将在雷梅迪奥斯(处于建设的初期阶段);这两处将各部署一个导弹团。每个发射场上,四个发射位置、混凝土指挥掩体、核武器运输设施和导弹支援设施都正在建设中。这意味着总共有 16 个发射架,而每两个发射架又配有一枚备用导弹,这样总共有 24 枚中远程弹道导弹。苏联的中远程弹道导弹射程为 2200 海里。不过,虽这些导弹的相关设备已齐备,发射场地也在建设中,但中远程弹道导弹还未运到古巴。赫鲁晓夫还曾计划在古巴建立一个弹道导弹潜艇的战略基地和一个水面舰队的基地,但在 9 月肯尼迪发出公开警告后,由于担心海军建设这部分工作会更难以骗过美国,他就暂停了这部分的建设工作。在危机之后,美国怀疑如果苏联扩张基地的意图得逞,它还可能会在其他地区部署更多的导弹部队。[18]

3. **伊尔-28 轰炸机。**已有 42 架尚未组装的伊尔-28 轰炸机(北约名称为“小猎犬”)运抵古巴的圣胡利安和奥尔金机场。这种喷气式飞机在载有 6000 磅核武器或常规武器的情况下,作战半径为 600 海里。至危机爆发时,只有七架完全组装完毕。美国情报机构当时怀疑这些飞机已配备有核炸弹,事实也确实如此。肯尼迪在 9 月就在古巴部署核武器的后果发出公开警告后,赫鲁晓夫命令迅速向古巴运送去六颗供这些飞机携带的核炸弹。[19]

4. **地对空导弹。**遍布古巴的 24 个发射场上的 SA-2 导弹,在古巴上空编织了一个严密的防空网。这些发射场分属两个防空师,每个师又下设三个团。在每个发射场有六个发射架(总共 144 个),每个发射架装有一枚导弹,同时配备三枚备用导弹。这些防空导弹的射高为 80000 英尺、射程为 30 海里。为了支持这些防空体系,还部署了庞大的雷达系统。此外,还有大量用于低空防御的防空高炮。

5. **巡航导弹。**至少有四个岸防巡航导弹发射场。这些布置在重要港口和海岸附近的发射场将总共配备 16 套 34 支脚式的发射架和制导设备;每个发射架将配备五枚导弹,总共为 80 枚导弹。美国在当时根本不知道,这些导弹中有许多——如果不是所有导弹的话——已装上了核弹头。这些巡航导弹的射程为 40 海里,能对舰队和两栖登陆部队构成严重威胁。

6. **战术核导弹。**在 9 月,作为对肯尼迪警告的一个反应,赫鲁晓夫又在派驻古巴的地面部队中增加了三支总共装备了 12 枚"月神"战术核武器的部队。这些在西方被称为"青蛙"的陆基自由式(无制导)火箭,射程约为 20 英里。这些导弹并不属于派驻古巴地面部队的正常战斗装备,而是后来根据赫鲁晓夫个人的命令增加的,目的是为了在遭到美国攻击时,为战场提供核防御。[20]

7. **"蚊子"级导弹巡逻艇。**至少已有 12 艘"蚊子"级高速巡逻艇在马列尔湾和巴内斯之间执行任务。这些巡逻艇每艘排水量为66吨,长83英尺,配备有两枚20英尺长、射程为10—15海里的巡航导弹。

8. **米格-21飞机。**已有42架苏联当时最先进的高性能战斗机米格-21运抵古巴机场。这些战斗机装备有空对空导弹,在40000英尺高度速度可以达到1000节。在危机期间,美国知道这些飞机中的一大部分是由苏联飞行员驾驶的。而在7月份之前,已有40多架型号更老些的米格-15和米格-17运抵古巴。

9. **苏联部队。**作为1962年5月向古巴运送导弹的那些决定的一部分,苏联一个满员的集团军——类似于苏联驻扎在东欧的集团军——被派驻到古巴。其中包括四个重装备摩托化步兵团,以及数个装备有苏联最先进坦克和突击步枪的营。到危机爆发时,在古巴已有40000多名苏联士兵和技术人员,且还有几千人尚未到达。苏联的这些部队主要部署在四个地方(古巴西部的阿特米萨和圣地亚哥省的德拉斯维加斯,古巴中部的雷梅迪奥斯附近,以及古巴东部的奥尔金附近)。

运送这些武器和相关设备需要100多艘船。而建设和保卫这些设施与武器装备需要40000多名俄国人。毫无疑问,苏联的行动不仅仅是为了挑衅,而且是真正要在古巴大规模增加军事力量。似乎可以理所当然地认为,苏联有一个计划来统一协调这些行动:先运入挑衅意味较小的防御性武器,第二步再运入进攻性武器。(双方都明白,至少核武器包括在美国人所说的"进攻性武器"行列中。)研究者可能会期望掌握的那些证据将为揭示出苏联的这个计划提供线索,从而发现苏联采取这种冒险行动的意图。

但是,对苏联行动的全面、细致的分析与其说是带来了问题的答案,还不如说是产生了更多的疑问。有关苏联方面的信息掌握得越多,疑惑也就越多。最明显的疑问可能就是,苏联为什么对他们的行动可能被美国 U-2 飞机发现似乎表现得非常的不在乎。苏联曾在 1960 年击落过这种高空侦察机,他们应十分清楚 U-2 飞机的侦察能力。因此,正如美国照相侦察专家艾默伦·卡茨(Amron Katz)所说的那样,苏联"不可能期望在很可能会遭到近距离空中侦察的情况下,他们在古巴的那些导弹基地不会被发现。"[21] 而如果他们想避免被发现,就应该考虑到 U-2 的侦察飞行,并采取相应的应对措施。但看一下他们实际做了些什么:

1. **地对空导弹方面。**苏联运到古巴的 SA-2 导弹,在当时是一种非常先进的防空导弹。苏联和共产主义中国用这种导弹分别在 1960 年和 1962 年 9 月 9 日各击落过一架 U-2 飞机。(部署在古巴的该型防空导弹在 10 月 27 日也击落了一架 U-2 飞机。)因此,苏联正在部署的防空体系可以有效地防止 U-2 飞机在古巴上空进行自由的飞行侦察。防空导弹系统在 10 月 9 日就已就绪,并显然已开始使用。实际上,为了保证对空防御能首先准备就绪,在 7 月份苏联还曾对原有的部署计划进行了调整。赫鲁晓夫至少是想击落任何来犯的 U-2 飞机。但在 10 月 14 日一架 U-2 飞机第一次从中程弹道导弹发射场上空飞过时,却并未遭到任何攻击。因此,美国怀疑那些防空导弹或雷达是否已经可以使用。正如索伦森后来在回忆时所说的那样,"苏联行动在时间上未能协调好的原因,仍然是**令人难以理解的**。"[22] 但苏联确实在行动时间上已进行了协调。但他们为什么又不去击落那架 U-2 飞机呢?

2. **伪装方面。**苏联在古巴的那些中程弹道导弹和中远程弹道导弹发射场的建设,几乎是在没有伪装的情况下进行的。国家图像处理中心主任,也就是发现那些导弹的那个小组的负责人阿瑟·伦达尔(Arthur Lundahl)对此感到很困惑,“苏联为什么让那些导弹和所有的支援设备暴露于一块开阔的场地上呢,这肯定是要引起图像分析人员注意的呀?”苏联政府很清楚美国的照相侦察能力。[23]考虑到苏联人知道 U-2 飞机会进行侦察,这种行为似乎就很难令人理解了;以至于一些分析人员认为,苏联肯定是想在这些场地建设期间就让美国发现这些导弹。但这种猜想与苏联先前的行为并不一致,也忽视了这样的事实,即当美国公开揭露苏联的行为时,他们又匆忙对这些场地进行伪装。正如罗伯特·肯尼迪后来所说的那样,“从不清楚他们为什么要等那么晚才那样做。”[24]

3. **建设速度方面。**“苏联在(部署中程弹道导弹)行动中,其后勤的效率几乎得到了一致的公认。”苏联在部署导弹方面的速度确实也是“非同寻常的”。[25]但直到美国宣布进行封锁,苏联都没有抓紧时间,而是不紧不慢地施工。而且,如果他们一开始就把施工活动限制在夜间进行,而在白天对场地进行伪装,这些场地可能就不会被侦察到。

4. **导弹发射场方面。**古巴境内的那些防空导弹、中程弹道导弹和中远程弹道导弹的发射场,建设得与苏联境内这些导弹的发射场一模一样。10 月 16 日中央情报局代理局长马歇尔·卡特(Marshall“Pat”Carter)在向肯尼迪及其顾问们汇报时说,那种部署方式“与我们在苏联境内发现的类似导弹的惯常部署方式完全一致——每套系统之间相隔五英里”。古巴境内的苏联防空导弹发射场是按苏联为战略导弹设施提供对空防御的一贯方式布置的。[26]这就使美国分析人员能辨认出苏联的建设活动。美国的分析人员当时已获得了类似导弹及其在苏联境内的部署方式的照片,甚至包括由苏联少校奥列格·佩尼科夫斯基(Oleg Penkovsky)交给美国情报机关的苏联导弹部署手册。[27]

第二类疑问与苏联行动中的种种相互矛盾之处有关。伦达尔在他的小组证实发现那些导弹的当天,就注意到了其中一个重要的疑点。“为什么在导弹从苏联到古巴的运输过程中,苏联采取了大量的安全措施,但一到部署场地,就没有采取任何针对空中侦察的安全防护措施呢?”例如,苏联只是在美国宣布发现那些导弹并进行封锁之后,才开始对那些早已暴露的东西进行伪装。同样,在美国宣布进行封锁之后,在圣克里斯托瓦尔的苏联军队才开始建设永久性营房;但在圣胡利安,苏联人则继续拆开装箱,组装伊尔-28教练机,而不是先组装那些战斗机。最令人困惑的是,他们同时开工建设中程弹道导弹和中远程弹道导弹发射场。考虑到迅速完成中程弹道导弹部署的重要性,怎么才能解释在中程弹道导弹场地建设完成之前,就建设花费更大、更难防卫并更易惹人注意的中远程弹道导弹场地的这种做法呢?

第三类疑问产生于那些核导弹的战略特征。这些核导弹要在何种紧急情况下使用?美国的核优势使苏联在任何情况下首先发动核打击都只能是一种疯狂而绝望的行为,那么,那些导弹会被用于报复性打击吗?但是,那些核导弹所有的发射场都是“软式”的,因此它们在遭到美国的打击时将很容易被摧毁。苏联也没有加固这些发射场,在建设时也没有考虑到要在将来进行加固。更令人困惑的是,苏联为每两个发射架额外配备了一枚备用的弹道导弹。因此,可以推测,他们希望能够进行重新装填而第二次发射核导弹。但能想象得出在什么样的情况下苏联才可能会有机会再次发射呢?事实上,发生紧急情况时,这些导弹能逃过美国先发制人的打击、发射一次就算是很幸运了;在那种情况下,美国毫无疑问会在导弹重新装填、发射之前就将它们摧毁。因此,这些占原计划部署总量三分之一的用于再装填的导弹,实质上是毫无用处的。事实上,似乎只有在下面这种情况下,苏联才可能有从这些“软式”发射场上第二次发射导弹的机会,即在被美国发现之前就首先用这些导弹对美国进行打击;这样也许还能再把第二枚导弹装上发射架而发起第二次打击。但在被美国发现之前或在苏联宣布其造成的既成事实之前,用这些导弹发起这种突然袭击的可能性似乎是无限小的。

第四,苏联为其向古巴运送导弹辩护的最有力借口,就是这些武器将防止**任何**人以**任何**方式使用核武器,特别是将威慑住美国,防止美国把在柏林或古巴爆发的地区性冲突升级到使用核武器级别。正如赫鲁晓夫向最高主席团所说的那样,那些导弹“有一个目的……是吓唬他们(美国人),让他们有所收敛……这是以其人之道还治其人之身”。[28]但事实上,正是苏联部署了这些武器,大大**增加**了核武器被使用的可能性,并且可能是由**莫斯科**——而不是华盛顿——首先使用。为了能挫败美国对古巴的入侵,赫鲁晓夫命令苏联军队装备岸防核导弹和用于野战的战术核武器。但这并不能威慑住美国的入侵,因为美国人并不知道部署的那些岸防导弹带有核弹头,并且只是到了危机后期才发现那些战术核武器。而苏联的常备作战条例和军事方针意味着将对美国侵略者使用核武器:岸防导弹用来对付从海上入侵的舰船;那些战术核武器则在敌军登陆后进行集结时使用。且在古巴的这两种武器系统唯一配备的弹头就是核弹头。

第五,苏联在古巴的军事人员的行为表现得好像患有轻度精神分裂。尽管他们费了一番功夫去掩盖他们的身份(例如,部队不穿制服而穿便服和运动衫)。但一些标志性痕迹仍使他们暴露了。那些"年轻、干净、体型标准、被晒得黝黑的"技术人员,穿着一般人的衣服,但在到达古巴后,却在港口排成一个个16人的方队,再由卡车运走。[29]众议员马洪(Mahon)在众议院拨款委员会的听证会上,提到了他们的另一个更令人吃惊的行为。"这似乎有点奇怪,"他说,"这些军队在他们的营房或集结区设立了标示其身份的巨大军徽。对你们来说,这不意味着什么吗?"事实上,苏联军队在他们营房前面竖起了苏联步兵和地面装甲兵部队的标准徽章,以及特种警卫部队的徽章,甚至是红军星。[30]同样,在整个行动中,武器装备的部署不单单是显露出蛛丝马迹了,而是惹人注意了,例如那些米格飞机。如罗伯特·肯尼迪一直感到困惑的那样,"真不明白俄国人和古巴人为什么在古巴飞机场上把飞机一架连着一架排起来。这会使它们成为绝好的打击目标。"[31]

组织的执行

苏联行动中的一些反常之处,必然要被归结到苏联具体某些人的错误和愚蠢。说服卡斯特罗接受导弹的苏联代表团曾就计划的可行性,向赫鲁晓夫报告说,他们认为古巴的森林或棕榈树可以隐藏导弹。这个判断后来尤其受到了苏联军事分析人员的嘲笑。[32]但如果把这些反常之处视为是苏联组织的输出,许多问题和似乎是矛盾的地方就不会那么令人困惑了。在公开文献中,有关这些组织和其具体的功能的信息仍是零散的。但是,根据这些信息进行分析,仍将会有所发现。

在古巴部署导弹的最终决策,由苏联最高主席团做出,但行动的方方面面具体工作——也就是从纸面上的决定到导弹在古巴实际投入使用的过程——则是分派给苏联各个相应的组织完成的。苏联的行动,特别是涉及核武器时,它的标准做法是把保密性置于第一位;它在保密上的做法与要求远超过美国政府的做法。因此,每个组织通常具有的"只做它会做的"的倾向,在苏联组织那里,由于缺乏有关其他组织行动的信息与缺乏对行动全局性的了解而变得更加严重。

这些导弹在装运、卸载以及运到建设场地的过程中所采取的保密措施,使其躲过了任何形式的侦察,直到导弹在发射场地开始部署;这是组织一个非常大的成功。"阿纳德尔河行动"(Operation Anadyr)的这个部分,由苏联总参谋部下专门设立的一个行动小组负责规划。该小组与苏联情报机构进行了密切的合作,并设计了实行全面保密的各种行动程序——其中一些包括释放出"假信息"以欺骗敌方的侦察。[33]敏感的港口或基地几乎完全不让古巴人接近。但一旦这些武器装备运抵古巴后,就由另一个组织——即苏联驻古巴集团军司令部——接管了。

伊萨·普利耶夫(Issa Pliyev)将军是这个集团军的司令;他出身于炮兵,曾任苏联北高加索军区司令。战略火箭军曾想让自己的将军担任该集团军司令(既然它提供了弹道导弹部队),但赫鲁晓夫想让普利耶夫来担任,因为即使普利耶夫的身份被发现了(他是利用假护照前往古巴的),也不会暴露那些核导弹。更重要的是,赫鲁晓夫个人信任普利耶夫。赫鲁晓夫和国防部长马利诺夫斯基都是普利耶夫的老朋友,并且这位将军刚刚在新切尔卡斯克用机关枪镇压了一场平民叛乱。不过,普利耶夫的副手和司令部人员全都来自战略火箭军。

这样安排的结果之一就是,普利耶夫这位老炮兵与其副手及参谋之间相互指责、争吵,关系很糟糕。他的那些来自不同军种的下属部队一旦到了古巴,马上就依照自己的行动计划和常规做法各自行事了。他们很快就发现要么改变原有的指令、要么无视这些指令。因为“在莫斯科的地图上看起来清楚、可行的东西,在现实中经常是行不通的”。[34]

那些导弹团来自战略火箭军。此前,苏联从未在其领土外部署过中程弹道导弹或中远程弹道导弹。而在被派到古巴部署导弹的人中,如果不是没有人也是极少有人到过苏联以外的地方。他们带着各种各样的武器装备(包括曾在阅兵中拖着中程弹道导弹通过莫斯科红场的那种牵引—竖起装置)、物资(包括各种很容易辨认的辅助车辆和导弹燃料、电力供应系统)以及他们对这个8000英里以外的陌生岛屿的知识,来到了古巴。

在发射场建设工地上,各支队伍的部署导弹行动完全按照手册上规定的进行,做他们会做的事。每个中程弹道导弹发射场要设有四个发射位置,因为中程弹道导弹发射场通常就是有四个发射位置。在每个中远程弹道导弹发射场上,两对完全相同的发射架被设置相隔 750 英尺，因为中远程弹道导弹发射架之间通常就间隔这样的距离。每两个发射架额外配备一枚备用导弹，因为这些发射架有再次发射的能力，且部署在苏联西部对准西欧的这两种导弹通常也就是这样部署的。而没有加固那些导弹发射场，并不是因为想首先发动打击，而是因为在苏联，导弹发射场从来就没有加固过。苏联战略火箭军在苏联境内并未加固他们的发射场，所以也根本就没有这样的装备和程序。而储备核弹头的掩体按一贯的详细规定，依照固定的尺寸和使用规定的材料建筑而成；否则，就可能通不过对储备掩体的标准化验收。

有关组织行为的其他例子则更不那么直接。因为没有伪装，如果U-2 飞机从发射场上空飞过，美国肯定会发现那些导弹。苏联原先期望能把那些导弹隐藏在古巴的大片森林中。在导弹危机开始的几天中，肯尼迪及其顾问也曾担心如果那些导弹被藏到森林中，就无法对那些导弹进行空中打击了。但苏联原先的打算和美国的担心都是没有根据的，野战部队组织对此更清楚。正如阿纳托利·格里布科夫（Anatoli Gribkov）将军所分析的那样：

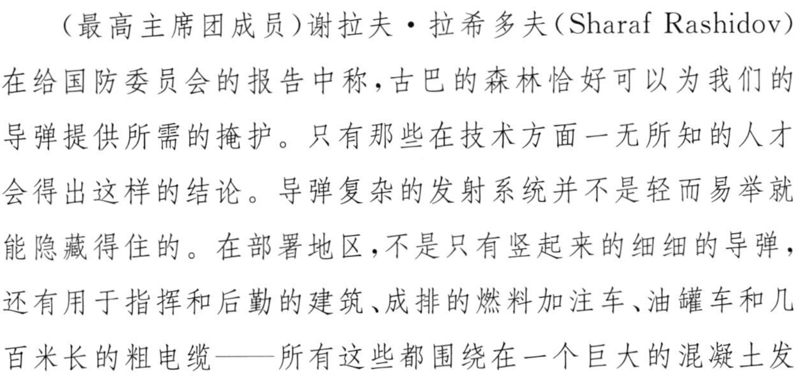

> （最高主席团成员）谢拉夫·拉希多夫（Sharaf Rashidov）在给国防委员会的报告中称，古巴的森林恰好可以为我们的导弹提供所需的掩护。只有那些在技术方面一无所知的人才会得出这样的结论。导弹复杂的发射系统并不是轻而易举就能隐藏得住的。在部署地区，不是只有竖起来的细细的导弹，还有用于指挥和后勤的建筑、成排的燃料加注车、油罐车和几百米长的粗电缆——所有这些都围绕在一个巨大的混凝土发

> 射台周围。重型装备运入后,这样的部署——除了通向发射场的道路——从地面上确实难以被发现。但从空中看,它可能——事实上就是——像一根孤零零竖起的大拇指那样明显。
>
> 古巴的气候也使这些森林地区不适合隐藏苏联的军队和武器装备。岛上的森林一般比较稀疏,主要由一些棕榈树和低矮浓密的灌木丛组成;而森林中空气几乎不流动,溽热难忍。白天,这些树木不是提供宜人的荫凉,而是像海绵一样吸收、聚拢大气中的水分,使对人和装备都有害的湿度升高。而且,在古巴岛东部地区的森林中有许多有毒的古亚柯树,碰一下树皮,人的皮肤上就会起水泡。[35]

即使这些军队接到了要隐蔽他们行动的命令,他们也还接到了要在11月初完成任务、一切军事力量要准备就绪的命令。

事实上,尽管存在格里布科夫所说的这些情况,但苏联仍可以采取其他的伪装措施。只不过是在肯尼迪向世界宣布发现那些导弹(以及格里布科夫作为总参谋部监督普利耶夫的官员抵达古巴)**之后**,苏联才开始采取这些措施。在肯尼迪的讲话发表几天之后,美国图像分析人员迷惑不解地发现,“除了用树林、灌木丛以及一些灌木隐藏导弹外,还采取了各种各样的伪装措施。导弹的辅助性设备上搭起了伪装网;一些发射架和建筑上,披上了用于伪装的塑料套,一些盖导弹和导弹运输车的帆布上也涂上了迷彩。”而且,更多的工作开始在夜间进行。虽然这些努力不可能完全隐藏住那些发射场地,但确实使其变得难以辨认。因此,肯尼迪满怀困惑地对中央情报局局长麦康大声说道:“要是我们在早先(在它们被伪装之前)没有拍下那些照片,我们也许就发现不了它们了。”[36] 而如果这样的话,美国的决策将是完全不同的。

因此,格里布科夫对没有采取更好伪装的解释,只是问题的一个方面。苏联事实上是可以进行严密伪装的。但导弹发射场的建设部队并没有进行伪装的常规,他们在苏联的建设中就从来未进行过伪装。而且,苏联指挥官要完成的两个目标也存在相互竞争:尽快完成部署和隐蔽活动。现场的部队不得不决定哪个目标更具优先位置。伪装所用的伪装网和塑料掩层,在酷热的环境下将使在其下面工作的人感到极其难受;只在夜里工作可使他们的活动很不容易被发现,但会减慢建设速度,甚至会使工程超期。一个情报机构在这种情况下,可能会做出不同的选择,但可以预料得到,一支野战部队可能会首先关注于做好战斗准备,特别是在其接到的命令中有期限要求的情况下。因此,那些导弹部队按照他们所知道的工作,有时是开足马力;他们也没有得到普利耶夫指挥下的其他部队的常规程序以外的帮助。而普利耶夫的副手“经常与(海军司令)去打网球,好像世界与他们两人毫无关系似的。”[37] 只有导弹被美国发现(和总参谋部派出监督团)所产生的冲击,才导致组织行为发生巨大的变化。

地对空导弹方面的令人困惑之处更难以解释。现有证据清楚显示赫鲁晓夫曾特别担心 U-2 飞机会发现那些导弹。在 7 月,当苏联几十艘船起航开往古巴时,赫鲁晓夫曾私下要求肯尼迪采取和解的姿态,停止对在国际水域航行的苏联船只的空中侦察。肯尼迪对此表示,如果赫鲁晓夫不挑起柏林问题,他就会同意这个请求。赫鲁晓夫的请求获得了肯尼迪的同意(赫鲁晓夫却没有同意肯尼迪在柏林问题上的要求)。此外,赫鲁晓夫还命令要确保首先把防空导弹运到古巴,以防止 U-2 飞机在古巴上空进行侦察。[38]

在被派去监督工作的格里布科夫抵达古巴的同时,普利耶夫接到了一个坏消息:美国可能已发现那些导弹。10 月 14 日,一架 U-2 从导弹部署区上空飞过。苏联防空部队发现了这架飞机,但没有采取行动。(在 10 月 15 日和 17 日在古巴领空还有多次飞行,可能也被发现了。)而现在已是 10 月 18 日了。

为什么苏联对 U-2 飞机的侦察活动没有采取行动呢,那些防空导弹已经可以使用了呀? 对此,格里布科夫回忆说,"莫斯科把它们运到古巴是用来对付空中打击的,而不是为了对付空中侦察活动。如果不能确定发生了紧急入侵的情况,那些地对空导弹的指挥官甚至被禁止用他们的雷达跟踪头顶上的间谍飞机。"格里布科夫知道 7 月专门发布的那条要求在古巴的地对空导弹做好战斗准备的命令,但他认为这些命令来自他的顶头上司、国防部长马利诺夫斯基;[39]并且,他显然对赫鲁晓夫试图用那些地对空导弹对付 U-2 侦察机的想法一无所知。到现在,我们仍可以认为普利耶夫对此同样也是一无所知。更中肯地说,苏联的惯常条令(standing orders)似乎要求防空部队只有在遭到攻击的情况下才可开火;这也许是为了避免在一切准备就绪之前引起任何意外或不必要的注意。而惯常条令是由那些在赫鲁晓夫表示其担心时无疑并不在场的人制定的,因此,这位苏联领导人的意图从未能被贯彻到下发给执行决策的有关组织的行动指令中。

另一种解释是,那些苏联防空部队怀疑是 U-2 飞机的侦察,却

又不能确定。在面对不知道怎样做才是恰当反应的不确定情势下,这个组织选择了不采取行动。

现在有证据证明,普利耶夫在 10 月 14 日就怀疑导弹已被发现。10 月 18 日,这种怀疑被告知格里布科夫。但现在没有证据显示,"苏联政府"被告知过这种怀疑。因为,苏联外交部部长安德烈·葛罗米柯在10 月 18 日与肯尼迪会谈后,他在发回的报告中还得意地称,古巴的形势"完全令人满意"。葛罗米柯称没有迹象显示,美国已察觉到正在发生的事情,并充满自信地预言说,"几乎不可想象美国会对古巴采取军事冒险行动"。[40]克里姆林宫直到 10 月 22 日得知肯尼迪即将发表全国电视讲话的消息,才非常担心美国会发现那些导弹。[41]

而莫斯科又为什么会不知道其在哈瓦那的人所了解的情况呢?对此,我们只能进行猜测。普利耶夫也许会很自然地认为,报告这种情况将会成为他失职的证据。他明显是不喜欢格里布科夫的到来。但在司令部,有关 U-2 飞机的情况广为人知,已不可能对莫斯科来的"总督察长"进行隐瞒。格里布科夫得知这个消息后,立即批评伪装措施不够。但我们(也)没有证据能证明格里布科夫曾把这个情况发回告知苏联政府。[42]或许他认为或自我安慰地认为,这一切都还只是个怀疑罢了。并没有找到显示美国已发现导弹的证据,因此,为什么要汇报这种可能会使他们丢失官职的怀疑呢?而且,他们并没有接到过针对这种紧急情况的命令;他们有什么命令就执行什么命令罢了。对他们来说,从他们当时在组织中所处的位置来看,显然已经做得非常好了。

最后,我们分析一下苏联部署到古巴的军事力量构成,特别是其中近100枚战术核武器——或称之为战场核武器。尽管苏联的整体部署行动是希望防止地区冲突升级到核冲突的层次,但这些战术核武器是准备首先使用的,而这又可能引发核战争。对此,当然可以部分解释为是由于苏联领导层意图混乱。现有证据表明,赫鲁晓夫和其同事曾考虑过要使用战术核武器。10月22日,在担心肯尼迪将宣布入侵古巴的情况下,最高主席团实际上已草拟了一个授权普利耶夫使用核武器击退侵略的命令。只是因马利诺夫斯基警告美国可能截获这个命令而因此首先使用核武器,克里姆林宫才改为发出更为谨慎的命令,即要求普利耶夫在没有得到莫斯科批准的情况下,不准使用核武器。[43]

但在莫斯科的这条命令抵达古巴之前,"那些战术核武器由普利耶夫控制着,并且如果他与莫斯科之间的联系被切断,他就可以把首先使用核武器作为最后的手段。"[44]可以设想一下美国进行突然空中打击然后马上发动入侵的这种情况;事实上,这种方案曾得到过华盛顿许多高级官员的支持——肯尼迪与其大部分顾问在危机刚开始的那几天,都支持过这种方案。如果出现这种情况,在激烈和混乱的战争状态下——以及根据苏联其时的作战原则和指导方针——普利耶夫很可能就会对入侵者使用战场核武器。普利耶夫在10月26日根据自己的权力,命令把一些核弹头与用于携带这些弹头的导弹靠得更近一些。然后,他向在莫斯科的上司报告了他的行动。他的上司对此感到不安,明确提醒普利耶夫,他在使用任何武器之前必须得到中央的批准。而苏联只能依赖于普利耶夫会遵守命令,而不存在防止这些战场上的部队真的使用核武器的技术保险措施。

而直到危机末期,美国才知道普利耶夫握着战术核武器。美国“作战计划制订者之前认为古巴岛上的那些防卫部队不会冒冲突升级的危险装备有战术核武器”。[45]

但如果分析有关组织的正常行为(normal behavior),苏联的这种表现也就变得要合理得多了。按照“火山”导弹在苏联和其周边盟国用于防御时的标准部署方法,部署在古巴的这种岸防巡航导弹也装上了核弹头。没有证据显示,苏联高层领导人曾注意或考虑过把这种标准部署方法运用到古巴境内的部署将会意味着什么。而部署“青蛙”导弹或“月神”战术核火箭和伊尔-28 所携带的核炸弹,是国防部根据赫鲁晓夫在肯尼迪警告后提出的要向古巴运入更多核武器的要求而制定的方案。

而且,危机开始后,特别是在肯尼迪发表全国讲话之后,苏联为什么不告诉美国这些武器已被运入古巴?苏联为什么不用这些武器威慑华盛顿,以避免发生将导致这些武器真的被使用的可怕情况?在 10 月 22 日,赫鲁晓夫曾打算不仅要宣布在古巴存在这些战术核武器,而且还要宣布这些武器正被移交给卡斯特罗和古巴控制,而古巴将宣布准备使用这些核武器对付对它的进攻。[46]幸运的是,他后来又改变了主意。

从苏联军事指挥官的角度来看,他们的任务就是要进行战斗并赢得胜利。因此,为什么要向敌人透露武器的部署情况而败露一场核伏击行动呢?格里布科夫直白地说,“相对于那些复杂的威慑理论,对我们来说更为重要的是,怎样确保我们拥有最强大的火力以对付进攻这个实际问题。”[47]

组织的研究者知道,组织的既定运作方式会有很强的惯性,组织的具体行动是根据标准运作程序进行的,而那些看似不正常的举动放在特定的组织文化下就会变得容易理解。在新的环境中执行旧的程式(programs),准独立组织(semi-independent organization)之间配合失误,领导人试图迫使组织实施与组织现有目标相悖的行动而产生混乱,渐渐地,这些都会使组织面临许多困境。尽管组织的常规(routine)会不断出现小的调整,但大的组织变化则通常是出现在大的危机之后,而不是之前。(在古巴危机事件中也是如此。危机之后,苏联政府采取了许多步骤,加强对核武器的中央指挥和控制。[48])

但是,由**哪些**组织在**何处**执行**什么样**的程式等重要决策,确实是由位于各种政府组织顶端的政治领导人做出的。这经常意味着要在陌生的环境下实行现有的组织程式,对来自几个不同组织的例行常规(routines)进行新的组合,偶尔甚至需要对现有的组织程式进行迅速的调整,等等。而且,各个组织内部的组成单元在行动目标上也多少会有所不同。政治领导人为实现他们的目标有时需要选择一个组织内的不同组成单元。而这些情况可以从对古巴导弹危机中美国方面的行动的分析中得到说明。

美国对古巴的封锁

不应有这样的看法,即苏联部署导弹行动中那些奇怪的组织行为,只是苏联所特有的。当然,苏联的极权主义本质,会极大地扭曲它的组织在古巴导弹危机中的正常行为,正如这种本质扭曲苏联在其他问题中的行为一样。它幻想国家可以决定和控制一切的妄想狂式的意识形态,使各种标准行动程序对苏联行为的影响,比在其他社会的影响更大、更普遍。但不应忘了,韦伯和卡夫卡所描述的世界却是在列宁之前就已出现的。

有关古巴导弹危机中美国组织的行为和组织常规方面的信息现在已经越来越多,利用这些信息进行分析就可以发现其中更多、更令人困惑的有待解开的疑问。我们已提到过土耳其境内那些令人头痛的“朱庇特”导弹、核武器以及处于快速反应戒备状态下的飞机等问题。

而我们的讨论现可从另一个缩略词——三级战备(DEFCON 3)——展开。三级战备是五角大楼对防御姿态的一种称呼,是由规定美国军事力量应保持何种应战状态的程式化条令构成的复杂体系。肯尼迪在10月22日把美军在全世界的戒备状态提升到三级战备状态,并随后将战略核力量提升到二级战备状态——仅仅低于即将爆发核战争情况下的戒备状态。这次战备成为“美国军事力量执行过的戒备状态中层级最高、持续时间最长(30天)的一次核战争戒备”。[49]

肯尼迪下达了提升战备状态的命令,而具体情况又是怎么样的呢?例如,调动了多少核武器?答案是:数千件。根据萨根的说法,战略空军司令部(SAC)控制的处于战斗戒备状态下的核武器由危机前的1433件增加到2952件;轰炸机由652架增加到1475架;中远程弹道导弹从112枚增加到182枚;“北极星”潜射弹道导弹由48枚增加到112枚;且在欧洲和太平洋地区,有几百架飞机被装上了核武器,随时准备起飞。战略空军司令部下属的携带核武器的轰炸机被分散到美国33个民用、军用机场以及在英国和西班牙的前沿基地,并提升至空中戒备状态。在空中戒备状态下,每天有66架飞机飞越大西洋(或类似的路线),在西班牙上空加油后,再飞到地中海上空;在这儿,如果接到命令,这些飞机就可以进入对苏联的攻击路线。战略空军司令部拥有的B-52轰炸机"整个危机期间飞行了2088架次——飞行时间长达47000小时,飞行距离为两千万英里,进行了4076次空中加油——整个过程中没有一架飞机坠毁"。[50]

执行这种非同寻常的戒备状态,目的不仅是为了在爆发战争时能做好准备,而且也是为了能清楚地展示美国的核战备状态和核力量。但是,美国实现这些目的的程序,也不可避免地增加了出现挑衅、意外或其他不希望看到的后果的危险。这其中的平衡,是美国在发现导弹后随着危机激化而展开的所有大型组织的行动中一再出现的问题。

组织的情报活动

1962年10月22日晚上7点,肯尼迪总统发表了他任期内在外交方面最重要的讲话。总统宣布在古巴境内发现了苏联的战略导弹,并宣布"对所有运往古巴的进攻性武器实施严格的隔离",并要求"赫鲁晓夫主席停止且消除这种对世界和平的卑劣、莽撞和挑衅性的威胁活动"。[51]这个决定是位于美国政府金字塔顶端的那部分人经过一个星期的商讨后做出的。而之所以要进行这一个星期的至关重要的商讨权衡,是因为空军少校理查德·海泽(Richard Heyser)在10月14日驾驶U-2飞机拍到了苏联在古巴境内建设的导弹基地。而如果美国是在几个星期后得到这个信息,那么,美国的反应很可能会是完全不同的。为了阻止苏联导弹和弹头运入古巴而采取的封锁，将由于那些导弹和弹头早已运抵古巴而失去意义。那样的话，赫鲁晓夫的企图就确实可能会取得成功。届时，他将能按他的时间表披露这些导弹的存在，然后，将如他所承诺的那样，经过一场激烈的对抗后他把西方赶出柏林。因此，在10月14日发现那些导弹，设定了美国最终选择进行封锁这样决策的背景。

古巴导弹危机结束后，出现了有关美国情报失误的大量争论。但无论是批评者还是辩护者，大多都忽视了这一点，即苏联那些导弹竟能被发现是极不寻常的。发现这些导弹之所以成为可能，仅仅是因为美国情报机构组织拥有某些特别的能力（capacities）、常规（routines）和程序（procedures）。虽然这些能力并不是专门针对古巴而发展出来的，但如果没有这些能力，美国也就不会发现那些导弹。

情报工作需要有极其复杂的组织去协调许多各种各样行为体的活动，处理无穷无尽的信息。为此，这些组织显然必须根据制定好的常规（routine）和标准运作程序开展工作。因此，危机中美国情报机构发现苏联导弹所依靠的那些组织常规和标准运作程序，与在危机发生的几个月前后并无什么实质性不同，说不上是更成功或更不成功。[52]

现有的资料已可以使我们能相当可信地描述出导致发现那些苏联导弹的组织行为的主要特征。美国有关古巴境内情况的情报，有四个基本的来源：有关海上运输情况的情报、流亡者、古巴境内的特工和U-2空中侦察。所有有关古巴海上运输情况的信息构成一类情报,其中包括苏联开往古巴的船只的数量(至 10 月 3 日至少已有 85 艘)、船只的特征(大小、注册地和大舱口船的使用情况)以及运输物品的特征(运输、电子和建筑方面的设备、地对空导弹、米格飞机、巡逻艇以及苏联技术人员)。如果发现有船只有"特别的价值"、符合海上情报办公室列出的七大特征,就会对它们进行全面的跟踪和照相侦察。而这些船只设计上的特点也会被分析;而且,图像分析人员还发展出一种被他们称为"货箱学"(cratology)的新技能,以对不同种类的货箱及其所装货物进行估计、辨认和归类。[53]

流亡者是第二个情报来源。来自古巴的流亡者带来了在古巴有苏联导弹、中国士兵等无数诸如此类的不实报告。这些报告的可信性往往很低,这使收集和处理这些信息的价值很小。但一个部门间的处理中心仍于 1962 年 2 月在佛罗里达的奥帕洛卡被建立起来,以收集、比较和对照从对流亡者的调查中得来的信息——尽管因为有成千上万的流亡者,处理工作经常会滞后。这就产生了一种由受过训练的语言方面专业人员形成的、对这些流亡者报告进行系统的整理、筛选和分发的组织能力。在 1962 年 5 月,另一个程序又被建立起来,以确定可疑的目标地点,为空中侦察和照相提供指引。在古巴境内苏联增加军事力量的活动已变得很明显后,在 8 月又增设了一个为古巴境内的可疑目标建立综合卡片档案的程序。[54]

9 月收到的 800 多份流亡者报告中,有两份引起了特别的注意。因为这两份在一些细节上可相互印证的报告,都提到了一列苏联卡车车队似乎在朝古巴的圣克里斯托瓦尔方向拖运弹道导弹。这两份古巴人报告称其观察日期分别是9月12日和17日；这两份观察报告分别被登载在奥帕洛卡中心9月27日和10月13日分发的报告上。[55]

除了流亡者，中央情报局在古巴还有少量由古巴人担任的特工。他们用秘密的书写技术撰写报告，然后根据他们的秘密交接程序，将其寄到美国之外的一个城市。收信人的地址是个“情报交接点”；在这儿，这些信件被收集起来，然后再送到美国中央情报局总部进行解密和处理。其中一份报告提到苏联在古巴西部（包括圣克里斯托瓦尔）重兵把守着某一大片区域；并强调一些苏联人在一个地方明显是在执行与导弹有关的重要任务。观察的日期是9月7日，而这封信是9月15日寄出的；中央情报局总部关于这封信内容的相关报告的分发日期是9月18日。另一个特工发回报告称，在与卡斯特罗的一名私人飞行员的一次交谈中，该飞行员提到了岸防导弹、地对空导弹和雷达系统；报告还称该飞行员谈道：“还有许多移动式的中程火箭发射装置，他们不知道它们将作什么用。”这条信息是在9月9日得到的，并显然是在9月15日寄出的，而中央情报局总部分发最终的处理报告是在9月20日。[56]

这些报告只是例行传递的大量文案中的一部分。但情报分析人员根据已建立的程序，发现了来自不同地区的报告在内容上有一致之处；于是就在10月1日至3日间为圣克里斯托瓦尔建立一张新的“目标卡片”。再根据这些程序，这张卡片又为进行空中侦察提供了重要线索。

空中侦察是整个情报系统中最非同寻常的部分。在今天的卫星与航天飞机的时代，现已难以理解在1962年，作为一项技术成就,U-2 的照相能力是多么令人惊叹。1956 年,美国开始准备使用这种飞行高度达 70000 英尺(超过当时任何战斗机或防空导弹能达到的高度)、装有多架照相机的侦察飞机;飞机上携带的相机能在数小时的飞行中,从约 14 英里的高空对地面进行不间断的拍照侦察,分辨出长仅几英尺的物体;这些相机协同起来可以对 100 英里宽的地区进行连续的全景式拍照。而其所用的几千英尺胶卷储存在飞机上的一个小盒子中。U-2 飞机的侦察能力中,仅仅它的照相技术方面,就融合了化学、工程学和电子等领域中的数项重大发明。[57]

进行这种空中侦察,还需要有一种独一无二、以前从未想象过的飞机——U-2。在对空军的相关工作进展情况和其复杂的确定飞机性能要求(是在各种用户的不同要求之间妥协的结果)与监督生产的程序进行评估后,艾森豪威尔总统在 1954 年批准了这种飞机的制造工作,"但他要求应以非常规的方式处理此事,以避免受到国防部官僚机构的搅和,或受各军种之间争斗的干扰。"[58]

中央情报局在空军的配合下负责这个项目。该工程项目主任理查德·比斯尔(Richard Bissell)用免予审查的秘密资金,建立了自己的程序,创造出全新的能力。U-2 飞机由洛克希德公司的一条秘密生产线生产〔被称为"臭鼬工厂"(Skunk Works)〕;U-2 的生产在时间与费用节省方面都创下了新的纪录。在项目批准的二十个月后,第一架 U-2 飞机实际上已开始在苏联上空执行任务了。比斯尔领导的专家组成员来自中央情报局、空军以及民间的合同承包商(大部分来自洛克希德公司)。"从这些集团中组建起一个团结协作的工作团队,花费了大量的时间和精力。"比斯尔回忆说。

这并不令人感到意外。势力强大的战略空军司令柯蒂斯·勒迈(Curtis LeMay)就曾几次试图代表空军控制这个项目(或比斯尔私下得到了空军内有关组织的鼓动;这些组织宁可让中央情报局控制这个项目,也不愿它落到其他军种的手中)。[59]

在这个项目后,中央情报局又与空军合作,负责制造 U-2 飞机的继任者——生存能力更高的侦察飞机和可以从太空拍照的卫星〔"日冕"计划(Project Corona)〕。后来,制造出来的这种飞机直到 80 年代还定期执行飞行任务,且从未被击落过。而到 1960 年,"日冕"卫星已能从太空对苏联地面一百万平方英里的范围进行拍照侦察;它所用的胶卷放在一个20 英磅的舱中,由飞机从空中进行回收。不过,中央情报局实际上并没能从以"日冕"计划为代表的巨大组织成就中获得赞誉,因为到那时,空军已夺得了对这个项目的控制权。[60]

这些组织拍下这些胶片后,还需要对这些胶片进行冲洗、放大和分析。处理这些照片,需要由经过合作培训的专家组成的专家组运用多种方法和多门学科的知识来完成。[61] 这些工作是在国家图像处理中心(NPIC)完成的;该中心由来自多个部门的人员组成,由阿瑟·伦达尔(Arthur Lundahl)领导;而中心的工作由中央情报局负责。10 月 18 日,麦康向他的同事提到,前一天 U-2 飞机的六次飞行侦察"用了大约 28000 英尺长的胶卷。这些胶卷被放大过后,就意味着该中心(NPIC)要分析长 100 英里、宽 20 英尺的胶片"。麦康又补充说道:"这是件非常重的工作。"[62] 分析人员大约要用一天的时间来完成这些工作。

所有这些能力在古巴危机爆发之前就已被发展出来。因此,并不能把肯尼迪政府的意图作为解释发现那些苏联导弹的主要因素,因为大部分关键性的决定,包括创立具有革命性的空中侦察能力的所有决定——从制造 U-2 飞机到建立国家图像处理中心——都是由艾森豪威尔政府做出的。

美国的情报专家对来自这四个方面的信息进行分析,然后提出形势评估报告。作为后来人,我们可以发现在 9 月中旬,就已有证据显示在古巴境内存在苏联导弹。但我们在第二章提到过,国家情报评估小组在9 月 19 日的结论是,苏联不会向古巴运送进攻性导弹。在 9 月 5 日至10 月 4 日间,并没有 U-2 飞机进行过直接飞越古巴西部地区的侦察;实际上,在 10 月 14 日发现苏联导弹的那次飞行后,才进行这样的侦察。这种"失误"可以用组织方面的因素来解释吗?

9 月 19 日,美国情报界的最高层次会议美国情报委员会(USIB)会议召开,商讨古巴问题。此时,已有一两个美国政府部门掌握了显示在古巴境内可能有苏联导弹的各类情报线索。U-2 飞机早先拍的照片,包括最近在绕古巴周边进行的飞行侦察(为了避免直接飞越古巴上空)拍下的那些,早已显示古巴境内存在岸防巡航导弹和一些正在建设的防空导弹发射场。

但并不是所有这些信息都被摆到了评估者的面前。组织触角所获得的信息不会立刻传到组织的顶端。组织领导人并不掌握组织中的所有信息。因为时间限制了每个人所能处理的信息量,处于顶端的人不可能分析来自上百个国家的各种报告(其中许多问题在当时与古巴问题等具有同样高的优先性);这些信息必须先经过组织各个层次的处理。但那些决定什么样的信息应向上层呈送的人，又很少能看到上层所面临的那些问题。那些事后看起来清晰明确的情况，却经常最终无法从周围的“噪声”中被分辨出来。有关古巴问题的大量报告流入情报系统内；而当时苏联正在古巴部署防御性的地对空导弹也广为人知。正如中央情报局的一位分析人员后来所说的那样，“分析人员已知道这些部署行动事实上一直在进行，加上未经培训的分析人员往往难以区分防御性导弹与进攻性导弹（射程更远的弹道导弹），这就容易成为干扰分析人员发现苏联最后进行的进攻性部署的一种烟幕弹。”[63]

有关大舱口船航行中吃水很浅的情报也并非没有引起注意。航运方面的情报专家指出，这意味着那些船很可能装有某种军事装备。这些信息被仔细地归类入航运情报中。但是，那些知道苏联非常紧缺运输船只的专家，并没能从这些事实及其含义中看出什么特别的东西。那份关于卡斯特罗飞行员谈话内容的间谍报告，和来自古巴流亡者的不准确甚至是蓄意捏造的大量情报混在一起，被送到奥帕洛卡中心。那份报告及其他几百份报告，在传送到华盛顿之前，必须经过比对、核实。如果大量增加在处理这些信息上的投入，确实会缩短处理这些信息所需的时间。但处理这些信息的最终收益是非常小的，并且，也几乎没有理由认为改变各种程序、将信息呈报的时间缩减到一个星期所花的成本将是值得的。而 U-2 的侦察飞行也没有发现存在进攻性导弹的确凿迹象。

根据截至 9 月 19 日所掌握的信息，情报机构的负责人判断苏联不会向古巴运送核导弹。9 月 19 日后，组织的程序使分析人员注意到了各种报告之间的一致之处，从而建立起一个新的目标卡；

这一切结合起来,又凸显了对古巴西部地区进行侦察的特别需要。这个需要再经由空中侦察联合委员会(COMOR)下的目标定位工作组,传到该委员会的高层工作人员那儿。10 月 1 日,有关苏联可能部署中程弹道导弹的怀疑被写成书面文件,并在当天向麦克纳马拉和参谋长联席会议进行了汇报。[64]

10 月 4 日,空中侦察联合委员会建议直接飞越古巴领空,对可疑的地区进行侦察。麦康把这个建议提交给政府的高级官员进行讨论。最后,肯尼迪在 10 月 9 日根据麦康的意见,批准了这个建议。为了防止 U-2 一旦被击落会被当作一架军用飞机,当时还决定将 U-2 飞行的控制权由中央情报局移交给空军的战略空军司令部。肯尼迪还得到保证,这样做绝不会损害组织的能力,因为中央情报局的人员和飞机会继续执行关键性的任务,而空军飞行员也早已受过执行这种任务的训练。10 月 9 日至 14 日,因天气问题无法实行直接飞越古巴领空的侦察。各种证据逐渐汇集,产生出苏联正在部署导弹的猜疑,而后产生出派 U-2 直接飞越古巴西端进行侦察的决定;从组织的视角来看,所有这些也都是例行常规(routine),并无出人意料之处,至少在本质上是如此。

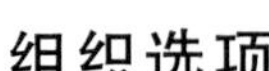

组织选项

白宫会议上领导人讨论的只是各种方案的大概纲要。方案的具体细节和实施规划等则由负责执行的组织确定。这些组织决定了这样的问题:做什么,特别是**能**做什么?

在白宫第一天的讨论中,形成了近乎一致的看法,即必须从古巴消除苏联导弹。为达到这个目的,军事方面主要形成了两种不同的方案,一种是先进行大规模空中打击然后入侵(附带的收获是除掉卡斯特罗),另一种是只进行目标范围更窄、只在于摧毁那些弹道导弹的空中打击。而对空中打击的可行性和空中打击的范围一直存在着争论。10 月 16 日,在讨论一开始,肯尼迪就被空中打击方案所吸引。正如他在 10 月 22 日下午对国家安全委员会所说的那样,"我一开始就说,实施快速打击的主意很吸引人,实际上,直到昨天上午我才放弃它。"也就是在与负责制订空中打击计划的空军将领进行过数次的讨论后,肯尼迪才再次确信突然进攻"存在如同偷袭珍珠港那样的行动所具有的各种缺陷(因为将被视作如同日本偷袭珍珠港一样的行为),并且也不能完全解决问题。而问题只有通过入侵才能解决。"无论如何,美国政府继续进行入侵的准备工作;如果封锁以及与其一起提出的要求未能使苏联自愿撤走那些导弹,那么入侵很可能就是下一步的行动。[65]

对肯尼迪来说,空中打击方案存在的问题,部分是道义方面的,但主要是政治上的。空中打击可能引发的政治问题包括在柏林遭到报复的危险,以及如果被认为是美国鲁莽地发动了战争,在保卫柏林上将产生的联盟团结的问题。不过,空中打击能否"解决问题"是个涉及能力的实际问题。

组织限定了总统关于美国军事力量在古巴导弹危机中能采取什么样的行动的判断。在古巴发现导弹的数月前,针对古巴,美国军方就准备了三个主要行动计划:"作战计划 312"(只包括空中打击)、"作战计划 314"和"作战计划 316"(后两个是入侵计划的变种)。因此,空军在被征询对于用空中打击摧毁古巴境内的那些导弹的意见后,空军也就开始着手于"作战计划 312"。

肯尼迪在1962年8月底,曾命令国防部研究“彻底清除古巴境内所有可以对美国发动核打击的军事部署”的军事行动方案,包括“精确打击的有利与不利影响、全面反军力打击和全面入侵”等。[66]总统的这个命令使军方对空中打击方案重新进行了详细的评估;而这些方案在此之前仍是抽象的,并只是对古巴全面进攻计划中的一部分。斯威尼(Walter Sweeney)领导的美国战术空军司令部负责这项新的制订空中打击计划的工作。因有总统命令以及斯威尼本人对这个问题的关注,斯威尼的参谋们从8月就开始制订要可行得多的打击计划,将打击的范围进一步集中于古巴境内那些正在得到确认的特定目标上。[67]

对肯尼迪的询问,国防部在第一次答复中称,古巴境内唯一可用于打击美国的武器就是25架老式的米格战斗轰炸机。五角大楼负责制订计划的人开始研究美国南部地区防空体系中的脆弱性问题。战术空军司令部实际上还建造了古巴机场上先进的混凝土堡垒(保护飞机的掩体)的模型。9月30日,这些模型在内华达州的纳利斯(Nellis)空军基地建成,并开始被用于轰炸训练,以测试轰炸效果。9月底,情报专家注意到有新型的飞机米格-21运抵古巴,并被部署到机场上。这种飞机既可以投掷常规炸弹,也可以投掷核炸弹。而有关那些地对空导弹发射场的情况也一直被关注着。9月14日,肯尼迪与麦克纳马拉以及参谋长联席会议一起讨论了打击计划。他关注得非常细致;一个星期后,他还写信给麦克纳马拉,提醒其注意在估算对那些地对空导弹发射场进行打击中的飞机损失时显然存在的不确定性,并敦促麦克纳马拉“考虑到由于苏联不断运入装备和技术人员而增加的军事力量”,要对应急计划不断进行更新。[68]

10月初,中央情报局局长麦康要求对古巴境内米格-21飞机不断增加的情况加以注意,因为它们"对其附近的美国城市和军事部署具有一定的攻击能力",并且情报机构还首次发现有伊尔-28中程轰炸机运入。[69]因为发现了弹道导弹的部署而且对古巴进行的直接飞越领空(而不是绕着古巴的边缘)的侦察得到了有关其军事部署的更多信息,到10月中旬,计划再次被修改。

仍由斯威尼及其战术空军司令部负责制订空中打击计划。空军参谋长柯蒂斯·勒迈也怀疑苏联正打算将弹道导弹部署到古巴;斯威尼的计划及其在9月所进行的训练给他留下了深刻的印象。因此,他帮助做出了一个特别的安排,即让斯威尼在负责古巴战区的大西洋地区美军总司令(CINCLANT)罗伯特·丹尼森(Robert Dennison)上将手下工作,任丹尼森的空军司令。丹尼森接受了这项安排。勒迈又批准斯威尼向佛罗里达调动飞机、人员和支援物资,开始其计划的执行准备工作。到U-2飞机发现那些导弹时,这个过程至少已进行了一个星期。因此,在10月14日发现那些导弹后考虑的空中打击选项,是来自于数周前的组织决策和准备工作。

实行空中打击的"作战计划312",独立于紧急入侵计划;"作战计划312"根据各类目标组合分配打击力量。按照不同的打击目标组合,这个计划有五个变种方案。每种目标组合需要不同数量的飞机架次数(一架次即一架飞机执行一次独立的任务)。概括起来,截至10月17日,组织最先呈送给白宫的方案如下:

变种方案	架次数
Ⅰ. 只包括导弹与核武器储备场	52
Ⅱ. 上一类的目标,加上伊尔-28、米格-21	104
Ⅲ. 上一类目标,加上其他飞机、地对空导弹、巡航导弹、导弹艇	194
Ⅳ. 除了坦克以外的所有军事目标	474
Ⅴ. 所有军事目标;入侵的前奏	2002

打击各组目标所需的架次数是由先判断摧毁一个目标需要击中多少个准心(aim point),然后再根据估计击中一个准心需要多少架次的飞机攻击而计算出来的。这需要通过演习计算得出一个“圆径概率误差”(circular error probable):投X枚炸弹,其中就会有Y%的炸弹投中于以目标为圆心的一定半径的圆内。而正如梅里特·W.奥尔森(Merritt Olsen)所写的那样,“在1972年4月之前,一架以450—550节速度飞行的战斗机对一个小型目标进行一次打击,如果它投出八枚炸弹,那么其中至少有一枚炸弹命中目标的概率,无论以何种方式投掷,都近乎为零。”[70] 在估算成功的打击所需的飞行架次数中,使用了标准的统计程序;其中成功的打击意味着摧毁目标的概率要达到90%。

使用同样的方法,作战计划人员计算出在一个临界点后,就会出现边际收益递减,因此,如果不是不成比例地增加用于打击每个目标的飞机的数量,就难以确保摧毁的概率超过90%。所以,正如泰勒从一开始就告诉肯尼迪的那样,仅有一次打击无法确保取得彻底的成功。这就需要对剩余目标进行多次打击。

在 U-2 飞机每次新拍回的侦察照片中,都会发现新的目标;这使需要进行打击的目标数量不断地增加,而计算出来的所需攻击飞机的架次数也就相应地增加。U-2 飞机 10 月 14 日的侦察飞行发现了中程弹道导弹。一天后,又发现了正在建设之中的中远程弹道导弹发射场,这使华盛顿的态度更为强硬,也再次增加了打击所需的架次数。而对目标打击所需的架次数越多,也就需要有越多的战斗机为打击飞机提供空中护航和对敌方防空火力进行压制。第一批 12 架米格-21 飞机是在 9 月被发现的;10 月 17 日,又在另外两个机场上发现了大约 40 架飞机。但是,对计划的不断修订,使那些必须向政治家解释正在发生的情况的人感到很沮丧。就在最高层会议召开前的一次参谋长联席会议上,泰勒在看到新修订的作战计划中所需的飞机架次数后,沮丧地大声向他的五角大楼同事嚷道:“什么! 要把这些数字报给白宫? 先生们,你们正用自己的聪明击败自己!”[71]

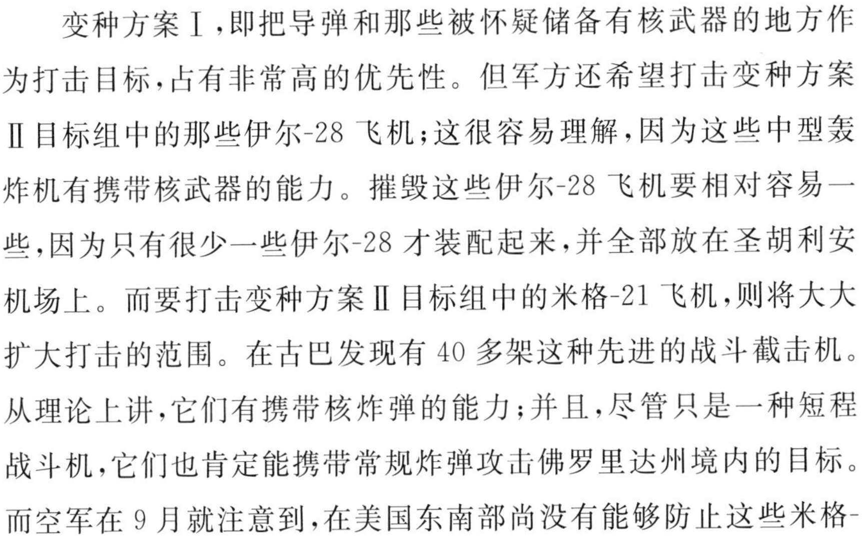

变种方案Ⅰ,即把导弹和那些被怀疑储备有核武器的地方作为打击目标,占有非常高的优先性。但军方还希望打击变种方案Ⅱ目标组中的那些伊尔-28 飞机;这很容易理解,因为这些中型轰炸机有携带核武器的能力。摧毁这些伊尔-28 飞机要相对容易一些,因为只有很少一些伊尔-28 才装配起来,并全部放在圣胡利安机场上。而要打击变种方案Ⅱ目标组中的米格-21 飞机,则将大大扩大打击的范围。在古巴发现有 40 多架这种先进的战斗截击机。从理论上讲,它们有携带核炸弹的能力;并且,尽管只是一种短程战斗机,它们也肯定能携带常规炸弹攻击佛罗里达州境内的目标。而空军在 9 月就注意到,在美国东南部尚没有能够防止这些米格-

21飞机对迈阿密或其他城市进行轰炸的防空力量。美国的防空能力是名副其实的、强大的,但它们防备的是来自苏联的攻击,而不是防备来自加勒比地区的攻击。因此,军方领导人在美国针对可能来自此地区的报复性打击的防御还存在着很大漏洞的情况下,他们急切地想避免进攻古巴也就是可以理解的了(因为军方可能会因此遭到谴责,正如他们因防御珍珠港失败而遭到的谴责)。

导致变种方案Ⅲ所需的飞机架次数增加的主要因素,是摧毁几十个苏联地对空导弹发射场的需要。[72]空军的高级官员一直希望在第一轮打击中就摧毁那些发射场。因为这些地面防空力量会大大降低摧毁目标的概率,因为其将使攻击飞机不得不飞得更高、更快、做更多的机动,飞行员也要承受更大的压力。而且,作为一个组织,美国空军顽固地认为,在不首先压制敌方防空力量的情况下,就不能派飞行员去攻击目标。因此,空军一致强烈地建议总统应至少实施变种方案Ⅲ——这种要求也很容易得到其他军种的支持。尽管肯尼迪本人及其一两名顾问,一直持进行目标更为有限的打击的想法,但到10月18日,肯尼迪的高级文职官员以及军官们形成了一致的看法,即现实可行的打击至少需要实施变种方案Ⅲ。

因此,肯尼迪及其高级助手所面对的是组织提供的选项;这些他们并不是很清楚其具体制定方法的方案,将他们推向了一条实施大规模打击却又无法确保其成功的道路(苏联对柏林甚至是对美国的报复威胁,相应地也将增大)。10月21日,甚至在决定采取封锁方案(可能接着就是进行打击)后,肯尼迪还再次直接召见了斯威尼将军。斯威尼提出了他所认为的最佳计划;这个计划反映了变种方案Ⅲ的内容,其中要求摧毁防空力量和几十枚岸防巡航导弹,而这使所需的飞机在一周内就由194架次数增加到350—500架次数。对此,泰勒重申:“我们能保证的最好结果,是摧毁90%已被发现的导弹。”斯威尼也同意这个看法。正如索伦森在回忆中所说的那样,“空军承认——这对总统的影响尤其大——无法保证所有导弹都会被摧毁或不会有一些导弹被首先发射出去。”[73]没有哪种说法比这更能抵消空中打击方案对肯尼迪的吸引力了。

几年后,肯尼迪的一些顾问表示出对缺乏一种可行的“外科手术式”打击方案而感到的困惑与不满。例如,前国务卿迪安·艾奇逊抱怨“我们一些人提出的打击范围有限而又具体的建议,不断被军方修补得模糊不清而又复杂……尽管按照作训手册可能要求首先对古巴境内的防御力量进行打击,但这并不是我们建议的行动所必需的”。一些顾问并不接受组织的解释(而是很丧气地称之为来自“作训手册”的“修修补补”),他们把空军不愿执行有限打击方案解释为空军试图迫使肯尼迪选择进行入侵。[74]

但空中打击方案并没有被排除掉,而且,随着危机的发展,其可行性也在增加。低空侦察获得了更精确的目标信息。由于不再需要进行保密,大批战斗歼击机也开始进驻佛罗里达,因此,对遭到来自古巴境内那些米格飞机的报复性打击的担忧也就降低了。在肯尼迪的全国电视讲话后,用未携带武器的飞机从仅几百英尺的高度对那些导弹发射场持续进行的低空侦察,已弄清了那些导弹的生存能力。非军方的分析人员也在重新分析了前一个星期所作的前提假设后,对空中打击计划进行了重新评估。在情报机构的手册上被归类为“移动式”的中程弹道导弹也许可以在48小时内进行转移,但牵引车拖着如此巨大的东西移动,是可以被有效跟踪的。肯尼迪曾担心那些导弹在遭到攻击的情况下可能会首先发射出去;这曾使他对是否打击这些导弹犹豫不决。但情报证明这些导弹的“发射准备工作需要八个小时的时间”。因此,麦克纳马拉10月25日向总统报告时称,“我们现在越来越可以用极少量的飞机就可相当可靠地摧毁那些导弹了。”[75]

参谋长联席会议仍倾向于实行更大规模的打击——至少要达到变种方案Ⅲ的规模。肯尼迪也是这样想的。当10月27日美国一架U-2飞机在古巴上空被击落后,肯尼迪放弃了最初对击落U-2飞机的地对空导弹发射场进行报复打击的打算。他解释说,“我认为,如果只是采取不成熟的行动,根本就于事无补……如果他们仍(向我们的侦察机)开火,而我们根本又未从俄国人那里得到满意的答复,那么我认为我们应该明天就发表声明,说我们遭到了攻击。因此,我们正在考虑把古巴视为‘自由地域’(open territory),将摧毁其所有的地对空导弹发射场……不这样做……我们的反应就将是非常虚弱的,从而将使我们处于非常不利的境地。”[76]

组织的实施

美国政府下令对古巴进行封锁,危机也就进入了公开化的阶段;出于法律和政治上的考虑,美国把封锁称为隔离。对所有运向古巴的武器进行封锁,但不截断其生活必需的食品或燃料(通常指缩略词POL所代表的“石油、燃油和润滑油”)的供应;这样做是因为担心运入西柏林的供给物资可能会遭到同样的封锁。这是一个政治上做出的决定。

而这个决定做出以后，确定所谓“封锁”方案**细节**的任务，就落到海军那里。事实上，在总统星期一晚上宣布实施封锁之前，海军就已开始实行第一阶段的行动计划。海军在麦克纳马拉的支持下，在发现那些导弹之前，就已拟订了一个详细的封锁计划。[77]应做什么、在什么时间做、如何做，总统只有非常坚定、却并不是非常具体的想法。而对于海军来说，问题是如何完成一项军事使命——应最低限度地避免来自政治领导人的干扰。而对总统来说，问题则是要使事态的发展能让苏联领导人有观察、思考和退缩的时间。

出现此类冲突时，旁观者自然会站到负责任的政治领导人一边反对狭隘的组织。但在此事件中，这种立场倾向应有所节制，因为实行所宣布的隔离行动并不是一件轻而易举的事。首先，隔离区涵盖了近 100 万平方英里的水域。为此，海军采取了大规模的行动，调动了约 180 艘舰船。美国位于大西洋中部的舰船分五路向古巴靠近；海军侦察机对所有的苏联船只展开侦察，标示出它们的方位、速度和航向。隔离行动成为海军大西洋舰队一场精彩的组织绩效（organizational performance）展示，而之所以能有这么精彩的表现，要归功于海军事前就已存在的高质量的计划、训练和常规。[78]

但另一个因素使这次行动变得复杂起来；这个因素在海军历史上以及美国政治领导人与军事组织的现代关系中都是全新的。即通信技术的发展使政治领导人在白宫的地下室中，就可与部署在隔离线上的舰船指挥官直接进行通话。而大规模杀伤性技术的发展使部署在隔离线上一艘舰船上的人采取的行动,就可能使事件升级到造成几百万人丧命的层次。因此,政府领导人既有能力也有需要超越对他们控制范围的传统限制。白宫地下作战态势室的地图上标出了所有苏联船只的动向。[79]到最后,肯尼迪和其顾问们都知道了每艘船的名字,并就应首先拦截哪一艘、在何处、如何进行拦截等行动细节进行了详细的讨论。索伦森写到,"总统亲自指挥了隔离行动……他决心不让一些无谓的事件或一些下属的莽撞使这种非常危险、复杂的危机失去控制。"[80]

把事件的发展按时间顺序简单地梳理一下,就可明确其中出现的各种问题的情况。总统在 10 月 21 日(星期天)的一次国家安全委员会会议上,第一次听到了有关封锁在现实中将如何执行的讨论。海上行动的负责人、海军上将乔治·安德森(George Anderson)说已有 40 艘舰船就位。他介绍了根据国际惯例进行拦截的方法:要求被拦截船停船,如果它拒绝,就向其开火使其失去航行能力;然后进行登船检查,而如果必要还可将其拖回美国港口。安德森建议在宣布封锁后,给俄国人一个宽限的时间,使莫斯科能有时间向那些商船发出行动指示。[81]

然后安德森提出了与苏联的战斗规则:即如果苏联船只或古巴境内的飞机对美国的舰船采取"敌对行动",那么就摧毁该船只或飞机;如果苏联潜艇试图躲过封锁从水下驶往哈瓦那,安德森说他就会请求批准摧毁它。麦克纳马拉表示同意,支持战斗规则应允许对敌对行动作出武力反应。[82]

10 月 23 日,封锁的执行问题进一步得到了详细、深入的讨论。肯尼迪同意封锁从第二天即 10 月 24 日上午开始生效。不过,白宫在一开始反对以古巴为中心为封锁设定一个固定的半径,而是希望拦截所有似乎仍在向古巴行驶的船只——特别是那些可能装有武器的船只。而后,麦克纳马拉建议应在以古巴岛为中心、半径800英里的圆周外设立拦截。这样的拦截半径是一个对美国有利的距离,因为这将使美国的舰船处于以古巴为基地的伊尔-28轰炸机的航程之外;这个距离更是远超出了米格-21战斗机的作战半径。[83]而苏联第一批装载有武器的船——特别是"基莫夫斯克"号——将会在10月23日至24日夜间穿过封锁线。根据这个计划,对它们的拦截将在黎明时分进行,这样海军就可以在白天采取行动。

因此,10月23日傍晚时分,肯尼迪在刚刚签署了实施隔离的正式命令后,就询问他的顾问们:"明天早上如果这八艘(苏联)船继续向古巴航行我们将怎么做?"[84]这些顾问认为如果这样,美国的军舰就应对苏联的船只进行拦截,必要的话还可以登船检查,即使这些船装的是"婴儿食品"。但肯尼迪强调要明确预期到届时可能会发生的情况。他强调说,"这些人需要从那些熟悉海上方面的知识而又知道如何处理这件事的人〔如肯尼迪〕那里,尽可能得到详细的指导。"肯尼迪急切地想避免在对苏联船只进行登船检查时发生血腥的战斗,并提到了届时可以让失去航行能力的船任其漂流这种做法,而不是"试图登船检查,让他们用机枪相互扫射,使双方都有三四十人丧命"。[85]

然而,这又将衍生出另一个问题,即尾随、跟踪一艘失去航行能力的苏联船只意味着美国军舰的活动将被局限在一个有限的区域中,而在存在苏联潜艇威胁的情况下,没有美国军舰会愿意这么做。事实上,苏联的几艘攻击潜艇确实正伴着前头的那些船只驶向古巴;这早已被准确地侦察到了。情况太复杂了;麦克纳马拉极力要求:“我认为我们必须给前线指挥官一定的行动自由……”肯尼迪同意了,但告诉麦克纳马拉“你确保要审查过那些下达给他们的指令”。[86]

10 月 23 日深夜,肯尼迪又与英国大使戴维·奥姆斯比—戈尔(David Ormsby-Gore)进一步研究了行动计划。奥姆斯比—戈尔建议给俄国人更多的一点时间;可在他们的船离古巴还有 500 英里的时候进行拦截,而不是在黎明时分(在它们夜间穿过半径为 800 英里的封锁线之后)。肯尼迪同意了这个建议,并打电话告知麦克纳马拉。麦克纳马拉表示反对,但肯尼迪驳回了麦克纳马拉的意见——可能还包括来自海军的意见。从那时起,封锁半径逐步正式地变成为 500 英里。[87]

星期三,10 月 24 日,第一批苏联船只接近封锁线,但就在即将要越过封锁线的时候停了下来并掉转了航向。接近中午时,这个消息传到白宫。而按照原先的封锁计划,美国海军很可能在刚过黎明的时候就会拦截这些苏联船只中为首的“基莫夫斯克”号。“基莫夫斯克”号早已越过了原先计划中的那条封锁线。海军正在等待天亮再采取行动。我们不知道如果当时美国真的拦截了“基莫夫斯克”号,并试图登船检查,将会发生什么;需要注意的是,“基莫夫斯克”号上运载的导弹中有一些是当时苏联武器库中最为敏感的武器。最终,“基莫夫斯克”号及其他船只在凌晨 2:30 左右接到苏联的无线电指令,掉转了航向。[88]

因此,庆幸的是肯尼迪已收缩了封锁线,从而避免原本要在黎明时分实施的对那些苏联船只的拦截。就在“基莫夫斯克”号要抵达新设立的500英里封锁线之处、按计划即将对其进行拦截之时——预计在华盛顿时间上午10:30至11:00之间,它掉转航向的消息得到了证实。这个消息一经证实,肯尼迪立即命令不要干扰“基莫夫斯克”号,让它有撤退的机会。[89]当时,苏联的一艘攻击潜艇正在20至30英里外为“基莫夫斯克号”提供护航。

正如迪安·腊斯克当时所说的那样,苏联动摇了。但就在这个消息还未得到证实的清晨,肯尼迪还在对美国和苏联有关组织的行为感到担忧。作为一种常规的防御措施,美国海军舰船当时保持了无线电静默。苏联和白宫都不知道这些前线舰船的准确位置。而那艘苏联潜艇应能完全清楚各个船的方位;因此,美国舰船会试图跟踪该艘潜艇并试图迫使它浮上水面。

而一天前,向那艘苏联潜艇发信号的程序就已设计出来了;肯尼迪对此却并不知情。这些程序在前天夜里被送交给苏联外交部。国务院原以为它是一个标准的程序。“不,”麦克纳马拉纠正道,“这是我昨天让他们设立的一个新程序。”麦克纳马拉解释说:“我们有一些小型的深水炸弹;这是一种用于发出警告、要求目标上浮到水面的深水炸弹。我们投掷这些深水炸弹,即使它们真的击中了那艘潜艇,也不会对它产生破坏。”

因此,海军并未按总统为减少美国与苏联舰船之间的第一次遭遇中的危险而精心制订的计划采取行动,而是自行其是了。肯尼迪原希望首先遭遇的会是一艘没有违禁物品的船只,而事实上却是一艘可能装备有核鱼雷(事实证明确实如此)的苏联潜艇;而这恰是他力图避免的最危险的一种遭遇。而且正在这个时刻,他的舰艇也许正在试验一种新设计出来的程序,用深水炸弹炸那艘潜艇。因此,罗伯特·肯尼迪在当时注意到,“那短短的几分钟,是总统最担心的时刻。他用手托着脸,紧闭嘴唇,并攥紧了拳头,神色紧张、凝重。而我们只是隔着桌子静静地看着对方。”[90]

总统进一步问道,“如果它不上浮,或采取了一些行动——采取了一些支援那艘商船的行动,我们就无论如何都要攻击它吗?”肯尼迪无疑对此感到忧虑,“我认为我们届时应等待时机。我们可不想攻击的第一件东西就是一艘苏联潜艇。我宁愿它是一艘商船。”[91]肯尼迪显然还不知道,他们当时讨论的那艘苏联潜艇,作为其标准装备的一部分,携带有一枚装有核弹头的鱼雷。

麦克纳马拉和泰勒两人则向肯尼迪保证,他们只有在那艘潜艇进入将对正在拦截商船的美国舰船发起攻击的位置时,才会攻击它。但麦克纳马拉仍清楚地表达了海军的逻辑,抱怨说:“总统先生,以我们现在所处的情况,拖延对这艘潜艇的攻击将是非常危险的。如果那样做,我们就极可能会损失一艘美国舰艇。”拦截行动不可能是安全的,“如果我们把指挥官死死地限制在原地的话。因为你非常关心这个问题,昨夜我已很仔细地分析过这种情况。”[92]“好,”肯尼迪总统最后回答道,“我们继续讨论下面的问题。”

国务卿迪安·腊斯克提醒麦克纳马拉,要确保告诉海军不要追赶正在撤退的苏联船只。肯尼迪则继续问自己关心的问题。例如,要让每艘船上都有会讲俄语的军官,应使这成为一种“尽快实行的例行做法”。[93]

而实际与苏联船只的第一次直接遭遇发生在星期四10月25

日上午，当“布加勒斯特”号油轮越过封锁线时。根据总统命令，“布加勒斯特”号仅仅在显示其身份后，就被允许通行了。执行委员会在讨论是否拦截它时，美国军舰一直尾随着它驶向古巴。一艘东德客轮“人民友谊”号也被允许通过封锁线——也是在经过讨论之后。第一次登船检查发生在星期五（10 月 26 日）上午；当时，苏联租用的一艘黎巴嫩籍货轮“玛鲁克拉”号被拦住，在接受了登船检查后被允许通过。而在当天晚些时候，苏联租用的一艘瑞典籍船“科朗加塔”号则无视了美国的停船与显示身份的要求；但白宫决定不让海军向其开火。而当 10 月 28 日危机缓和时，另一次麻烦的遭遇——与苏联的“格罗兹尼”号——也似乎是迫在眉睫了。

而就苏联这些船只的行动来说，无论是从政府决策模式还是从组织行为模式来看，都存在着许多尚无法解答的疑问。而赫鲁晓夫 10 月 25 日向联合国做出的不会用苏联的那些船只挑战美国封锁的承诺，只会使疑问变得更加让人困惑不解。

任何了解组织模式的分析人员都可能会推测，白宫中发生的这些情况肯定已在海军与政府领导人之间产生了严重的问题。一边是深感忧虑、不断提出要求的总统，一边是充满怨气与不安的海军；而麦克纳马拉夹在中间，处境的艰难是显而易见的。尽管在有关情况的具体细节上有所出入，但毫无疑问，在五角大楼中，以麦克纳马拉及其副手罗斯韦尔·吉尔帕特里克（Roswell Gilpatric）为一方，以各级海军军官特别是安德森海军上将为另一方，两方之间发生了一些尖锐的对立。

据说在 10 月 24 日晚，安德森直截了当地告诉吉尔帕特里克，在苏联从古巴撤走导弹之前,“从现在起,我不会再干预前线的丹尼森或其他将领的行动。”早已与安德森发生过冲突的麦克纳马拉在那个晚上的迟些时候,又使冲突进一步激化。我们在这里大段引用迪诺·布鲁焦尼(Dino Brugioni)对这场发生在机密的海军作战室的对抗的细致描述;他的描述尤为清楚地揭示出了在麦克纳马拉的坚持与安德森的抵制中显示出来的相互冲突的不同逻辑。

> 麦克纳马拉注意到有两艘美国驱逐舰偏离了封锁线几百英里……在麦克纳马拉问起那些驱逐舰为什么离封锁线那么远时,安德森又把他拉到一边,解释说他们正在那个方位压制苏联一艘F级(攻击)潜艇。
>
> 麦克纳马拉要求知道是谁发出这些命令的。安德森解释说这仅仅是海军总体战略的一部分,在那种情况下,“跟踪”不明潜艇是海军的通常做法。
>
> “你怎么确信那是一艘苏联潜艇?”麦克纳马拉问道。
>
> “相信我,”安德森回答道。然后他又补充说,这些苏联潜艇千里迢迢地来到大西洋西部的原因仍不清楚,因此他不能让它们“对我的海军构成任何威胁。”
>
> “他怎么会知道你在他的上面?”麦克纳马拉问。对于任何熟悉潜艇的人来说,一名国防部长问这个问题,显得比较无知……
>
> “这危险吗?”麦克纳马拉问道。
>
> “如果他想使事情变得危险的话。否则,他仍可继续像过去那些天做的那样,上浮进行换气和充电。”

麦克纳马拉对苏联潜艇被压制在水下的消息感到震惊,也对安德森的无所谓态度感到愤怒……

现实中,苏联那些潜艇,在接到警告后,……继续保持着下潜状态,直到空气与电池用尽,迫使他们不得不浮出水面。

当安德森再次向国防部长麦克纳马拉保证封锁正按计划实行时,麦克纳马拉问道,"什么计划?"安德森递给他一本写有具体行动计划的大黑皮本,说:"都在那儿。"麦克纳马拉轻蔑地把那个本子推到了一边。[94]

苏联从古巴撤出导弹

10月28日,星期六,赫鲁晓夫主席宣布:"你们所说的进攻性武器(将被)装运回苏联。"这标志危机高潮阶段结束。[95]在那个声明之前,美苏两国已进行了一个星期的紧张对抗与互动。而这种互动很大一部分是各国国内行动——政府领导人与组织之间为控制组织输出而进行的斗争——的副产品。事实上,双方政府中处于顶端的那群领导人在描述"问题"时用语上的相似性,是很有启发性的。当苏联船只接近美国部署在封锁线上的军舰时,美国领导人向苏联领导人发出了一封信,表示"我们都应谨慎行事,避免采取任何会使形势变得更难控制的行动"。[96]随后,苏联在一封回信中强调了这种危险,"我们船只之间的遭遇……可能会引发军事冲突的火花,这样的话,任何会谈都将是多余的,因为其他的力量与规律(即**战争的规律**)将开始发挥作用。"[97]当危机接近高潮时,事态的发展,用美国的话来说,“接近**事态可能失去控制**的临界点。”[98]赫鲁晓夫则用了另一种比喻:战争的逻辑。“如果战争真的爆发了,那么它将不是我们所能阻止的,因为这就是战争的逻辑。”[99]

在危机的那个关键的一个星期里,当美国政治领导人试图以增加行动灵活性与选择余地为由干涉组织的例行常规和程序时(routines and procedures),美国**国内的**关系中则充满了摩擦与令人沮丧的挫折。对于领导人来说,组织的这些相当烦人的既定常规,往往节外生枝地产生了成百个似乎是无关紧要的细节问题;而这些细节既可能是获得巨大成功的关键要素,也可能会是引发灾难的潜在导火索。例如,安德森将军在危机后作证说,“我们的飞机与舰船在约 350 万平方英里的区域内搜索俄国的船只和潜艇。他们进行了第二次世界大战后**范围最广**并且我也可以说是**成果最丰**的反潜战。”[100]而这既是了不起的组织成就,也是极其危险的组织成就。

第二种是国防部长的“非城市原则”(no cities doctrine)〔四个月前即 1962 年 6 月他在安娜堡(Ann Arbor)的演讲中提出的〕与战略空军司令部的戒备程序之间的冲突。根据“非城市原则”,在发生核战争的情况下,美国将把核打击目标局限于针对苏联军事力量上,而不打击苏联的城市及非军事目标。这样做的目的是试图在美国还保有针对苏联的反城市打击威慑能力的情况下,使苏联的报复也仅仅限于打击美国的军事目标。但按照战略空军司令部的戒备程序,当时美国携带核武器的轰炸机被疏散部署到了全美的四十个民用机场上。[101]“非城市”原则被搁到了一边。而且,战略空军司令部的轰炸机疏散行动是如此的循规蹈矩和教条,以至于一些被转移到美国东南部地区的轰炸机反而恰恰被置于古巴境内那些苏联中程弹道导弹的打击范围之内。

第三,情报组织的能力与程式就如前面所提到的那样,也是令人印象深刻的,但也同样是太按自己的逻辑行事了。美国一些高层官员知道,美国海军当时有一艘正在发回重要电子情报的“牛津”号情报船位于离古巴海岸只有10海里的地方,即处于古巴所宣布的领海范围之内。10月26日上午,星期五,在得到古巴军队可能正在准备采取某些行动的消息后,麦克纳马拉和另一位官员提醒要注意这种危险。不过,要完成情报任务,这艘船就需要靠近古巴,这样它才可截获高频通讯信号。即使意味着可能会失去这种能力,麦克纳马拉仍建议“比较明智的是让它后撤二三十海里,使它处于捕获权范围(the range of capture)之外,至少暂时应这样做。”[102]而处理这个意外事件花费了执行委员会五分钟的时间。在危机过后数年的研究中,这件事似乎是微不足道的,因此其在对危机的分析与解释中并未得到注意。但这艘情报船的程序与两艘现已广为人知的情报船“自由”号(在1967年以色列与阿拉伯人的战争中遭到以色列的攻击)和“普埃布洛”号(1968年在向朝鲜海岸靠近时被朝鲜捕获)的程序并没有什么不同。而经过这两艘情报船事件之后,我们现在才能理解这个小细节的重要性。

当美国军事力量开始实行三级战备时,白宫中没有人理解这具体意味着什么。这个层次的战备所涉及的成千条命令中,有一条是授权战略空军司令部进行北极航线的飞行;而事实已证明这种飞行在当时的导航能力下是非常困难的。两个月前即在8月,一架 B-52 轰炸机在飞北极航线时偏离航线近 500 英里,已接近苏联的边境,虽飞机最后竟能被不可思议地召回。如果不改变飞行的航线,发生这种错误的危险就不可能得到根本的消除。但发生这种错误的危险被消除,则是两个月后——在危机**期间**——的事;而此时,三级战备已实行了好几天。[103]且这种战备状态因需要增加 B-52 轰炸机的巡航次数,因此事实上也就早已大大增加了犯下更为危险的错误的概率。

无论这个插曲是多么令人担心,但轰炸机的戒备行动导致意外事故的可能性毕竟非常低,因为这受到了高层太多的关注。相反,一个组织行为的分析人员应特别关注在那些受到高层的监督要少得多的行动中发生难以预料的互动的危险,有大量这方面的例子。

作为战略空军司令部战备行动的一部分,加利福尼亚的范登堡空军基地上一些用于发射试验的洲际弹道导弹被装上了核弹头。因此,范登堡空军基地也就成了一个可用于实战的导弹基地。而 10 月 26 日,在危机接近高潮的时候,范登堡基地对几千英里以外的预定目标发射了一枚洲际弹道导弹。该次发射的目标是太平洋上的夸贾林岛;此次导弹发射是一次试验发射。其发射是根据在危机发生之前就已制订好的试验计划进行的;核危机的发生并没有使试验停止。但苏联并不知道这个试验计划。而如果他们知道范登堡在危机期间已变成了一个实战的导弹基地,那么这次例行的发射试验就很像是进攻中首先发起的导弹打击了。

10 月 28 日上午,一部早期预警雷达清楚地探测到一枚从古巴发射出的导弹正向美国飞来。北美防空司令部(NORAD)和战略空军司令部接到了这个警报。但已没有时间做出反应了,军官们只能坐等预料中将在佛罗里达发生的爆炸。但事实上并未发生预期中的爆炸,官员们也长长松了一口气。事后才得知这是因为一个早期预警中心无意间放了一盘模拟核攻击的带子,而致使另一个最近刚启用以增加探测的冗余能力的雷达站显示发现一个飞行物。[104]这样的互动如果与另一个虚假警报相互作用,可能会变得更加危险。这个虚假情报是在10月份的最后一个星期中的某个时间因美国雷达探测到苏联一个太空飞行器意外爆炸而产生的碎片引起的;但对此我们现在仍知之甚少。[105]

10月27日,星期六,这是危机中最黯淡、最令人沮丧的一天。执行委员会在上午10点召开会议,起草对赫鲁晓夫星期五秘密信件的回信。但几分钟过后,肯尼迪得到一则简讯,说赫鲁晓夫"将从古巴撤出进攻性武器,如果美国从土耳其撤出导弹的话"。邦迪的第一反应是,"不,他不会这么做的。"然后,他们意识到这封新的信件中提出了一个新的交易条件。肯尼迪首先认识到了苏联这步试图骗取舆论支持的行动所带来的危险。"他提出这个交易条件的方式,将会造成极大的紧张与麻烦,"总统说道,"这不像一个可以给我们与土耳其进行商谈的机会的交易建议。他以这种方式提出,土耳其肯定会说他们不同意这个条件。"[106]

肯尼迪可能是正确的。他和他的顾问们认为这个公开的交易建议虽聪明,却用心不良——试图通过公开谈判使危机变成一种相互纠缠,从而乘机完成古巴境内那些导弹的部署工作。但苏联方面的一些证据表明,他们这样做是出于组织方面的考虑。当时还是美苏之间尚未建立起热线联系的时代,苏联领导人对他们与华盛顿之间效率低下的通讯联络所造成的时间上的拖沓感到沮丧。通过这种联络系统传递信息,意味着要先发出一封电报,然后等着这封电报被送到他们(在西方联盟)的大使馆,再在那里对电报进行破解与翻译,然后再安排进行传递。这个过程将使信息传递所需的时间,除了莫斯科与华盛顿之间的八小时时差外,还要再多花十个小时。根据赫鲁晓夫身边的一位工作人员回忆,赫鲁晓夫选择通过无线电广播提出交易建议,仅仅是因为这样做能使这个信息被更快地接收到。“没有人预见到由于使有关土耳其方面的交易公开化,我们又为白宫增添了额外的麻烦”。[107]

然后,当天中午刚过不久,又发生了一件比电影《核战争狂人》(*Strangelove*)的情节更为离奇的事情。一架以阿拉斯加为基地的 U-2 飞机当时正沿北极航线飞行,收集大气层中苏联核试验的残留物样本;这个任务在危机前就已计划好,并得到了批准。虽飞行员自身并没有犯什么错误,但由于导航上的问题,飞机还是偏离航线进入了苏联的空域。(回想一下 1962 年 8 月战略空军司令部出现的问题。)苏联的米格战斗机紧急起飞拦截这架进犯的飞机,而美国驻阿拉斯加的战斗机也随即升空去保护 U-2 飞机返航。

而由于处于三级战备状态下,美国这些战斗机都携带了装有核弹头的空对空导弹。根据空军的有关程序,战斗机飞行员在“积极防空”(active air defense)状态下执行任务时,可以使用这些武器。因此,发射这些武器的实质控制权,完全掌握在各个战斗机飞行员手中。[108]不过幸运的是,U-2 飞机最终顺利地返回了美国的空域。

无疑,苏联完全可能把这样的飞行看作是发动核攻击前所进行的最后的侦察准备。正如赫鲁晓夫本人在那封宣布撤走导弹的信中所质问的那样：

> 你们的一架侦察机在楚科奇半岛地区侵犯了苏联的国境……问题是，总统先生：我们会怎样看待这个？这是什么，挑衅？在我们双方所处的这个紧张时期，在所有一切都处于战斗准备状态的时候，你们的一架飞机侵犯了我们的边境。一架入侵的飞机很可能被当作是一架核轰炸机，从而也许就会使我们迈出致命的一步，这不是事实吗？而且，因为美国政府和五角大楼很早以前就宣布你们一直在让核轰炸机处于持续的巡航状态，不是进一步增加发生这种情况的可能性吗？[109]

因此，尽管处于顶端的肯尼迪总统正竭尽全力试图控制这些组织，但它们不仍在把国家拖向核战争的边缘吗？

麦克纳马拉在白宫会议休息期间回到五角大楼时得知此事后，就其危险性发出了警告，并驾车到国务院把此事告诉了腊斯克。第二天，这位国防部长就取消了 U-2 飞机在全世界的所有飞行，直到对所发生的情况他能得到一个满意的解释。在白宫，肯尼迪紧张地听着有关情况的汇报，然后，按照汇报者的说法，总统以嘲讽的一笑打破了这种令人难以承受的紧张气氛："总是有些婊子养的不听命令。"[110]

肯尼迪这话一点也没错。当麦克纳马拉的命令到达时，另一架 U-2 飞机按照先前安排好的计划，已从阿拉斯加的同一个空军基地起飞去执行收集空气样本的任务。在接到命令后，它被召回了基地。[111]

这次 U-2 飞机在危机期间无意中闯入苏联空域的潜在后果，肯定是灾难性的。因此，肯尼迪并不想发生这样的事。但这种飞行只是早已被批准的总体程式(program)的一部分罢了。进入核战备状态是已被批准的，但现在还没有证据显示曾有高层官员知道发生过战斗机携带着核武器紧急升空去保护那架 U-2 飞机的事。

而当麦克纳马拉返回五角大楼时，他接到了一条更坏的消息：古巴向进行低空侦察的美国飞机开火，其中一架飞机被一发 37 毫米炮弹击中。不过它们已全部返回，但当天进行直接飞越古巴领空侦察的 U-2 飞机则还没有回来。接近傍晚的时候，麦克纳马拉和泰勒得知那架未返回的U-2 飞机已被击落，飞行员鲁道夫少校丧生。[112]苏联部队最终还是向美国人发射了他们的地对空导弹。

在这些事件发生期间，在华盛顿还一直进行着有关土耳其境内的“朱庇特”导弹问题的讨论。肯尼迪认为，赫鲁晓夫已成功地在这个问题实现了他的谈判伎俩——做样子给公众看。肯尼迪又发现了他与国务院在议程安排上的另一个冲突。在星期六，10 月 27 日上午就苏联第二封信的内容进行讨论时，肯尼迪对这个冲突的愤怒表现得一清二楚。他认为在过去的一个星期中，他已说得很明白，即国务院应与土耳其进行秘密商讨，以准备好对赫鲁晓夫可预见的伎俩的有效回应。

但在国务院看来，肯尼迪的这个要求正好可被用来推行它的处理土耳其和“朱庇特”导弹问题的战略。国务院已辛辛苦苦地发起了一个劝说欧洲国家放弃建立本国核威慑力量而加入到多边核力量计划（MLF）中的运动。因此总统试图撤回“朱庇特”导弹，成为国务院重申和实施他们现有规划的一个时机。一旦他们计划中的多边核力量计划得到了同意和实行，并被土耳其作为“朱庇特”的替代物而接受，他们就可逐步淘汰在土耳其的那些“朱庇特”导弹。10月24日，国务院与这个计划相关的三个局一起向腊斯克提出了这个方案。[113]

这是在数月或数年前，而不是在数天前，就安排好的一个计划。因此，当肯尼迪在10月27日上午向国务院问起这个问题时，国务院除了美国驻土耳其、意大利和北约的大使发回的汇报情况以外，就没有什么可说的了。[114]

“那么，”肯尼迪逼问道，“这个星期此事发生之前我们去找过土耳其政府吗？我已经说了一个星期了。我们曾到土耳其与他们谈过吗？”

腊斯克承认国务院虽已开始咨询美国的大使，但“我们事实上还未曾与土耳其谈过”。腊斯克的副手乔治·鲍尔向总统提出了他的看法，即与土耳其商谈此事“将是一件极其令人不安的事”。[115]

“哦，乔治，**现在**是这件事令人不安，因为他正是在这个绝好的节点上卡住了我们。”肯尼迪回应道。然后，讨论继续进行下去；但肯尼迪并没有忘记这件事。两天后，当椭圆形办公室中只有他与迪安·腊斯克两人时，肯尼迪批评了腊斯克。肯尼迪严厉地提醒腊斯克，当赫鲁晓夫广播的那个建议“星期六传来时，事实上什么也未准备”。确实，是已发电报给大使们了。“但我们没有真正准备好我们将说些什么，我们还没有做好准备行动。”肯尼迪继续训斥这位已近乎哑口无言的国务卿。“在我看来，国务院中的某些部门(某些人)现在应该做好应对一个星期后局势的准备,而不只是忙着为六个月后的事情制订计划。”[116]

总统提出的希望,并没有打乱组织行动的优先顺序和事前建立的计划。[117]但总统及时地贯彻了他的想法。“朱庇特”导弹在1963年初被撤出土耳其,不过,并不是被虚幻的多边核力量所取代,而是由美国在地中海巡逻的北极星导弹核潜艇所代替。华盛顿的政府机器在相互摩擦中最终使这些导弹真正撤出了土耳其,但这个问题本身却也早已随着事态的发展而失去了危险性。星期六,10月28日上午,苏联领导人在另一则通过无线电播发的紧急声明中,宣布他们将从古巴撤出导弹。

注释:

1.“朱庇特”导弹在意大利也有部署。在英国则早已部署了更老式的“雷神”导弹,但这些导弹对美国与英国都没有起到过什么大的作用。有关的情况,见 Philip Nash, *The Other Missiles of October: Eisenhower, Kennedy, and the Jupiters, 1957-1963*(Chapel Hill: University of North Carolina Press, 1997)。

2.以下引述的讨论,摘录自 Ernest R. May 和 Philip D. Zelikow, *The Kennedy Tapes: Inside the White House During the Cuban Missile Crisis*(Cambridge: Harvard University Press, 1997),第222—223页。

3.这是泰勒发给美国驻欧洲总司令劳里斯·诺斯塔德将军的命令。JCS 6866,转引自 Ernest R. May 和 Philip D. Zelikow, *The Kennedy Tapes*,第223页注16。

4.见参谋长联席会议1959年12月向美军的欧洲地区总司令(CINCEUR)、大西洋地区总司令(CINCLANT)和战略空军总司令(CINCSAC)发布的系列命令,在国家安全档案局解密与发行的微缩胶片集,William Burr 编, *U. S. Nuclear History: Nuclear Weapons and Politics in the Missile Era, 1955-1968*(Alexandria: Chadwyck-Healey, 1998)。背景情况,也

可见 Bruce G. Blair, *The Logic of Accidental Nuclear War*(Washington, DC: Brookings Institution, 1993);和 Peter Feaver, *Guarding the Guardians: Civilian Control of Nuclear Weapons in the United States*(Ithaca: Cornell University Press, 1992)。美国防御中,艾森豪威尔的命令还可能包括发生美国或美国军队遭到进攻的其他情况时的第三种预先授权,但这方面在零散解密的文件中并没有清楚地体现。

5. Bundy to President Kennedy, "Politics previously approved in NSC which need review", 1961 年 1 月 30 日,在 *FRUS 1961-1963* 第 8 卷, *National Security Policy*(Washington, DC: Department of State, 1994),第 18 页。在雅典会议上"得到批准"的北约文件是文件 C-M(62)48,见 State 1920, "Summary of NATO Meeting in Athens", 1962 年 5 月 9 日;和 National Security Action Memorandum No. 147, "NATO Nuclear Program", 1962 年 3 月 22 日。所有这些文件都收在 *FRUS 1961-1963* 第 13 卷, *West Europe and Canada*(Washington: Department of State, 1994)中,第 389、391—392、384 和 387 页。引述的这条指导方针是为计划中的北约多边中程弹道导弹力量而提出的,也与提交给雅典会议供全面采纳的北约核指导方针相一致。见英国和德国方面的资料,来自 Stephen Twigge 和 Len Scott, *Fail Deadly: Britain and the Command and Control of Nuclear Forces 1945-1964*, Nuclear History Program Project Report, Aberystwyth, 1997 年 7 月,第 244—251 页。

6. Scott D. Sagan, *The Limits of Safety: Organizations, Accidents, and Nuclear Weapons*(Princeton: Princeton University Press, 1993),第 104 页。"自动保险"程序意味着飞机在飞向目标的过程中将处于一定的状态,从该状态它们既可以根据命令被召回,也可以根据命令对目标发起攻击。但在实际中,这个程序远没有设想的那样安全,尤其是考虑到 1962 年时通信联络上存在的脆弱性,特别是与那些部署在遥远的土耳其基地上甚至可能会遭到常规武器攻击的飞机之间的通信联络的脆弱性。而无法与基地进行联系,可能被认为是因为基地遭到了敌人的进攻。而这正是(根据美国而非北约的程序)向前线的战机指挥人员预先授予核武器使用权时所考虑到的另一种紧急情况。但因为对这种紧急情况的规定经常不是非常具体、明确的(部分是为了避免过于清晰而导致总统在出现该种紧急情况时失去了对这些武器的控制权),结果将正如布鲁斯·布莱尔所指出的那样,"军事指挥官(至少是在这个时期)可能在巨大的权力模糊区间内采取行动……在没有正式指令的情况下,这种不确定性会怎样得到解决呢?这时,被称为制度精神(institutional ethos)的东西——军事组织中盛行的态度、传统和信仰——对行为就将是最根本的影响因素,尽管对其影响还存在着争议。"Bruce G. Blair, *Strategic Command and Control: Redefining the Nuclear Threat* (Washington, DC: Brookings Institution, 1985),第122—123页。

7. 罗伯特·麦尔加德中校致斯科特·萨根,转引自 Scott Sagan, *The Limits of Safety*,第110页。

8. 同上,第102页。

9. 因此,肯尼迪否决了此前替换诺斯塔德的安排,而让他在危机期间继续留任。见 McCone to File, "Executive Committee Meeting on 23 October 1962, 6:00 p.m.",在 Mary S. McAuliffe 编 *CIA Documents on the Cuban Missile Crisis*, (Washington, DC: CIA History Staff, 1992),第291页。

10. 这还是发生了,尽管诺斯塔德已在私下发电报给参谋长联席会议主席泰勒,特别要求泰勒确保各个军种(陆军、海军或空军)不向各自驻欧洲的司令发出任何存在相互冲突的戒备命令。Sagan, *The Limits of Safety*,第102—103页;也见美国驻北约大使托马斯·芬勒特的报告,"Paris 1907",1962年10月22日,Record Group 59,国家档案馆。

11. 在此次导弹危机中出现的这些担心,使麦克纳马拉和邦迪开始坚决反对在核武器使用方面的任何预先授权。例如,见 William Burr 编的国家安全档案微缩胶片集,*U. S. Nuclear History: Nuclear Weapons and Politics in the Missile Era, 1955-1968* 中的 Memcon, "State-Defense Meeting on Group Ⅰ, Ⅱ, and Ⅳ Papers",1963年1月26日。

12. 这些资料来源包括 Aleksandr Fursenko 和 Timothy Naftali, "*One Hell of a Gamble*": *Khrushchev, Castro, and Kennedy, 1958-1964* (New York: W. W. Norton, 1997); Anatoli I. Gribkov, "The View from Moscow and Havana", *Operation ANADYR: U. S. and Soviet Generals Recount the Cuban Missile Crisis* (Chicago: Edition q, 1994), Anatoli I. Gribkov 和 William Y. Smith;中央情报局的各种评估报告,许多重新收录于 *CIA Documents on the Cuban Missile Crisis* 中;U. S. Congress, House Appropriations Committee, Subcommittee on Department of Defense Appropriations, *Hearings*, 88th Cong., 1st sess., 1963(此后简称为 DOD Hearings);Department of Defense, *Special Cuba Briefing*, 1963年2月6日;U. S. Congress, Senate Armed

Services Committee, Preparedness Investigating Subcommittee, *Interim Report on Cuban Military Buildup*,88th Cong.,1st sess.,1963(此后简称为*Cuban Military Buildup*)。书中接下来部分根据前述的资料进行了重写。在有重要的事实或信息是来源于其他资料时,会分外予以注明。

13. 有关最高主席团于 1962 年 4 月向古巴提供军事援助的决策,见 Fursenko 和 Naftali,"*One Hell of a Gamble*",第 158—170 页。关于随后 1962 年 5 月的向古巴运送弹道导弹的决策,同上,第 170—181 页;以及第二章中的讨论。

14. *Cuban Military Buildup*,第 5 页往后;也见罗杰·希尔斯曼在 *Special Cuba Briefing* 中的说法。

15. 危机前关键性的公开声明,是苏联政府在 1962 年 9 月 11 日发布的新闻稿,收录于 David L. Larson 编 *The 'Cuban Crisis' of 1962*:*Selected Documents*,*Chronology and Bibliography*(第二版)(Lanham:University Press of America,1986);引用的资料在第 25 页上。

16. 富尔先科和纳夫塔利说运入了 45 颗由中程弹道导弹携带的弹头(尽管为什么 36 枚导弹却要运入 45 颗弹头仍不清楚)。格里布科夫称有 80 颗供"火山"导弹携带的弹头;而富尔先科和纳夫塔利则说只有 36 颗。见 Gribkov,"The View from Moscow and Havana",第 45—46 页,和 Fursenko 和 Naftali,"*One Hell of a Gamble*",第 213、217 页。富尔先科和纳夫塔利指出,这些中程弹道导弹弹头的当量为 100 万吨 TNT;美国情报机关的资料则认为这些导弹弹头的当量为 200 万或 300 万吨 TNT。

17. Fursenko 和 Naftali,"*One Hell of a Gamble*",第 213 页(引用了总参谋长马歇尔·扎哈罗夫和海军作战部长福金上将 9 月 25 日给最高主席团的备忘录)。

18. 但 H 级〔北约的名称是"旅馆"〕弹道导弹潜艇的部署由四艘 F 级〔"狐步舞"〕攻击潜艇所替代;这些 F 级潜艇每艘除了装备常规武器外,还携带一枚核鱼雷。Fursenko 和 Naftali,"*One Hell of a Gamble*",第 213—214 页。这些由内燃机推动的潜艇 10 月 1 日出发驶往古巴,在封锁开始时,其正在接近古巴。因此它们也就遭到了美国军舰的大规模反潜跟踪,并最终在监视下被迫浮出水面。关于在古巴东部的部署计划的证据(已知道的中程弹道导弹和中远程导弹的发射场全在古巴的西部和中部),见中央情报局,"Deloyment and Withdrawal of Soviet Missiles and Other Significant Weapons

in Cuba",1962 年 11 月 29 日,*CIA Documents on the Cuban Missile Crisis*,第 357 页。这个对苏联主要军事硬件方面的跟踪估计事实证明是相当准确的。

19. 伊尔-28 飞机的数量,见中央情报局备忘录,"Deloyment and Withdrawal of Soviet Missiles and Other Significant Weapons in Cuba",第 360 页。苏联方面的资料所显示的数量要少,可能是因为一些箱中装着不同类型的飞机。在白宫 9 月 4 日发出警告后赫鲁晓夫为它们配备核炸弹的决定,特别可以见 Fursenko 和 Naftali,"*One Hell of a Gamble*",第 209—212 页;也可见 *DOD Hearings*,第 6、15—16 页;*Cuban Military Buildup*,第 7 页。

20. 雷蒙德·加特霍夫称部署"青蛙"导弹属于正常的常规武器部署;因为如果说这些导弹具有核能力的话,那么实际上所有的火箭或火炮系统都具有核能力;并且他认为苏联也没有向古巴境内的"青蛙"导弹运送核弹头。Raymond L. Garthoff, *Reflections on the Cuban Missile Crisis*, 修订版,(Washington,DC:Brookings Institution,1989),第 38 页注 64。但现在已没有什么疑问,即运送到古巴的这些导弹是配备了核弹头的。

事实上,"青蛙"导弹非常不精确,以至于如果不配备核弹头的话,它们就几乎没有什么价值。对所观察到的苏联军事行动的最好推测就是,"青蛙"导弹只有被作为一种战场核武器使用才是有用的或其费效比才是划算的;这些武器的控制权掌握在苏联陆军的师级司令部。因为对它们的使用有特别的控制,这些"青蛙"导弹通常不与其他火炮力量部署在一起,而是放在营房中。研究苏联 1979 年对阿富汗的侵略行动的情报分析人员曾注意到,苏联首批进入阿富汗的一些师级部队就装备了"青蛙"导弹。几天后,显然是有苏联高级军官认识到了这种部署的错误性;因为这些"青蛙"导弹很快又被从师级部队中撤出而运回苏联。上述内容来自于菲利普·D. 泽利科 1998 年 2 月 10 日对已退休的中央情报局官员道格拉斯·麦凯钦的采访。因为这些"青蛙"导弹是如此的不精确以及发射与重新装填所需的时间是如此的长,以至于几乎没有观察家——无论他是美国的还是苏联的——会认为如果作为一种常规火力使用,在古巴的这区区 12 枚火箭会有什么价值。10 月 25 日进行的低空侦察发现了这些"青蛙"导弹后,五角大楼很快就猜测到这些"青蛙"导弹是配备了核弹头的,并开始相应地修改进攻古巴的计划。派驻到古巴的苏联集团军并没有师一级司令部;现在也没有证据显示,在 9 月赫鲁晓夫要求额外增加核防御力量之前,那些"青蛙"导弹曾被作为苏联集团军的一种正常装备的武器。

21. Amron Katz, *The Soviets and the U-2 Photos—An Heuristic Argument*(Santa Monica:Rand Corporation,1963),第V页。

22. Fursenko 和 Naftali,"*One Hell of a Gamble*",第191—192页;Gribkov,"The View from Moscow and Havana",第28页。在9月15日国家安全局侦测到了地对空导弹发出的雷达信号;在10月9日侦察到一个已经完工的防空系统。引用的索伦森的话,见 Theodore C. Sorensen,*Kennedy*(New York:Harper and Row,1965),第673页(强调为后加的)。

23. Dino A. Brugioni,*Eyeball to Eyeball:The Inside Story of the Cuban Missile Crisis*,Robert McCort 作的修订版(New York:Random House,1991),第204—205页。

24. Robert F. Kennedy,*Thirteen Days:A Memoir of the Cuban Missile Crisis*(New York:W. W. Norton,1968),第58页。

25. Albert Wohlstetter 和 Roberta Wohlstetter,*Controlling the Risks in Cuba*,Adelphi Paper no 17(London:International Institute for Strategic Studies,1965),第12页;*DOD Hearings*,第6页。

26. Ernest R. May 和 Philip D. Zelikow,*The Kennedy Tapes*,第79页;*Cuban Military Buildup*,第11页;*DOD Hearings*,第44—46页。

27. 佩尼科夫斯基作为一个人,会非常在乎他得到的名誉,而这对美国的卫星来说则是完全无关紧要的,见 Jerrold L. Schechter 与 Peter S. Deriabin,*The Spy Who Saved the World:How a Soviet Colonel Changed the Course of the Cold War*(New York:Charles Scribner's Sons,1992)。

28. 转引自 Fursenko 和 Naftali,"*One Hell of a Gamble*",第182页。

29. *Cuban Military Buildup*,第6页。

30. *DOD Hearings*,第23页。

31. Robert Kennedy,*Thirteen Days*,第59页。

32. 肯尼迪也曾收到过这种建立在错误分析之上的保证。在1961年,肯尼迪在批准中央情报局训练的那些古巴流亡分子发动猪湾入侵行动时被告知,如果这些入侵者被击败,他们将"消融"在大山中而变成游击队员。但实际上这些山脉离登陆点有80英里远,并且还隔着沼泽地。见 Arthur Schlesinger, Jr. *A Thousand Days: John F. Kennedy in the White House*(Boston:Houghton Mifflin,1965),第234页。

33. 总参谋部一位作战计划制订者对有关情况的概括,见 Gribkov,"The

View from Moscow and Havana",第 23—38 页。

34. 同上,第 39 页。

35. 见 Gribkov,"The View from Moscow and Havana",第 39 页。

36. Brugioni,*Eyeball to Eyeball*,第 437 页。肯尼迪致麦康,10 月 26 日白宫椭圆形办公室,Ernest R. May 和 Philip D. Zelikow,*The Kennedy Tapes: Inside the White House During the Cuban Missile Crisis*,第 473 页。

37. Gribkov,"The View from Moscow and Havana",第 58 页。

38. Fursenko 和 Naftali,"*One Hell of a Gamble*",第 192—194 页,也注意到赫鲁晓夫的这种关注可能是因苏联驻古巴的军事代表 A. A. 杰缅季耶夫的担忧而引起的;在 7 月初,当时还在莫斯科的杰缅季耶夫在最高主席团做出那个决定之前,向国防部长马利诺夫斯基表达了对 U-2 侦察的担心,这在时间上与赫鲁晓夫发出首先运入地对空导弹的命令相接近。

39. Gribkov,"The View from Moscow and Havana",第 28 页。

40. 葛罗米柯 1962 年 10 月 19 日用电报发回的报告,刊载在"Russian Foreign Ministry Documentson the Cuban Missile Crisis",*Bulletin of the Cold War International History Project*,No. 5(1995 年春),第 66—67 页。

41. Fursenko 和 Naftali,"*One Hell of a Gamble*",第 237—238,242 页。

42. 格里布科夫拥有单独向莫斯科发送报告的特别渠道,而普利耶夫无权看到这些报告。Gribkov,"The View from Moscow and Havana",第 57—58 页。

43. Fursenko 和 Naftali,"*One Hell of a Gamble*",第 241—243 页;Mark Kramer,"Lessons of the Cuban Missile Crisis for Warsaw Pact Nuclear Operations",*Bulletin of the Cold War International History Project*,Issues 8-9(1996—1997 年冬),第 348—349 页。

44. Gribkov,"The View from Moscow and Havana",第 63 页。

45. General William Y. Smith,"The View from Washington",*Operation ANADYR*,Gribkov 和 William Smith,第 141 页。在 1962 年 10 月时,威廉·史密斯是参谋长联席会议主席马克斯韦尔·泰勒手下的一位少校参谋。

46. Fursenko 和 Naftali,"*One Hell of a Gamble*",第 241 页。

47. Anatoli I. Gribkov,"The View from Moscow and Havana",第 28 页。

48. Kramer,"Lessons of the Cuban Missile Crisis for Warsaw Pact Nuclear Operations".

49. Sagan, *The Limits of Safety*, 第 62 页。

50. 同上。

51. 这个讲话在很多地方都被引用, 包括 David Larson, *The 'Cuban Crisis' of 1962: Selected Documents, Chronology and Bibliography*, 第 9—63 页。

52. *DOD Hearings*, 第 25 页往后。

53. 有关苏联向古巴运送武器情报的总体收集情况的最好概述是 Brugioni, *Eyeball to Eyeball*, 第 148—165 页。有关苏联运输情况及货物类别的情报, 同上, 第 72—73 页。

54. 见 Richard Lehman to McCone, "CIA Handling of the Soviet Buildup in Cuba", 1962 年 11 月 14 日, 在 McAuliffe, *CIA Documents on the Cuban Missile Crisis*, 第 99—101 页。

55. 这些报告现已出版在 *CIA Documents on the Cuban Missile Crisis*, 第 107—109 页。

56. 这些报告的复印件, 同上, 第 103—105 页; 也见 Brugioni, *Eyeball to Eyeball*, 第 164—165 页。

57. 这需要找到可以制造非常薄的胶卷的新型塑料与对其进行处理的机器、新型的镜头、由计算机控制的研磨这种镜头并进行抛光的新方法, 以及可以自动旋转镜头以拍摄全景照片的新型相机。Brugioni, *Eyeball to Eyeball*, 第 14—15 页。

58. James R. Killian, *Sputnik, Scientists, and Eisenhower: A Memoir of the First Special Assistant to the President for Science and technology* (Cambridge: MIT Press, 1977), 第 82 页。

59. Richard M. Bissell, Jr. 与 Jonathan E. Lewis, Frances T. Pudlo 合著, *Reflections of a Cold Warrior: From Yalta to the Bay of Pigs* (New Haven: Yale University Press, 1996), 第 106、108—109 页。

60. 同上, 第 131—140 页。这就是 A-12 飞机, 更广为人知的是它的军事名称 SR-71。它在 1962 年进行了第一次正式飞行。比斯尔在 1959 年受到奖励, 成为中央情报局秘密部门的领导, 负责开展秘密活动。但猪湾行动的灾难性后果结束了他的这种职务。1962 年, 比斯尔被安排只负责他一直领导的中央情报局的情报技术收集工作。但麦康决心把情报技术收集工作从秘密部门中分离出去, 而比斯尔对应如何改组中央情报局这方面的工作持不同的看法,因此,他就拒绝了这个职位,并从政府中辞职。赫伯特·皮特·斯科维尔成为中央情报局研究部门的新领导。Jeffrey T. Richelson,"The Wizards of Langley:The CIA's Directorate of Science and Technology",*Intelligence and National Security* 12(1997 年 1 月),第 82、84—85 页。

61. 见 Brugioni,*Eyeball to Eyeball*,第 20—27 页。

62. Ernest R. May 和 Philip D. Zelikow,*The Kennedy Tapes*,第 122 页。

63. Lehman to McCone,"CIA Handling of the Soviet Buildup in Cuba",第 101 页。

64. 见 John Wright 上校写的国防情报局汇报文件,"Analysis of SAM Sites",1962 年 10 月 1 日,在 *FRUS 1961-1963*,第 11 卷,*Cuba 1962-1963*,第 1—2 页。

65. Ernest R. May 和 Philip D. Zelikow,*The Kennedy Tapes*,第 230 页。

66. National Security Action Memorandum 181,1962 年 8 月 23 日,*FRUS 1961-1963*,第 10 卷,第 957—958 页。

67. 如果未作其他说明,有关战术空军司令部准备工作的论述,大部分是来自于前兰德公司研究员梅里特·W. 奥尔森(Merritt W. Olson)并未发表的研究作品。他与战术空军司令部的许多官员讨论了战术空军司令部在古巴导弹危机中的行动,并在 1978 年将他的研究成果寄给了艾利森。现可获得的国防部记录证实了奥尔森的研究。

68. 见 Gilpatric to President Kennedy,"Cuba",1962 年 9 月 1 日(附空军参谋部所准备的分析报告);Harris to McNamara,"Air Defense in Southeast US Area",1962 年 9 月 4 日;Special National Intelligence Estimate,"The Military Buildup in Cuba",SNIE 85-3-62,1962 年 9 月 19 日(关于米格-21 飞机的情况);President Kennedy to McNamara,1962 年 9 月 21 日;McNamara to Taylor,1962 年 10 月 2 日;和 McNamara to President Kennedy,1962 年 10 月 4 日,*FRUS 1961-1963* 第 10 卷,第 1010—1012、1036—1037、1075 和 1081 页,以及 *FRUS 1961-1963* 第 11 卷,第 6—7、10—11 页。

69. McCone to File,1962 年 10 月 5 日(关于那天与邦迪的谈话),同上,第 15 页。

70. 奥尔森给艾利森的信,第 13 页。

71. 有关米格飞机的情况,见在 Ernest R. May 和 Philip D. Zelikow,*The Kennedy Tapes* 中麦康的介绍,第 374 页。对于泰勒的评论,见华盛顿特区

的国家安全档案馆中的 1962 年 10—11 月召开的参谋长联席会议记录的副本。

72. 正如麦克纳马拉向总统解释的那样,军方可以在那些地对空导弹有效最低射高之下进行低空打击,摧毁苏联的防空导弹发射场地。不过,虽然飞机进行这种低空打击不会受到防空导弹的威胁,但将容易遭到为那些发射场地提供空中防御的(古巴和苏联)高炮的攻击,因此在对这些发射场地进行打击时,还必须用其他飞机压制这些防空炮火。

73. 麦克纳马拉记下了肯尼迪与斯威尼这次会谈的最完整记录,重新出版在 Laurence Chang 和 Peter Kornbluh 编,*The Cuban Missile Crisis*,*1962*:*A National Security Archive Documents Reader*(New York:New Press,1992),第 144—145 页。索伦森的评论,见 Sorensen,Kennedy,第 684 页。

74. Dean Acheson,“Homage to Plain Dumb Luck”,Robert Divine 编,*The Cuban Missile Crisis*(Chicago:Quadrangle Books,1971),第 189 页。本书的初版,Allison,*Essence of Decision*,论述到了这些抱怨和怀疑,第 125、204—205 页。

75. Ernest R. May 和 Philip D. Zelikow,*The Kennedy Tapes*,第 403 页。见 *Essence of Decision* 的初版,第 126 页,其中论述主要来自麻省理工学院教授威廉·考夫曼(William Kaufman),他在危机期间担任国防部长办公室助理。这些论述在 1998 年 11 月 10 日艾利森对考夫曼的采访中再次得到了证实。

76. Ernest R. May 和 Philip D. Zelikow,*The Kennedy Tapes*,第 612 页。

77. 国会中的肯尼迪反对者早就讨论过把封锁作为对苏联向古巴运入常规武器的反应。麦克纳马拉在 10 月初也提醒海军可能会有进行封锁的需要。

78. 可参见已解密的 *CINCLANT Historical Account of the Cuban Missile Crisis*,1963 年 4 月 29 日,Operational Archives,Naval Historical Center,Washington,DC。

79. Sorensen,*Kennedy*,第 710 页。

80. 同上,第 708 页。

81. 1962 年 10 月 21 日国家安全委员会第 506 次会议的记录,*FRUS 1961-1963* 第 11 卷,*Cuban Missile Crisis and Aftermath*,第 146 页。

82. 同上,第 147 页。也进行了如何对古巴航空实行封锁的讨论。考虑到其中的困难,就采取了一种非正式的权宜办法,即在苏联飞机必须进行降落加油的国家——加拿大、塞内加尔和几内亚,将其拦截或至少进行拖延、检查;加拿大和法国政府私下提供了帮助。在 McAuliffe,*CIA Documents on the Cuban Missile Crisis* 中一些中央情报局文件中;和 Gribkov,"The View from Moscow and Havana",第 5 页中,都提到了这种帮助。

83. 见 Ernest R. May 和 Philip D. Zelikow,*The Kennedy Tapes*,第 294、328 页。美国估计伊尔-28 作战半径范围为 740 海里;而估计米格-21 的作战半径大约为 450 海里(在带副油箱的情况下)。麦克纳马拉的介绍,同上,第 328 页。

84. 同上,第 333 页。

85. 同上,第 335—336 页。

86. 同上,第 336 页。

87. 有关肯尼迪与奥姆斯比—戈尔的讨论,见两位目击证人的说明,Robert Kennedy,*Thirteen Days*,第 66—67 页;和奥姆斯比—戈尔发回伦敦的报告,Washington 2662 和 Washington 2664,两份报告都在 1962 年 10 月 24 日发出,Public Record Office,PREM 11/3690,24020。

88. 10 月 24 日上午 10 点刚过不久,麦康就向国家安全委员会执行委员会报告了苏联此次无线电联系(尽管他并不知道其内容)。Ernest R. May 和 Philip D. Zelikow,*The Kennedy Tapes*,第 348 页。

89. 肯尼迪说:"对我来说,我们是想给那艘船一个掉转航向的机会。你们不想刚听到莫斯科说'掉头'就猛地击沉它的一艘船吧。"同上,第 361 页。

90. 麦克纳马拉的解释,同上,第 354—355 页。Robert Kennedy Papers 中发现的罗伯特·肯尼迪在此次会议上的手写记录,在 Arthur M. Schlesinger,*Robert Kennedy and His Times*,第 514 页有引用。Robert Kennedy,*Thirteen Days*,第 69—70 页,有更详细的论述。

91. Ernest R. May 和 Philip D. Zelikow,*The Kennedy Tapes*,第 355 页。

92. 同上,第 355—356 页。

93. 同上,第 356—357 页。事实上,海军已向每艘军舰派了会说俄语的军官。之所以能这样做,只是因为一些有预见性的官员制订了一种选调所需军官的应急计划。

94. Brugioni,*Eyeball to Eyeball*,第 400—401、415—417 页。

95. 赫鲁晓夫 1962 年 10 月 28 日致肯尼迪的信,David Larson,*The*

'*Cuban Crisis' of 1962*:*Selected Documents*,*Chronology and Bibliography*,第 189—192 页。

96. 肯尼迪 1962 年 10 月 23 日致赫鲁晓夫的信,同上,第 68—69 页(强调为后加)。

97. 赫鲁晓夫 1962 年 10 月 27 日致肯尼迪的信,同上,第 183—134 页(强调为后加)。

98. 肯尼迪 1962 年 10 月 28 日致赫鲁晓夫的信,同上,第 194 页(强调为后加)。

99. 赫鲁晓夫 1962 年 10 月 26 日致肯尼迪的信,同上,第 176 页。

100. U. S. Congress, House Armed Services Committee, *Hearings on Military Posture*,88th Cong.,1st sess.,January 1963,第 897 页。

101. 见 William W. Kauffman, *The McNamara Strategy*(New York: Harper & Row,1964),第 271 页。

102. Ernest R. May 和 Philip D. Zelikow, *The Kennedy Tapes*,第 444 页。在 1962 年,所有国家都承认离海岸 3 海里之内的区域属于领海范围。不过许多国家早已将这个传统划定的范围扩展到 12 海里。因此,如果古巴宣布 12 海里的领海范围,考虑到正在不断发展的相关国际法,它也是有合理理由的。

103. Sagan, *The Limits of Safety*,第 73—77 页。

104. Sagan, *The Limits of Safety*,第 130—131 页。

105. 同上,第 137 页中的注 47。

106. Ernest R. May 和 Philip D. Zelikow, *The Kennedy Tapes*,第 495、501 页。

107. Oleg Troyanovsky, "The Caribbean Crisis: A View from the Kremlin", *International Affairs*(Moscow),1992 年 4/5 月号,第 153 页。

108. Sagan, *The Limits of Safety*,第 135、137 页。

109. 赫鲁晓夫 1962 年 10 月 28 日致肯尼迪的信, David Larson, *The 'Cuban Crisis' of 1962*:*Selected Documents*,*Chronology and Bibliography*,第 192 页。

110. Roger Hilsman, *To Move a Nation*:*The Politics of Foreign Policy in the Administration of John F. Kennedy*(Garden City:Doubleday,1967),第 221 页。

111. Sagan,*The Limits of Safety*,第 138 页。

112. Ernest R. May 和 Philip D. Zelikow,*The Kennedy Tapes*,第 570—572 页。

113. 见 Tyler,Rostow 和 Talbot to Rusk,"Cuba",1962 年 10 月 24 日,Cuban Missile Crisis Files,1992 Release Box,National Security Archive,Washington,DC。

114. 这些汇报中,最重要的是驻土耳其大使雷蒙德·黑尔那封经过深思熟虑而撰写的电报。这封电报在一天之前就开始被送达,在 10 月 27 日还陆续传来。(因为这份长篇电报是分成各个"部分"发出的,所以是各个部分依次到达,然后再总合成完整的报告。许多学者已注意到了黑尔电报的第一部分,但很少有人注意到后面传到并在 27 日宣读的那些部分。)肯尼迪图书馆中 Ankara 587,1962 年 10 月 26 日,National Security Files,Box 226,NATO-Weapons-Cables-Turkey。

115. Ernest R. May 和 Philip D. Zelikow,*The Kennedy Tapes*,第 498—499 页。

116. 同上,第 659—660 页。肯尼迪的这个反应明显是被错误理解了,包括被罗伯特·肯尼迪错误理解了,并与 1961、1962 年有关"朱庇特"导弹的其他背景情况混合在一起,从而产生出认为肯尼迪曾命令撤走"朱庇特"导弹并对其命令未被遵守而感到愤怒的印象。

部署"朱庇特"导弹的决定由艾森豪威尔政府做出,是对苏联发射第一颗人造卫星以及苏联针对欧洲的弹道导弹部署优势的一种反应。(当时还没有一方部署洲际弹道导弹。)随着美国洲际弹道导弹计划的发展,"朱庇特"导弹明显变得很落后了。肯尼迪在 1961 年春曾命令对"朱庇特"导弹的部署进行重新评估;白宫和五角大楼明显倾向于撤走这些导弹。但是土耳其表示反对,并由于当时赫鲁晓夫在维也纳向肯尼迪发出了挑战,因此,肯尼迪在 1961 年夏批准继续进行部署。所有导弹到 1962 年 3 月 5 日全部部署完毕。尽管一些学者过分强调在 1962 年 10 月的危机期间正式把这些导弹(不包括其弹头)的控制权移交给土耳其的仪式的重要性,但现在并没有证据表明有任何官员——美国或苏联的——在当时曾注意到这个小型仪式。所有人都认为这些导弹早已投入使用,事实确实也是如此。1962 年 8 月,由于担心赫鲁晓夫可能会利用这些"朱庇特"导弹作为向古巴运送导弹的借口,肯尼迪命令国防部进行一项有关"可以采取什么行动把'朱庇特'导弹从土耳其撤出?"的研究。National Security Action Memorandum 181,1962 年 8 月 23 日,*FRUS 1961-1963* 第 10 卷,第 957 页。但因国务院计划用他们幻想中的多边核力量替代在欧洲的所有老式导弹,这个想法也就没有了下文。肯尼迪知道这种情况,并正如下一个注释中所说的那样,这对国务院的计划并没有产生什么影响。录音带中也没有证据表明,肯尼迪本人曾认为他实际上命令过要撤出这些"朱庇特"导弹。根据接近他的人员的回忆,他对此感到愤怒;不过可以理解,由于事情复杂,接近他的人员有可能会记忆不清且断章取义地理解。

117. 在星期六 10 月 20 日,肯尼迪也曾试图中断国务院的多边核力量计划。当时他命令向法国提供核援助,他在 10 月 21 日又再次重复了这个指示。但由于忙于处理危机,他对此就没有继续关注下去。国务院扼杀了这个主意。见 Ernest R. May 和 Philip D. Zelikow,*The Kennedy Tapes*,第 199 页注 13,第 201 页注 14,第 212 页注 8。

第五章　模式Ⅲ:政府政治模式

模式Ⅱ将政府行动理解为是由领导人部分协调的组织输出;它拓展了理性行为体模式将政府行动视为是单一行为体理性选择结果的理解。但在模式Ⅱ分析之外,还有一个更深、更精炼的分析层次。位于组织顶层的领导人所构成的团体并非是铁板一块。相反,这个团体中每个人都是一个独立的博弈者,相互之间进行一场重要的竞争性博弈。这个博弈即是政治:在政府的等级体系中占据各个位置的博弈者根据惯常的规则相互讨价还价。因此,在第三种概念模式看来,政府行为并不是组织的输出,而是讨价还价的博弈的结果。这些不同偏好间博弈的结果随着互动的变化而不断变化。与模式Ⅰ不同,政府政治模式看到的不是单一的行为体,而是各种各样参与博弈的行为体:这些博弈者并不是只关注于一个相同的战略议题,还关注于各种不同的国内问题;他们不是根据一套相同的战略目标采取行动,而是根据各自对国家、组织和个人等目标的不同认识采取行动;他们不是通过单一的理性决策决定政府的行动,而是通过政治中的相互讨价还价决定政府的行动。

每个国家的政府都是进行国内博弈的综合舞台。位于政府机构顶部的政治领导人以及掌管各个大型政府组织的官员组成了核心的博弈圈;其对于分析者试图解释的政府的决策或行动结果有重要影响。核心博弈圈中的博弈者，有些是法规规定的参与者，有些是被邀请参加的，还有一些是自己竭力挤进来的。在这个核心圈之外，还有一层层由政策执行部门中更低一层的官员、新闻界、非政府组织和公众等组成的博弈圈。外层博弈圈中持续进行的博弈，塑造了那些能够影响政府决策和行动的核心博弈者之间博弈所处的环境。因此，模式Ⅲ关注那些事实上参与了这种互动的行为体。

外交政策问题性质本身，就容易使人们对怎样解决问题产生巨大分歧。由于大多数博弈者是根据其所担任的角色——如作为一名财政部长或驻联合国大使——而参与到博弈中的，因此，很自然，对于一个问题，每个博弈者都觉得有责任要求关注他所在领域的那些方面，如国际金融或世界舆论等方面。根据政府有关的章程——且在现实中也是如此，这些博弈者是代表各个不同部门及这些部门的利益与部门所服务的对象而行事的。此外，这些博弈者的偏好与认识是和他们所代表的组织联系在一起的，因此，这些来自不同组织的博弈者对政府行动会给出相互冲突的看法与建议。这些博弈者肩负的不同责任会使其看到不同的东西、强调不同的重点。国家利益确实很重要。一个错误的选择可能会导致无法弥补的损失。因此，负责任的公民有义务为他们确信是正确的东西而奋力争斗。

许多人都有权力，而他们对必须采取什么行动却存有分歧——这种分歧有深远的影响。这意味着政府决策和行动必然是一个政治过程的产物。因此，外交政策也是政治在其他领域的继续（有时是以其他手段）。在这种政治过程中，有时，一个致力于某种方案的团体会胜过其他致力于别的方案的团体。有时,政府行动是这些致力于向不同方向行动的团体的努力相互抵消、相互作用而产生的结果或综合物,其可能完全不同于其中任何一个人或团体的想法或意图。而这两种情况就意味着,棋局中棋子的移动,并不是因为有某种行动意图,也不是反映了组织为实施某种方案而运行的常规;而是反映了某种行动的支持者和反对者的权力大小与他们在其中的斗争,是由这种权力分配状况与这些博弈者之间的斗争结果决定的。

这并不是美国政府独有的现象。研究政府危机行为的学者可以很容易地列举出政府行动只能通过其内部的政治纷争或讨价还价才能予以解释的例子。对于民主国家是如此,对于独裁国家同样也是如此。[1] 比如,在纳粹德国,政治中同样充斥着希特勒党羽之间党同伐异的争斗;即使在希特勒非常重视的那些问题领域,如武器采购、情报工作以及军事部署等,也存在着这些争斗,并往往使德国的行为表现得非常怪异和低效。

上述概括抓住了政府行动所具有的政治性本质。如果在外交政策领域,各个议题是一个个连贯出现的,决策也是一次一个连贯做出的,那么,这种解释也就是很全面的。但是,大多数议题,如亚洲经济危机、核武器扩散或对华贸易等问题,都是随着时间一点一点逐渐发展、凸显的,且这些议题是相互夹杂、牵连在一起的。每天,有成百个问题需要政府中的这些行为体关注,这些行为体必须决定当天要处理哪些议题,然后根据这些议题的情况做出不同应对,解决后再迅速转向后面等待处理的议题。这些不断涌现的议题和相关的不断演进的博弈聚合在一起,就产生出所谓的政府“决策”和“行动”。因此,政府“决策”和“行动”就如同“**拼贴画**”,由各个部分拼凑而成。政府在某个议题上的行为,就是由下列各个部分拼凑而成的:每个博弈者的选择(例如,批准其部门的行动,发表某场演说或避免获取某些信息),各种次要博弈的综合结果(例如,一份电报的措辞,低级博弈者关于部门行动的博弈的结果),各种关键博弈的综合结果(例如,核心博弈者之间相互商讨、争斗后而形成的决定、行动或声明等),各种“错乱”(例如,因相关问题没有被意识到或提出太晚而没能进行处理或错误理解,等等)。要解释政府的某个正式决策或行为方式,就必须确定其中相关的博弈与博弈者,分析其中各方所进行的讨价还价和同盟分化情况,一定程度上理解其中的混乱。

对于外交决策的这种看法可能会让人感到不舒服。指责官员们“在国家安全领域玩弄政治”是一个很严重的批评。如果人们相信这是真的,无疑会加重他们对政府的怀疑与玩世不恭的态度。确实,其中让人困惑、迷茫的真实的详细情况,无论是对于学术分析还是对于政府公共关系沟通来说,都是一个严重的挑战。对于最新事态中诸如此类的讨价还价等,很少分析者能有时间深入地分析其中的博弈者和互动细节。事实上,对于一个事件,读者们可能也不希望了解这么多。因此,在报纸或如《外交》这样的学术期刊中,也很少如此深入地讨论这些决定相关事态与政府行动的幕后的政治过程。而这种公众兴趣又会被学术研究中保持思维逻辑上的内洽性的倾向进一步强化。毕竟,国内政治是混乱的。从其中各种各样的细节中,很难发现或概括出某种抽象的普遍规律。因此,一些学者也不愿抛弃掉总统制、国会、最高法院等这样一些有重要权力和普遍影响的重大制度或机构而去分析这些错综复杂的具体细节。

在这个方面,学术研究与政府中行为体实际行为之间的差距,比任何其他方面都要大。对于政府中的行为体来说,具体的工作条件与状况是无法忽视的。除了非常广义和抽象角度上所说的共同价值观与利益以外,政府领导们的目标往往并不相同而且是相互竞争的;其观念和所关注的优先事项也因职位的不同而不同;其所要解决的问题也绝非如战略议题那样明确、稳定,而是复杂、多变的;就他们而言,对于一系列具体决策的管理,要远比做一次所谓宏大的决策更为重要;其使政府按照决策所要求的那样做时所遇到的困难,要远超过在不同的各有优劣的选项中进行选择时遇到的困难。而为了得到自己所期望的结果,领导者们会建立起各种各样的联盟。这些联盟中可能包括一些重要的局外人士、立法者、利益集团的说客甚至是外交官等不同类型的国内政治权力掮客。因此,正如美国第一任国防部长詹姆斯·福莱斯特(James Forrestal)所言,"一些人说他们想进入政府但不想卷入政治,我总是感到好笑。我的看法……是你不可能把政府与政治分离开来,正如你不能把人类与性分离开来一样。"[2]

政府政治模式说明

当官员们一起采取某种行动时,其结果往往与其中任何人在互动之前的最初目的都是不一样的。那么,第一个问题就是:如果某人负责该行动或掌管这些官员组成的这个团体,那么,如果我们知道这个人的目的,我们是否就可以解释或预测相关的结果?对模式Ⅲ的最初论述已经提出,如果仅有关于这个领导人偏好的信息,是难以进行这样的解释或预测的;而这个命题又是建立在政府权力大多数时候是被不同行为体所共有的这个认知基础之上的。

理查德·E.诺伊斯塔特在其《总统权力》一书中对纸面上的权力与现实中的权力之间的不同所做的分析,迄今尚无人能出其右。[3] 虽然在其之前已经有人尝试将政府行动作为一种政治产物进行分析,但诺伊斯塔特的分析是最强有力和最细致入微的。肯尼迪在当选而未就任时,曾向那些追根究底的专栏记者强烈推荐这本书,并任命诺伊斯塔特为首席过渡期顾问;这使这本书曾一度成为那些试图在新政府中谋求一官半职的人的必读书目;而且自此以后,这本书迄今仍然是许多领域要求的必读书目。(肯尼迪曾自称是政治学者能找到的最好广告代理。)

诺伊斯塔特的研究风格反映了他在政府中的工作经历,尤其是在杜鲁门总统期间任白宫幕僚时的经历。因此,通过其著作中的一些重点语句就可很容易地发现其分析中所隐含的模式。

1. 不同机构共享权力

> 通常认为1787年的宪法创造了一个"权力分立"(separated powers)的政府。事实绝非如此。这个宪法创造的是一个由**不同机构共享权力**(separated institutions sharing powers)的政府,而非一个"权力分立"的政府。[4]

由于政府中的行为体各自具有独立的基础,因此权力(即对结果的有效影响力)是共享的。美国宪法的相关规定、政治传统、政府实践以及民主理论等,都强调政府中的这些行为体在需要和利益上的不同,强调权力应由这些行为体分享。这些行为体占据不同的职位,承担不同的责任;每个都试图根据其认知来履行这些责任。因此,那些与总统一起分担政府治理责任的人,不可能完全按照总统所要求的那样做。对于这些官员,总统的命令和要求确实很重要。但是,这些官员肯定是根据他们自己的立场与责任,而不是根据总统的立场与责任,来看待这些命令与要求的。

2. 劝服的权力

总统权力是一种劝服的权力(power to persuade)。[5]

> 我们看到的是总统脚蹬皮靴、凌驾于各种决定之上的形象,但这只是事实的一个方面。在这种表象之下,却是另一番景象:总统脚穿胶鞋、手扶马镫,尽力劝说着各部门的官员、众议员或参议员等,试图让他们上马。[6]

就地位和形式上的权力而言,总统确实是最高长官;政府中其他行为体的事务也多少会涉及他。但是这种权威仅仅能确保其可以广泛地参与到各种事务中。而如果其想要统治的话,他还必须尽力将形式上的权力转化为各种讨价还价中的优势。在专业声誉和公共威望的帮助下,总统可以利用这些优势影响其他行为体的需要和恐惧,从而使这些行为体形成总统所要求他们具有、同时也正符合他们的最大利益的认识。但是，这些优势本身极少能确保总统的意志一定会得到贯彻，而只能保证总统对政府行动会有一定的影响。

3. 讨价还价依一定过程进行

> 他们（政府中的行为体）的讨价还价不是毫无规章、随意进行的，而是根据一定的过程进行的；这些讨价还价要满足一定的前提条件要求，要对行为体所处的政治体系中的压力做出回应。[7]

总统劝服的博弈不是任意进行的，而是依据一定的过程进行。过程是把议题推到决策阶段的稳定的正式渠道；议题只有经过这种过程、变得可行，总统对其关注才会稳定，相关的讨价还价才会变得激烈。

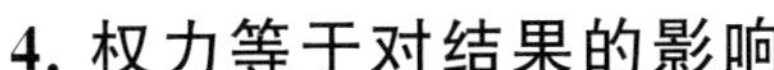

4. 权力等于对结果的影响

反映一个总统权力大小的，不是作为结果的政府行动，而是其对于这种结果的影响。[8]

> 如果总统想要提高他的影响力，那么，他所要考虑的东西正是影响公共政策可行性的那些……这需要在政治、管理、心理和个人因素等各个方面的可行性之间保持一种平衡……他需要向那些负责实施行动的人证明行动是可行的，向支持的人

> 证明行动是符合他们要求的,向那些受到该行动冲击的人证明行动是可以接受的。其中,时机对于赢得支持或默许至关重要……总统所拥有的权力筹码,与那些增加政策可行性的因素非常相似。[9]

诺伊斯塔特分析的焦点,不是作为政府内讨价还价的博弈结果而采取的政府行动,而是总统的选择。要理解政策,就必须尽力从总统的角度看待问题。要理解政府**能够**采取什么行动,站在那个脚蹬皮鞋的总统的角度看待问题就可很好实现。但如果要理解**事实上**政府采取了什么行动,则最好站在那个穿胶鞋的总统的立场看待问题,分析他如何进行劝说、威逼、利诱、督促政府中其他成员采取行动,如何使用和处理其个人影响力在此过程中所遇到的机遇、挑战与威胁。

5. 国际和国内关系

> 每个(政府)或多或少都如一个由各种官僚、政治人物等组成和推动运作的竞技场;他们在其中相互竞争、相互讨价还价。而政府的行动即是这些互动的产物……**两个同盟国之间的关系在一定程度上就如同美国两个大型政府部门之间的关系。**[10]

在此,诺伊斯塔特将其分析国内博弈的共享的权力(shared power)这个概念延伸到对国家之间关系的分析中。国内的博弈中确实可能会有国外行为体的参与。这使一些学者将这种同时存在的国际—国内互动称为“双层博弈”。不过,这些学者往往把各种各样的国内—国际的互动都放到了这个标签下。[11]在特定情况下,其他国家确实会影响和介入一国国内的政府政治过程,特别是当这些国家是比较亲密的同盟,一国就某项政策做出最终决定之前,允许另一国直接和实质性地参与到其国内决策过程的时候。而如果这两个国家希望采取某种共同行动,或其之间关系是如此紧密以至于双方可真正参与到对方的国内决策中(如二战期间英美之间关系就经常处于这种状况),那么,模式Ⅲ对于解释多国间由此达成的共同政策也是有帮助的。

1990 年 8 月伊拉克入侵科威特的第二天,当时的美国总统布什与英国首相玛格丽特·撒切尔在科罗拉多的阿斯彭(Aspen)举行了会晤。两国政府都支持联合国最初采取的那个谴责伊拉克入侵的决议。但当时,两位领导人都没有决定将采取怎样的进一步行动。这两位领导人实质上都参与到了对方政府内的相关商讨和决策中。从这个方面来说,两国领导人实际上是共享了他们自己国家的部分权力。因此,几天后,经两人在华盛顿的进一步磋商和讨论后最终形成的政策,实质上是一种共同政策。在布什启动其国内关于这个议题的决策过程之前,甚至在撒切尔夫人回国与其内阁成员商讨之前,这两位领导人关于此议题就已形成的坚定共识,对随后各自国家内部的相关决策与互动产生了重要影响。

这一共同决策的案例显示了一国的官员是如何实质性地参与到另一国的国内决策过程中的。其他国家对于一国的核心博弈的参与,会对关键的**国家**决策的内容和时机产生重要影响。诺伊斯塔特在其对英美关系的研究中就潜在地包含了这种研究视角;他还根据这个视角,对现已解密的 1962 年末英美关系中发生的“空中闪电”导弹危机进行了有启发性的分析。这次危机是因为美国单方面取消英国政府依赖的“空中闪电”导弹计划而出现的;美国的这个决定使英国感到突然和愤怒。就肯尼迪方面来说,这次危机的一个关键问题就是为什么在华盛顿最终决定取消该导弹计划之前,英国没有能够更加有效地参与到该决策中。

回到波斯湾战争这个例子。布什—撒切尔二人商讨的时间安排和环境也影响着两国的决策。当这两位领导人在阿斯彭会晤时,双方的外交部部长、国防部部长或军事顾问等都不在场;而只有双方的国家安全顾问陪同(美国的布伦特·斯考克罗夫特和英国的查尔斯·鲍威尔)。而这两人又都恰好赞同其领导人的立场,并因此强化了两位领导人的立场。[12]

美国政府数日后完成了第一阶段的政策决策(坚定维持联合国那个决议中所设定的政治目标,向沙特阿拉伯部署武器,对伊拉克实施全面的物品禁运与武器封锁);然后,美国政府开始说服其他国家一起采取行动,土耳其就包括在这些国家之中;因此,美国国务卿詹姆斯·贝克于 8 月 9—10 日访问安卡拉。土耳其虽是美国的北约盟国,且土耳其与美国试图说服的其他国家被放在一起考虑,但土耳其政府或其代表却并未能直接、有效地参与到美国相关政策的制定过程中。相反,美国只是将政策摆到土耳其面前,要求其予以支持。对于美国的这个要求,土耳其提出了一些条件;贝克设法满足了这些条件。[13]

土耳其与美国的这种互动,并不像英美之间的那种互动,适合用模式Ⅲ的范式来解释。土耳其与美国的这种互动更适合用强调国家间战略互动的相关理论而不是决策理论来进行分析。更强调从政府间关系来分析国际关系的理论就属于这种战略互动理论。美国针对伊拉克这样敌对国家的行动也适合由这类战略互动理论进行分析。

如果说政府行政部门这些分享权力的做法只会在存在有关权力共享的正式安排的情况下才会出现，那么，国会政治中的权力分享与讨价还价则是更为普遍的存在。有关国会政治的深入研究已发现，决策问题的建构方式、决策过程的结构与规则、采取行动的路径等都具有至关重要的影响。虽这些研究中有一些被划归为“理性选择”学派，但事实上，有关国会政治的研究主要关注的是“集体选择分析”。因为其主要研究成果在于其分析了各种各样的个体偏好怎样汇聚形成集体选择，以及这些个体偏好如何被环境和集体的结构所折射的——就如同光穿过棱镜时所发生的现象那样。[14]

总而言之，即使在那些形式上必须由最高领导者做最终决定的等级体系中，最高领导者的决策的性质、时机、内容等也会受到其与那些似乎并不重要的官员或人物的互动的影响。这里再次引述诺伊斯塔特的观点：

> 形式上讲，总统都是领导人。事实上，这只能意味他是位办事员。现在，每个人都期望白宫里的这个人在各方面都有所作为……但对总统的这种期待并不表示，政府所有其他部门都在他的控制之下，而只是意味着其他人明白，如果没有总

> 统的同意,他们实际上几乎不可能开展什么工作……在今天,总统已成为一个极其重要而不可缺少的办事员。整个华盛顿都需要他的服务。但他的影响力如何则完全是另外一回事。而对于其领导力,我们从法律与传统中并不能知道什么东西。[15]

集体过程(Group Process)及其对选择和行动的影响

政府决策是个复杂的、多个行为体参与的过程。做出这样的描述并不困难。困难的是弄清这种多人决策过程的哪些**具体**特征影响着决策与行动。这对于政治学、经济学、社会心理学、决策理论以及其他相关研究领域来说,都是一个重要的问题。

但这也是一个令人感到沮丧的问题。例如,研究总统制的学者虽然有可以把对这种多人决策过程的研究集中于对总统个人及其活动的分析上的优势,但在1965年一位这方面研究的历史学家却曾评论道:“我们对于美国诸位总统的每个细节都了如指掌,但对总统制却仍然一无所知。”一二十年后,又有两个学者抱怨说,“历史学家、新闻记者和政治学家对于每位总统都已进行过深入、细致的研究,但我们仍然无法找到能帮助我们比较各位总统任期中不同政府行为模式的分析框架。”而在此大约十年后,又有两位学者哀叹道:“究竟是美国总统制中的哪些东西使我们对其无法进行精确的理论分析?为什么我们找不到可以解释与预测诸位总统行为及其领导风格的一般命题呢?”[16]

有大量因素影响着政策结果,对这些因素很难进行简单地概括或抽象。本书证明在外交领域同样是如此。而在国内事务方面,作为一个阅历广和深知政府运作具体事务的实践者,同时也是位学者的理查德·达曼(Richard Darman)曾对这样的一个案例进行了深入的思考。这个案例即是:1981 年里根政府在民主党控制的国会反对其大幅度减税法案的情况下却成功使该法案获得了通过。为什么会成功?达曼认为有十个方面的关键原因;达曼承认这些原因“过于冗长难以被引用”。但我们仍然罗列在此;快速浏览下面的引用,就可理解对于政策结果为什么会有众多层面的解释与分析。

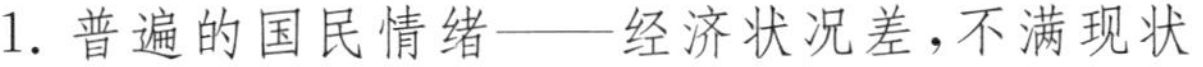

1. 普遍的国民情绪——经济状况差,不满现状

2. 国民情绪和大众思潮——反政府、反税收的民粹主义盛行

3. 里根的观点对公众舆论——意志坚定(purposeful)但尽力安抚人心

4. 里根和国会——对那些担心国会政党格局将重组的较为保守的民主党人来说,里根具有个人和政治两个方面的吸引力

5. 里根和国会——新总统上任后与国会通常有一段蜜月关系,而里根遇刺及康复延长了这段时期

6. 国会内部——具有不同目标和行动原则的若干集团达成了一致

7. 行政部门内部——里根团队高效地确定了议题与设定了议程

8. 行政部门内部——由白宫办公室主任詹姆斯·贝克领导、达曼负责协调的立法战略小组(Legislative Strategy Group)中一些关键的"温和主义者"或"实用主义者",对立法事务方面工作的卓越管理("为了使庞大的减税法案得以通过,我们在几百甚至是上千个议题上做出决定和采取行动。")

9. 行政部门内部——财政预算主管(director)大卫·斯托克曼(David Stockman)所发挥的关键作用及其人格特征

10. 行政部门内部——高级官员的自大,特别是斯托克曼和达曼两人可形成互补的过分自信(每个人都认为他们能够处理法案将带来的问题)。[17]

达曼认为,这十个关键因素中至少有六个是很少存在的,而这六个中又至少有五个是该法案得以通过的必要条件。"有理由认为,这五个因素同时存在的概率大概只有百万分之一。"他说。他还分析了那些"实用主义者"的策略与国会中反对该法案的民主党人的策略之间的互动是如何使那些"实用主义者"从愿意妥协转向追求一种更为激进的结果的。[18]而对于未能成功的政策与行动——如克林顿总统在1993—1994年推行的卫生保健改革一揽子计划的失败,我们同样也可很轻易地列出众多的原因。而其中的每一个原因本身又往往包括众多方面,非常复杂,因此,对政策过程难以进行总结、抽象,这丝毫不令人奇怪。

总之,在解释集体决策的结果时,必须考虑众多的因素。这里，我们总结概括了一些重要的研究成果，将其分为七个方面，逐个加以阐述。

1. 如何实现更好决策

多人参与的决策往往意味着能对有关局势的信息进行更好的分析，能对各方面的价值、利益以及将这些价值与利益转化为目标时进行更全面的考虑，能在寻找（和创造）行动方案时集思广益；能对成本和收益进行更准确的估算；能更容易发现失败的信号和更好地从错误中吸取经验教训；就这些方面而言，多人参与决策是取得质量更高的决策的方法。当然，虽然多人参与决策并不一定就会产生好的决策，但大体是如此。对此，考虑一下如果有个方法能把炒股时挑选股票的成功率从60%提到70%，这无疑将是一个很好的方法；但即使如此，根据这个方法挑选股票，可能十个中仍会有三个是失败的。因此，结果是坏的，决策也一定是坏的，这个通常的看法，从逻辑上来说并不正确。

但事情并不是如此简单。尽管更多的信息和更好的分析确实可能会产生更好的决策，但过多的信息和分析却也可能导致“分析崩溃”，从而使决策变得更糟或根本无法采取行动。一个好的决策，如果晚一个小时做出，那么实际上等于没有决策。因此，决策中的收集信息、分析等必须考虑到具体的决策环境，在尽力扩大决策中的输入时又要避免使决策因此陷入瘫痪。

外交领域中怎样的决策过程才可能产生更好的决策，亚历山大·乔治（Alexander George）是这个方面研究的权威。[19]从他的著作中，我们推导出下列三个主要结论：

关注行动路径而不是那些“箱子”本身。传统意义上,试图改进决策体系的努力往往集中于怎样重组各个执行部门——即一个组织架构中的那些“箱子”。但其结果非常令人失望。因此,现在更多的注意力被集中到对决策过程的设计与管理上,即那些“箱子”中最终决定决策结果的行为体之间是如何互动的。因为,在一个制度化的决策过程中,通过根据各个博弈者可预期到的特性分配不同的正式权力、信息、领域和谈判优势等,行动路径会“压制或突出特定的利益和视角”。[20]

过程和行动路径必须是“量身定做”的,而非预制好的。“简而言之,现在强调的是,要根据最高决策者设计组织结构;不是要这些人接受和适应一个被理论认为是最佳的标准组织模式,而是组织结构要适应这些最高决策者。”[21]理查德·约翰逊和罗杰·波特(Roger Porter)两人分别提出了三种标准组织模式。因其论述有一致之处,我们将这两人论述的政府决策模式合并,总结概括出如下的模式。(1)所谓的“形式主义”或“多头”(multiple advocacy)模式。在这种模式中,在一个“诚实的掮客〔译者注:即总统〕”的管理和调配下,组织结构清晰,分工明确,程序严明(艾森豪威尔政府通常被认为属于这种模式)。(2)“竞争性”或“中心控制”模式。在这种模式中,权责分配存在重叠,正式和非正式沟通渠道并存,以期能激发不同的意见和建议;但这些将主要局限于一个由高层官员组成的中心小圈子中(富兰克林·罗斯福政府属于这种模式)。(3)“协作共商”(collegial)或“灵活”(adhocracy)模式。该模式中权责和正式路径模糊,但存在一个与总统保持高度一致和紧密联系的团队(如肯尼迪政府)。[22]乔治强调,没有哪种模式是必然优于

其他模式的,而是必须适应不同最高决策者的需要;而最高决策者的决策往往不可避免地要利用多个模式中的因素。

在任何决策过程中都需重点关注信息处理上的不同。这些不同信息处理方法倾向于与上述三个标准组织模式相对应。事实上,乔治就把这些不同的信息处理方法分别称为"正式选项系统"、"多头倡议法"和"唱反调法"。无论怎样,这里的基本思想就是决策者要认识到其决策和管理风格存在的缺陷,然后,要借鉴其他模式进行补充。

然而,决策行动路径中其他较少得到研究的方面又尤其需要给予更多的关注;我们用"办事程序"(staffing procedures)这个概念来统称这些方面。这些办事程序决定了将获得怎样的信息,这些信息要传递给谁及何时传递,一般情况下将进行怎样的分析,以及决策或建议等将采用怎样的形式。这些办事程序涉及大量具体而繁琐的事情,诸如如何通知一个参与者参加会议,如何打印和传递相关文件,如何记录相关事项或任何相关决策,如何给相关个人或组织(这些组织自身有各有不同的程序)通告决策结果,等等。而这些程序可以以多种方式影响最终的结果,其中最明显的方式就是影响相关政策信息在潜在决策行为体中的分配。这一点在实验模型已得到证明:"博弈理论的主要发现之一就是博弈结果对信息方面的条件非常敏感。"[23]

上面我们讨论过海湾战争"沙漠盾牌"行动开始时的相关情况,而现在则以"沙漠风暴"行动结束时即 1991 年 2 月 27 日海湾战争最后一天的相关情况为例,说明上述的论述。当日,布什总统命令停止军事行动;这部分是因为其认为对从科威特撤回的伊拉

克部队的包围已经完成,这些部队已被消灭殆尽。在前一天,战区司令诺曼·施瓦茨科普夫将军通过视频报告说"包围圈已经合拢";布什和其他人都看到了这个视频。布什决定让停火命令在第二天上午(波斯湾时间)生效,以给当下正在进行的军事行动更多一些收尾时间。而布什和参谋长联席会议主席科林·鲍威尔,甚至可能还包括施瓦茨科普夫将军,并不知道阻止伊拉克军队撤回伊拉克的包围行动离完成还有相当一段距离。因此,前线军事指挥官对这个过早停止进攻行动的命令感到震惊。[24]

虽然出现这种误解的首要责任可能要落在作为司令的施瓦茨科普夫身上,但可以设想,如果白宫或国防部有另外的办事程序,作为一项常规,要求进行此类决策时要掌握战场上美军位置的最新详细信息,结果仍然可能会是不一样的。这样的办事程序将会使判定军队的具体方位有专门的官员负责,使五角大楼和战场之间建立起另外的联络渠道。如果说笼罩在战场上的"战争之雾"无法被彻底驱散,但总统及其顾问们至少可以等这种迷雾有所消散的时候再做行动。他们本应可以了解更多的情况。

而两次世界大战中一个英国政府委员会的工作,则更详细地显示了要实现更好的决策所需要的决策过程。这个委员会的工作就是要前所未有地动员全国资源,以满足世界范围内的战略行动需要。这个委员会在一战期间及此后数年中由一名叫莫里斯·汉基(Maurice Hankey)的文官负责;此人是 20 世纪国家安全战略决策事务方面最有才干的管理者之一。1928 年,汉基总结了其工作经验。其中,他提到了该委员会决策体系中所采用的各种各样的组织方法;但尤其强调其中两个关键性的条件,即"无论采用上述哪种体系,最高层的控制都必须:(a)在具体问题上得到相应的建议;(b)有足够的……人手”。[25]

尽管没有一种制度体系可以保证决策的时候能让人无所不知、不犯错误。但如果有一个有效的制度,确实可以使决策中的分析和方案变得更加全面,相关行为体也更可能对决策提出敏锐的意见和建议。二战期间,温斯顿·丘吉尔首相设立战争内阁和参谋长委员会,延续和扩展了这个政府委员会体系。他任用才能卓著的将领领导和管理这个体系的工作,例如艾伦·布鲁克(Alan Brooke)将军(自 1942 年起)和丘吉尔在该委员会的代表黑斯廷斯·伊斯梅爵士(Hastings Ismay)。虽然丘吉尔经常沮丧地发现,参谋长委员会经常不同意他的主张,且他也一直抱怨该委员会束缚了他的行动,但丘吉尔却很少否决这个令其恼火的委员会的意见。

而在参加二战后,美国也设立了自己的参谋长联席会议制度和下属的各个委员会。美国政府还与英国政府共同设立一个委员会负责战争事务中的合作,即联合参谋长委员会。最初,对于这个联合委员会的工作,美国人志得意满,自信美国人的财富、力量和能力将使美国人能自行其是,而英国人则会言听计从。但事实是,联合参谋长委员会的一名英国代表发现,那些美国人“完全一无所知和低效”。委员会中美方的一些重要成员也有相同看法:

> 他们带着大量的作战参谋和其他各种各样的助手,带着准备好的作战计划,像一大群蝗虫一样蜂拥而来,我们完全无从招架……在我们这些可怜的美国人看来,很明显我们所遇

到的这些家伙在委员会工作和对相关问题的思考上所拥有的经验，要丰富、老到得多。事实上，他们总是使我们处于被动地位。[26]

但美国人学得很快。到 1943 年 11 月，说上述这段话的这位美国人已经认为美国政府部门职员的工作水平已经可以与英国的相提并论了。确实，20 世纪 40 年代中期美国政府及其职员的工作水平，即使在今天一名美国官员看来，也不会存在着什么太可挑剔之处。

全球军事战略方面的行动还需要得到重大的工业和商业活动的配合和合作。为此，罗斯福政府和丘吉尔政府也都设立了委员会制度以协调这些活动和合作；而这些委员会也都提供了高质量、经得起时间考验的工作。就美国这方面来说，到 1941 年，经过跨部门的研究，“胜利计划”已经制订完毕。而罗斯福也不断改进其方法，以使工业动员与国家大战略更好地协调起来。1942 年，在战争生产委员会的配合下，战争部和陆军进行了更有效的改组；为了进行这样的协调工作，次年，一个更小但可能更高效的战争动员办公室也建立起来——该办公室由詹姆斯·伯恩斯(James Byrnes)领导。[27]尽管其中有很多困难与挑战，但这些体系随着战争的发展也日渐显示出其重要作用。

相比之下，其时没有任何国家比纳粹德国更加专注和竭尽所能地进行战争了。但其中的权力都集中于希特勒这个冷酷无情的独裁者手中，因此，德国并没有与英美相似的委员会决策体系。战争中关键决策都是由各个独立的政府组织或希特勒直接作出；而希特勒在这些政府部门间需要不断地进行干预或裁决。而德国这种做法的结果,正如历史学家理查德·奥弗里(Richard Overy)在《为什么盟军赢得战争》中所概括的那样:"在整场战争中,德国的武器生产远未能最大限度地利用其拥有的物质资料、人力资源、科学技术以及工厂生产能力,这一点几乎是毋庸置疑的。战争双方在武器生产能力上的差距总是大于双方所掌握的资源之间的差距。事实上,到1943年,几乎在所有各类主要武器生产上,经济实力小得多的英国的产量都要超过德国及新的欧洲帝国的产量……"[28]

而美国和英国政府在战略制定、资源分配和采购等方面的许多关键性决策,都不能简单视为是由富兰克林·罗斯福或温斯顿·丘吉尔做出的。即使这两人的要求是清楚的,但这些要求也可能会被拒绝、打折扣或修改。不过,从更广的角度来说,也正是因为他们允许其权威被分享和被抵制,他们才赢得了赞誉。他们知道,在其所处的多元社会中,权力是被共享的;他们也知道,在予以正确管理的情况下,这种委员会体系可以使他们的领导变得更加英明。因此,罗斯福敬重其陆军参谋长乔治·马歇尔将军,而丘吉尔虽心有怨言,但还是容忍了强硬的布鲁克将军。

这种委员会制度的重要性,从这种制度衰败或缺失时决策的质量就可反映出来。1982年撒切尔首相为了对阿根廷发动战争以收复福克兰群岛,征招了一位经验丰富的官员负责战争事务。这位官员后来透露说,"我们喝着金酒。她问我,'你是怎样运作战争事务的?'"他告诉撒切尔夫人如何设立战争内阁,并强调"无论怎样,战争内阁必须定期开会"。这个官员这样说是因为考虑到1956年苏伊士运河危机中英国决策的教训。在苏伊士运河危机中,尽管英国当时的领导者是一群经历过第二次世界大战、有丰富经验的人,但处理危机却是用“一种莽撞冒失,甚至是鬼鬼祟祟的方式……(这)……在我看来,当英国作为一个世界大国处于如此重大的危机中时,而其决策与行动却就像一个人在自家洗衣房中处理杂务那样的随意、不经考虑,这无疑将是非常危险的。”[29]

而美国人也同样很快就忘记了高质量决策所需要的条件。例如,1950 年当朝鲜入侵韩国时,美国政府就根本没有什么相应的应急计划,只好派那些未经充分训练的部队匆忙上阵;结果是付出了血的代价。而上面那个对苏伊士运河危机期间英国的决策像在“自家洗衣房”那样随意的评价,也完全可适用于里根政府在“伊朗门”事件中的表现。1986 年年末,这个事件一度发展到将使里根政府倒台的地步。现在仍不清楚里根总统是否真的违背国会有关美国援助的禁令而授权其国家安全顾问及其手下人员用秘密向伊朗出售军火所得的收入资助尼加拉瓜的反政府武装。当时的国务卿乔治·舒尔茨认为,在一次正式的部门间会议上,确曾讨论过美国安排经第三国援助尼加拉瓜反政府反叛势力这样的事项;他引用当时白宫办公厅主任詹姆斯·贝克的话说,这样的安排将就只是“一个不会被弹劾的违规行为”。因此,随后的相关决策就处于一种非正式、即兴式的过程中,里根在其中的权威与作用也变得模糊不清和不稳定,就如这个计划中相关决策所基于的分析与考虑那样。

历史学家布赖恩·维拉(Brian Villa)的勤奋研究,为这种“无监管”决策的失败提供了一个最佳的案例,即 1942 年 8 月英国和加拿大两国部队对德国占领的法国港口城市迪耶普发动的大规模

突袭行动。该行动以失败而告终;英法两国,特别是加拿大的进攻部队在此次行动中也付出了惨重的代价。负责此次行动的是路易斯·蒙巴顿勋爵领导的联合作战司令部(Combined Operations Command);这个组织在此次行动中几乎罹患上了“集体思维”的所有症候(在本章的后面会讨论这一点);其在没有得到丘吉尔首相、战争内阁或参谋长委员会的授权下,擅自采取行动。[30]尽管当时英国拥有完备的“办事程序”和高质量的决策体系,仍发生这种情况,这就特别令人深思了。对此,维拉的研究显示,正常的行动渠道早已被丘吉尔切断,而他也注意到,虽有各种提醒和警告,但这些也淹没在官僚体系日复一日的机械性工作中,无果而终或没有得到重视。但对他来说,“最明显的教训”存在于“办事程序”方面:

> 如果一个决策杂乱无序、毫无章法,那么,可以认为,其决策过程一定是存在严重问题的。在这样的决策过程中,我们可以很容易发现各种权谋者的身影;这些人往往使决策事务与权力无法在各个决策者及相关行为体中按能力分配。我们也可很容易地发现,整个决策过程中将会充斥着来自外部的各种肆意的干涉(因而,整个行动显得混乱而无章法);对于这些外部干涉要求,决策中的相关行为体可能并无法加以抵制,而只能虚与委蛇。所有这些都突出了既有的政治学研究没有能给予足够重视的一个道理的重要性,即从根本上讲,决策就是为实现某个行动而个人或行为体各司其职的一个过程。[31]

而"办事程序"恰恰可通过对需要做什么或什么已做好以及由谁负责等方面的清晰规定,明确分配各种责任。

通过上述二战期间委员会体系的成功决策案例,以及相反的当这种体系衰败后决策失败的案例,我们力图提出一种与惯常的信念相反的看法。这种惯常的信念认为,棘手的公共问题通常只能通过集中权威的方式加以解决。政治学家詹姆斯·威尔逊(James Q. Wilsom)曾说,"每当政治危机凸显在我们的政府中权力是分散的这个事实时,总为会出现这样的呼声,即我们需要一个集权的'沙皇',以集中和领导各方力量解决诸如艾滋病、毒品、环境污染或国防采购腐败等问题。但是,且不论我们的政治文化,仅仅从我们政府的形式上看,就知道试图通过设立集中一切权力的'沙皇'来解决问题的方法是不现实的……"[32] 对于威尔逊的这种观点,我们只补充强调下面这样一个事实,即作为一种经得起时间检验的高质量的政策决策产物,美国宪法本身就是来自于一种集体决策过程。[33]

2. "代理"问题:委托人、代理人和博弈者——竞争性目标与不对称信息

在决策中,增加参与者的数量可以集思广益,可使决策者避免许多显而易见的缺陷。比如,更不容易对议题与现实形成错误的判断,在设定选择方案和行动时更不容易忽视一些相关的利益,更不容易错误估计行动的结果或忽视相关的危险。但是,要获得这些好处也是要付出一定代价的,即在决策过程中随着参与者的增加必须考虑更多的不同的利益。但正如经济学家肯尼·阿罗

(Kenneth Arrow)在其“不可能定理”(Impossibility Theorem)中所证明的那样，即使在只有三个行为体的情况下，如果这三个行为体对决策中所面对的三个选项各有不同的偏好，那么，在不违背理性选择理论对偏好传递性的最低限度要求的情况下，这些行为体都将无法达成一个统一的决定。对于这三个选项，要能达成统一的决定，只有其中行为体偏好没有得到真实表达或其中某些行为体偏好压制了另一些行为体偏好的情况下才会出现。[34] 对此，肯尼思·谢普索(Kenneth Shepsle)曾言简意赅地指出，阿罗“不可能定理”意味着“把集体的特征等同于个人的特征的做法是危险的。组成一个集体的个人可能是理性的，但集体却不会是，因为集体的偏好甚至无法满足理性界定中偏好可传递性的这个要求”。谢普索认为由此就出现了一个令人烦恼的问题：“如果这是正确的，那么所谓集体的**意图**又意味着什么呢？”[35]

这里的观点虽浅显易懂，但却有很深远的含义。当你要做一个重要的决策的时候——如决定买什么样的车，作为决策者，你会考虑各个选项；其中你的目的和目标是统一的、一致的；你会考虑各种成本与收益；你会经过深思熟虑后才做出决定。这样的描述大多会符合实际的思考和决策过程。也正因为如此，经济学家才可以推论出各种汽车的不同价格或安全性能会对你的选择有重要影响等这样一些命题。但是，对于一个多人参与的决策，如果分析者仍然采用这种模式，把这种由多人组成的集体的选择等同于个人的选择那样进行分析，就会犯错误。其中的原因，考虑一下如囚徒困境等这样一些有两个行为体，且其有不同的目标或支付函数的博弈模型，就可显而易见了。也可想象一下打算去度假的一对夫妇或两个伙伴在选择其度假计划时所遇到的情况;例如,如果其中一个喜欢去登山,而另一个却喜欢去海边,或一个喜欢去炎热的地方而另一个却喜欢凉爽的地方,情况会怎样?

在过去二十多年里,“委托—代理”问题一直是一个热门话题,特别是在经济学科中。而就决策来说,决策者是委托人,而代理人则是在委托人——即决策者——决策过程中向其提供建议或帮助的那些参与者。理想的情况下,代理人在本质上应只是委托人的一种机械性工具,实现决策者所需的某种功能——如提供更多信息帮助决策者选择更好的实施方案。但在现实世界中,情况并非如此。例如,你现在要去看医生或咨询律师,那么你就是委托人;你可挑选代理人和做出最终的决定。但通常而言,医生在癌症等疾病及其治疗方面所掌握的信息要比你多得多,或者,律师对侵权行为或人身伤害等法律方面事务的了解也要比你多得多。因此,尽管你有最终的决定权,但说你自己决定了选择的内容并不准确。因为当你考虑是否要做某个手术或进行某项法律诉讼时,你从医生或律师——即代理人——那里获得的信息以及这些代理人提供的意见具有至关重要的影响。确实,有这些专业上的建议,你很可能会做出更好的选择。但你也必须认识到,在你与这些代理人的互动中,双方在所拥有的信息或专业知识上是不对称的,而且,这些代理人与你在利益上也不一定是完全一致的。这个医生或律师可能更关心从你的不同选项中所能收取的不同费用,或者,他对于不同选项的立场更多是受其知识或专业上的兴趣的影响。

在大多数的复杂决策过程中,代理人所拥有的利益、信息和专业知识并不能简单地转换成委托人的。即使在只能由一个人做决

定的等级森严的体系中，那些名义上只是代理人的人，事实上也是决策的积极参与者。这些代理人可以使某些特定的利益在决策中得到关注，并且，事实上这些代理人可以使对这些利益的关注变成似乎是正确决策所必需的。因此，在大多数复杂决策中，代理人事实上也是“博弈者”，他并不只是忠实地代表其委托人的利益而行事。我们通常都说过或听过这样的说法，即“琼斯并不是这个问题上的博弈者”；这意味着琼斯在这个问题上没有影响。某议题或决策中的博弈者即指那些能够影响决策或行动结果的人。

在第三章有关模式Ⅱ的分析中，我们曾详细讨论过组织和组织文化塑造其成员偏好的一些方式。而我们在这里将进一步补充上述的讨论，在两个方面拓展我们在第三章提出的那些观点。即组织行为模式解释中，组织中个人的身份与认同事实上被认为对组织的行为是不重要的；事实上，组织在设计专业化的组织常规时，如何抑制和消除个人这些特质对组织的影响是其中重要的考虑。而在本章，我们则把这些个人视为超越组织常规的更为积极、更有战略影响的博弈者。通常，这些人会觉得作为他们所在组织或利益共同体在政府中的代表，他们有责任履行好其职责。但这些人对于怎样的选择才是政府的最好选择所持的个人看法，以及他们个人是否能有效利用其在讨价还价中所拥有的优势推动政府按照他们所想的那样行动，仍会有重要的影响。

当下，人们仍在寻求各种能够抑制决策中的这种“代理问题”消极后果的机制。一些经济学家给出的建议是建立更加先进和复杂的程序，使“所有信息无成本地共享”或使代理人的主导利益与委托人的利益趋同。但正如肯尼思·阿罗所认为的那样，最有可能解决此问题的方法并不存在于传统的经济学研究领域,而是诸如建立诚信体系、培养职业精神和提高声誉对代理人的重要性等方法。[36]但对于如何运用这些方法解决涉及大量代理人且这些代理人各自代表不同的利益、有不同的目标和专业知识的政府决策过程中的“代理问题”,相关的研究则刚刚起步。

1995年克林顿曾吃惊地发现美国早已承诺会派遣两万人的部队干预波黑局势,这个案例鲜明地展示了政府决策中所涉及的行为体及代理关系的复杂性。1995年6月的一个晚上,在白宫为法国总统希拉克举行的宴会上,助理国务卿理查德·霍尔布鲁克趁着克林顿总统的空闲片刻,上去搭讪。在当天上午,克林顿已经得到报告,知道驻波黑的联合国维和部队已经被包围;他的顾问们还在讨论如果联合国部队(主要由法国、英国和德国的士兵组成)决定撤出,美国应如何行动。霍尔布鲁克记载下了与克林顿的这次谈话。

“总统先生,我不想破坏这样一个美好的夜晚”,我说,“但我仍需要做一些说明。……北约现有的计划意味着,美国现在**已经承诺**,如果联合国决定撤出,我们就会向波黑派兵。我认为,我们在这个方面并没有太多的选择余地。”

总统惊讶地望着我。“这是什么意思?”他问道,“到时我会决定是否和什么时候派兵。”

片刻的沉默后,“总统先生”,我说,“北约已经批准了撤军计划……这个计划内嵌了很高的自动运行机制,特别是考虑到我们已经公开承诺如果联合国决定撤出,我们就会援助那

> 些北约部队。”
>
> 总统看了一下(国务卿沃伦)克里斯托弗,问道:“是这样吗?”
>
> “是的,现在看是这样的。”克里斯托弗简洁地答道。
>
> “我认为明天我们要再讨论一下这个问题,”总统冷峻地说道,然后拉着希拉里的手,一言不发地走开了。[37]

在几个月前,为了说服盟国出兵波黑,克林顿曾承诺,如果他们陷入困境,美国就会出兵相助。后来,盟国派兵了,而克林顿的注意力也就转移到了其他紧迫问题上。而在盟国出兵的同时,北约在美国军事人员的参与下,开始制订一份详细的行动计划;根据该计划,在需要紧急撤出那些北约部队的情况下,美国将派出两万人的部队到波黑以确保撤出行动的安全。北约批准了这个计划;美国在北约的代表也投了赞成票。无疑,这位美国代表又是根据克林顿政府官员的命令行事的。但上述的谈话清楚地显示,克林顿总统并不明白“他的”政府曾做出过怎样的决定。

而现在这种紧急情况出现了,克林顿需要做出另一个决定。在做出这个决定时,他所面对的是数百页从未读过的各种计划。这些计划详细地规定了各种行动细节,而对于这些细节,克林顿也从来没有被告知过。那些根据计划要被派到波黑的士兵从没有兴趣去波黑,军方和五角大楼里的文官们(civilians)也一致反对出兵波黑。但他们认为,如果美国一定要出兵,就必须派出满足执行危险任务所需的足够数量的部队。在做出这个决定时,克林顿还需要面对如霍尔布鲁克等这样的外交官;这些人对北约中紧张的同盟关系一直感到不安。霍尔布鲁克认为,如果克林顿不兑现美国的承诺,“其在北约里引起的相互指责,会正如英国人和法国人在私下告诉我们(即霍尔布鲁克及其国务院同事)的那样,将导致北约这个高效的军事同盟走向终结。”而事实上,在与克林顿进行上述的那次谈话的六天前,当在他的要求下五角大楼向其和克里斯托弗披露那些已经制订两年之久的美国干预波黑问题的军事计划的细节时,霍尔布鲁克也同样感到大吃一惊。[38]这样,对于其时正专注于国内事务和与由共和党人控制的新一届国会之间斗争的克林顿来说,他需要做出一个选择——当然在事态发展到当时状况的形势下,其选择已受到严重限制。他可以选择命令几万美国士兵进入波黑以保障北约部队的安全撤出,或者,他可以选择用这些部队去执行其他更有价值的使命。

克林顿、五角大楼的将军们和国务院外交官的利益和目标绝不是一致的。他们在所掌握的信息和专业知识上也显然是不对称的。而他们的偏好也不会同等地反映在他们之间互动的结果中。一些人可能将不得不进行调整和做出让步;而事实上,在这个问题上,克林顿就位列这些人当中。五角大楼在派兵问题上的立场本质上是消极的。国务院的人,特别是霍尔布鲁克,才是积极的鼓吹者。“我们必须找到防止联合国维和部队撤退的办法。这意味着美国将需要更多的涉入。”美国应使用其军事力量压制波黑的武装分子,以避免将不得不动用美国军事力量保护从波黑的撤出行动。但华盛顿内各方的政治斗争仍未被解决(而且克林顿的国家安全顾问安东尼·莱克试图为其委托人寻找新的代理者而将霍尔布鲁克排除在这个问题的核心决策圈子之外)。而霍尔布鲁克在克里斯托弗的支持下,最终赢得这场政策辩论之前,仍将有数千波黑人被屠杀,克罗地亚仍将继续他们的进攻行动,美国的盟国也仍将各行其是。[39]

3. 参与者:谁参与了博弈?

正如上面有关出兵波黑决策的案例所显示的那样,在一个多人决策过程中,如果不知道其中谁参与了决策以及扮演了什么角色,我们就不可能预测其结果。社会心理学家已经通过多种实验一再证明了这个简单的道理。那些负责挑选由哪些人做决定的人——例如确定陪审团成员的律师——对这一点也深有理解。1963年在密西西比违法乱纪的3K党分子曾吹嘘说,在密西西比没有一个白人陪审团会判杀死黑人的白人有罪。而三十年后,他们则因那些谋杀行动而被既有白人也有黑人组成的密西西比州陪审团判定有罪。一个反过来的案例是对辛普森的审判。一个主要由黑人组成的陪审团判定辛普森没有犯谋杀罪,而一个完全由白人组成的陪审团却在随后的民事审判中判定他有罪。虽然这种判决的不同,有民事陪审团根据新的规则听取了一些新的证据和出现了一些不同的物证等方面原因,但两次审判中的参与者发生了变化无疑也是其中的重要原因。一方面,有一位新的法官和一些新的律师加入。另一方面,辛普森在两次审判中的角色也发生了变化;在刑事判决中,他是一位消极的参与者,有权保持沉默;而在民事判决中,辛普森作为一名主要的目击者,他不得不成为一个积极的参与者。最终,参与者及其角色的变化使两次审判的形式与结果都大相径庭。

那些有长期政府工作经验的人通常会重视一项决策中不同的参与者组合对政策后果的影响。例如,达曼在对里根政府减税决策的分析中,他不仅强调里根本人的作用,还专门分析了一个特别有影响的人物——即大卫·斯托克曼(David Stockman)在该政策决策中的影响。正因为在集体决策中哪些人将参与决策对于决策有重大影响,是影响决策过程的一个关键变量。所以,当克林顿于1993年1月设立直接向其负责的国家医疗改革小组以研究国家医疗卫生体系改革方案时,其做出的最重要的决定之一就是,首先选择由其夫人希拉里·克林顿领导这个小组和由伊拉·马格齐纳(Ira Magaziner)负责这个小组的日常工作。当时,这两人都不是行政部门成员。不管最终结果怎样,克林顿关于这个小组成员组成的这种决定对其最终将收到怎样的政策建议产生了重要影响,而对此,克林顿本人肯定没有意识到。[40]

正如前书中有关决策模式Ⅱ的讨论所显示的那样,一个决策过程中那些代表一定组织的参与者,通常也会受到其所代表的组织有关组织关键任务、使命、程式、常规的组织观念与文化的影响。而一个决策过程的组织者也可能正希望这些参与者能够根据其各自所代表的组织的适切性标准,对决策可能要采取的行动进行多角度的评估。但如果这个决策过程的组织者对于这些决策参与者所代表的组织或组织单元及其各自独特的文化、标准等没有充分的了解,那么,决策进程的结果就可能会完全出乎其预料,正如克林顿总统对其第一任期内的医疗卫生改革计划这个重大政策倡议所遭到的挫败感到大为吃惊一样。

约翰·斯坦布鲁纳(John Steinbruner)曾很有启发地概括说,

高层决策者有更多的自由去实现自己的意图,具有更多的“自由思维”(uncommitted thinking)。而专家的思考则往往更多反映出其所在的知识领域的专家共同体所特有的那种“理论思维”(theoretical thinking)。低层官僚则更可能具有模式Ⅱ中所描述的那种“程式化思维”(grooved thinking)。[41] 休·赫克洛(Hugh Heclo)也强调那些由政治任命的政务官和官僚体系中的事务官之间存在着明显的差别。“在政府治理中,政务官之间并不存在什么共同文化,他们也很少能有长时间的交往或足够多的信任去形成这种共同文化。政务官所拥有的政治领导权取决于某个特定的个人以及这个人所提供的权力,而这种政治领导权是有期限和不断更迭的。”而事务官的权力则是“稳定和持久的,这种权力被自动赋予那些持续负责运行政府机器的人”。[42]

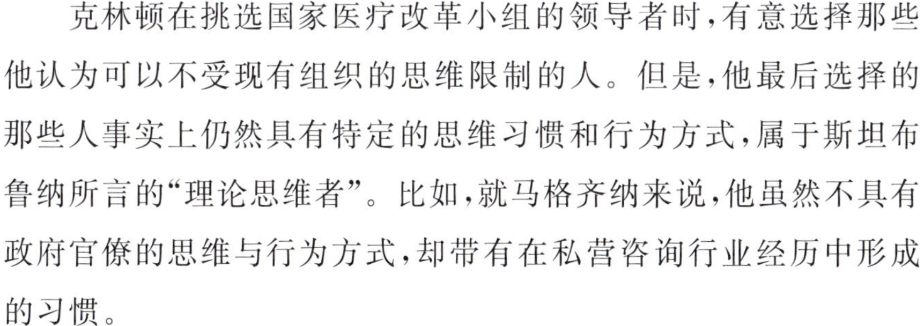

克林顿在挑选国家医疗改革小组的领导者时,有意选择那些他认为可以不受现有组织的思维限制的人。但是,他最后选择的那些人事实上仍然具有特定的思维习惯和行为方式,属于斯坦布鲁纳所言的“理论思维者”。比如,就马格齐纳来说,他虽然不具有政府官僚的思维与行为方式,却带有在私营咨询行业经历中形成的习惯。

集体决策方面的学者已经证明,集体决策的参与者不仅受其各自的组织背景的影响,而且还受到其所在的基于共同知识而形成的专业共同体的影响;这些共同体往往具有特有的世界观。[43] 在军控领域,这种“认知共同体”的影响在 20 世纪 50 年代就得到承认;且一个新的组织(即军备控制和裁军署)被建立起来,以保证在国家安全政策制定过程中这种认知共同体的观点能够得到稳定的反映。[44]基于同样的道理,总统经济顾问委员会的成员许多也是由专业的经济学家担任的。

但对于认为来自于相似组织——如军事部门——的官员就会有相似的观念与行为方式的看法,理查德·贝茨则警告说,“军官们的立场确实可能取决于其所在的位置,但军队中有各种各样不同的位置。”不同军种之间,同一军种下的不同部门之间,同一部门下的不同派系之间,以及五角大楼办公室中的军官和前线的军官之间,都存在着不同。而且,甚至正如贝茨所说的那样,“即使那些身处同一个办公室的人……不同的人有时也会有截然不同的看法。”他们的经历、信念、态度和行事风格都可能存在着差异。一个有长期军旅经历的将军也认为除了一些旁观者臆想外,在军事部门根本不存在所谓“军人思维”之类的东西。[45]

在每个层次的决策中,政府官员都需要决定由哪些人参加决策。在其中,正如我们所见,往往强调决策成员的构成要能有助于全面反映各方面的不同意见。让所有的人都跳上美国一位非常有才干的国防部长罗伯特·洛维特所说的“‘和谐一致’的旋转木马”的诱惑是强烈的。但洛维特担心,“如果(这种诱惑)得不到认真而强力的抑制,那么,很可能整个行政部门都会充斥着各种各样的委员会、和谐一致却无活力……这种观点似乎已经流行开来,即只要一个决策可能会影响到你的行动,你自然就有权参与个决策。”[46]

4. 决策规则

决策规则对集体决策有重大影响;这种影响在决定是通过正式投票做出的时候最清楚地显示出来。在某套规则下就某个问题进行集体投票所得出的决定，可能完全不同于在另一套规则下做出的决定。例如，因为国际条约代表了一国做出的庄严而又有约束力的承诺，因此，美国宪法规定一个条约要生效，必须得到参议院三分之二人数的通过。

条约需参议院多数通过这个决策规则带来的一个结果就是，一些重要参议员对国际条约谈判有重要的影响。因此，国务卿乔治·马歇尔在1947年邀请参议院中的多数派和少数派的领导人参加他与苏联谈判的代表团。而卡特政府也同意让一些国会议员担任与苏联进行战略武器控制谈判的美国代表团的顾问。里根政府曾试图改变其前任的这种做法，但最终也不得不做出妥协，同意参议院的军控观察小组介入谈判过程，而这也成为战略武器控制谈判过程中一个非常明显的特征。在这些谈判中，美国政府在决定其立场时，必须考虑到那些有能力影响条约在参议院是否能够得到通过的参议员的关切。因此，苏联经常抱怨他们必须进行双重谈判，即首先要与美国政府进行谈判，然后又要与美国参议院进行谈判。具有讽刺意味的是，俄罗斯今天建立的民主立法制度也要求国际条约必须得到其议会的批准才可生效，而俄罗斯的杜马则拒绝批准《第二阶段削减战略武器条约》。因此，现在轮到美国的政府官员去抱怨不得不同对方的两个不同机关进行双重谈判了。

而宪法设定的国际条约生效需参议院批准这个高门槛带来的另一个无意的后果就是，在国际关系中，美国政府越来越多地采取不需要参议院批准的“政府协议”或由总统采取与对方政府对等行动的方式，来规定或履行国际协定。在美国宪法批准后的一百年

中,美国签订的国际协定大部门采取条约的形式,但在这之后的另一个一百年中签订的国际协定中,则有90%采取政府间协议的方式。[47]当然,这反过来也使国会寻找通过更加非正式、更加隐蔽的方式来影响总统。[48]

而在决定是通过正式投票做出的情况下,影响决策的关键性问题就包括:(1)每个决策参与者所拥有的票数(在民主选举中,每个公民通常只有一票。但在如国际货币基金组织等这样一些机构中,每个成员国所拥有的票数是根据一定的标准确定的,并不一定相等。例如,美国在国际货币基金组织中就拥有该组织总票数的18%);(2)是否有参与者有否决权(例如,联合国安理会中的五个常任理事国就拥有否决权);(3)做出决定是需要简单多数,还是需要超级多数(例如,参议院批准条约需要三分之二多数),或是需要全体一致(例如北约理事会决策);[49](4)通过所需要的赞成票比例,是指赞成票与有投票权的所有成员所拥有的票数的比例,还是指赞成票数在所投票数中的比例;[50](5)投票是公开进行(如今天美国国会中的投票或联合国中的投票)还是秘密进行(如美国公民在总统大选中的投票)的;[51](6)投票群体的规模,这决定着需要协调偏好的数量;(7)在选票上,议题的选项是如何设定的;[52](8)如果有多次投票,则投票的先后顺序如何。[53]

不过,正式决策程序只不过是构成决策规则的各种规则和规范中最显而易见的部分罢了。正式和非正式的决策规则都可以影响决策参与者关于其相互之间如何互动的预期。对这些决策规则,社会心理学家做出了各种各样的分类,从规定哪些问题可以提出的规则,到规定如何合适地表达不同意见的规则,等等。[54]

在很少进行投票或投票只不过是对某个早已做出的决定的一种形式上的批准等非正式决策过程中,决策规则仍然可能是非常重要的,但其作用可能更为隐蔽和复杂。而一个持续存在、相对稳定的决策团体的行为,与一个临时组成的决策团体的行为,也会存在很大的差异。例如,大多数相对稳定和持续存在的决策团队的行动,往往更会受到其高级成员的影响,团体中各个成员的公认的利益和专业领域更会得到尊重。而如部门间委员会、国会的各种委员会或陪审团等这样一些小的决策团体,在决策时往往更会倾向于寻求在成员间达成一致。而这种需要参与者达成一致或近乎一致才能做出决定的决策过程,相比较于只有一个决策者的决策过程,往往需要更长时间才能做出决定。在决策过程,还存在大家熟悉的一个趋势,即集体决策中那些最容易或最模糊不清的选项往往更可能成为决策参与者都可接受的方案而被选择。被选中的选项往往是只做出原则性的规定,而将大量具体细节问题转移给那些负责决策执行的下级单位协商解决。

5. 提出问题和设置议程

决策团体如何应对一个问题,或甚至是否会对其做出反应,常常取决于该问题是如何被提出的和如何进入该决策团体议程的。对于政策决策中议程是如何形成的,约翰·金登(John Kingdon)提出了一个很有力的解释框架。他认为在政策决策过程中存在三种事件流(stream of events):即"问题流"、"政策流"和"政治流"。在"问题流"中,人们认识到问题的存在;在"政策流"中人们提出公共政策建议;在"政治流"中,人们进行如利益集团游说或竞选等这样的政治活动。一种观念要从大众议程进入**决策**议程,就需要这三股事件流汇合在一起;问题必须被纳入政策决策考虑中,然后必须得到一定的政治势力推动。这些事件流很少能自动汇合在一起,相反,这种汇合通常是在一个决策活动家(policy entrepreneur)提出相关建议后才会出现。[55]

金登认为,作为政策活动家的那些人,能够通过(1)操纵负责相关决策团体的议程和(2)使提出的问题显得非常有吸引力或特别紧急,而使这三种事件流汇合在一起,使决策团体关注其所提出的建议或问题。"各种各样的人都可能是这种政策活动家,而不只是政治体制中那些占有某种正式或非正式职位的人才可以成为这种活动家。"但金登通过研究发现,"在案例分析时,研究者几乎总是可以清楚找到对于推动一个议题进入决策议程和政策执行过程发挥了关键作用的某个人或某一小撮人。"[56]

问题是如何提出的对政策议程的设定非常关键。如果一个建议与一个已被视作是非常重要的问题令人信服地联系在一起,那么,这个建议进入议程的机会就会大大增加。而政治流中的变化,如国民心理发生改变、选出新的政府或出现新的利益集团等,也会导致政策议程发生变化。经验丰富的政策活动家能够利用既有的重要问题或政治流中的变化去影响决策团体的议程,以实现自己的建议和想法。

1983 年,里根总统提出令世人震惊的"战略防御倡议",即俗称的星球大战计划,以保卫美国免遭敌人弹道导弹的打击。里根宣布,这个计划的目标是"使苏联的核威胁变得无效而成为过去"。但 15 年过去了,该计划在花了 750 多亿美元之后,其要实现的目标却仍然是遥不可及。通常认为,里根宣布实施这个计划,是受到了科学界中该计划的鼓吹者的观点和狂热的影响。但正如卢·坎农(Lou Cannon)对这个决策过程的考察所显示的那样,其中里根的一位副国家安全顾问也扮演了一个非常重要的角色。此人即罗伯特·麦克法兰(Robert McFarlane),这位前海军陆战队军官当时尚鲜为人知。而在星球大战计划中,麦克法兰最关心的不是该计划是否可以防止美国城市受到苏联导弹的打击或使苏联的核武器失效,而是如何利用这个计划打破其关心的采购美国新一代陆基洲际弹道导弹问题上的僵局。他将星球大战计划视为帮助解决这个问题的一个机会。因为陆基洲际导弹易于受到打击,而即使一个作用有限的导弹防御系统也可能能够干扰苏联的打击,因此,部署这种导弹防御系统仍然是有价值的,或至少可以声称其将是有价值的。麦克法兰还在参谋长联席会议中找到了一位盟友,即詹姆斯·沃特金斯(James Watkins);沃特金斯为麦克法兰赢取了参谋长联席会议中其他将领对其看法的支持。在里根总统与参谋长联席会议的一次关键会议上,麦克法兰和沃特金斯提出了建立一种可完全防御苏联导弹的防卫体系的"战略防御倡议"。国防部长温伯格认为这个计划不具有可行性而表示反对。里根就征询其他将领的看法;他并不知道沃特金斯早已做好了功课,在此次会议前就已从其参谋长联席会议同事那里获得了对此项计划的同意。结果是,这些将领一个接一个地都表示赞同此计划。[57]因此,是麦克法兰创造的一种非同寻常的决策过程,导致了这项不仅震惊美国公众而且也使里根政府中的一些核心官员同样大感吃惊的决策。

政策倡议也可能来自国会中的那些政策活动家。在冷战结束至今,美国对俄罗斯的最重要的政策倡议正是来自于国会中的政策活动家;是参众两院中的一些重要议员,而不是总统,使这项对俄政策所针对的问题进入了决策议程,并通过立法方式设定了解决该问题的行动方案。通过的这个行动方案被称为“纳恩—卢格”(Nunn-Lugar)计划;该计划试图通过向俄罗斯以及从苏联分裂出来的其他一些国家提供资金援助,以确保其掌握的核武器和武器级核材料的安全。这个计划最初源自于莱斯·阿斯平(Les Aspin)议员的一个建议,即从国防预算中划出 10 亿美元专门用于对苏联的经济援助。阿斯平的这个建议并没有被采纳。但参议员圣·纳恩(民主党人,乔治亚州)和理查德·卢格(共和党人,印第安纳州)根据这个想法,在 1991 年秋国会参众两院修订通过的国防预算法案中成功加入了设立 5 亿美元援助资金的要求,并获得了其他参议员的支持。美国政府对这样的做法并没有提供支持,但也没有加以反对。最终,“纳恩—卢格”计划成为美国帮助俄罗斯及其他一些苏联国家将苏联解体后四处散落的核武器转移到俄罗斯、由其集中控制的努力的核心部分。在这个计划的资助下,约 14000 件战术核武器及超过 4000 种战略核武器被从其他苏联国家转移到俄罗斯;而且,在这个计划的资助下,保障俄罗斯境内的核武器和核材料安全的工作也已开始。

一个决策团队要正常运作,其成员就必须对这个决策团队要解决的问题、决策的议程和待做出的决定等方面有某种程度的共同理解。而每个人看待问题的角度都可能存在着极大的差异,所以,决策团体对决策议程和有关决策情境的界定对于决策来说就有至关重要的影响。有时,这个工作是由这个决策团队的领导人来完成的,但更多时候,这个工作是由一个组织负责具体相关事务的执行秘书来完成的。[58]因此,在政府中可以发现在由谁负责起草包括供决策团队讨论的各种方案等在内的会议文件上存在着大量的幕后斗争。之所以如此,是因为如何界定那些需要采取行动的情势、怎样阐述供选择的方案以及如何将抽象的目的转变成具体的行动目标等,会对决策产生重要影响。[59]

社会心理学家已指出,在决策中人们通常并不遵循理性选择的原则。例如,人们往往对损失而不是收益更为敏感;在一个行动成功可能带来的收益与其失败可能带来的损失大体相当的情况下,人们往往不愿冒损失的风险而采取这样的行动。因此,问题是以怎样的方式呈现到决策者面前的,即问题表现的是在让决策者采取行动去避免一定的损失还是表现的是在让决策者采取行动去追求一定的收益,对于决策者的决定也有重要的影响。[60]政治学家杰弗·莫茨(Zeev Maoz)还曾分析过所谓的"短见的决策"(myopic decision-making)问题。在这种决策中,一些小的决定的后果会演变成如一个重大决定所带来的后果,在这个过程中,决策很容易被"切香肠战术"所操纵。对此,他举了1982年以色列入侵黎巴嫩这个例子。当时的以色列国防部长沙龙试图入侵黎巴嫩,以摧毁其境内的巴勒斯坦人武装力量和基地,并将叙利亚军队赶出去,在黎巴嫩建立起一个友好的会与以色列签订和平条约的政府。沙龙的这个计划需要攻占包括首都贝鲁特在内的大部分黎巴嫩领土。这个计划得到了当时的以色列总理梅纳赫姆·贝京的支持。1981年12月,沙龙将这个计划提交内阁讨论。但其他内阁成员都不支

持这个计划,这个计划就被否决了。沙龙对计划进行修改、缩小行动规模后,再次将其提交给内阁,但还是被拒绝了。这样,随后的数月中,沙龙反反复复共四次将相关计划提交给内阁讨论,四次都被否决了。最后,沙龙向内阁提交一个只需要发动空中打击的方案;内阁同意了该方案。而在这个方案中,沙龙的意图是通过发动空中打击引发对方的报复,从而借机扩大战争。但是,对方的报复并没有出现。因此,1982 年 5 月,沙龙又提出了一个发动有限入侵的方案;大多数内阁成员表示支持,但仍有七名成员表示反对;反对者的数量还是太多,该法案也被搁置了。直到 1982 年 6 月,在发生企图刺杀以色列驻英国大使的事件后,内阁才最终同意以军可攻占 25 英里纵深的对方领土的进攻方案。[61]

作为国防部长,沙龙指挥了这次进攻行动。在行动中,沙龙蓄意调动以军,使以军处于必然会与叙利亚军队发生冲突的境地。而由此造成的一系列情势使以色列内阁发现其不得不根据形势的发展一个接一个地做出一系列小的决定,而这些小的决定累积起来所造成的正等同于内阁在六个月前否决的那个方案所要实施的那种大规模行动。随着形势的发展,沙龙和其他被拖着向前进的内阁成员已“处于类似于一个输红了眼的赌徒所面临的境地:如果停下来,则意味着之前输掉的就永远捞不回来了;而如果继续赌下去,则意味着有可能会输得更多,但也可能会有机会一场就赢回之前所有的损失”。[62]在以色列的这次行动中,在每个关键的决策节点上,沙龙都使决策变成是在当下就放弃而使损失无可挽回还是继续行动而使未来还有希望赢这两种选项之间的选择。而这次行动的结果,无论是从战略上看还是从以色列的国内政治上看,都是灾难性的。

6. 集体迷思(groupthink)

社会心理学关于政府决策的一个主要观点,是欧文·贾尼斯(Irving Janis)的"集体迷思"说。[63]贾尼斯以及其他一些研究者指出,重要的政策决策通常是由一个小的集体做出的。这个决策集体通常有6至12个人;这些人之间往往存在着很高的凝聚力。而这种凝聚力会在心理上产生追求成员间全体一致的压力;在这种压力下,决策中的不同的观点和对于更好选项的探索可能会受到压制。而对于其中原因,贾尼斯不仅分析了决策团体中共享权力的参与者之间存在的冲突,还分析了每个参与者的内心所存在的冲突。"这种冲突的最明显特征就是,当需要进行决策时,决策者会感到犹豫不决、心理波动不稳、感到强烈的不确定感和紧张等精神压力。"而当人们面临这种压力时,会经常采取被贾尼斯称为"自我安慰"(bolstering)的方法来"消极回避"(defensive avoidance)压力。这种自我安慰的做法包括夸大好的后果而淡化坏的后果,否认有不安感,一厢情愿地认为行动尚为时过早,淡化个人的责任等。

这些特征并不仅仅是对模式Ⅰ中理性的一元化决策者行为模式的修订与补充,而且是集体决策中可能存在的一种独特的"消极逃避"现象。贾尼斯和其同事将这种现象称为"集体迷思"。尽管并不是在所有的决策团体中都会出现,但在一些小的决策团体中,当"追求全体一致的压力非常强大时,这种压力就会使这个决策团体出现消极逃避行为模式;成员间存在的文饰心理

(rationalization)会使决策团体更可能偏向于选择那些最不会遭到反对的方案”。[64]

不过,遗憾的是,贾尼斯及其同事并没有指出,在怎样的情况下集体迷思更可能会出现。但是,新近出现的证据使有关越南战争升级的决策,为这种集体迷思说提供了一个很有说服力的例子。这个例子揭示了集体效应是如何导致一系列决策的发展完全超出决策参与者的最初预期的。[65]

对于越南战争的决策,贾尼斯强调要注意其中林登·约翰逊总统的“星期二内阁”的作用。这个以一些非军方的总统顾问为核心的小团体,是以1965年春的午餐聚会为基础而形成的。这个小团体就表现出了贾尼斯所描述的“消极回避”症状。在不能出现任何失败的信念下,这个小团体一直幻想不断增加对北越的压力最终可会使北越退让,但他们最终选择的却是那些实际上给美国造成最大伤亡或损失的政策。[66]当然,这个例子比较复杂;约翰逊总统确实曾广泛征询意见,并也得到了大量的建议,其中包括一些批评者和所谓的“哲人”(Wise Men)组的意见。如两位学者在其合著的书中所言,越南战争问题的讽刺之处在于,其恰恰是“制度有效运作”造成的。[67]因此,公平而言,对于约翰逊和其他决策者来说,“既然在之前的美国外交政策中并没有出现过像越南战争这样的灾难性事情,因此,(在他们看来)凭什么要相信那些悲观论者的唬人论调现在就会变成真的呢?”[68]

事实上,美国军方领导人在越南战争决策中的表现,则为集体迷思提供了更为详细和生动的例子。军方领导人的决策主要是通过参谋长联席会议集体商讨做出的。在1965年和1966年中,北越对南越境内的与南越政府作战的越共分子的支援日益增加，美国要赢得这场战争，其面临的一个关键抉择就是是否要对北越发动全面或部分的入侵行动。而当时，美国军方从美国内战和二战经历中形成的一个根深蒂固的信念就是，在战争中对敌人的打击要瞄准其权力中心。不过，朝鲜战争留给军方更多的是关于失败的回忆而不是关于成功的回忆。前总统艾森豪威尔的反应具有代表性。1965 年，在被告知越南战争升级计划后，艾森豪威尔的反应是，“需要考虑的首要问题是这将带来什么后果。”增兵的唯一理由只能是发动进攻、“清除那个地区的敌人”。[69]不过，因为担心朝鲜战争的惨痛经历会重现和中国会参加战争而与美国直接对抗，在战争升级计划中针对北越的最强打击方案实际上并没有被考虑。当时认为，中国人是有与美国开战的意志的，但美国人却不愿与中国开战。对于非军方的领导人来说，这种不对称的担心有非常重要的影响。[70]在这些限制下，在 1964 年至 1965 年交替之际，大部分军方领导人对向南越大规模部署地面部队的计划感到不安、态度矛盾甚至是完全反对。但他们自己又拿不出赢得战争胜利的办法。在 1964 年冬天，参谋长联席会议只是一致建议升级美国在越南的军事存在。而到 1966 年，升级政策（以及其打击北越与支持南越的梦想）事实上已经破产；对于包括政府高层中的军事将领在内的许多军事专家来说，这一点已经非常清晰。但作为一个正式的决策团体，参谋长联席会议仍然拿不出其他战争方案，而仍只是建议逐步进行升级。

为什么会这样？当时的陆军参谋长哈罗德·约翰逊（Harold Johnson）如果在事后反思这个问题，可能给出的答案会是“没有理

论可解释”。[71]现有大量的证据显示，当时各军种和各个军事将领对如何进行战争都有各自不同的想法，其对各种战略的前景的自信程度(以及内部反对声音的大小)也都不同。前将军马克斯韦尔·泰勒(1965 年为驻越南大使)希望增派空军和海军力量，但反对大规模部署地面部队。而在南越的前线指挥官威廉·威斯特摩兰(William Westmoreland)则希望通过消耗战拖垮敌人。海军陆战队的华莱士·格林将军则认为威斯特摩兰的战略不会成功；他更偏向在使用有限的军事力量保护一些沿海的据点的情况下，把更多精力放在使用政治途径稳定农村地区的努力上。而对于轰炸北越也有各种各样的看法，大部分高层将领(包括威斯特摩兰)认为这样的轰炸作用有限。哈罗德·约翰逊认为敌人已经做好打 20 年战争的准备，因此，美国至少在五年内需要在越南有 50 万的驻军。他对约翰逊总统在没有实地考察过越南状况的情况下却要支持征招陆军预备役的做法感到震惊和担忧。威斯特摩兰的参谋长后来说，威斯特摩兰认为约翰逊总统 1965 年 7 月的战争升级决定是“一个重大的战略错误”。因此，正如学者罗伯特·布泽克(Robert Buzzanco)所言，“美国的军事将领，并不是天真幼稚或过分乐观，相反其对印度支那上每场战役可能的结果与风险，都有客观的评估。”[72]

但是，作为一个集体，参谋长联席会议尽可能统一其关于军事行动的建议。而这也似乎正是总统想要的；约翰逊总统在 1965 年 4 月曾对参谋长联席会议说，“现在，我就像我曾认识的一位教练，而你们则是那个球队的队员，你们全是我约翰逊的人。上半场比赛已经结束，我们 0∶21 输了；现在我想你们告诉我，我们怎样才能赢。你们都是军事学院的高材生，你们应该给我一个答案。我希望下个星期二再在这里碰面的时候，你们能告诉我怎样才能消灭更多的越共分子。”陆军参谋长和海军陆战队司令在一次会议上曾当着总统的面发生争执；会后，国防部长麦克纳马拉告诉参谋长联席会议主席厄尔·惠勒，他永远不希望会议上再发生这样的情况。[73]

而参谋长联席会议，作为一个团体，也感知到约翰逊总统及其一些文官顾问——特别是他们不喜欢的麦克纳马拉——的决定的约束。当时，参谋长联席会议中有些人曾预测到升级决定会失败。但他们作为参谋长联席会议的一员，并没有公开反对，而他们所在的集体则成为其逃避责任的避难所。在总统或麦克纳马拉向公众解释、推销战争升级计划时，他们也没有质疑这些解释中存在的虚幻之处。只是告诉总统及其文官顾问既要限制战争规模又要尽快结束战争，参谋长联席会议——在一个委员会的旗号下——这样做，事实上“只是建议升级却又未提出战略规划，这样，它就把更大的战争决策责任甩给了白宫”。[74]在对成功缺乏信心、在虽知对北越不断施压的战略存在缺陷却又找不到所有成员一致同意的替代方案以及对政治领导感到不信任等情况下，参谋长联席会议中的军事将领们只能根据他们认为是恒定的原理来解决他们各个部门间的分歧；他们找到了双方的最大共同处，即要求得到更多的军队和资源（他们自己都怀疑约翰逊总统不会满足这些要求）和把对有关具体的行动目标、战略和整体政策的后果等方面的考虑留给那些文职官员。他们的行为显示出了集体迷思的许多典型症候。[75]

这时的参谋长联席会议与其二战期间的那个前身团体在运作

模式上已经有很大的不同;在第二次世界大战期间,英国和美国军事委员会曾不断告诫政府领导人哪些事可以做、哪些不可以做。如果越战期间当时的参谋长联席会议是在马修·李奇微(Matthew Ridgway)的领导下,而不是在厄尔·惠勒的领导下,如果由不同的人员构成,那么,其行为可能会是完全不一样的,而事态的最终发展也有可能是完全不一样的。

一个委员会的人员构成、规则、相对权力和结构等的变化,可能会导致其行为发生变化。而参谋长联席会议作为一个决策委员会的作用的衰微,最终也促使国会在1986年通过戈德华特—尼科尔斯法案(Goldwater-Nichols)对其进行重组。在准备发动对伊拉克战争时,白宫和文职的国防部长再次对最初的军事计划提出了质疑。这次,参谋长联席会议主席科林·鲍威尔接受了这种质疑;他超越前线指挥官的部门之见,制订了一个新的联合作战计划。而在接到制订军事行动计划责任的同时,鲍威尔就向布什总统提出了一个庞大的额外增加兵力的请求,其中包括需要部署几十万的军人。布什总统对此未提任何条件或修订,批准了这个请求。布什后来回忆说,"对于要求我决定全部予以满足。重要的是要能够把任务完成;如果在需要多少军事力量上都表现出分歧,那么,那些怀疑论者可能会更加担心。"[76]在海湾战争中,参谋长联席会议主席的权威得到了极大的提高,主席与参谋长联席会议的权力变得更加强大。因此,海湾战争后,一些评论家曾批评说,参谋长联席会议太过强大了,除了国防部部长或总统强烈要求,其他情况下,它甚至可以无视其他任何意见。[77]

7. 联合行动的复杂性

在决策权力和行动权力由不同机构分享的情况下，就会出现阿伦·威尔达夫斯基（Aaron Wildavsky）和杰弗里·普雷斯曼（Jeffrey Pressman）所说的“联合决策和联合行动的复杂性”问题。[78]而当行政部门的决策与行动还必须得到立法机构、各个州、地方政府或联邦中的其他政府等的同意时，这种复杂性会进一步增加。而且，决策树中的分支越多，决策中涉及的行为体越多，决策实现原初目的的可能性也会越低。其中的道理，在前文有关委托、代理以及博弈者的相关讨论中已经显而易见。

威尔达夫斯基和普雷斯曼基于对经济开发署项目在加利福尼亚奥克兰实施的一个项目的案例分析，提出“复杂的联合行动”（complex joint action）这个概念。这个项目“只是”试图建设一个机场，并以此为那些长期失业者创造工作机会；但威尔达夫斯基和普雷斯曼发现，项目“表面上的简单和易行性在现实中却是非常复杂和困难重重的。”他们分析了，在资金已经到位、计划已经被批准和人们也都同意那些社会弱势群体应该获得工作机会的情况下，他们为什么还会吃惊地发现建设这样一个机场仍然存在诸多困难。

> 我们最初感到出乎意料，是因为我们开始没有估计到这个项目要涉及多个步骤的行动，没有估计到其中需要照顾到众多行为体的偏好，没有考虑到我们所认为的单个决策中事实上包括了多个不同的决策。而其中我们最忽视的一点则

是,每次讨价还价都会涉及许多参与者,而随着决策的进行,其相互影响也会呈几何级的增加。

他们分析了经济开发署这个项目的决策路径和其中的各个关键点,认为该项目要能够实现,必须要经过 30 个关口。而每个关口又涉及许多的参与者,因此,整个项目的成功实现需要经过共 70 个关节点。他们计算了理论上要通过所有这些 70 个关节点的概率:如果在每个关节点通过的概率都是 80%,那么,成功通过所有 70 个关节点的概率是0.000000125%;而即使每个关节点通过的概率增加到 99%,成功通过所有关节点的概率仍然小于 50%。[79]

随着国会越来越积极地参与到外交决策中,联合决策的问题也就越来越普遍地出现。在冷战时期外交领域的领导权至少被认为是以总统为代表的行政部门的专属地;但到今天,国会则更多地参与到外交事务中,并且,国会的行动也变得更加分散化和个人化。政府与国会又往往分别由不同的党派把持,外交领域中政府和国会间相互信任的和睦关系已越来越少出现。今天,国会不仅在如条约批准、外交官员的任命批准或对军事力量和外交行动的拨款等其传统领域积极影响外交事务。而且,其还在通过立法对政府的行动设定限制、进行制裁(国会已经对超过三分之二的联合国会员国强加过制裁)和干预秘密行动(其中程序上需要向国会相关委员会汇报的规定,事实上使国会近乎是一个共同的管理者),以及其他大部分领域,对外交事务发挥重要的影响。

兰德尔・瑞普利(Randall Ripley)和詹姆斯・林赛(James

Lindsay)在对越南战争后国会作用的兴起进行了全面的评估后认为，说外交和国防方面的政策是由政府与国会“共同决定的”或“共同管理的”是一种夸大的说法。“总统仍然是最重要的行为体，内阁仍然是美国政府的最重要部分。”[80]然而，他们也令人信服地指出，“要想撇开国会去全面理解美国的外交决策是不可能的。”[81]他们还把外交和国防方面的政策进一步区分为“危机性的”、“战略性的”和“结构性的”。他们分析和解释了为什么在“危机性的”政策决策中，国会的影响最小；在外交和国防方面的战略性决策中，国会则扮演了重要的角色；而在装备采购、组织设置和军事人员与物资的部署等有关资源如何使用的结构性问题上，国会在外交和国防方面则几乎发挥了与国内角色同等重要的作用。在“结构性的”政策的领域，决策通常是由各种官僚组织、国会的各种委员会和其他相关的行为体等构成的影子政府部门(sub-governments)共同做出的；而这些行为体都力图保护其各自领地不受外部的侵蚀，无论这些侵蚀是来自于总统，还是来自于国防部长、国会领导人等。[82]国会可以通过立法来影响政府政策、实现其意图(如针对南非的制裁)；但正如在上文(本书 279 页)所分析的那样，其也可以通过如下的方式施加影响：(1)做出将采取反应的姿态；(2)程序方面立法；和(3)提供与行政部门相异的政策选项。

鉴于联合行动的困难，总统和国会在 20 世纪 70 年代初期就都认识到，如果在美国与外国的贸易谈判中，国会在每个非关税问题上都介入，那么，美国就不可能达成任何新的贸易协定。因为每个贸易协定或条约都会影响到大量的经济部门、牵扯到大量的利益；而如果只有这些部门或利益都得到照顾或满足协定或条约才

可以通过，那么任何协定或条约都不可能得到通过。因此，在1974年，国会和行政部门针对此问题共同设计了一种被称为“授权快速(fast-track authority)通道”的机制。在这种机制下，国会只能采取两种行动，即要么对谈判达成一个贸易协定给予总体授权；要么，根据“快速通道”规则对一个贸易协定做出整体的决定——或批准或不批准，而不能进行修订，且只需要简单多数而无需三分之二多数。因此，所有利益团体都只能对这些贸易协定做一个整体的决定，而无法对这些协定各个部分的具体内容施加影响。[83]与墨西哥签订的《北美自由贸易协定(即NAFTA)》，也正是得益于这些快速通道规则才得以通过。1991年布什政府得到了展开此项谈判的最初国会授权，1994年，克林顿政府说服国会批准了该条约——都是以非常微弱的多数通过的。

外交事务中联合行动的复杂性凸显了国会的能力及其对决策质量的影响这个问题。在《联邦党人文集》中，亚历山大·汉密尔顿在一开始就告诫说，“不断变化……人员众多，我们不可能期望这个机构能够真正肩负起这样的托付……且这样做必然会使众多行为体介入其中而使事情变得极其复杂；而这本身就是反对这样做的一个有力理由。”[84]而当行动不仅涉及一个国家不同部门之间的共同行动，还涉及一个国际组织或联盟中多个国家之间的协调，那么，联合行动的复杂性又会指数级地增加。对此，我们将回到之前提到的波黑危机那个例子，去看看一支被派去保护一个挤满难民的城市的联合国部队，为何最终没有能够为那些平民提供关系着其性命的保护。其中，相关政府虽然完全无意让这样的屠杀发生，但是这些政府却有心无力；需要采取的联合行动的复杂性，仍然使这样的屠杀发生了。

1995 年 6 月，当克林顿总统还在考虑其前南问题上所面临的各种新的选项时，塞族军队则正在为对斯雷布雷尼察城发动进攻做准备。联合国安理会在 1993 年的一个决议中已将斯雷布雷尼察列为安全区，并规定波黑联合国保护部队（UNPROFOR）有权阻止对该安全区的攻击和对其自身的攻击进行自卫。但大国为了确保其行动自由，更强调联合国保护部队可以展开**自卫**行动，而不是在**阻止**对安全区的攻击上做更多的承诺。正如一名联合国官员所言，这个决议是“外交文件措辞上的一个杰作，但作为一个行动命令其在很大程度上是无法执行的”。[85]

当时，天真的荷兰政府被说服提供一个营的士兵，作为联合国保护部队驻守斯雷布雷尼察。但很快，这些部队包括食物在内的大多数供给就完全依赖于包围该地的塞族部队。在一年多的困难与屈辱经历后，1995 年，联合国保护部队新任指挥官英国人鲁珀特·史密斯（Rupert Smith）中将认识到，塞族军队将发动攻击。而安全区又虚弱、难以设防，无力防御这样的攻击。史密斯请求纽约联合国总部——即联合国秘书长及其下面负责维和的部门，考虑使用空中力量遏制对安全区可能的这种进攻。而事实上，只有安理会才有权解释其决议，做出决定。

而即使联合国安理会当时根据该决议批准实施空中打击，要真正实施这样的打击的程序也是非常复杂的。首先，这支荷兰维和部队应向在图兹拉的地区分部提出请求，然后，这个请求再被转交给史密斯的位于波黑首都萨拉热窝的指挥部。然后，史密斯再向其上级提出请求，即总部位于克罗地亚首都萨格勒布的前南斯拉夫联合国维和部队的总司令——法国人伯纳德·詹维尔(Bernard Janvier)将军。然后,詹维尔再把请求提交给联合国秘书长在该地区的代表,一个谨小慎微的国际公务员,日本人石明康(Yasushi Akashi)。然后(石明康可以向其位于纽约的上级机构即联合国秘书处咨询该请求是否符合联合国现有的行动规定,只有当其完全符合这些规定时)石明康再把史密斯的请求提交给北约的有关部门;在北约及其成员国政府批准后,成员国的飞机才可能去执行这样的战斗任务。

至1995年,痛苦的经历已经使大部分国家和国际组织的官员认为,有限的空中打击无论如何是难以遏制住塞族人进攻的。而塞族人早已表示出,如果其遭到攻击,作为报复,他们很容易就可将那些处于非常脆弱境地的维和人员扣为人质。詹维尔将军和史密斯显然很清楚这一点。1995年5月,他们告诉联合国秘书长加利,要么增强波黑联合国保护部队的力量,并授予其广泛的使用军队的权力,以使其可防守那些位置暴露的地方;要么,将保护部队从这个最脆弱的安全区中那些暴露的地方撤出,只留下少量的观察员以引导空中打击。加利认为,在主要大国及北约不愿为波黑联合国保护部队提供实质性的军事力量的情况下,第一个选项不具有现实可行性。这样,詹维尔和史密斯剩下的就只有重新进行部署这个选项了。他们将重新部署计划提交给北约的高层将领;这些将领同意必须采取一定的措施,但是对于应采取什么样的措施却无法形成一致意见(而一致同意是北约的决策规则)。而且,应该由北约诸国的文职领导人负责做出这些决定。这样,詹维尔和史密斯又去纽约,向安理会诸国代

表汇报相关事项。

在联合国,詹维尔和史密斯的计划被美国驻联合国大使麦德琳·奥尔布赖特(Madeline Albright)否决掉。奥尔布赖特一直坚持要求对塞族人采取更强硬的政策,实施更大规模的空中打击。她同意,其时的局势是不可持续的,波黑联合国保护部队需要得到增强。但奥尔布赖特反对将联合国保护部队从安全区撤出。这个选项对她来说是完全不可接受的。而奥尔布赖特提出的替代选项是建议北约对塞族人发动空中打击。但矛盾的是,她的这种立场恰恰降低了进行这样的空中打击的可能性。因为,只有波黑联合国保护部队的官员们才可以提出空中打击请求,而他们所代表的国家有军队派驻在那里,空中打击会将他们国家的部队置于危险境地和可能被扣为人质。而奥尔布赖特并没有提出其他的方案;因为在华盛顿,决定奥尔布赖特行动的各个部门之间的分歧,使奥尔布赖特很难提出其他的方案。

接下来的一周内,詹维尔和史密斯的担心变成了现实。而当联合国保护部队无奈地提出进行空中打击的请求并得到批准后,塞族人正如事先所预测的那样,将这些保护部队扣押为人质。法国政府深感沮丧和愤怒,威胁要从波黑撤出所有联合国保护部队。英法决定同时向波黑派出由其士兵组成的快速反应部队;这样做,可能与他们在联合国保护部队中的指挥官即詹维尔和史密斯重新部署的想法有关。

波黑联合国保护部队撤出的可能性,也使美国开始考虑霍尔布鲁克和克里斯托弗曾经向克林顿提出过的那个烦人问题,即美国承诺过要用其军事力量帮助这种撤出。而相比较于这种可能性,詹维尔和史密斯那个重新部署的方案对于美国而言,就是更好的选择了。但考虑到美国政府各个部门的工作程序以及相互之间的分工与分歧,不可能很快就制定好一个新的政策。而且,现在已经为时太晚,重新部署也不会使那些被扣押的保护部队得到释放,而既然这些人员已经被扣押,新派来的快速反应部队也难以再采取行动。因此,奥尔布赖特被命令,停止实施空中打击。

而在没有可阻止塞族人行动的可行军事选项的情况下,外交途径就开始被重视。在伦敦,一名部长私下抱怨说,"大国间充满了争论与混乱:法国人说要撤军,英国人说要增兵,而德国人和美国人则不知所云,似乎什么都想做。如果联络小组的成员国不能用一个声音说话,那将是非常危险的。"这里所言的联络小组,其成员国包括美国、英国、法国、德国和俄罗斯;其成立目的是协调、统一这些国家在巴尔干问题上的立场。[86]但其并不能"如一个整体"那样发出统一的声音。

詹维尔对自己不能将波黑联合国保护部队重新部署到更安全的地方感到失望,他认为剩下的最好做法就是尽力保护己方人员。试图与塞族人对抗是无益的。他和史密斯认为"使命已经无法完成"。在波黑联合国保护部队处于如此脆弱境地的情况下,新来的英法快速反应部队也无所作为。因此,1995 年 6 月,詹维尔将其精力主要集中于力图使那些在5 月被塞族人扣押的联合国保护部队人员得到释放。而同时,因内部对于在美国所期待的与塞族人的直接双边谈判中美国将开出怎样的条件存在分歧,克林顿政府并没有批准美国代表团与塞族总统达成一个临时交易。美国与塞族人的这种直接双边谈判是单独进行的，且在谈判中，美国并没有全面考虑到波黑联合国保护部队当时做出的不同选择，也没有考虑到这种谈判对于安全区的影响。相反，华盛顿选择采取强硬的立场。这样，防止塞族人进攻的军事和外交途径都已经走入了一个死胡同。[87]

塞族人用一系列的伏击战和小规模屠杀开始了其期待已久的进攻。在穆斯林针对这种进攻做出了预期中的反应和观察了国际社会反应后，7 月 6 日，塞族人对斯雷布雷尼察发动了全面的进攻。在一些荷兰维和人员早已投降后，荷兰指挥官当晚才要求对正在攻击其他荷兰维和士兵据点的塞族军队发动空中打击。这个请求先经过图兹拉，再到萨拉热窝，那里的史密斯的指挥部飞快批准后，再被传到位于萨格勒布的詹维尔那里。

詹维尔召集了他的危机行动小组商讨应对。[88]危机行动小组建议立即进行打击，但因难以判断这种打击将导致怎样的结果，詹维尔有所犹豫。他扩大这个决策的参与者的范围。他邀请了那名荷兰指挥官参加讨论，并让其与荷兰政府领导人进行沟通。詹维尔还与明石康进行了商讨，并再次与萨拉热窝的波黑联合国保护部队指挥部进行了协商。荷兰政府表示不反对进行打击。这样，在收到最初的打击请求三个小时后，詹维尔做出了他的决定：再次向塞族人警告，如果第二天早上塞族人进攻还在继续，那么空中打击就将开始。而在斯雷布雷尼察的荷兰维和人员并没有参与到这项集体决策中，其误认为天亮时分空中打击将开始。因此，当那些荷兰人等待其所期待的早上的打击时，詹维尔还在等待塞族人是否还在发动进攻的消息。

经过上述一系列过程,一个新的打击计划出台了,并在第二天开始实施。但在打击当天下午,打击对正在发动进攻的塞族人并没有造成什么损失。攻占了斯雷布雷尼察城后,塞族人马上威胁要杀死其俘虏的荷兰士兵,并炮轰那些仍在抵抗的荷兰士兵。而当荷兰军人将塞族人的这种威胁传递到其位于海牙的荷兰政府那里,狂乱中的荷兰官员们就完全绕开联合国的决策程序,直接打电话给北约驻意大利的空军指挥官,要求:“停、停、停”。明石康和詹维尔也持同样的看法。而斯雷布雷尼察陷落后,塞族人开始驱逐两万多名的妇女儿童和对穆斯林展开屠杀。而那些留在斯雷布雷尼察的荷兰保护部队士兵只能眼睁睁恐怖地看着眼前的一切。“在接下来的那个星期中,”霍尔布鲁克写道,“二战后欧洲最大规模的一次大屠杀开始了,而外部世界却没有采取任何措施阻止这样的悲剧发生。”[89]

波黑联合国保护部队的行动涉及多个层次的集体决策。[90]这些集体决策松散地联系在一起,形成一个复杂的过程;不同层次的抉择结合起来,就形成了有关波黑联合国保护部队的命令和行为。对于这种有多个行为体的决策,理性行为体模式即模式Ⅰ的话语或分析,事实上是过分简单化了。每个集体决策都有不同的决策环境;有不同的参与者、程序和决策规则。因此,认识到这种复杂性,对于全面理解这个可怕的悲剧是非常必要的。而在后冷战的世界中,复杂的联合行动已经成为常态。要防止斯雷布雷尼察这样的悲剧在未来再次重演,政策制定者就必须更清晰地理解联合行动中的复杂性,并对其进行更有效的管理。

决策的政府政治范式
（A Governmental Political Paradigm）

这个范式的首要来源是诺伊施塔特1971年出版的著作中所隐含的那个分析模式，虽然诺伊施塔特有关总统决策的研究成果现被应用于对各种实质上独立的行为体之间的政治互动结果的分析。自诺伊施塔特的那本著作出版以来，这个范式已经被或明确或潜在地应用于许多研究中。[91] 基于这些研究，我们现在可以用更精炼的语言来概括这个范式。

Ⅰ. 基本分析单位：作为政治合成物（Political Resultants）的政府行动。 政府的决策和行动是一国的国内政治合成物。这个概念中所谓"合成物"是指某些东西发生，并不是因为其是解决某个问题的一个方案而被选择才出现的；而是拥有不同利益、不同影响的政府官员间相互妥协、冲突和复杂互动的结果。而所谓"政治"则意味着，产生政府决策和行动的那些活动最好被视为政府中不同个体成员依据某种正规化渠道进行的讨价还价的结果。国际关系中的国家行为，可以被视为产生于该国政府中占据不同位置的行为体之间同时发生的错综复杂、相互重叠且往往有重要影响的各种各样博弈的产物。政府中的这些行为体之间有一个明确的等级结构。这些博弈的进行既不是偶然的也不是随意的。正规化的渠道限定博弈；而时间限制使那些忙忙碌碌的行为体必须关注那些急需解决的问题。因此，一盘棋中的每一步、各步之间的先后顺序和不同棋局，都需要通过分析那些拥有大小、领域各异的权力和拥有不同目标的博弈者在幕后在各个具体步骤上所进行的讨价还价予以解释。

在分析政府行动时,分析者必须考察所有对此行动有影响的政府官员的行动。比如,以美国在防核武器扩散上的努力为例,美国政府在这个方面的行动包括:国务院争取各国遵守《核不扩散条约》的努力;国防部与俄罗斯以及其他苏联国家在这些国家去核武器化方面的合作;总统向非核武器国家提出的不会使用核武器威胁它们的保证;能源部与国际原子能机构在核能使用的安全保障和促进核能的和平使用等方面的联络与合作;关于是否从远东地区撤出美国军事力量(这可能增加一些日本人、韩国人或"台湾"人对其安全的担心)的决策;国防部在制订新的"反扩散"军事计划方面的工作;中央情报局反扩散中心的研究与分析;美国驻联合国代表团在推动联合国监督伊拉克去核化方面的工作;商业部设计并得到海关总署协助的对敏感技术的出口控制;美国国会及重要的议员对怀疑发展核武器的国家增加或降低制裁的决定;美国政府对有关美国在其他国家港口的舰船携带有核武器的报道不置可否。这个例子中所提及的这份长长的政府机构及其行动名单说明,政府在某个议题上的行动事实上是一种合成物或拼凑物;其中既包括融合了核心博弈者或在某具体问题中的某部分博弈者的偏好和影响的正式政府决策和行动,也包括在各种各样博弈中的个人或一定群体中的人们所进行的相对独立的决策和行动。

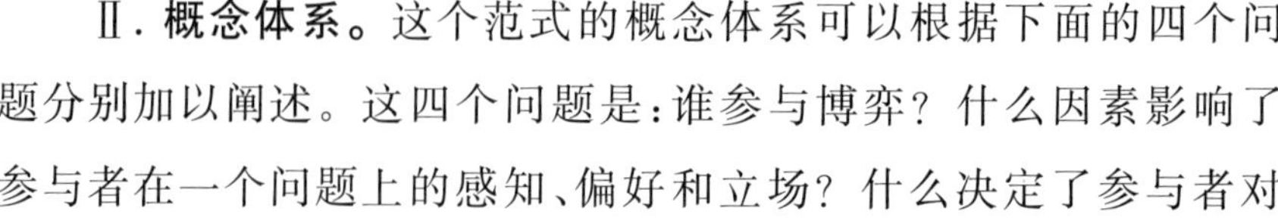
Ⅱ. **概念体系。**这个范式的概念体系可以根据下面的四个问题分别加以阐述。这四个问题是:谁参与博弈?什么因素影响了参与者在一个问题上的感知、偏好和立场?什么决定了参与者对博弈结果的影响大小？博弈是怎样将参与者的立场、影响和策略等聚合从而导致我们所见到的政府决策和行动的？

A. **谁参与博弈游戏？**即谁的利益和行动对政府的决策和行动有重要影响？

1. **各居其位的博弈者(players in positions)。**政府行动的主体，既非是一种单一行为体，也非各种组织的聚合体，而是一些个人。不同群体的个人构成了不同的政府决策和行动的主体。因此，博弈者是政府中从事不同工作的个人。

例如，在国家安全领域，博弈者就是那些在国家安全方面的政府决策和行动的主要渠道中占据一定职位的人。在美国政府中，这些博弈者包括：各类**长官**，即总统、国务卿、国防部长、财政部长、中央情报局局长、参谋长联席会议主席、总统国家安全顾问(正式头衔是：总统国家安全事务助理)，在一些总统的任内，还包括美国驻联合国大使；[92]**幕僚**，即各位长官身边的办事人员；**事务官员**，即各个部门内政治任命的官员或常务官员；**临时参与者**，即更广义上的政府博弈的参与者(特别是"国会中的权势人物"[93])，如某些外交官、官员、媒体人物、重要利益集团的代表以及利益集团的一些重要代理方。而国会、媒体、利益集团或公众中其他人员的活动则如同一圈圈同心圆一样围绕在中心博弈这个圆心外面，构成了中心博弈的条件与限制。[94]

职位既决定了博弈者可以做什么，也决定了其必须做什么。博弈者在各种各样博弈中的优势与劣势，都源自于其所占据的职位。而职位同时还意味着占据者必须要完成一定的任务。下面我们将从现代国务卿这个职位来说明职位的这种双重性。第一，在形式上并通常也是事实,国务卿是总统在处理当代外交事务中的政治—军事问题的高级个人助理。第二,他或她是总统在外交方面其他助理——如国防部长、财政部长、国家安全顾问——的同事。第三,他或她是拥有外交权力、进行国际谈判的美国高级外交人员。第四,在国会中,他或她是总统在外交事务方面的首要代表。第五,对于外交事务中的重要问题,他或她是大众的教育者和政府行动辩护者。第六,他或她是国务院的领导者,"是国务院中各级职员的头领,是这些职员所从事的工作的代言人,是其利益的维护者,是其争端的仲裁者,是其工作的主管,是其个人职业生涯发展的主导者。"[95]不过,国务卿并不是逐个扮演上述这些角色,而是同时承担上述角色。而他或她在一个角色中的表现影响着他或她在其他角色中的信誉和权力。他或她从其负责的日常工作——例如与其他国家外交机构的电报联系——中得到的视角,与总统要求其扮演一个能调和与合成各种相互冲突视角的需要相互冲突。而他或她必须与总统保持紧密联系,则会限制其代表国务院众多职员利益的能力。而当他或她听从国防部长的意见而不是为自己所代表的国务院的立场而奋力争斗时——他或她经常必须这样做,他或她就会削弱其手下官员对其忠诚性。因此,作为一名国务卿,他或她在工作中必须面临各种相互冲突的职责要求。

而一个国务卿对于这种冲突的解决能力,不仅取决于这个职位本身,还取决于占据这个职位的那个人的特质。人与人是不同的。政府政治的核心部分正是人的作用。每个人如何管理好自己的那一亩三分地,每个人的基本行动风格,各个人之间的互补性或冲突性,以及在决策圈中各个人的行动风格,都是政策形成过程中无法忽视的因素。因此,每个人就任某个职位时,都是带着自己的一些包袱而来的。这些包袱中包括对某些特定议题的敏感性,对某些项目的关注与承诺,对社会中某些群体的个人立场与责任。

而这些政策制定者的行为中其个人的特征和其所占据的职位的影响各占几分,不同事件可能也会不同,并无可事先预知的办法。但如上文有关波黑危机、越南战争和第二次世界大战等案例的分析所显示的那样,个人的特征仍然是影响错综复杂的政府政治的一个重要因素。

B. **什么因素影响参与者在其所面临的问题上的认知、偏好和立场?**

1. **优先事项与认知的狭隘性。**对"问题是什么"的回答,会受到考虑这个问题的那个人所处的位置的影响。而对于"必须做什么",不同位置的人也会做出不同的回答。那些使组织患有部门狭隘性的因素(模式Ⅱ的分析中已经讨论过),也会使那些占据组织领导者位置或组织内部某职位的人倾向于具有这种狭隘性。在集体决策中,那些代表某组织的人,也会非常重视该组织的立场。而这些个人作为该组织的代表参加博弈和其在博弈中的优势也正是源自于其所拥有的组织代表这个位置,这两点会进一步使博弈中这些个人的认知与言行具有其所代表的部门的色彩。因此,虽不是全部,但确实在许多情况下,根据一个行为体所处位置的特征以及该位置所涉及的优先事项,分析者可以非常可靠地预测到该行为体在博弈中将采取的立场。

2. **目标和利益。**虽然在很多方面,对于泛泛而言的国家安全利益可能并不存在争议;但在某个具体问题上,其中的国家安全利益与目标是什么,即使是理性、明智的官员也经常有不同的看法。这样,包括个人利益、国内政治利益、组织部门利益等其他利益,就可以掺杂混入所谓的国家利益中,发挥一定影响。那些长期在某个部门任职的官员会倾向于把其所在组织的利益视为至关重要的。而总统及其任命的高级官员则很少有不关注其决策在国内的政治影响。

3. **利害关系和立场。**博弈的目的是为了做出决策和采取行动。而所采取的决策与行动又会增进或损害每个决策参与者所理解的国家利益、其所代表的组织的利益与行动目标以及这些决策参与者个人关心的其他事项。这些相互重叠的利益驱动着博弈中的讨价还价。而博弈中各个行为体错综复杂的利益,就构成了有关当下问题的讨价还价中的利害关系。而一个博弈者会根据这些利害关系,决定其在当下问题上的立场。

4. **期限和问题的不同方面。**战略问题的解决方案,并不是基于对问题**本身**冷静、客观的分析而产生的。问题首先必须得到界定。"使人们看到新的问题,或以某种特定的方式看待旧的问题,是一个重大的观念和政治上的成就。"因此,对问题的界定必然是与"萦绕在政府内或政府周围"的某种观念紧密联系在一起,与某种行动被采取的可能紧密联系在一起。而这种界定,又可能是因某件即将发生的事件而不得不为的。[96]各种期限限定和事件使各种问题进入决策议程中,使政治行为体必须对这些问题进行关注和处理。而一些固定的政治过程也要求在一定的时间内必须采取某些行动。第一,例如在国家安全领域,预算、驻外使馆要求得到行动指示、部队要求得到行动指示和按照日程进行的情报报告等都会使决策和行动要在一定的期限内完成。第二,重要的政治演讲,特别是总统的演讲,或如领导人峰会或部长级会议等,也都可能要求在一定时间内必须做出一定的决策。第三,各种危机也意味着必须要采取一定的决策和行动。因为时间期限会使问题在某种特定的环境下进入决策议程中,因此,其对于问题如何解决有重要影响。在必须要对什么做出决定方面,期限有重要影响。

当一个议题出现,不同博弈行为体通常看到问题的截然不同的**方面**。例如,1990 年 5 月,关于是否要停止对伊拉克的农业信贷担保的问题:对于当时某个副国家安全顾问来说,这是个向伊拉克显示美国对其秘密研制武器计划和威胁以色列的举动感到不悦的一个机会;对于农业部来说,这是个关系到充满争议的促进农业综合企业发展计划的命运的问题;对于国务院来说,这是个关系到对美国的对伊建设性接触战略进行调整的问题(而国务院中的不同机构又可能会看到不同的方面;这个问题上,国务院各个机构所看到的方面不会少于三个),美国试图通过这种接触性战略影响伊拉克对阿以和平进程的政策;对于财政部来说,这是个会威胁伊拉克继续偿还其债务的意愿的问题;对于国防部来说,这是个对中东地区中央司令部兵力部署进行重新评估的机会。而对于总统的国会事务方面的顾问来说,这是一个解决影响总统与国会关系的争端的机会。[97](各个长官,更可能同时看到问题的数个方面)。而每个博弈者看到问题的哪一面,并不仅仅取决于该博弈者在其中的目的与利益。提出问题的渠道以及决策的期限要求也会影响到问题会以哪一面呈现出来。

C. **什么决定了各个参与者对结果的影响?**

权力(即对政府决策和行动的有效影响力)往往难以描述,但一个决策参与者所拥有的权力至少由下面三个因素混合构成:该参与者在博弈中所拥有的优势、该参与者利用这些优势进行讨价还价的技巧和意志以及其他参与者对前两个因素的认知。而行为体在博弈中优势的来源包括:(其所占据的职位所赋予的)正式的权力和责任;该参与者对采取行动所必需的资源可施加的实际控制;该参与者对可影响人们在问题的界定、方案的制定和方案可行性的评估等方面的判断的专业知识与信息的控制;该参与者对会影响领导者关于决策是否在执行以及如何执行的判断的信息的控制;该参与者影响其他博弈者在其他博弈中的目标的能力;(源自于该参与者的个人魅力的)其他行为体对该参与者的信服力;该参与者对拥有上述博弈优势的那些行为体所具有的影响力和信服力。如果权力能够明智地加以运用,则会为使用者赢得高效的声誉;而不成功的使用,则会损害产生权力的那些基础以及其声誉。因此,每个博弈者在选择其参加的议题的时候,都必须有相当的成功把握。

D. **决策博弈是怎样的?** 决策中各个参与者的立场、影响和行动是如何相互作用在一起而形成政府的决策和行动的?

1. **行动路径(Action-channels)**。博弈并非随意而无序地进行的。只有那些立场、影响和行动对一个议题有重要影响的人,才会成为博弈者;而这些博弈者所占据的职位,又会使其在博弈中遵循一定的行动路径。而所谓行动路径,就是在某一类议题上政府采取行动的正规方式。例如,美国对他国军事干预的一种行动路径,包括:美国驻干预对象国的大使的建议,美军在该地区的军区司令的评估,参谋长联席会议的建议,情报机构对干预后果的评估,国务卿和国防部长的建议,总统进行干预的决定,以及命令的层层传达。这些传达使命令从总统到国防部长手中,从参谋长联席会议到该地区的美军司令手中;在美军的地区司令决定使用哪些部队进行干预后,命令再从这名美军地区司令传到干预部队的指挥官那里,然后再由干预部队指挥官传递到那些参与干预行动的士兵手中。类似地,预算方面的行动路径则包括管理与预算办公室(OMB)每年提交供审核的预算报告,经过各个政府部门、总统和国会的评估与修订后,再由国会批准与授权,然后国会拨款,总统签署,管理与预算办公室分配,各个机构获得预算款项,以及最终支出预算。

行动路径通过决定哪些人将是主要的博弈者,决定他们一般将在哪些节点上介入博弈,决定每个博弈中的优势与劣势在何处等,它为博弈设定了一定的结构限制。最关键的是,行动路径决定了哪个部门能有《赌马趣事》(*Who's got the action*)电影中那样的运气,其平常所做的工作恰好是决策所需和倚重的。

通常,对议题的认识与决定是在一个现有的行动路径中进行的。国家安全领域中的武器采购决策是在年度预算过程中做出的;对驻外使馆下达行动指令,是根据国务院内的协商和核准的常规,以及国务院与其他机构及白宫〔白宫有一套被称为"绘影"(Crosshatch)的协调部门电报通信的专门程序〕之间的协商与核准常规作出的;使用军事力量(进行某种支援活动以及战时的军事行动)的决定,是由军方在与国防部、国务院和白宫协商后作出的;

而在应对危机方面,则是由白宫、国务院、国防部、中央情报局、财政部以及一些临时参与者等商讨作出的。尽管上述例子中的行动路径主要涉及的是政府行政部门;但也有很多行动路径会涉及国会中的各个委员会、作为一个整体的国会、独立的监管机构、法院以及其他机构,这样的例子可以很容易地举出许多。

2. **博弈规则。** 博弈的规则或决策的规则,产生于宪法、各种法规、法院的法律解释、行政条令、惯例乃至文化等。这些规则中,有些是显在的,有些则是隐含的;有些是清楚明确的,有些则是模糊的;有些很稳定,有些则不断变化。无论怎样,这些各种各样的规则决定了博弈将是怎样的。第一,各种职位是根据这些规则建立起来的;而且,这些规则还决定了个人获得这些位置的途径、每个位置所拥有的权力和行动路径。第二,这些规则限定了政府决策和行动的范围。宪法规定了某些行动是非法和不被允许的。例如,受制于美国反托拉斯法的规定,美国的国内行业——如计算机行业——在国际竞争中,有关行为体可采取的选择与行动的范围就要比其他一些行为体如日本的有关行为体窄得多。第三,对于博弈中的讨价还价、结盟、劝服、欺骗、虚张声势或威胁等做法,这些规则规定了哪些是可以接受的,哪些是非法的、不道德的、可耻的或不适当的。

3. **作为政治合成物的行动。** 政府的决策和政府的行动,既不是一种由某个统一的集体做出的简单直接的选择,也不是领导人偏好的正式表达。相反,多个行为体分享权力以及每个行为体在决策中各自有不同的判断这个现实意味着,政治是一种选择的机制。其中,每个行为体利用其手中的权力,为增进其所理解的国家、组织、集体或个人的利益而奋斗。

其中请注意:政府决策博弈所存在的这样一种**环境**,即政府在必须做什么上存在着很大的不确定性,而政府又必须有所作为,以及无论政府做什么都会产生重要的影响。这些特征使负责任的公民力争积极参加博弈。**博弈的进度**——成百上千的议题、众多的博弈、多种多样的路线——迫使博弈者要奋力"赢得其他人的注意",使他们"看到事实",确保他们"花时间认真思考更大的问题"。**博弈的结构**——权力由各自肩负不同责任的个人所分享——会使每个博弈者感到,"其他人看不到我的问题",以及"必须劝说其他人要从更广的视角看待问题"。**博弈定律**——犹豫不决的人就会没机会玩,而对自己的建议不坚信的人就会被那些坚信者盖过——迫使博弈者在博弈中对一个议题要么全力支持要么全力反对。**博弈的报酬**——效能,即对结果的影响力,是对博弈者表现的一种直接衡量——鼓励行为体在博弈中要奋力进行讨价还价。一个有丰富经历的国防部人士列出在五角大楼里至少有六种主要的讨价还价类型。[98]这些讨价还价竞争中,一些确实可被视为是源自于狭隘的部门之见,但大部分是人们努力想完成其职责而导致的。因此,大多数人在博弈中会为了"让政府做正确的事情"而奋斗。而其所用的战略和策略类似于国际关系理论家在国际关系中发现的那些战略与策略。

博弈中各个行为体为其想要的结果而奋力争斗。但政治博弈不仅仅取决于这些博弈者为了使政府采取其所期望的行动而进行的竞争与妥协。因为,博弈者的任期与所拥有的条件是不一样的。长官和事务官员经常会是行动的倡导者,而幕僚则为确定议题、制定方案和为其服务的长官提供辩护而努力。在理想情况下,总统的幕僚尽力使议题与博弈既能最大限度地被总统所把握,也能使总统在其中的影响最大化。有时,长官会扮演总统准幕僚的角色。总统在博弈中的成本与收益经常要求其做出尽可能少的决定以尽可能使其可选择的选项不受限制(而不是在一个充满不确定性的问题上草率站到博弈中的一边,然后奋力推动它)。

而即使政府或总统的决定最终形成了,其中的政治博弈也并没有结束。政策决策是一个过程。其中的决定可以被推翻或忽视掉。正如富兰克林·罗斯福的一名顾问乔纳森·丹尼尔斯(Jonathan Daniels)所言:

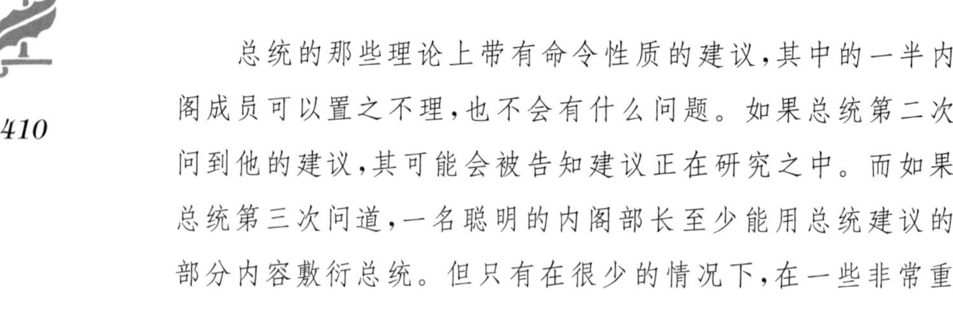

> 总统的那些理论上带有命令性质的建议,其中的一半内阁成员可以置之不理,也不会有什么问题。如果总统第二次问到他的建议,其可能会被告知建议正在研究之中。而如果总统第三次问道,一名聪明的内阁部长至少能用总统建议的部分内容敷衍总统。但只有在很少的情况下,在一些非常重要的问题上,总统才会三次询问相关情况。[99]

即使这些决定没有被推翻或无视,也还存在执行的问题。正式的政府决定通常只不过是通向政府行动的道路上的站点罢了。决定与行动之间出现脱节的可能性要远大于许多分析人员所预想的那样。一个决定做出后,博弈也就开始扩大;这将正如普雷斯曼和威尔达夫斯基有关联合行动复杂性的讨论中所显示的那样,博弈将会牵涉到更多的行为体,更复杂多样的偏好和更多的权力中心。

正式的决定可能是非常原则性的,也可能是非常具体的。有些时候,决策者在由谁负责实施正式的政府行动上并没有选择的余地,但另一些时候,对于实施决定又可能存在着多种相互竞争的行动路径。例如,与外国政府进行谈判往往是国务院的事。但也可以委任一个特使来处理这些事务,或将其交给来自其他机构的更合适的某个官员来处理。克林顿总统就将劝说海地独裁者放弃其职位以避免战争的工作,交给了退役的科林·鲍威尔将军、参议员萨姆·纳恩和前总统吉米·卡特。当存在多种实施决定的路径时,博弈者就会设法使实施行动采取他们认为可最好实现其期望的结果的那条路径。

而在很多决定的实施中也存在着相当大的可进行这样操作的空间。那些支持决定的人会设法监督该决定的实施;其中,这些人可能会违背该决定的精神甚至是违背该决定的明文规定。而那些反对该决定或该行动的人,则会设法拖延实施,或限制决定的实施,或设法以新的面孔或用另一种路径将该问题重新提出。

Ⅲ.主要的推导模式。如果一国采取了某个行动,那么,该行动则是该国政府内的个人、集团之间相互竞争、博弈的产物。如果能够弄清产生这种产物即该行动的博弈——其中的行动路径、博弈者、博弈者的职位与偏好以及竞争与妥协等,那么,模式Ⅲ也就可对该行动做出解释。而当这种产物的产生在很大程度上是由一个人(如总统)或集团(如总统的团队或一个政治小团体)主导时,那么,模式Ⅲ就会尽力弄清导致该个人或集团能够产生这样的主导性影响的那些博弈细节。但在这种情况下,正如前文有关"无监管"行动讨论所显示的那样,这种模式会关注那些影响着政府实际行动的分歧、误解和混乱等。

Ⅳ. **一般命题。** 在模式Ⅲ中,很少有关于博弈决策结果的一般命题。这一点,考虑一下在一种更简单的博弈——扑克游戏——中发现一般性规律所存在的难度,就显而易见并容易理解了。假设一位理论家之前并不了解这种扑克游戏,虽然他知道这是一种扑克游戏。如果这位理论家想要发现关于该游戏的一般命题,那么,他将需要下列信息:(1)该种扑克游戏的规则,例如,根据规定,各方在收益、信息等方面是否是对等的;如果是不平等的,那么其相互之间存在哪些差别?(2)参加游戏的玩家个人所具有的那些技巧、声誉及其他特征等是否重要,如果重要,那么,各个玩家在这些方面又各具有怎样的特征?(3)各个玩家拿到的牌如何,即一局中,其优势与劣势是什么。(4)玩家对于各种结局中的收益的评估是怎样的,例如,玩家只是想通过手中的大牌尽可能地赢,还是想通过虚张声势地诈牌赢得更多。而上述列出的这些信息,只不过是这位理论家要发现关于这种扑克游戏的一般命题所需要的信息的一部分而已。但已经说明,即使对于扑克游戏这种相对简单且又有严格结构限制的博弈,要在其中发现一般命题,也是非常困难的。官僚政治其中所涉及的巨大复杂性也正是为什么关于这类现象很少发现一般命题的部分原因。尽管如此,但正如官僚政治范式已显示的那样,要确定其中的一些关键因素仍是可能的;且在很多情况下,关于这些因素,分析者可以获得足够的信息,从而能够给出一定的解释和预测。

A. **政治合成物。** 从一个议题到最终的政治产物,这其中的政

府博弈涉及大量的因素。

1. 博弈参与者的偏好与立场对政府行动会有重要影响。例如,如果1982年当时是其他人而不是阿里埃勒·沙龙任以色列的国防部长,那么,很可能就不会有入侵黎巴嫩、一直打到贝鲁特郊外的那场战争行动。

2. 不同的行动路径中,行为体所拥有的优势与劣势也不相同。例如,对于前文讨论的联合国波黑保护部队的重新部署问题,美国政府是在这支部队是由联合国指挥这个背景下考虑这个问题的。而如果该问题是经由北约军事参谋们提出、经北约布鲁塞尔总部、再到各个北约成员国政府这条政治军事路径出现的,那么,英、法、荷兰以及美国等国的国防部长就可以有更多方式去实现他们的目的。这也是后来抛弃原有的联合国波黑保护部队这个机制而由北约组织和指挥的部队来实施《代顿和平协定》的一个原因。

3. 不仅在**不同的**行动路径中,而且在一个行动路径**中**,博弈的参与者以及其所拥有的优势与劣势都可能会是不同的。在一些重要的外交政策问题上,长官会主导重要的正式决定,但在这种决定做出后,事务官员,特别是那些在组织中负责实施决策的事务官员,则发挥着主要的作用。

B. **行动和意图。**有某种政府行动,并不意味一定就存在着某种政府意图;由政府行动无法推定政府的意图。在一个议题上,政府行动作为一个政府中各个行为体的行为的合成产物,很少只反映单个人或单个组织的意图。相反,政府行动经常是拥有不同意图的不同个人共同作用的结果。因此,一个政府行动中那些具体采取的行为,很少是某个人选择的结果(也很少与一个人在单独面对这个议题时将做的直接、不带偏见的选择相同)。不过,政府行动作为一种政治产物,可能与其涉及的政治博弈中的一些组织的偏好大体相一致。

1. 在产生政府行动的大多数政治博弈中,其参与者可能会看到完全不同的问题方面,其在行动中所关注的东西也可能存在很大差异。而即使这些博弈的参与者最终对决策所面临的形势有了一个共同的理解,对于问题的不同界定也会使其各自所设想的解决方案可能存在巨大差异而完全不相关或难以调和。

2. 产生政府行动的博弈者之间的那种同意,并不代表他们达成了某种固定的一致。相反,这种同意只不过是各个博弈者的不同动机在基于现实的考虑之上出现了某种临时的重合罢了。

3. 政府行动是由零散的各个部分拼凑而成的;这些零散部分产生于各种不同的博弈。政府行动并非出自于某个协调一致的政府战略,因此,很难将其理解为某种有意识发出的“信号”。

C. 问题和解决方案

1. 战略问题的解决方案,并不是产生于对该战略问题本身所做的客观、理智的分析。相反,在一个战略问题上,每个博弈者所关注的问题,只是该战略问题的某个方面,但同时又有超出该战略问题的方面。每个博弈者也不是从整体上关注该战略问题,而是关注今天或明天必须要做出决定的那部分。而一个战略问题中要做出的决定不仅对该战略问题有重要影响,而且,对每个博弈者而言,也是有利害关系的。因此,博弈者所关注的(他或她正要解决的问题)和一个中立的战略分析家所关注、分析的问题之间往往存在着很大的差别。

2. 那些意味着政府行动将要做出实质性调整的决策,往往反映了寻求解决方案的长官和寻找问题的事务官员之间碰巧出现了一致。在一个议题上,面对期限限制,长官要寻找解决办法。而那些致力于针对先前的多少有所不同的某个议题而采取某种解决方案的事务官员和专家们,则在寻找一个合适的问题。[100]

D. **立场受制于位置。**每个博弈者所面临的各种各样的要求会影响到其关注的优先顺序、认知和立场。特别是在如定制预算和采购方案等这些结构性议题中,博弈者的立场可以根据其所占据的位置相当可靠地推知。

在本书第一版中,"立场受制于位置"——有时也被称为"迈尔斯定律"(Miles' Law)——遭到了最多的批评。一些读者过度强调其中"受制"一词的强度,将其理解为是"总是由什么……决定的"。但是,我们的意思是指,一个人的位置对其立场"有实质性影响"。博弈者确实可能会抵制或无视其在政府中的职位和在行动路径中的位置所带来的种种条件与限制。但无论怎样,这句话确实意味着,一个人的立场会受到所处位置的影响,并且经常是重要的影响。因此,有关一个博弈者在有关组织中所处位置的信息,对于分析其可能采取的立场是非常有帮助的。

E. **长官和事务官员。**首先在政策制定中,其次在政策执行中,对总统、长官和事务官员的要求都是截然不同的。

总统因为日程繁忙,能够处理的外交问题是有限的。因此,他必然首先处理那些急需要面对的问题。他的问题是要分析摆到他面前的那些议题,并在不确定性被消除之前保留自己的选择余地以及评估相关的风险。

长官们最经常处理的是那些当下最热的问题。虽然他们也能够使总统或其他政府成员关注大多数他认为是非常重要的问题。不过,他们不能保证"总统就会买账"或"其他人会入伙"。他们必须建立起一个相关的权力联盟。他们还必须"给总统以信心"去选择正确的行动路线。

而大多数问题的界定、方案的制定以及建议的提出,则是由事务官员完成的。事务官员与其他部门的事务官员进行竞争、斗争。例如,国防部负责国际安全事务方面的有关司局与国务院中负责政治军事事务的有关司局的官员之间的相互竞争,就是这种斗争在较高一层政府官员间的典型表现。不过,事务官员的主要问题是如何吸引长官的**注意**,如何将一个议题置入行动渠道中,如何使政府"做正确的事"。这些会促使一名事务官员成为积极的政策倡导者。

因此,在政策制定中,**从上往下看**,问题是如何保留我的选择余地直到不确定性消除;**从侧面看**,问题是如何使其他人投身于我的联盟;从下往上看,问题是如何给老板做必须要做的事的信心。根据诺伊施塔特的一个观点,**任何**一个负责任的官员的工作实质就是说服其他行为体,使这些行为体相信该官员认为需要做的事情也正是这些行为体的责任所在,符合他们的利益。[101]

而外交政策的执行对上下各层行为体的要求也存在差异。对长官存在两种要求,且这两种要求之间存在冲突。一方面,要在中意的政策上达成某种共识,政策就经常需要保持一定的模糊性:因为不同的人即使在达成一致时也会因为各种不同的原因存在一些小分歧,所以在政府的决策中,决策以及决策所基于的理由都必须保留一定的模糊性。而另一个要求则是，决策要得到执行，就必须使那些对该决策并不热心的人的消极态度和反对该决策的人的阻挠做法对执行的不利影响保持在最低限度。而即使决策在清晰明确、总统监督决策实施的情况下，要推动那些消极者行动和压制反对者的阻碍行为都是困难的。更何况，总统大多数情况下并不介入政策的监督、管理和推进等，而是由总统手下的人或那些同意该政府决定的人来负责。这些人（经常是幕僚）才是相关办事程序的捍卫者。因此，那些想要推动政府机器根据决策采取行动的人就必须使决策清晰明确。

F. 信心强化法则（the 51/49 principle）。博弈面临时间和条件上的限制，这影响博弈者在一些棘手的决策中进行思考、权衡的时间以及他们在为其中意的方案据理力争时表现出的力度和信心。因为决策者的日程中挤满了成百个需要限期解决的议题，因此，即使面对的是棘手的问题，一个明智的博弈者在决策中所花的时间和精力也肯定要少于一个不受这些限制的分析者或旁观者处理该问题时将要花的时间和精力。又因博弈者还必须与其他的博弈者进行竞争，因此，一个明智的博弈者在据理力争中不得不表现出远超其如果作为一个中立者在处理该问题时将会具有的信心。不过，这种信心并非总是装出来的。博弈的需要经常会使博弈者在无意识中内化了这种强化的信心。

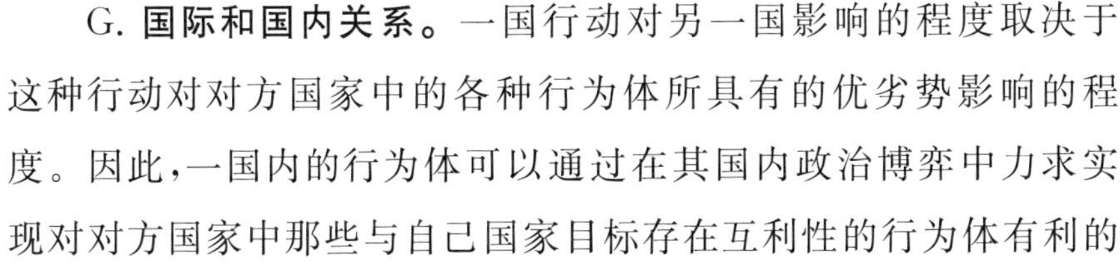

G. 国际和国内关系。一国行动对另一国影响的程度取决于这种行动对对方国家中的各种行为体所具有的优劣势影响的程度。因此，一国内的行为体可以通过在其国内政治博弈中力求实现对对方国家中那些与自己国家目标存在互利性的行为体有利的结局而实现国际目标。

在条件允许的情况下,为了实现某种国际目的,一些国家甚至可能会直接参与对方国家的内部博弈。而如果政策需要采取联合行动,其行动路径涉及两个或两个以上的国家(如二战期间的英美联合委员会)或多个国家的人(如联合国波黑保护部队),那么,国内目标与国际目标之间的界限就可能会变得非常模糊,国际博弈与国内博弈将融合成一个博弈。

H. **不同的位置看到不同的问题。**一个人所处的位置不仅影响其立场,还影响到他会看到什么(参见Ⅱ-A-1 中关于博弈者所处位置的影响的论述)。两个人看到的问题很少是同样的。而模式Ⅲ所分析的集体决策过程的一个功能,就是使各方至少就所要处理的问题达成某种有限的共识——至少在某个时刻要达成这种共识。

I. **错误预期(Misexpection)。**行为体需要进行众多不断涌来的博弈,因此,其在每个博弈中能花的精力是有限的,并需要把注意力首先集中在那些在优先排序中靠前的博弈。对于其他的博弈、博弈者和问题等往往不甚了解。因此,在优先排序中靠后的那些博弈中,行为体出现“他会帮我解决我的问题”这样的预期就是难以避免的。在 1995 年 7 月也正是这样的预期使每个人似乎都认为其他人会采取行动防止塞族对斯雷布雷尼察的屠杀。

J. **错误沟通(Miscommunication)。**众多博弈不断涌来、各种各样的噪音、再加之认知本身所存在的一些倾向,这些都使得在这些博弈中要进行准确的沟通是很困难的。而沟通又必须是快捷的,这又使得沟通往往是经过精简压缩的。因此,在一个嘈杂的环境中，其他人实际听到的声音，远没有博弈者自己所认为的那么大、那么清楚。驻斯雷布雷尼察的联合国波黑保护部队荷兰指挥官认为詹维尔已决定在天亮时分对早前提交的名单上的目标发动空中打击，但事实上詹维尔只决定在天亮时分根据情况再决定是否进行打击，并且，其考虑打击的目标也有限得多。

K. **谨言慎语（Reticence）。**在每个行为体都参与了多个博弈的情况下，对这些博弈者来说，谨言慎语——即保持沉默或有意识地缓和自己的意见——的好处就是显而易见的了。在博弈中谨言慎语可以减少可能损害其他更重要的博弈的信息泄露。谨言慎语可以让其他博弈者用一种尽可能让其感到舒适的方式解释结果。而长官与幕僚或与事务官员之间的谨言慎语，则可以使幕僚或事务官员对诸如某个建议给出后就石沉大海或某个备忘录到某次跨部门部长会议上就无疾而终等这样的状况给出一个更不那么令其难堪的解释。至少，谨言慎语可减少长官与其下属之间直接、公开的摩擦。[102]

L. **博弈中的行事风格。**政府或军事部门中的职业官僚，编外聘用人员，以及政治任命官员，这三者在博弈中的行事风格迥异。这些差异是更复杂的不同预期产生的结果。对职业官僚来说，如果他想在政府和人事的不断变动中保住自己的职位的话，其就必须采取一套遵从的规则。而编外聘用人员以及政治上任命的那些官员，则更多只是短期占据某个职位，其可能更关心那些可短期内反映其个人成绩的政策或措施。政治上任命的官员的任期是非常有限的，这就使其在处理任何议题时，视野会受到有限的任期时间限制。而职业官僚则知道，总统来了还会走，而海军……（译者注：

此处原文上似乎有误)。

博弈者对于其职权范围的认知,也对其行事风格有重要影响。一些博弈者并没有把政府行动看作是一种政府政治博弈,是因为他们对于工作的理解使其认为这样一些竞争、讨价还价是不合法的。但另一方面,如艾奇逊这样的博弈者则认为,国务卿是"在一个可运用各种手段、其中一些手段甚至连博尔吉亚家族(Borgias)[103]的人都会感到嫉妒的环境中"工作。而成为一个有所作为的国务卿所需要的品质中,艾奇逊认为,最重要的是要具有"杀手本能"。[104]当然,在这里,艾奇逊有点夸大其辞。

Ⅴ. 具体命题

A. 危机中的武力使用

1. 危机中美国做出使用武力的决定的概率,随着占据下列职位的人中对采取更有力军事行动有最初倾向的人的比例的升高而增加:总统、国家安全顾问、国防部长、国务卿、参谋长联席会议主席、中央情报局局长。如果没有得到其手下这些"长官们"的坚定支持,总统也很少选择采取军事行动。

2. 这些人对问题的认知会存在很大的差异。职位给这些人带来的压力以及他们的个人品格特征可部分解释这些差异。

3. 博弈的结果受到问题及方案的设置方式的影响。如果使用武力被设置成某种渐进的行动,那么,其被选择的可能性就更大,因为,这样设置的武力行动方案的意义并不是确定、明确的,从而不同的博弈者对其可做不同的解释。

B. 军事行动

1. 对于除核战争以外的任何军事行动,相关决策和执行都会因支持军事行动的一方试图说服反对者回心转意支持行动而出现拖延。

2. 使用武力的重大决策,通常不是总统一个人的决定,也不是多数人的决定,而是绝对多数人的决定。

3. 任何军事行动决定做出之前,都广泛征询过来自军方的博弈者的意见。在美国,除了核战争,实质性使用武力的决定,没有一个是无视这些军方人员的意见就做出的,也没有一个是不经过这种协商就做出的。

Ⅵ. **证据(Evidence)。**有关政府内部在某个议题上的各种不同认知与优先考虑等方面的详细信息,在短时间内是难以得到的,而且这些信息也只有通过认真的研究才可能被发现。而对在达成对某个议题的应对方案中所进行的讨价还价的详细、准确的分析与论述则更为少见。档案中通常并没有记载此类的信息,因为,哪些东西被纳入档案本身就取决于政治上相互斗争、妥协的结果。因此,许多信息需要从这些博弈的参与者本人那里收集而来。但从理论上来说,每个参与者也只能了解整个故事中很小的部分。且即使是有最大的善意,这些参与者的回忆也可能很快就会带有某种倾向性,故事的复杂、曲折、细节等可能会被淡化或修饰过。理想的状况是,一个对政府政治分析感兴趣且能够与决策者有良好关系的分析人员,在这些决策者的有关记忆变得模糊不清或出现差错之前,就收集相关信息。但这种理想状况又很少出现。那么,如果没有这些信息,分析者又该如何进行分析呢?正如这方面研究的大家诺伊斯塔特所言,"如果我不得不在档案和不及时、不完整、不客观的访谈之间做出选择的话,我会选择不要档案。"而如

何运用各种公开的档案、新闻报道、有关参与者的访谈以及那些相关决策的观察家的深入评论等这些可获得的零散的信息片段拼凑出有关决策的完整图景,则是一门艺术。

然而,这门艺术就如其他艺术一样,需要以通过训练和掌握一定技巧才可获得的技艺为基础。根据决策的过程和办事程序,对产生某种结果的博弈的重建是有希望的。而一旦在分析中重建起这种博弈,那么,对于谁参与了博弈、议题是以哪些方面呈现出来的、行动问题是如何设定的、各方对博弈结果是如何理解的等诸多问题就可以有更清晰的认识。当然,偶尔也会出现如记录古巴导弹危机期间白宫商讨情况的录音带这样的非同寻常的证据。对于在解释政府行动中所遇到的每个疑问,模式Ⅲ都提供了可用于整理各种证据和发现观点与事实一致之处的工具。虽然仍需要其他方面的信息或推理,才可以绘出决策图景中的具体内容,但档案材料有时确实可以描绘出这幅图景的大概轮廓。

注释:

1. 参见,例如 Glen H. Snyder and Paul Diesing, *Conflict Among Nations: Bargaining, Decision-Making and System Structure in International Crises* (Princeton: Princeton University Press, 1977), pp. 355-356; Zeev Maoz, *National Choices and International Process* (Cambridge: Cambridge University Press, 1990), p. 340; James L. Richardson, *Crisis Diplomacy: The Great Powers since the Mid-Nineteenth Century* (Cambridge: Cambridge University Press, 1994), 306-327。

2. James Forrestal, *The Forrestal Diaries*, ed. Walter Millis (New York: Viking, 1951).

3. 最新的一个版本是 Richard E. Neustadt, *Presidential Power and the*

Modern Presidents：*The Politics of Leadership from Roosevelt to Reagan*，5th ed.（New York：Free Press，1990）。

4. 同上，p. 29（着重号为引者所加）。正如诺伊斯塔特一再强调的那样，他论述的权力，是指对他人行为的有效影响，而不是指纸面规定中的形式上的权力。

5. 同上，p. 11（着重号为引者所加）。

6. Richard Neustadt，"Whitehouse and Whitehall，"*The Public Interest*，no.2（Winter 1966），p. 64（着重号为引者所加）。

7. Neustadt testimony，Senate Subcommittee on National Security and International Operations，Committee on Governmant Operations，*Conduct of National Security Policy*，89th Cong.，1st sess.，June 29，1965，p. 89（着重号为引者所加）。

8. Neustadt，*Presidental Power and the Modern Presidents*，p. 4.

9. 同上，pp. 154-155（着重号为引者所加）。

10. Neustadt testimony，*Conduct of National Security Policy*，p. 126（着重号为引者所加）。

11. 对双层博弈的研究是由使用了这个术语的罗伯特·D. 帕特南（Robert D. Putnam）的一篇论文激发起来的。关于这一主题的最佳概述，见 Peter B. Evans，Harold K. Jacobson，and Robert D. Putnam，eds.，*Double-Edged Diplomacy*：*International Bargaining and Domestic Politics*（Berkeley：University of California Press，1993），其中包括帕特南最初的那篇论文。然而，关于"双层博弈"的论著对该术语所作的界定，要广于我们在这里出于更有限的目的而作的狭义界定。例如，参见 Andrew Moravscik，*Double-Edged Diplomacy*，pp. 14-17。

12. 本书作者之一泽利科当时跟布什一起在阿斯彭。对于阿斯彭会议做的最可靠论述，也使我们可理解英美之间的磋商如何影响两国国内的讨论的论述，应首选 George Bush and Brent Scowcroft，*A World Transformed*（New York：Knopf，1998），pp. 315-322；也可参见 Lawrence Freeman and Efraim Karsh，*The Gulf Conflict* 1990-1991：*Diplomacy and War in the New World Order*（Princeton：Princeton University Press，1993），pp. 74-76，111；Michael R. Gordon and Bernard E. Trainor，*The Generals' War*：*The Inside Story of the Conflict in the Gulf*（Boston：Little，Brown，1995），pp. 36-37。

13. 在贝克访问之前,布什已经与土耳其总统土特吉特·奥扎尔(Turgut Ozal)在电话里谈过。虽然这些电话谈话确实涉及观点和信息上的实质性沟通,但这些谈话非常有限,由此不足以得出奥扎尔是美国决策过程中一位有影响的参与者这样的结论。泽利科是那些电话谈话的记录员,并陪同贝克访问安卡拉。

14. "集体选择分析"这一术语借自 Kenneth A. Shepsle and Mark S. Bonchek, *Analyzing Politics: Rationality, Behavior, and Institutions* (New York: W. W. Norton, 1997)一书中对这个主题的简要介绍。

15. Neustadt, *Presidential Power and the Modern Presidents*, p. 7.

16. 这些引文依次来自: James MacGregor Burns, *Presidential Government: The Crucible of Leadership* (New York: Avon Books, 1965), p. xi; Richard Ellis and Aaron Wildavsky, *Dilemmas of Presidential Leadership: From Washington Through Lincoln* (New Brunswick: Transaction Publishers, 1989), p. viii; Thomas E. Cronin and Michael A. Genovese, *The Paradoxes of the American Presidency* (New York: Oxford University Press, 1998), p. vii.

17. Richard Darman, *Who's in Control? Polar Politics and the Sensible Center* (New York: Simon and Schuster, 1996), pp. 79-85. 此处,我们把达曼所列的各条进行了概括和重新排列。

18. 同上, pp. 85-86。

19. Alexander L. George, *Presidential Decisionmaking in Foreign Policy: The Effective Use of Information and Advice* (Boulder: Westview, 1980), p. 10; 也可参见 I. M. Destler, *Presidents, Bureaucrats, and Foreign Policy* (Princeton: Princeton University Press, 1972); Graham Allison and Peter Szanton, *Remaking Foreign Policy: The Organizational Connection* (New York: Basic Books, 1976), especially chap. 1.

20. Alexander L. George and Eric Stern, "Presidential Management Styles and Models," in Alexander L. George and Juliette L. George, *Presidential Personality and Performance* (Boulder: Westview, 1998), p. 200. 也可参见 Graham Allison and Peter Szanton, *Remaking Foreign Policy: the Organizational Connection* (New York: Basic Books, 1976), p. 21.

21. 同上, pp. 200-201。

22. 参见 Richard T. Johnson, *Managing the White House* (New York:

Harper and Row,1974);Roger B. Porter,*Presidential Decision-Making:The Economic Policy Board*(Cambridge:Cambridge University Press,1982)。波特(Porter)将福特政府视作为是一种成功的"多头模式"。虽然斯蒂芬·赫斯(Stephen Hess)推崇"更接近协作共商模式的政府",但其推崇的事实上是更接近形式主义或多头模式的政府。"其中,总统主要依赖内阁官员的倡议采取行动,这些官员个人要对其倡议负责——英国意义上的个人责任……"Stephen Hess,*Organizing the Presidency*(Washington,DC:Brookings Institution,1976),p.154.

23. Robert O. Keohane,"Studying Cooperation and Conflict:Intra-Rationalistic and Extra-Rationalistic Research Programs,"paper for American Political Science Association panel,1996,p.1.国会运作中的信息传递的重要性,参见 Keith Krehbiel,*Information and Legislative Organization*(Ann Arbor:University of Michigan Press,1991)。

24. 战地指挥官与高级官员和将军这种理解上的偏差,参见 Bush and Scowcroft,*A World Transformed*,pp.484-486;Gordon and Trainor,*The Generals' War*,pp.400-432,439。总的来说,国家安全委员会驻白宫的人员并没设置充分的办事程序,以保证对如何开展军事行动或军事行动何时结束有充分的分析,并在停火协议问题上能给施瓦茨科普夫充分的指示。国家安全委员会的人和国务院的官员当时的注意力主要集中在另一组紧迫的决策问题上,即有关伊拉克战争结束后的长期安排和如何设置一种由联合国主导的监管机制来限制伊拉克的军事能力。不过,对伊拉克部队包围的问题不应与另一个截然不同且更充满争议的问题混淆在一起,这个问题就是美国是否应该说服其盟国改变战争目标而占领巴格达或伊拉克全境。

25. Memorandum by the Secretary,Committee of Imperial Defense,"The Supreme Control in War,"24 May 1928,Public Record Office,CAB 104/24,Peter Hennessy,"A Question of Control:UK 'war cabinets' and limited conflicts since 1945,"Center for Social and Economic Research,University of the West of England,May 1996.

26. 英国方面的评论来自陆军准将维维安·戴克斯(Vivian Dykes)1941年12月的日记,引自 Alex Danchev,ed.,*Establishing the Anglo-American Alliance:The Second World War Diaries of Brigadier Vivian Dykes*(London:Brassey's,1990),p.80。引用的美国方面的评论来自当时的陆军准

将艾伯特·魏德迈(Albert C. Wedemeyer)对1943年1月的卡萨布兰卡会议的描述,引自 Maurice Matloff,"Ground Strategy and the Washington Command,"in Matloff, ed., *American Military History*(Washington, DC: U. S. Army, 2nd ed., 1973), p. 448。魏德迈认为,到了1943年11月的德黑兰会议,在分析处理能力上美国人就赶上了英国人。关于英国和美国的委员会决策制度运作的更广泛记述,参见 Maurice Matloff, *Strategic Planning for Coalition Warfare, 1943-1944* (Washington: U. S. Army, 1959); Alex Danchev, *Very Special Relationship: Field Marshal John Dill and the Anglo-American Alliance, 1941-1944* (London: Brassey's, 1986); 以及 John Ehrman, *Grand Strategy: August 1943-September 1944* (London, HMSO, 1956); 以及 John Colville, *The Fringes of Power: 10 Downing Street Diaries, 1939-1955* (New York: W. W. Norton, 1985)。

27. 关于该系统军事事务作用,参见 Forrest C. Pogue, *George C. Marshall: Organizer of Victory* (New York: Viking, 1973); Stanley D. Embick, "The Joint Strategic Survey Committee and the Military View of American National Policy During the Second World War," *Diplomatic History* 6 (Summer, 1982), pp. 303-321; 关于其非军事方面作用,参见 Herman M. Somers, *Presidential Agency: The Office of War Mobilization and Reconversion* (Cambridge: Harvard University Press, 1950)。

28. Richard Overy, *Why the Allies Won* (New York: W. W. Norton, 1995), pp. 192, 198-199.

29. Hennessy, "A Question of Control," pp. 3-4, 8.

30. 关于此事和战争中以及战后当丘吉尔为写作其回忆录而重新调查时对此事的质疑如何被压制,参见 Brain Loring Villa, *Unauthorized Action: Mountbatten and the Dieppe Raid* (New York: Oxford University Press, 1989)。

31. 同上, pp. 261-262. 对联合参谋长委员会,维拉(Villa)早些时候评论说"如果考虑到从事一场全球战争所面临的巨大需求,那么,可以说他们都算得上是极其能干的公务员了。从这个角度而言,迪耶普的失败也算不上什么。"(p. 260)因此,在这样的情况下,遵循和执行办事程序就显得更为重要了。而由于其崇高的公共形象和王室身份,蒙巴顿也免于因其自己也承认是"唯一一次的无案可稽的战争决策"而遭到太多的质询。

32. James Q. Wilson, *Bureaucracy: What Government Agencies Do and Why They Do It*(New York: Basic Books, 1989), pp. 271-272.

33. 参见 Jack Rakove, *Original Meanings: Politics and Ideas in the Making of the Constitution*(New York: Knopf, 1996)中提供的详细解释。

34. Kenneth Arrow, *Social Choice and Individual Values*, 2nd ed.(New Haven: Yale University Press, 1963), p. 59:"如果个人偏好之间不存在进行相互比较的可能性,那么,将个人偏好汇聚成令人满意的,且是根据广泛的个人偏好排序集界定的社会偏好的方法,将只能是强加的或独裁的。"关于在选举和其他形式的集体选择中对偏好的操纵或不完全转化,可特别参见 William H. Riker, *The Art of Political Manipulation* (New Haven: Yale University Press, 1986); 以及 Riker, *Liberalism Against Populism* (San Francisco: W. H. Freeman, 1982)。也可参见 Duncan Black, *The Theory of Committees and Elections* (Cambridge: Cambridge University Press, 1958); Robin Farquharson, *Theory of Voting* (New Haven: Yale University Press, 1969); Peter C. Ordeshook, *Game Theory and Political Theory*(New York: Cambridge University Press, 1986); 以及 Willam H. Riher and Peter C. Ordeshook, *An Introduction to Positive Political Theory*(Englewood Cliffs: Prentice-Hall, 1973)。

35. Shepsle and Bonchek, *Analysing Politics*, p. 71.

36. 参见 John Pratt and Richard Zeckhauser, *Principals and Agents: The Structure of Business*(Boston: Harvard Business School Press, 1991), 尤其是 Arrow, Robert Clark and Mark Wolfson 写的那几章。

37. Richard Holbrooke, *To End a War* (New York: Random House, 1998), p. 68, 着重号为引者所加;也可参见 Mark Danner, "Slouching toward Dayton", *New York Review of Books*, April 23, 1998。

38. Holbrooke, *To End a War*, pp. 66-67.

39. 同上, pp. 67-68。

40. 关于这些人事安排,参见 Haynes Johnson and Dvaid S. Broder, *The American Way of Politics at the Breaking Point* (Boston: Little, Brown, 1996), pp. 98-108。

41. John D. Steinbruner, *The Cybernetic Theory of Decision: New Dimensions of Political Analysis* (Princeton: Princeton University Press,

1974).

42. Hugh Heclo, *A Government of Strangers: Executive Politics in Washington*(Washington:Brookings Institution,1997),p. 7.

43. 关于这个领域研究的介绍,参见 Ernst Haas,"Collective Learning: Some Theoretical Speculations," in George W. Breslauer and Philip E. Tetlock, eds., *Learning in U. S. and Soviet Foreign Policy* (Boulder: Westview, 1991), pp. 62-99; Peter M. Haas, "Introduction: Epistemic Communities and International Policy Coordination," *International Organization* 46(Winter 1992):1-36。

44. 关于军备控制方面的"共同体"的兴起,参见 Emanuel Adler,"The Emergence of Cooperation: National Epistemic Communities and the International Evolution of the Idea of Nuclear Arms Control,"*International Organization* 46(Winter 1992):pp. 101-146;Coit D. Blacker,"Learning in the Nuclear Age:Soviet Strategic Arms Control Policy,1969-1989,"in Breslauer and Tetlock, *Learning in U. S. and Soveit Foreign Policy*, p. 429; 以及 Robert A. Levine,"The Evolution of U. S. Policy toward Arms Control,"in ibid.,pp. 135-57。

45. Richard K. Betts, *Soldiers, Statemen, and Cold War Crises*, Morningside Edition(New York: Columbia University Press, 1991), quoted from pp. 116,170.此处引用的这名将军的观点,出自贝茨对 J. 劳顿·科林斯(J. Lawton Collins)的采访,同上,p. 171。贝茨还对爱德华·兰斯代尔(Edward Lansdale)有一段深刻而简洁的描述:一个无法归于任何类型的军人,一个自由主义的理想者,曾做过情报官员,并无稳定的组织基础,却多年对军事和政府政策有巨大的影响。参见同上,pp. 172-174。

46. Testimony of Robert A. Lovett to the Senate Subcommittee on National Policy Machinery, Committee on Government Operations, 23 February 1960, in Henry M. Jackson, ed., *The National Security Council: Jackson Subcommittee Papers on Policy-Making at the Presidnetial Level* (New York:Praeger,1965),pp. 157,163-166。精明的官员会认真考虑要避开什么会议以及要出席什么会议。

47. 参见 James M. Lindsay,*Congress and the Politics of U. S. Policy* (Baltimore:Johns Hopkins University Press,1994),Table 3,p. 82。

48.“国会影响外交和国防政策的方式主要有四种，只有其中一种即实质性立法是公开和显在的。其他三种——做出将采取行动的姿态、程序性立法和影响舆论——虽并不显在，但也是重要的……我们认为有些观察家之所以没有能看到国会的很多影响，是因为他们忽视了这些不那么显见的方式……”James M. Lindsay and Randall B. Ripley，“How Congress Influences Foreign and Defense Policy，”in *Congress Resurgent：Foreign and Defense Policy on Capitol Hill*，Ripley and Lindsay，eds（Ann Arbor：University of Michigan Press，1993），p. 35。

49. 关于第二和第三点的作用，特别参见 Keith Krehbiel，*Pivotal Politics：A Theory of U. S. Lawmaking*（Chicago：University of Chicago Press，1998），该书解释了在两个超级多数的决策规则（需要三分之二多数才能推翻总统的否决，和参议院中至少需要 60 票的投票同意才能终止采取冗长发言阻挠议事的做法）的共同作用下，大多数倡议是如何无法达到推翻总统否决或阻止阻挠议事做法所需票数要求而遭到挫败的。

50. 20 世纪 70 年代的参议院改革更改了相关规则。为了使终止冗长发言阻挠议程的做法更为容易，并降低这种做法的作用，把终止阻挠议程的辩论发言至少需要三分之二出席参议员同意（即如果 100 名参议员全部出席则必须有 67 票），改为至少需要 60 名参议员的同意。但事实上，这个改变可能使终止阻挠议程的做法变得更为困难。

51. 公开投票会使投票者更为负责。在 1971 年改革之前，大多数国会投票没有公开记录，而改革之后，国会议员不得不对选民和利益集团有更直接的回应。

52. Duncan Black 的 *The Theory of Committees and Elections* 分析了不同的决策规则如何导致一个既定的选项集中的任何一个选项都可能会被选择。为了降低这种潜在的不稳定性，大多数决策团体还会设置其他决策规则——例如国会中限制全院投票的非修正规则（closed rule）和管辖权的分立。这样一些限制会导致一种“结构派生的均衡（structure-induced equilibria）”，参见 Shepsle，“Institutional Arrangements and Equilibrium in Multidimensional Voting，”*American Journal of Political Science* 23（1979）：27-60。

53. 这方面的例子，参见 David P. Baron，“A Sequential Choice Theory Perspective on Legislative Organizaiton，”in *Positive Theories of Congressional*

Institutions, ed. Kenneth A. Shepsle and Barry R. Weingast (Ann Arbor: University of Michigan Press, 1995)。

54. 关于这方面的十条规范，参见 George, *Presidentail Decisionmaking in Foreign Policy*, p. 99。

55. John W. Kingdon, *Agendas, Alternatives, and Public Policies*, 2nd ed. (New York: Longman, 1995); 也可参见 Robert Entman, "Framing: Toward Clarification of a Fractured Paradigm," *Journal of Communication* 43 (Autumn 1993): 51-58. 克雷比尔(Krehbiel)认为，对于重要的立法工作，其政治机会主要与选举上的巨大变动(electoral shocks)联系在一起，这种变动能使总统与国会中多数派的偏好暂时地形成一致。(例如达曼对 1981 年减税法案的解释)。参见 *Krehbiel, Pivotal Politics*, pp. 54-72, 其中 Krehbiel 的研究是以 David R. Mayhew, *Divided We Govern: Party Control, Lawmaking, and Investigations, 1940-1990* (New Haven: Yale University Press, 1991) 为基础的。

56. Kingdon, *Agendas, Alternatives, and Public Policies*, pp. 179, 180.

57. Lou Cannon, *Presidnet Reagan: The Role of a Lifetime* (New York: Simon and Schuster, 1991), pp. 319-333.

58. 关于议程控制，要了解更多可参见 Michael B. Levine and Charles R. Plott, "Agenda Influence and Its Implications," *Virginial Law Review* 63, no. 4 (1997): 561-604; 以及 Baron, "A Sequential Choice Theory Perspective on Legislative Organization"; 也可参见 James M. Enelow and Melvin J. Hinich, *The Spatial Theory of Voting: An Introduction* (Cambridge: Cambridge University Press, 1984), pp. 131-147; 以及 Kenneth A. Shepsle and Barry R. Weingast, "The Institutional Foundations of Committee Power," *American Political Science Review* 81 (1987), pp. 85-194。

59. 关于行动方案的阐述，参见 Zeev Maoz, "Framing the National Interest: The Manipulation of Foreign Policy Decisions in Group Settings," *World Politics* 43 (October 1990), pp. 77, 86-87; 关于行动目标，参见 Philip Zelikow, "Foreign Policy Engineering: From Theory to Practice and Back Again," *International Security* 18 (Spring 1994): 143-171。

60. 参见例如 George A. Quattrone and Amos Tversky, "Contrasting Rational and Psychological Analyses of Political Choice," *American Political*

Science Review 82(September 1988):719-736.

61. Maoz,"Framing the National Interest,"pp. 105-106. Maoz 所依赖的两个主要资料来源是 Avner Yaniv, *Dilemmas of Security: Politics, Strategy, and Israeli Experience in Lebanon*(New York: Oxford University Press, 1987);以及 Zeev Schiff and Ehud Yaari, *Israel's Lebanon War*(New York: Simon and Schuster, 1984)。

62. Yaniv, *Dilemmas of Security*, p. 115, quoted in Maoz,"Framing the National Interest,"p. 107.

63. Irving L. Janis, *Groupthink*, rev. ed. (Boston: Houghton Mifflin, 1982); Irving L. Janis and Leon Mann, *Decision Making: A Psychological Analysis of Conflict, Choice, and Commitment* (New York: Free Press, 1977);也可参见 Lloyd S. Etheredge 在 *Can Governments Learn? American Foreign Policy and Central American Revolutions* (New York: Pergamon, 1985)中的批判。

64. Janis and Mann, *Decision Making*, pp. 46, 91-95, 133.

65. 社会心理学家有时将此称为"集体极化"(group polarization)。D. G. Myers and H. Lamm,"The Group Polarization Phenomenon,"*Psychological Bulletin* 83(1976):pp. 602-627. 也可参见 S. Moscovici,"Social Influence and Conformity,"and J. Rodin,"The Application of Social Psychology,"both in Gardner Lindzey and Elliot Aronson, eds., *Handbook of Social Psychology*, vol. 2, 3rd ed.(New York: Random House, 1985), pp. 347-412, 805-881。

66. 参见 Henry F. Graff, *The Tuesday Cabinet: Deliberation and Decision on Peace and War under Lyndon Johnson*(Englewood Cliffs, N. J.: Prentice-Hall, 1970)。

67. Leslie H. Gelb and Richard K. Betts, *The Irony of Vietnam: The System Worked* (Washington, D. C.: Brookings Institution, 1978). David M. Barrett, *Uncertain Warriors: Lyndon Johnson and His Vietnman Advisers* (Lawrence: University of Kansas Press, 1993)中有过类似的看法。然而,从 1966 年年初起,在约翰逊决定由沃尔特·罗斯托接替疲惫不堪、幻想破灭的麦乔治·邦迪担任国家安全顾问后,主要针对"星期二内阁"的集体思维批判就具有了更多的说服力。

68. Robert D. Schulzinger, *A Time for War: The United States and*

Vietnam, *1941-1975*(New York:Oxford University Press,1997),p. 181.

69. 安德鲁·古德帕斯特(Andrew Goodpaster)与艾森豪威尔在1965年6月16日会晤的记录,转引自Lloyd C. Gardner,*Pay Any Price*:*Lyndon Johnson and the Wars for Vietnam*(Chicago:Ivan R. Dee,1995),pp. 228-229。

70. “美国政策的主要束缚来自于他们认为,对北越采用挑衅性的军事行动会使中国卷入战争。约翰逊总统坚持认为,稍有不慎,一颗炸弹就可使朝鲜战争重演……在多丽丝·卡恩斯看来,约翰逊‘一直活在恐惧当中,害怕会触发某个事实上并不存在的(中国与河内签订的)条约中的某个并不存在的条款’”。Larry Berman,*Planning a Tragedy*:*The Americanization of the War in Vietnam*(New York:W. W. Norton,1982),p. 142. 这些恐惧并不是没有根据的。中国政府给约翰逊总统传达了严重警告。而且,中国与北越间的确有一个条约存在。1965年中期时,北京已经秘密同意在北越部署大量部队。中国也已经向北越承诺,如果美国或南越入侵北越,中国将派兵进行干预。1964年至1973年,在北越的中国部队超过了30万。参见Qiang Zhai,“Beijing and the Vietnam Conflict, 1964-1965: New Chinese Evidence,” *CWIHP Bulletin*,nos.6-7(Winter 1995/1996):233-250。

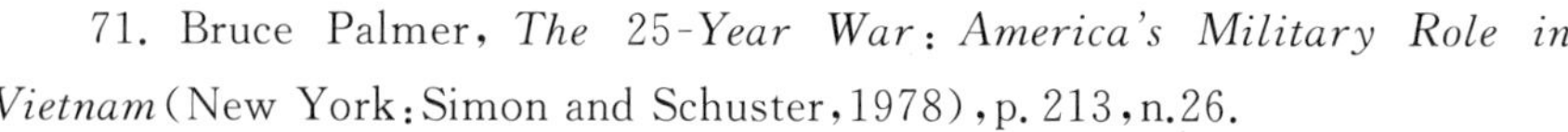

71. Bruce Palmer, *The 25-Year War*: *America's Military Role in Vietnam*(New York:Simon and Schuster,1978),p. 213,n.26.

72. Robert Buzzanco,*Masters of War*:*America's Military Dissent and Politics in the Vietnam Era*(Cambridge:Cambridge University Press,1996),pp. 177-231,引自p. 350. 也可参见H. R. McMaster,*Dereliction of Duty*:*Lyndon Johnson*,*Robert McNamara*,*the Joint Chiefs of Staff*,*and the Lies That Led to Vietnam*(New York:HarperCollins,1997),pp. 243-322。

73. 关于1965年4月的这件事,参见McMaster,*Dereliction of Duty*,p. 265,关于麦克纳马拉和惠勒,参见Buzzanco,*Masters of War*,p. 194。

74. Buzzanco,*Masters of War*,p. 345.

75. 至少有八种这类的症候(并不是在每个例子中所有症候都会出现),可参见Janis and Mann,*Decision Making*,pp. 130-131。

76. 此次沟通是在国家安全委员会1990年10月31日的会议中出现的。参见Gordon and Trainor,*The General's War*,p. 154。

77. 关于联合可能导致成立一个部门间委员会、却不会导致该委员会的组成部门之间合作的分析,参见C. Kenneth Allard,*Command*,*Control*,*and*

the Common Defense(New Haven:Yale University Press,1990)。然而,有资料表明,参谋长联席会议下的联合参谋部已经变成一个非常独立的实体,以至于其本身就可被视作一个组织(更适合模式Ⅱ的范式);其独立于国防部的其他组织,并与这些组织相互竞争,其中包括组成联合参谋部的各个军种。"联合参谋部可能开始成为一个共同的敌人",Perry M. Smith,*Assignment Pentagon:The Insider's Guide to the Potomac Puzzle Palace*,2nd ed.(Washington:Brassey's,1993),pp. 212-214。鉴于阿拉德(Allard)所分析的理由,以及正如史密斯将军所承认的那样,这种情况可能并不会真正出现,因为各个军种仍然决定着他们派到联合参谋部的人员的职位与升迁。而如果联合参谋部真的向这个方向发展,那么,我们有理由预测,在参谋长联席会议中各个军种的将领与参谋长联席会议主席(其领导联合参谋部)之间的斗争将变得更加激烈。而如果参谋长联席会议主席试图以凌驾于他人的方式来运用他的权力的话(即做一位"脚蹬皮靴的主席"而不是"脚穿胶鞋的主席"),那么,可以预测,各个军种的将领将会在国防部长办公室、各个战区司令部或白宫中展开游说,寻找盟友,然后会试图把他们的问题在参谋长联席会议之外、在参谋长联席会议主席与他人共享权力的场合提出。

78. Jeffrey L. Pressman and Aaron Wildavsky,*Implementation*,3nd ed. (Berkeley:University of California Press,1984),chapter 5.

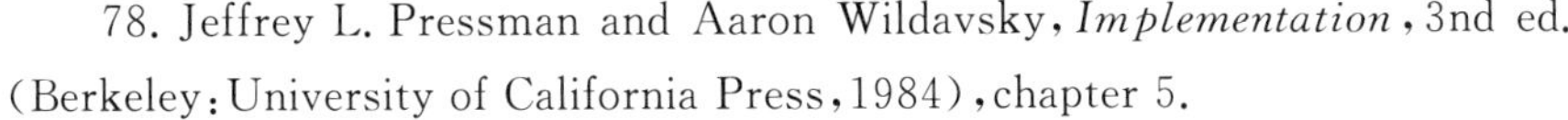

79. 同上,p. 107。

80. Ripley and Lindsay,*Congress Resurgent*,p. 18. 对国会已经成为外交政策制定中的一个积极的共同管理者这种观点的有力论述,参见 Robert S. Gilmour and Alex A. Halley,*Who Makes Public Policy:The Struggle for Control Between Congress and the Executive*(Chatham,N. J. :Chatham House Publishers,1994)。

81. Ripley and Lindsay,*Congress Resurgent*,p. 6.

82. Randall B. Ripley and Grace A. Franklin,*Congress,the Bureaucracy,and Public Policy*,5th ed.(Pacific Grove,Calif.:Brooks/Kohl,1990),pp. 152-153.

83. 参见 I. M. Destler,*American Trade Politics*,2nd ed.(Washington:Institute for International Economics,1992),pp. 71-73。

84. Alexander Hamilton,Federalist No. 75(1787)in *The Federalist Papers*,Clinton Rossiter,ed.(New York:Penguin,1961),p. 452.

85. 除另作说明外,下列的论述都引用了 Jan Willem Honig and Norbert Both,*Srebrenica*:*Record of a War Crime*(New York:Penguin,1996)。

86. David Owen,*Balkan Odyssey*(New York:Harcourt,Brace and Co.,1995),pp. 324-325. 欧文曾是英国的一名部长,当时他正要离职;他与挪威的图瓦德·斯托尔滕贝格(Thorvald Stoltenberg)一起被推举为联络小组的调解员。后来,瑞典前外交部部长卡尔·比尔特(Carl Bildt)接替了他的位置。

87. 起初,外交选项的失败并没有被完全认识到,因为塞族同意与新的联络小组特使卡尔·比尔特进行会谈。然而,由于在这种谈判中,美国人的立场具有关键影响,而塞族与美国(塞尔维亚总统米诺舍维奇与美国外交官罗伯特·弗雷舍(Robert Frasure))之间的直接谈判则刚刚破裂。因此,比尔特并不能提供什么令塞族人感兴趣的东西。一个联合国波黑保护部队官员事后意识到,比尔特"至多只能发挥次要的作用"。Honig and Both,*Srebrenica*,p. 172.

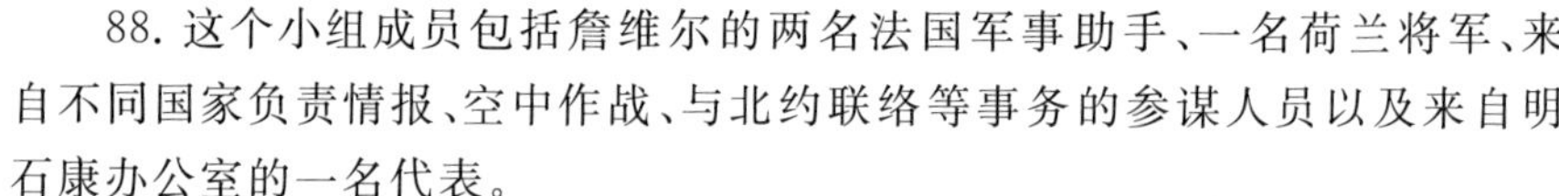

88. 这个小组成员包括詹维尔的两名法国军事助手、一名荷兰将军、来自不同国家负责情报、空中作战、与北约联络等事务的参谋人员以及来自明石康办公室的一名代表。

89. Holbrooke,*To End a War*,p. 69. 具有悲剧性讽刺意味的是,恰恰是斯雷布雷尼察以及两个星期后另一个安全区泽帕(Zepa)的沦陷,使詹维尔和史密斯曾在 5 月份追求的重新部署联合国保护部队的想法得以实现。到 8 月,联合国保护部队已从最后一个暴露区格拉日代秘密撤出。而在所有的暴露区已经全部沦陷的情况下,联合国保护部队以及英法快速反应部队事实上可以更加自由地行动了,因此,在 8 月底和 9 月初,最终对塞族发动了大规模的轰炸,而同时其他波黑塞族部队则遭到了克罗地亚军队的沉重的打击。因此,到 1995 年 10 月,在美国俄亥俄州的代顿,各方开始认真地进行和平谈判。

90. 斯雷布雷尼察的情况并非没有代表性。例如,最近的一个复杂联合行动的有趣案例——只不过这是一个行动而非不行动的案例,可参见 the Senate Armed Services Committee Report,"Review of the Circumstances Surrounding the Ranger Raid on October 3-4,1993,in Mogadishu,Somalia," September 29,1995。

91. 有许多更有影响、论述更广泛的著作,可参见 Morton H. Halperin with Priscilla Clapp and Arnold Kanter,*Bureaucratic Politics and Foreign*

Policy(Washington, D. C.: Brookings Institution, 1974); Francis Rourke, *Bureaucracy and Foreign Policy* (Baltimore: Johns Hopkins University Press,1972);以及 Michael Brecher, *The Foreign Policy System of Israel: Setting, Images, Process*(New Haven:Yale University Press,1972)。那些本书初版的有重要影响的早期著作有:Gabriel Almond, *The American People and Foreign Policy*(New York:Harcourt,Brace & Jovanovich,1950);Samuel P. Huntington, *The Common Defense: Strategic Programs in National Politics*(New York:Columbia University Press,1961);Paul Hammond and Warner Schilling 在 Herbert Stein, ed., *American Civil-Military Decisions* (Birmingham:University of Alabama Press,1963)中的研究,以及 Warner Schillig, Paul Hammond, and Glenn Snyder, eds., *Strategy, Politics, and Defense Budgets* (New York: Columbia University Press, 1962); Richard C. Snyder, H. W. Bruck, and Burton Sapin, eds., *Foreign Policy Decision-Making*(New York:Free Press,1963);以及 David Braybrooke and Charles E. Lindblom, *A Strategy of Decision*(New York:Free Press,1963)。

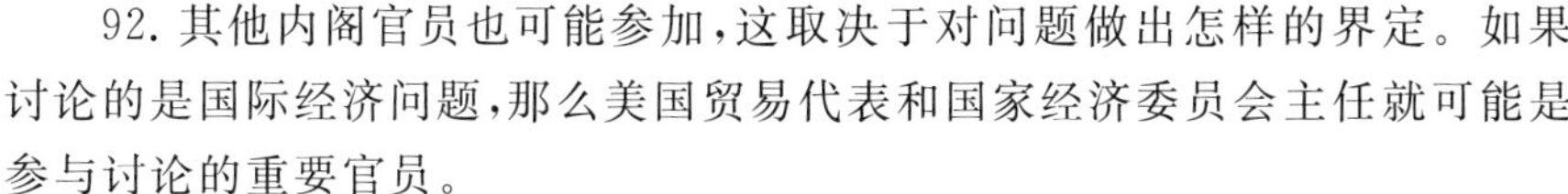

92. 其他内阁官员也可能参加,这取决于对问题做出怎样的界定。如果讨论的是国际经济问题,那么美国贸易代表和国家经济委员会主任就可能是参与讨论的重要官员。

93. 尽管我们承认来自国会的行为体在特定问题的特定行动路径中会有重大的影响,但我们仍将这些国会参与者视为是一种临时的博弈者,而非其中的主要官员。

94. 有关这种博弈及其中的关键行为体的描述的有用概括,可见 Philip J. Briggs, *Making American Foreign Policy: President-Congress Relations from the Second World War to the Post-Cold War Era*, 2nd ed.(Lanham: Rowman and Littlefield,1994);以及 James C. Gaston, ed., *Grand Strategy and the Decisionmaking Process* (Washington: D. C.: National Defense University Press,1991)。

95. 这些引自诺伊施塔特的证词,见 *Administration of National Security*, especially pp. 82-83。

96. Kingdon, *Agendas, Alternatives, and Public Policy*, pp. 115,172.

97. 参见"Preclude to War:U. S. Policy Toward Iraq,1988-1990,"哈佛大学肯尼迪政府学院的案例项目(the Case Program of Harvard University's

Kennedy School of Government)中有这个案例研究。

98. Smith,*Assignment Pentagon*,pp. 154-159. 史密斯将军也认为,"解释五角大楼工作的最佳理论模式很可能是官僚政治模式。为提高(至少是维持)各自在政策和预算中的地位而进行的相互争斗的官僚主义已根深蒂固,成为了一种常态。"他还对有关的长官和其他参与者的特征进行了有益的概括(pp. 196-198)。

99. Johnthan Daniels,*Frontier on the Potomac*(New York: Macmillan, 1946),pp. 31-32.

100. 这个命题最初由欧内斯特·R. 迈提出,类似于本章早前讨论过的金登所说的政策窗口。

101. Neustadt,*Presidential Power and the Modern President*,chap. 3.

102. 关于国际、国内政治中的谨言慎语的一个经典论述,是诺伊施塔特对肯尼迪政府期间"空中闪电导弹"危机的研究。前面引述过。

103. 博尔吉亚是文艺复兴期间源于西班牙的一个权势家族,曾于权力斗争中不择手段。——译者注

104. Dean Acheson,"The President and the Secretary of State,"in Don Price, ed., *The Secretary of State*(Englewood Cliffs, N. J.: Prentice-Hall, 1960).

第六章　古巴导弹危机:第三层截面

“参与的十四个人都非常重要——睿智、能干、有奉献精神,所有人都对美国怀有强烈的热爱之心……如果他们当中的六个在当时是美国总统的话,我想世界可能就已经化为灰烬了。”[1]无论罗伯特·肯尼迪的这种预言是否正确,但他的话让我们知道,肯尼迪总统的这些顾问(而且他们全是男性)对于美国应该采取什么样的应对行动有着截然不同的意见。考虑到他们所面对的挑战的艰巨性和他们在工作与背景上存在的差异,还能指望怎样呢?每个人都为了政府能执行他们认为是对这个国家最有利的行动路线而斗争,这种情形是不足为奇的。在核战争迫在眉睫的情况下,除此之外还能指望会发生什么呢?

那些研究重大事件的历史学家通常会忽视政府领导人之间的分歧,忽视其中个人提出的相互竞争的合理建议与最终确定的行动路线之间存在的区别。在回顾历史时,那些被最终选择的通常似乎就是唯一恰当的选择——特别是当这个选择的结局是成功的时候。而那些方案未被采纳的人的声音往往很少被听到。一种看法认为重要结局的发生取决于一些转瞬即逝的细节,如当时谁在场或某人参与的有效性如何,对许多历史学家来说,这种看法是非常不准确的。但正如罗伯特·肯尼迪的话提醒我们的那样,关于美国对苏联在古巴境内的导弹应如何做出反应，存在着从不采取任何行动到先对古巴发动突然打击然后入侵的各种不同判断。因此，要理解美国为什么在10月24日封锁古巴(而不是入侵或无视该问题)，就不仅需要仔细分析对该种行动路线的各种看法，而且也需要分析封锁变成美国政府的决定所经过的政治过程。

在古巴发现那些弹道导弹后，美国政府立刻组织了一个由总统顾问组成的非正式的内部小组，处理危机决策。这些顾问从10月16日到10月19日在白宫或国务院开会商讨应对方案。

10月20、21和22日，危机决策采取了由国家安全委员会召开会议这种更为惯常和正式的形式。然后，参与决策的人的范围又缩小到国家安全委员会执行委员会——也被称为“执委”(ExCom)。危机期间，他们在白宫召开会议(下级委员会同时在其他地方开会)。而危机结束后，“执委”在肯尼迪的余下任期内继续负责处理其他问题。

表1中列出了美国主要的决策参与者。这个名单比较宽泛，包括了每个积极参与白宫危机决策的人。

表1　内部决策圈:1962年10月16—27日

迪安·艾奇逊(Dean Acheson)，卸任国务卿(星期六，10月17日会议;在10月18日与肯尼迪单独进行了会谈)

乔治·安德森(George Anderson)，海军作战部长和参谋长联席会议成员(10月19、21—22日白宫会议)

乔治·鲍尔(George Ball)，国务卿帮办(几乎所有会议)

查尔斯·波伦(Charles Bohlen)，驻法国大使;刚卸去苏联事务无任所大使的职位(10月16—17日在国务院召开的会议;10月16日与肯尼迪单独举行了会谈)

麦乔治·邦迪(McGeorge Bundy)，总统国家安全事务助理(几乎所有会议)

马歇尔·卡特(Marshall Carter)，中央情报局副局长(只有10月16日会议)

续表

C. 道格拉斯・狄龙(C. Douglas Dillon),财政部长(几乎所有会议)
罗斯韦尔・吉尔帕特里克(Roswell Gilpatric),国防部副部长(几乎所有会议)
罗杰・希尔斯曼(Roger Hilsman),负责情报与研究事务的助理国务卿(10 月 22 日会议,可能还有其他会议)
U. 亚列克西斯・约翰逊(U. Alexis Johnson),负责政治事务的副国务卿帮办(几乎所有会议)
林登・约翰逊(Lyndon Johnson),副总统(几乎所有会议)
约翰・F. 肯尼迪(John F. Kennedy),总统(只有白宫会议)
罗伯特・肯尼迪(Robert Kennedy),司法部长(几乎所有会议)
柯蒂斯・勒迈(Curtis LeMay),空军参谋长和参谋长联席会议成员(10 月 19、22 日白宫会议)
罗伯特・洛维特(Robert Lovett),前国防部长和国务卿帮办(10 月 18 日与肯尼迪进行了单独会谈;10 月 20—24 日白宫会议)
阿瑟・伦达尔(Arthur Lundahl),国家图像处理中心主任(几乎所有会议,至少是部分参加)
埃德温・马丁(Edwin Martin),负责美洲事务的助理国务卿(除了 10 月 26 日白宫会议的所有会议)
约翰・麦克洛伊(John McCloy),前驻西德特使和助理战争部长(10 月 26 日白宫会议)
约翰・麦康(John McCone),中央情报局局长(从 10 月 17 日起几乎所有的会议)
爱德华・麦克德莫特(Edward McDermott),紧急状态办公室主任(director of the office of emergency preparedness)(10 月 22—23 日会议,可能还有其他会议)
罗伯特・麦克纳马拉(Robert McNamara),国防部长(所有会议)
保罗・尼采(Paul Nitze),负责国际安全事务的助理国防部长(从 10 月 19 日起几乎所有的会议)
肯尼思・奥唐奈(Kenneth O'Donnell),总统特别助理(10 月 22 日会议,可能还有其他会议)
戴维・奥姆斯比—戈尔(David Ormsby-Gore),英国驻美国大使(从 10 月 21 日起与肯尼迪以及其他人进行了会谈)
沃尔特・罗斯托(Walt Rostow),国务院顾问,并主持国务院的政策委员会(从 10 月 24 日起所有的会议)
迪安・腊斯克(Dean Rusk),国务卿(除了 10 月 18 日晚白宫会议以外的所有会议)

续表

戴维·舒普(David Shoup),海军陆战队司令和参谋长联席会议成员(10 月 19、22 日白宫会议)
西奥多·索伦森(Theodore Sorensen),总统特别顾问(几乎所有会议)
阿德莱·史蒂文森(Adlai Stevenson),常驻联合国代表(10 月 16 日与肯尼迪进行了单独的会谈;10 月 21—22、26 日会议)
马克斯韦尔·泰勒(Maxwell Taylor),参谋长联席会议主席,刚卸去总统军事代表的职务(所有会议)
卢埃林·汤普森(Llewellyn Thompson),无所任大使,刚卸去驻苏联大使的职位(除了10 月 16 日白宫会议和 18 日晚白宫会议以外几乎所有的会议)
厄尔·惠勒(Earle Wheeler),陆军参谋长和参谋长联席会议成员(10 月 19、22 日白宫会议)
唐纳德·威尔逊(Donald Wilson),美国信息局代理局长(从 10 月 21 日起几乎所有的会议)
注:肯尼迪总统设计了 1962 年 10 月的银质纪念日历,其中特别突出了 10 月 16 日到 18 日的那几天;他私下向 34 个人赠予了该日历。除了上面名单中的几乎所有人外,肯尼迪还向他的妻子杰奎琳、新闻秘书皮埃尔·塞林格和他的私人秘书伊夫琳·林肯,赠送了这种日历。而罗伯特·肯尼迪所列的带有很强个人主观看法的核心决策圈名单中,除了总统和他自己以外,只包括(按字母顺序):艾奇逊、鲍尔、邦迪、狄龙、吉尔帕特里克、亚列克西斯·约翰逊、洛维特、马丁、麦康、麦克纳马拉、尼采、腊斯克、索伦森、泰勒和汤普森。

但我们无法同样可信地列出苏联方面相对应的名单;表 2 只是苏联方面大概的名单。[2]苏联决策人员的组成至少在三个方面不同于美国。第一,苏联的人员组成更多反映了苏联常规的国家安全决策体制——集中于在位的最高主席团成员,而没有退休官员或其他意料之外的人的参加。第二,苏联决策圈的规模小。同美国的情况一样,所列的这份苏联决策者名单中包括了我们认为积极参与了克里姆林宫决策的所有人。但由于赫鲁晓夫扮演了更具支配性的角色,实际参与者的范围可能比我们所列出的要小。

表 2　苏联方面的关键决策者：1962 年 10 月 16—28 日

列昂尼德·勃列日涅夫(Leonid Brezhnev)，最高苏维埃主席与苏共中央主席团委员

安德烈·葛罗米柯(Andrei Gromyko)，外交部部长

尼基塔·赫鲁晓夫(Nikita Khrushchev)，苏联共产党中央委员会第一书记、部长会议主席和最高主席团成员

安德烈·基里连科(Andrei Kirilenko)，俄罗斯共和国中央局第一副主席和最高主席团成员

阿列克谢·柯西金(Aleksei Kosygin)，部长会议第一副主席和最高主席团成员

弗罗尔·科兹洛夫(Frol Kozlov)，中央委员会书记和最高主席团成员

奥托·库西宁(Otto Kuusinen)，中央委员会书记和最高主席团成员

瓦西里·库兹涅佐夫(Vasily Kuznetsov)，外交部第一副部长

罗金·马利诺夫斯基(Rodin Malinovsky)，国防部部长

阿纳斯塔斯·米高扬(Anastas Mikoyan)，部长会议第一副主席和最高主席团成员

尼古拉·波德戈尔内(Nikolai Podgorny)，乌克兰共产党第一书记和最高主席团成员

季米特里·波利扬斯基(Dimitri Polyansky)，俄罗斯共和国部长会议主席和最高主席团成员

鲍里斯·波诺马廖夫(Boris Ponomarev)，中央委员会中负责与不结盟共产党联络事务的书记

弗拉季米尔·谢米恰斯内(Vladimir Semichastny)，国家安全委员会(克格勃)主席

亚列山大·谢列平(Aleksandr Shelepin)，中央纪律委员会书记、部长会议副主席和部长会议下的国家治安委员会(state control)(警察、法律)主席

根纳迪·沃罗诺夫(Gennadi Voronov)，俄罗斯共和国中央局第一副主席和最高主席团成员

尼古拉·什维尔尼克(Nikolai Shvernik)，中央委员会党务委员会主席和最高主席团成员

米哈伊尔·苏斯洛夫(Mikhail Suslov)，中央委员会书记和最高主席团成员

马特维·扎哈罗夫(Matvei Zakharov)，武装部队总参谋长和国防部第一副部长

第三，苏联参与决策的主要是那些负责国内事务的官员。他们很少有外交或国防方面的经验；也很少有证据表明有职业外交官或正式的军官参与了决策。

这次危机在约翰·肯尼迪总统任内占有核心的地位，所以，有关美国政府成员在当时所看、所做和所想的资料，要比大部分其他事件多出许多。随着此次危机的秘密录音带的发行和大部分机密档案的解密，人们已能比往常更准确地了解各个参与者的观念和偏好。不幸的是，即使有关苏联方面情况出现了新的资料，但有关苏联在古巴部署导弹或撤走这些导弹的决策过程仍然不甚清晰。

美国的封锁

发现导弹的政治(The politics of discovery)

美国的封锁决定不可能离开产生必须进行这种决策的背景而得到解释。首先，考虑发现导弹的时间问题。尽管罗伯特·肯尼迪曾提到过，事后一份政府对危机的检讨报告认为："美国采取行动的时间，是现实所能允许的最早时间。"但这个判断是不正确的(罗伯特·肯尼迪的回忆也是不完整的)。[3] 如果U-2飞机对古巴西端的侦察早进行两三个星期，就可能发现那些导弹，从而使当局有更多考虑各种选择方案的时间，并可以在那些导弹部署完成、可投入使用的危险出现之前就采取行动——这种危险后来成为决策权衡中的一个主要制约因素。[4] 而如果那些导弹是迟两个星期才被发现，那么，对其他向古巴运送军火的船只进行封锁也就会失去意义，因为到那时，包括中远程弹道导弹在内的那些苏联导弹都将早已运到古巴，且其中所有的中程弹道导弹都将做好发射准备。

美国政府官员在古巴问题上的"脸面"则是封锁决策背景中的

另一个关键性因素。苏联在古巴部署了导弹,这对个人意味着什么,取决于个人在危机前的政策辩论中的立场;这些辩论既包括政府内部的辩论,也包括面向全国公众的辩论。一系列相互重叠的讨价还价的博弈既决定了发现苏联导弹的**日期**,也决定了这个发现将对政府造成的**影响**。因此,对发现导弹的政治的解释,也是对美国之所以选择进行封锁作为应对的解释的重要组成部分。

古巴是肯尼迪政府"政治上的阿喀琉斯之踵"。[5] 这种脆弱来源于三个相关的原因。第一,1961 年 4 月肯尼迪政府企图推翻卡斯特罗的猪湾入侵行动遭到挫败,导致政府内部对总统的决断能力和其顾问的智慧以及他们提出的建议的质量,产生了非常严重的怀疑。此后,任何有关重大国家安全问题的决策,都必须要有罗伯特·肯尼迪和西奥多·索伦森的参与。当总统说古巴是他"政治上最沉重的十字架"时,他不仅是指政府外部,也指政府的内部;[6] 第二,猪湾事件的灾难性结果使公众得出了一个不幸的教训:古巴对美国安全构成了严重威胁,因此要求推翻卡斯特罗的共产主义统治也就是合理的;第三,入侵的失败使肯尼迪显得缺乏果断。在试图用秘密军事力量推翻卡斯特罗而结果却是一团糟之后,肯尼迪和他的顾问们更强烈地感到必须在下一次事件中采取坚决的立场。在危机决策的第一天,肯尼迪说苏联部署导弹"表明猪湾行动事实上是正确的。我们做得对。"泰勒将军回应道,"我是个悲观主义者,总统先生。我们已为你好制订了一个战争计划。根据这个计划,占领那个岛,需要25 万名美国士兵、海军陆战队和航空兵,而一年半之前,我们是用 1800 名古巴人进攻它。我们已改变了我们的估计。那……"泰勒没有说下去。[7]

共和党揪住了肯尼迪政府的这个脆弱之处。在古巴导弹危机之前的数月也正是将要举行国会中期选举的时间;共和党参众两院竞选委员会也已宣布,古巴问题将是“1962 年选举的主要议题”。[8] 政府标榜为“更积极地、间接地把卡斯特罗孤立于发展的、民主的拉丁美洲之外”的做法,被参议员肯尼思·基廷(Kenneth Keating)(共和党人,纽约州)、巴里·戈德华特(Barry Goldwater)(共和党人,亚利桑那州)、霍默·凯普哈特(Homer Capehart)(共和党人,印第安纳州)、斯特罗姆·瑟蒙德(Strom Thurmond)(民主党人,南卡罗莱纳州)及其他人攻击为“什么也不做”的政策。[9] 针对政府的不作为做法——这种做法正在让更多的苏联武器被运送到古巴,批评者要求进行封锁、入侵或仅仅是“行动起来”。因此,对肯尼迪政府中的人来说,封锁的主意使他们感到戴上了“霍默·凯普哈特之流的项圈”的羞辱。在决定采取某种形式的封锁后,肯尼迪与他的一些顾问走到白宫的阳台上,讥诮地说道:“哦,我猜霍默·凯普哈特是我们当代的温斯顿·丘吉尔。”[10]

在危机的前一年,肯尼迪政府开始采取一项试图破坏卡斯特罗在古巴统治的中央情报局秘密计划——“獴行动”。更秘密的则是中央情报局特工企图刺杀卡斯特罗的计划,但他们从未能成功。“獴行动”也从未取得太大的进展。麦康领导下的中央情报局要求扩大美国对反古巴的游击活动的资助,并寻求总统承诺支持这些行动——如果必要就采取美国入侵的方式。这样的承诺被那些古巴流亡者看作是必不可少的。但肯尼迪总统坚决拒绝做出这样的承诺,且在私下也这样对古巴流亡者的领袖说了。[11]

到了 1962 年春夏之交,“獴行动”和美国其他针对古巴的行动来到了一个十字路口上。军方已准备好了入侵或封锁古巴的紧急计划；这种封锁在当时被当作是在苏联封锁柏林时将采取的一种报复方式。[12]"獴行动"已进展到不能再被忽视的地步，但推翻卡斯特罗的可能性仍不是很大。对这个秘密行动计划已进行了情报收集，但也仅此而已。一些美国官员担心（特别是国务院和白宫中的官员）即使"獴行动"引发了古巴内部的叛乱，这些反叛还是可能会因与美国政府纠缠不清而导致华盛顿被迫卷入入侵古巴的行动。对他们来说，"獴行动"必须限定在明确的范围内。早在 1962 年 3 月，罗伯特·肯尼迪也呼吁过要警惕苏联政府在古巴建立基地的可能性；这将使美国的任何入侵行动都会成为不可能，并会构成一个新的威胁。[13]

负责"獴行动"的跨部门小组（由罗伯特·肯尼迪任主席）在 1962 年 7 月的评估中，认为"獴行动"的第一阶段进行正常。小组对这个计划的将来进行了全面的评估，列出了从接受古巴作为苏联盟国的事实而对它进行遏制，到挑起攻击并以此作为美国入侵借口的各种选项。这些选项在 8 月 10 日被提交给了罗伯特·肯尼迪的"特别小组（扩大后的）"。[14]负责行动的中央情报局代表想挑起叛乱，但也认识到叛乱分子将不得不依靠美国的入侵。国务院的代表直白地写道："在一开始就应该认识到，不使用美国军事力量，美国推翻卡斯特罗政府的计划和行动将可能只是无足轻重的。"国务院倾向于维持某种有限的现状，"避免把美国的声誉与这些成功可能性令人怀疑的行动公开地联系起来。"[15]

这就是在苏联向古巴运送常规武器和军事顾问的报告开始急涌而来之前，有关各方的立场和态度的背景情况。"獴行动"计划的指挥爱德华·兰斯代尔在8月10日打电话给国务院,看看对古巴出现苏联基地这种紧急情况的评估是否已经完成;对于这种紧急情况,罗伯特·肯尼迪在几个月前就曾考虑到过。评估报告并没有完成。一名国务院官员曾私下提醒他的同事说:"你们应该想到,这种可能性已被认定为太小而无须为之浪费时间。"[16]但在8月10日的会议上,麦康不仅就古巴出现苏联基地的可能性,而且就苏联在古巴部署弹道导弹的可能性发出了新的警告。然而"獴行动"的评估结果仍大体上如国务院所期望的那样:下一步的"路线B"只增加了一些新的破坏行动,并没有做出推翻卡斯特罗的承诺。官员们已相互承认,他们并不期望计划中的这些行动会导致卡斯特罗倒台。[17]

因为关于苏联向古巴运入武器的报告越来越多,麦康在"獴行动"行动小组中就以此敦促对古巴采取更强有力的秘密行动。并且,他在8月23日肯尼迪总统出席的一次会议上,更进一步警告说苏联可能会在古巴部署核导弹。这次会议事实上成为对如果在古巴发现苏联导弹应如何反应的第一次高层商讨。[18]在这种决策环境中,麦康扮演了鼓吹对卡斯特罗采取更具进攻性的秘密行动的角色。他的政策主张并未得到普遍的认同(罗伯特·肯尼迪是麦康唯一的三心二意的盟友),他关于苏联可能在古巴部署导弹的警告被认为是为了推行他鼓吹的推翻卡斯特罗的政策。因此,那些在"獴行动"上不同意麦康的官员对他的警告也就大打折扣了。例如,对麦康的警告,邦迪则认为攻击古巴可能在柏林招致报复。其他人则担心苏联会对美国部署在土耳其的"朱庇特"导弹采取反制行动。为了推行他的主张,麦康贬低了土耳其方面的危险。他说土耳其境内的那些导弹是没有用处的,应该被撤回。麦克纳马拉同意那些导弹没有什么用的看法,但说将之撤走在政治上是困难的。

肯尼迪明显是对麦康关于苏联会在古巴布置导弹的预言感到担忧。他希望对这种危险以及可以采取的反制措施进行更多的研究。他签署的181号国家安全行动备忘录,要求麦克纳马拉寻找将"朱庇特"导弹撤出土耳其的办法,和对苏联可能在古巴部署弹道导弹所构成的威胁进行更全面的研究,并命令对两个主要的政策应对选项进行评估。一个选项是采用外交手段向苏联发出警告;另一个选项是采用军事手段,要研究清除"古巴境内任何有能力向美国发动核攻击的部署"的各种方案。肯尼迪还希望对"在柏林危机激化的背景下"入侵古巴的情况进行正反两个方面的研究。[19]

麦康在肯尼迪政府中处于一个奇特的位置。他是个工程师,同时曾是名商人。他做过钢铁公司的执行官,后因其建造工厂和造船的工程公司在二战期间获得了巨额订单而发了财。他一生都是个共和党人;在艾森豪威尔政府期间,他担任拥有巨大权势的原子能委员会主席。在政治上,麦康非常保守,是个虔诚的罗马天主教教徒,并强烈地反对共产主义。在艾森豪威尔政府期间,他曾反对进行禁止核试验的谈判。猪湾事件后,中央情报局局长艾伦·杜勒斯被撤职,肯尼迪选择麦康作为其政治上可靠的替换者。麦康的政策主张得罪了民主党的一些人,但肯尼迪很明智地认定麦康是一个有能力的管理者,能够懂得和处理中央情报局刚刚处于萌芽阶段的技术情报工作。麦康也是肯尼迪总统与前总统艾森豪威尔之间联系的私人纽带,并成为罗伯特·肯尼迪的亲密朋友。[20]事实证明他与罗伯特·肯尼迪之间的这种友谊在危机期间发挥了重要的作用。

麦康的前任友善、诙谐,而他则固执、冷漠,因此除了罗伯特·肯尼迪,肯尼迪政府中其他人并不喜欢他,甚至是不信任他。无论有什么缺点,麦康还是很严谨和睿智的。他推测苏联只有为了保护更为至关重要的东西,比如弹道导弹,才会如此全面地部署地对空导弹。在8月10日他警告苏联可能在古巴部署导弹的那次会议上,麦康对麦克纳马拉提到的刺杀卡斯特罗的可能深感震惊。从那以后,麦康不仅从现实原因上,还基于道德上的考虑,要求停止讨论这样一些计划。"我会被逐出教会的",他眼睛一眨也不眨地说道。(这件事绕开了麦康,必要的授权和监督明显是直接来自于罗伯特·肯尼迪。)[21]

每个星期似乎都传来越来越令人担忧的消息。国会中来自共和党的批评者已嗅出了一丝血腥。在古巴存在苏联地对空导弹发射场已被确认。为了防止消息泄露,肯尼迪总统指示中央情报局把这个消息的传达只限制在一部分官员范围内,要把它装到一个特殊的盒子中,"并将它牢牢地钉死"。[22]中央情报局建议用军方的飞机对古巴进行低空侦察,以获得更多的信息。一些认为麦康可能正在为促使美国对古巴采取军事行动而挑起争端的人,则以怀疑的眼光看待这个建议。

邦迪仍然反对麦康的建议,他敦促肯尼迪总统发表一个公开声明,宣布他掌握着有关古巴的事态,古巴并没有对美国构成新的威胁,因此美国也就无须对其采取重大的军事行动。但邦迪认为肯尼迪应该划出美国的底线,明确警告"我们将不会容忍"某些东西。邦迪提议在"防御性"武器与"进攻性"武器如核导弹之间作出区分。邦迪在给肯尼迪的一个分析报告中称,如果古巴境内有弹道导弹将确实会对美国构成"一个非常巨大的军事威胁"。麦克纳马拉得出了同样的结论,但与邦迪不同,他要求肯尼迪不要满足于发出这样一个有限的警告。[23]

麦乔治·邦迪比肯尼迪小两岁,二战中曾在海军服役,而后在肯尼迪的母校哈佛大学平步青云,成为艺术与教育系的主任。从预科学校起,他就一直被认为是班上最聪明的学生,而贬抑者则称他是聪明过度。

麦克纳马拉曾任福特汽车公司的总裁,对更为广泛的国际事务知之甚少,对讥讽也缺乏耐性。他极其喜欢分析,越是错综复杂、越是数量方面的分析他越喜欢。

9月4日,肯尼迪决定接受邦迪的建议。他指示他的新闻秘书皮埃尔·塞林格发布公开警告,把底线划为苏联不能在古巴部署任何"进攻性"武器。每个人,包括苏联人,都明白这是指那些能够向美国发射核武器的武器系统。正如邦迪向肯尼迪所解释的那样,白宫这个声明中没有明言的部分——即华盛顿会容忍"防御性"武器——与其明说的部分同样的重要。因此,此举无论是在私下对有关"獴行动"未来的发展所进行的持续不断的争论,还是在公开对国会当前对肯尼迪政策的抨击,都具有重要的影响。他最大的愿望就是能通过发布这个否认苏联有任何挑衅的官方声明,减少反对派的口实并建立起一道抵挡批评声音的堤坝。

政府发起了一场企图使那些反对者的批评变得不可信的强有

力的否认运动。总统亲自站到了此次进攻运动的前线,大部分政府官员也都参加进来。在8月29日的新闻发布会上,肯尼迪攻击那些要求美国入侵古巴的人是“不负责任的”,而强调了“我们责任的整体性”,并保证会“最密切地关注古巴事态的发展”。[24]在9月4日的声明中,他又反驳了那种认为苏联在古巴的行动已对美国构成威胁的说法。[25]

9月11日,苏联发布它的公开声明。苏联谴责了美国发出的威胁,但也清楚地宣布莫斯科没有向古巴运送核导弹的必要。9月12日,作为协助准备下一次新闻发布会的少数人之一的邦迪,向肯尼迪递交了一份备忘录,敦促肯尼迪本人亲自重复其新闻秘书在9月4日所说的内容。理由是一样的;邦迪想把苏联的承诺当作一种资本加以利用。邦迪在备忘录中告诉总统,如果想入侵古巴,就不要采纳他的建议(因为该建议是贬低苏联威胁的)。[26]在9月13日的新闻发布会上,肯尼迪完全按照邦迪的建议做了。他划出一条底线,接受早已发现的事实,而将苏联已经公开声称不会采取的行动排除在外。

肯尼迪后来对麦康说:“你肯定对形势已做过估计,我却是认为苏联不会在古巴部署导弹的人之一。”[27]但肯尼迪决定划出他所选择的那条底线,乃起源于各部门在“獴行动”计划上所进行的斗争,而不是因为古巴境内有导弹。邦迪加入到博弈中,聪明地利用他在白宫中的特殊角色,遏制住了那些要求对古巴采取行动的鼓吹者。但是,当事实表明苏联在撒谎时,所采取的这个行动就产生了没有预料到的致命后果。邦迪甚至在10月已过了好些时日,仍在私下否认苏联在古巴部署导弹的可能性。

当那些导弹被发现,肯尼迪发现自己处于他的声明所带来的困境中;而如果没发表这些声明,他本是可以避免这种困境的。正如他在第一天的商讨中大声地推测的那样:“上个月我说我们不会〔允许发生这种情况〕。上个月我应该说我们不在乎。但当我们说我们不会,他们却继续前进并越过了界线,而如果对此我们什么反应也没有,那么,我认为我们的危险将增加。”[28]

因此,发现导弹的过程受到了政府内外正在进行的政策争论的影响。但发现的政治还有另一个层面。政府内部圈子中的人还就对古巴的空中侦察应遵循的规则进行了讨价还价。麦康与邦迪仍持相反的看法,但是这次麦康的首要反对者是国务卿迪安·腊斯克。

总统和政府非常不想听到的东西,中央情报局也就不愿去说;这至少在中央情报局没有掌握强有力证据的情况下是如此。中央情报局在9月6日通知肯尼迪,他们已经发现岸防巡航导弹(不是弹道导弹),总统的反应则是似乎对这种具有爆炸性政治影响的信息可能被泄露出去的担忧,超过了对事实本身的担忧。中央情报局一份关于此次呈报情况的内部报告中提到了“白宫中的冰冷气氛”。[29]因此,一种新的工作程序被建立起来,以控制有关苏联在古巴部署武器的情报的传播范围。相关报告将用“圣诗”密码进行加密,并将只限于在一份特定名单上的那些人中进行传阅。[30]麦康尽管当时还正在法国南部度蜜月,但仍经常关注古巴问题;他不断通过电报命令他在中央情报局总部的副手采取更多的行动,至少要进行更多的空中侦察。

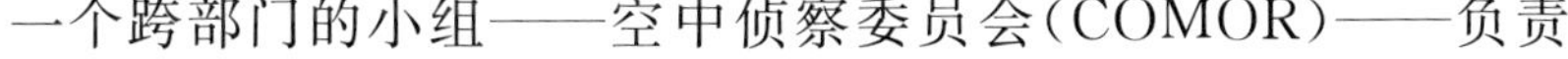

一个跨部门的小组——空中侦察委员会(COMOR)——负责

规划U-2飞机的侦察飞行。该委员会要求派U-2飞机进行直接飞越古巴领空的侦察的建议,在早些时候已被批准。但是在9月8日,台湾所使用的一架U-2飞机在执行对中国大陆的侦察任务时被中国大陆击落。此前,8月30日还发生了一件意外事件:一架美国U-2飞机在萨哈林岛上空误入苏联空域,引起莫斯科的抗议。因此,当国务院得知U-2飞机将在古巴上空飞行时,其高层官员们感到非常的担心。

腊斯克要求邦迪在9月10日于白宫召开一次会议。罗伯特·肯尼迪与中央情报局(麦康不在时的)代理局长马歇尔·卡特和空中侦察委员会主席一起,出席了会议。腊斯克半开玩笑地向卡特抱怨道:“发生了这些事情,你怎么让我就柏林问题进行谈判呢?”罗伯特·肯尼迪回答道,可能也是半开玩笑地,“那有什么关系,迪安,真是没一点胆子!”这位总统弟弟支持中央情报局提出的侦察飞行计划;根据这个计划将对古巴那些已有一个多月未被侦察过的区域进行照相侦察。但腊斯克并没有让步。结果是相互妥协。中央情报局对古巴边缘和从古巴上空进行长距离飞行侦察的建议被搁置到了一边。替代的做法将是四次短距离飞行侦察,其中两次在国际水域上空,两次短距离的迅速穿过古巴上空。中央情报局敦促麦克纳马拉批准进行低空侦察,但是麦克纳马拉则宁可让这个工作由U-2飞机来完成。[31]

但是安排U-2进行飞行侦察的工作进行得很慢。9月10日妥协的结果还没有明确地形成正式文件,而国务院正一点点破坏它。腊斯克仍对直接在古巴上空进行飞行侦察感到担心,因此就通过提出一个新的主意而设法拖延这个过程,即为什么不让美洲国家组织进行这样的飞行侦察呢?对这个方案的研究耗费了更多的时间和精力。而9月17日绕古巴边缘的一次飞行侦察也几乎没收集到什么有用的信息。[32]

就在美国官员争论不休时,苏联巨大的中程弹道导弹则正被卸到古巴,开始向野战发射场缓慢地移动。这些情况被潜藏在古巴的特工注意到,相关报告就沿着我们在第四章所说的那条路线开始向白宫传递。但U-2飞机仍没有拍到相关照片。中央情报局又一次试图提出新的空中侦察建议;这个建议在9月20日得到了讨论。腊斯克再次用一个反建议搪开了中央情报局的建议。他要求把中央情报局各种各样的方案汇合成一个选项,在一周后再进行考虑。在这次会议上,麦克纳马拉更积极地抓住这个机会进行一场古老的"地盘争夺战"(turf battle)。他认为如果被击落的是一架军事飞机,将会令人少难堪一些,因此,他成功地坚持了飞行行动的责权应从中央情报局移交给空军的战略空军司令部。[33]这个建议虽然遭到了中央情报局的强烈反对,但仍被批准了。最后,在9月27日,已回到华盛顿的麦康艰难地得到了可在古巴领空的边缘进行侦察飞行的批准。这些飞行发现了更多的防空导弹和岸防导弹,但没有发现核导弹。因此,国务卿帮办乔治·鲍尔在10月3日一个众议院委员会上做证时说:"我们的情报人员非常优秀,非常努力。所有的证据都显示,这是用于基本防御的装备,并不会使古巴具有进攻美国或北半球其他国家的能力。"[34]

接下来,10月4日,麦康在每周一次的负责古巴问题与"獴行动"决策的特别小组(扩大后的)会议上,加大了压力。但越来越多的有关苏联在古巴部署武器的证据,再次与关于"獴行动"计划未

来的政策争论搅和到了一起。麦康抱怨在该计划上的无所作为;而罗伯特·肯尼迪则尖锐地说他们什么建议都批准了。最后形成了某种共识:“獴行动”光有零散的调整是不够的;应考虑进行更多的破坏活动,甚至是在古巴港口布设水雷。[35]

麦康又提到了进行直接飞越古巴上空侦察的问题,并对政府发表的声明提出了批评,指出对古巴境内的情况美国掌握的信息少得可怜——在上个月实质上是一无所获。[36]当时天气很坏,正处于飓风季节。政府的官员可能会宣称只是因为天气恶劣才没有进行直接飞越古巴上空的侦察(在所给的证词中也是这样说的),但这种说法是不正确的。

从 9 月到 10 月,总统也一直在认真地关注着古巴的事态发展和美国针对古巴的紧急军事行动计划。[37]10 月 9 日,在握有那些已透过情报系统传达上来的特工报告的情况下,麦康的建议得到了批准,包括肯尼迪总统本人的批准;可以实施空中侦察委员会通过的直接飞越古巴上空的侦察计划了。10 月 10 日,麦康告诉肯尼迪,海军对苏联商船上货箱的照片所进行的分析表明,可携带核武器的伊尔-28 轰炸机可能早已运抵古巴。肯尼迪的第一反应是担心此事可能被泄露给新闻界。根据麦康的记录,肯尼迪很担心地大声说,“大选中将增加一个新的、更为激烈的有关古巴问题的论战,这将严重限制他的行动自由。”肯尼迪想压制接下来的所有相关信息。麦康说这种做法是危险的。那些分析人员肯定要知道。麦康回忆说,肯尼迪最后的结论是“我们必须在古巴问题上采取一些重大的行动”,他希望紧急军事计划在下个星期能按计划交给他。[38]

但四天后,10 月 14 日星期天,总统顾问麦乔治·邦迪在美国广播公司的"问题与答案"节目中,否认古巴境内存在苏联的进攻性导弹。而此时,一架 U-2 正首次拍下这些导弹的照片。在一个记者要求"说明古巴境内那些政府强调本质上是防御性而非进攻性的军事部署的情况"时,邦迪声称:"我**所知道的**是当前还没有证据,并且我认为当前也不存在古巴人、古巴政府和苏联政府合谋进行重大的进攻性部署的可能(但邦迪肯定已经知道伊尔-28 已经运抵古巴,而这些武器在他划出底线的声明中是被归类为'进攻性的')。"[39]在 U-2 飞机的侦察发现那些导弹的前一天,肯尼迪正在凯普哈特的选区印第安纳州,与那些"想把别人的儿子送上战场的那些自封的将军们与元帅们"展开竞选活动。[40] 10 月 15 日,星期一,当助理国务卿埃德温·马丁在全国新闻俱乐部就苏联在古巴活动的问题发表演讲,认为苏联在古巴军事力量的增加"基本上是防御性的"时,他接到了一个电话;打电话的人告知马丁,在古巴发现了进攻性导弹。[41]

早两个星期或迟两个星期发现那些导弹,危机的结果都将是截然不同的。现在没有证据显示肯尼迪当时曾试图阻止发现那些导弹。罗伯特·肯尼迪在 9 月 10 日麦康未能参加的辩论中,实际上拣起了麦康的主张,并使之变得有说服力。因此,发现导弹的时机是以麦康为主的一方和以腊斯克与邦迪为主的另一方之间拉锯战的结果。麦康作为一个情报分析家就苏联导弹发出的警告的可信度,因他在"獴行动"中鼓吹采取更为冒险的行动而受到损害。而且,他在关键时期由于度蜜月而不在现场,而把他的想法交付给其下属实现,这使其难以与国务卿相竞争。

抉择的政治

U-2飞机拍的照片提供了苏联在古巴境内有核导弹的最终证据。这恰巧发生在政治博弈者处于一种微妙境地的时候。正如一名高级官员在回忆中所说的那样，赫鲁晓夫在“我们光着屁股的时候”逮我们个正着。每个重要的参与者所想的和每个人如何遮掩他的暴露部分与政府的困窘，反映了此前所发生的情况，也限制着接下来的商讨。

肯尼迪总统的第一反应不是吃惊，而是震怒。他叫道:“他不能对我做那种事!”[42]在当时的背景下，这种震怒来自于三个方面:第一，就总统当时所关注的优先事项而言，赫鲁晓夫选择了最不合作的行动。肯尼迪在其国内对手要求对古巴采取行动、政治气氛高度敏感的情况下，选择了一条温和的路线。为了支持这个政策，他对“防御性”和“进攻性”武器做了区分，而且押上所有的总统威望，公开宣布苏联没有在古巴部署进攻性武器，并明确警告不会容忍这种武器的存在。第二，肯尼迪和他最信任的顾问们已试图缓解紧张的局势，包括为保证肯尼迪总统与赫鲁晓夫主席之间所有的通信联系直接而又准确所做的实质性努力。联系的渠道已经建立起来，赫鲁晓夫也正做出回应。他通过最直接的私人渠道向总统保证，他理解肯尼迪所面临的国内问题，不会采取任何会使肯尼迪处境复杂化的行动。他公开和私下都做出了庄严的保证:苏联不会在古巴部署核导弹。但最后却是**这一手**——主席向总统撒谎。第三，赫鲁晓夫的行动向总统本人发起了挑战。他，约翰·F.肯尼迪，在关键时刻敢走上一条真的可能会导致核战争的道路吗?

如果不敢，赫鲁晓夫就赢得了这个回合，并获得在即将到来的柏林问题上进行对抗的信心。肯尼迪担心，赫鲁晓夫可能会因猪湾事件以及1961年7月两人在维也纳的会晤而错误估计他的勇气。因此，这一次肯尼迪决定毫不退让。

问题在这样的背景下以这种方式出现，对于总统来说，如果不对之做出强烈的反应，是绝对不够的。任何不做出强烈反应的外交政策将：(1)破坏他的政府成员的信心，特别是那些在过去的几个星期里为他的古巴政策做坚定辩护的人；(2)使政府中的常务官员认为政府没有领袖，这会诱使他们挑战他的所有政策；(3)在选举还有不到三个星期就要进行的情况下，削弱其民主党同人(他们中的绝大部分正在以他的古巴政策作为基础参加选举)的地位；(4)破坏他在绝大部分国会议员中的声誉；(5)使公众不相信他的话与意志；(6)进一步强化猪湾事件给他带来的失败形象，如此也就将决定他本届政府只不过是历史书中题为“被钉死在古巴的十字架上”的短短一章；并且(7)使他在内心失去自信。

这些考虑在总统心里分别占有怎样的分量，是不可能知道的。但毫无疑问，上面的那些推测肯定没有包括他的所有考虑。在他脑海中，我们上面所说的那些因素之间的区别将消失，就像对他的打击与对他国家的打击之间的区别将消失一样——从总统的位置来看这很容易混合在一起。[43]不过很明显，他作为总统所承受的各个方面的压力，只能将他推向一个方向：做出猛烈的反应。约翰·肯尼迪感觉到了这条路上存在的巨大危险，当他和他的弟弟单独在一起时，他问是否还存在丝毫的选择余地。罗伯特·肯尼迪的回答不仅仅是有些夸张；他说：“哦，已没有任何选择了。我说，你会被——你会被弹劾的。"总统答道,"是,我认为我会被弹劾。"[44] 非强制性的应对方法——避免采取军事措施而诉诸外交手段——对他的问题最无意义了。当然,在这个问题上,他并不是唯一一个关心问题对自身影响的人。

参谋长联席会议想通过入侵根除这些威胁。但他们的新任主席马克斯韦尔·泰勒,对让"我们的脚陷入古巴的深深泥潭中"存有疑虑。泰勒认为最好是继续收集情报,在未来几天当还没有人知道已发现那些导弹时对这些情报进行汇总分析,然后"通过一次猛烈打击彻底清除"那些导弹、轰炸机和米格-21飞机以及地对空导弹等。他估计通过空中打击彻底完成这些任务可能需要五天的时间。[45]

而对迪安·腊斯克来说,首要的问题是外交方面的。他对如何解决根本问题并没有一个清楚的设想,而是说需要与重要的盟国进行协商。他主要的建议就是直接找卡斯特罗,警告这位古巴领导人苏联正在把他推入致命的危险当中,并且苏联很容易为了换取在柏林的胜利而将他出卖;他期望卡斯特罗因此会把苏联人赶出去。肯尼迪认为这个建议不会有什么结果;出了国务院也没有人会支持这个建议。

对于国防部长麦克纳马拉来说,那些导弹主要是个政治问题。在他看来,苏联的这种部署不会对总的核均势造成太大的影响(他的副手罗斯韦尔·吉尔帕特里克持同样的看法,但在五角大楼中再也没有其他官员或分析人员持这样的看法了)。因此,在开始时,麦克纳马拉对采取军事行动的必要性持怀疑态度。他认为,如果古巴境内的那些导弹已经投入使用从而可以对美国发起报复性打击,那么就不可能考虑对其进行空中打击。泰勒怀疑麦克纳马拉夸大了空中打击所需的规模,以使其几乎等同于一场入侵。而在国务院的官员看来,麦克纳马拉似乎在夸大美国的空中打击将在古巴引发叛乱从而会把美国拖入一场入侵战争的危险。无论如何,在这些争论中所浮现出来的不确定性,确实使走向军事解决的匆匆步伐放慢了。

麦克纳马拉提出对以后苏联向古巴输送的武器进行封锁的看法,但对那些早已部署好的导弹,他的方案中除了警告苏联不要使用外,就没有什么反应了。"现在,这个方案似乎不是非常能让人接受,"他承认道。"但在你们考虑其他方案之前,先放在这儿吧。"麦克纳马拉在第一天会议结束时,在肯尼迪总统、罗伯特·肯尼迪、腊斯克、泰勒以及大部分其他与会者离开房间后,又向邦迪和腊斯克的副手乔治·鲍尔更坦白地说出了他心中的怀疑。"我不认为它首先是个军事问题。它首先是个国内政治问题。"麦克纳马拉认为他的建议至少为满足他所说的国内政治需要提供了足够的"行动"。[46]

邦迪在发现导弹前的几个星期中,为总统制定了在这个问题上的政策框架,但他现在拿不准该怎么办了。邦迪总是让人捉摸不透。就像传言中他的一名同事所说的那样:"你们不知道他在想什么。我不知道他在想什么。总统不知道他在想什么。并且我有时怀疑他自己是否知道他在想什么。"据邦迪对自己反应的回忆,"我几乎是故意站到少数人的一方。我感到让总统有广阔的选择余地是非常重要的。"[47]当他制定的警告政策因发现那些导弹而遭到挫败,邦迪非同寻常地寡言少语起来。两天后,10 月 18 日,由于担心苏联会对柏林采取类似的报复,他主张不采取行动。但第二天,邦迪在对这个问题经过更多的苦思冥想后,又改变了主意,支持对那些导弹进行空中打击。

到10月19日,其他的主张也得到了加强。驻联合国大使、前总统候选人阿德莱·史蒂文森加入了麦克纳马拉的怀疑者行列。麦康加入泰勒一边,一起敦促进行空中打击。直接飞越古巴上空的侦察第一次发现苏联中远程导弹已运抵古巴;苏联的行动规模甚至使麦克纳马拉感到震撼。这条消息使泰勒加入到他的参谋长联席会议同事当中,支持在空中打击后进行入侵。同时,前国务卿迪安·艾奇逊加入了那些赞同进行空中打击的人的行列;但与泰勒和麦康不同,他所建议的只是针对那些导弹发射场进行非常有限的打击,而不包括打击苏联的那些轰炸机、战斗轰炸机和防空部队。这种有限的空中打击似乎对邦迪很有说服力,使他蔑视军方进行大规模打击的鲁莽要求。[48]

随着讨论的继续,新来的参与者提出了新的主意。到10月18日,肯尼迪似乎已勉强同意如果进行空中打击,就必须如军方所建议的那样是大规模的。鲍尔从道义上极力反对美国对任何国家发动任何的突然袭击——这种袭击可能会被等同于日本对珍珠港的偷袭这样的行动。罗伯特·肯尼迪说起了鲍尔的看法,并得到了腊斯克的共鸣;腊斯克称突然袭击是“使你余生都将在脑门上带着可耻印记的事”。罗伯特·肯尼迪评论说,“我认为它将使国家背上沉重的包袱。”但对肯尼迪来说,影响最大的则是他在10月18日向其下属提到的那个看法——他在此后的数天中一再提到此种看法,即对古巴的进攻将导致在柏林招致报复,而这将立刻使肯尼迪只能进行核报复,任何其他的军事反应都将是无意义的。因此他一边沉思一边大声地说道,“真正的问题是我们应采取什么样的行动减少互相发射核武器的可能,如果发生这种情况将显然是个最大的失败——这对我们来说非常显而易见。”[49]另一个参加讨论的非政府官员、受人尊敬的前国防部长罗伯特·洛维特的看法,则增加了肯尼迪对突然袭击可能导致在柏林遭到类似报复的担忧。[50]

从录音带所记录的肯尼迪在10月18日夜里白宫会议上的总结和第二天上午他向尚未被说服的参谋长联席会议阐述的观点来看,现已很清楚,在10月18至19日间,总统已开始逐渐放弃对那些导弹发动空中突然打击的主张。[51]这样,就剩下了由麦克纳马拉首先提出的那种折中方案——封锁。

但是,其他新参与者又提出了新的看法。两位经历丰富的外交官与克里姆林宫观察家查尔斯·波伦和卢埃林·汤普森,建议肯尼迪向赫鲁晓夫发出最后通牒,给他一个撤走那些导弹的机会。但是其他人认为,单单外交上的最后通牒,将使美国陷入一种没有结果的外交纠缠之中。[52]财政部长道格拉斯·狄龙第一个建议用封锁作为传达和支持最后通牒的手段。10月18日,汤普森进一步阐述这种封锁主张。他解释说,封锁将与要求撤除古巴境内的那些武器一起进行。“如果它们被装配起来,我们就把它们打击掉。”汤普森补充说,“我认为我们不应该存有幻想,这种做法的最终结果很可能是一样的。但我们采取了完全不同的姿态和立场,从而使爆发大规模战争的危险也要小得多。”[53]

10月19日上午,肯尼迪在与参谋长联席会议举行会议时,发现他们顽固地支持对古巴进行能取得军事上突然性优势的直接空中打击。空军参谋长柯蒂斯·勒迈相信自己将在国会山获得政治支持,就非常大胆地与总统相对抗。“在我看来,这种封锁和政治上的行动只能导致战争。我看不到有任何其他的解决方法。它的结果只能是战争。这几乎与慕尼黑的绥靖活动一样的邪恶。”会后,肯尼迪按照之前已安排好的行程动身去展开竞选活动,以避免苏联人察觉到美国已发现那些导弹。他要求罗伯特·肯尼迪和索伦森“使小组齐心协力”。[54]

意见仍大体上分裂为支持封锁与支持进行直接空中打击这两种。10 月 19 日在国务院召开了一天的会议,并一直持续到夜里。邦迪告诉他的同事,经过一夜的辗转反侧,他最终认为空中打击是必要的。坚决的行动将使苏联和世界面对美国造成的既成事实。他说他已经把这个建议呈交给肯尼迪总统。在迪安·艾奇逊观点的激发下,在前一天夜里的白宫会议后几乎已死亡的空中打击方案现在又复活过来。狄龙、麦康和泰勒大体上同意艾奇逊和邦迪的主张,尽管他们之间在空中打击方案的具体细节上还存在着分歧。麦克纳马拉表示强烈反对。罗伯特·肯尼迪咧嘴一笑,说他也已与总统谈过,认为类似于珍珠港偷袭那样的突然袭击“不符合我们的传统”。他“赞成**采取行动**”,但只是某种“给苏联一个退缩的机会”的行动。[55]

然后,腊斯克建议这些总统顾问分成几个小组进行讨论,进一步细化封锁和空中打击方案。经过小组内和小组间的几个小时讨论后,麦克纳马拉成为封锁—谈判方案的主要提倡者。他认为美国将至少不得不放弃在土耳其和意大利的导弹基地,甚至是更多。

罗伯特·肯尼迪认为这太过分了。他说，“从未来方面考虑，如果我们现在选择去面对苏联的威胁，顶住威胁并消除它，这会对我们的子孙更有利。而如果在将来某个时候这样做，形势肯定会更不利，危险会更大，成功的机会也会更小。”[56]

对那些提倡采取封锁—最后通牒方案的人来说，封锁只是个开始，封锁是以准备进行打击作为后盾的系列行动的第一步。因此，当麦克纳马拉和其他五角大楼官员承认封锁**之后**进行空中打击（失去了突然性）可能仍是可行的，罗伯特·肯尼迪就“特别地注意到了这种转变”，并开始把封锁视为最佳的第一步反应，作为采取进一步军事行动的一个前奏。这位总统弟弟认为，“应做出什么样的决定现已相当清楚了”。索伦森同意撰写封锁声明的初稿；[57]艾奇逊也回到了他在马里兰的农场。肯尼迪以得感冒为借口，缩短其竞选行程，返回白宫参加决定性的10月20日会议——在形式上属于国家安全委员会会议。

这次国家安全委员会会议类似于古希腊的一出戏剧；其中，参与者按照特定的情节进行表演，故事向着一个预先决定好的结局固定不变地发展下去。但如经验早已证明的那样，在每个关键性的细节确定下来之前，没有什么能被认为是固定死的。麦克纳马拉又提出了封锁—谈判的方案。他说封锁之后美国就应与苏联就从土耳其和意大利撤走导弹进行谈判，并就关闭美国在古巴的关塔那摩基地进行讨论。麦克纳马拉反对发出要求撤走那些导弹的最后通牒，说那太危险了。史蒂文森支持他的这种看法。[58]

泰勒提出了进行空中打击的理由，并认为应该在两天后即10月22日进行；他的看法得到了邦迪的支持。罗伯特·肯尼迪同意泰勒的看法,即当前是摧毁卡斯特罗和古巴境内的那些苏联导弹的最后机会。索伦森比较赞同封锁—谈判方案,不同意这种看法。

然后,罗伯特·肯尼迪提出将“封锁路线和空中打击路线相结合”的看法。封锁将与发出要求撤走那些导弹的最后通牒同时进行。如果俄国人拒绝最后通牒的要求,美国就进行空中打击。他解释说,这就会摆脱与珍珠港偷袭行动相类似的问题。狄龙和麦康表示支持这个方案。狄龙建议在最后通牒与采取行动之间应有72小时的间隔时间;麦康表示赞同。汤普森也对这个他曾帮助设计过的方案表示支持。

腊斯克又提出了一种方案,即第四个重要选项。这个方案支持进行封锁,但不是伴之以最后通牒或拿美国的东西作交换;其目标只是为了冻结现状。苏联在古巴部署的那些导弹将由联合国观察团来监视。

肯尼迪总统首先明确地否决了封锁—谈判的方案,他觉得这种行动将向世界表明美国已被吓得放弃它的立场了。然后,他选择了封锁—最后通牒的方案,同时要求任何空中打击都应限制于只针对那些导弹发射基地;到10月23日,打击应做好实施的准备。会议还决定将封锁限制在针对苏联运输的武器上,而不是包括所有的重要补给物品——如石油。这样,基本的决定就形成了。

支持封锁—最后通牒方案的人,仍怀疑封锁—谈判方案的支持者可能会通过索伦森起草肯尼迪对全国的演讲稿而试图抢占上风。10月20日的晚些时候,麦康给肯尼迪兄弟俩打电话,要他们敲定具体的细节。肯尼迪总统向麦康保证,他同意这位中央情报局局长的建议和他的观点。[59]

但正如麦康所担心的那样,当总统顾问第二天即 10 月 21 日为讨论索伦森起草的演讲稿而再次开会时,主张谈判与最后通牒的两个阵营之间再次出现了争论。腊斯克也一再重弹他的冻结与核查的调子。肯尼迪总统否决了腊斯克的主张,尽管他同意在美国的决心已表现得很清楚后,他可能会考虑通过联合国把土耳其和意大利境内的那些导弹与古巴境内的导弹一起撤走。至于演讲稿的内容,肯尼迪做了一系列支持封锁—最后通牒一方的决定。在汤普森、麦康和狄龙的支持下,他删除了邀请赫鲁晓夫举行领导人峰会以讨论危机的部分。他们将首先看赫鲁晓夫将如何处置古巴境内的那些导弹。肯尼迪认为,提出用美国的导弹或基地做交易将向赫鲁晓夫显示"我们处于恐慌之中"。我们"应该清楚地表示,除了撤除古巴境内现有的那些导弹力量、不加强这种力量以及停止导弹发射场的建设外,我们什么也不会接受"。[60]

麦克纳马拉警告说,为了取得那样的结果,美国将不得不进行入侵。肯尼迪坚持他的决定。肯尼迪总统一再称他现在讨论的是撤除古巴境内的那些导弹,这实际上就既否决了腊斯克和史蒂文森的看法,也否决了麦克纳马拉的看法(而支持了他的弟弟和其内阁中的两名共和党人以及一位职业外交官的看法)。尽管肯尼迪总统显得是坚决地站到了主张封锁—最后通牒方案的人的一边,但仍有微妙的迹象表明,肯尼迪总统和其弟弟都没有明确地决定,最后通牒之后将采取什么行动以及在什么时候采取行动。尽管根据安排,行动将按照"最后通牒—打击"的顺序进行,但在撤走导弹的要求中并没有设定明确的时间限制。肯尼迪总统意识到他所承担的巨大责任;因此,一旦他的政府已向所有人明确无误地表现出要求那些导弹撤走的决心,他就不再对美国将在什么时候或以什么方式进行打击或谈判做出任何明确的承诺了。[61]

总之,那些导弹并不是一个单一的问题。聚集在美国政府塔尖的那些参与者,看到了各种截然不同的问题的许多方面;他们的看法受到了他们的性格、职责和经历的影响。尽管有人把这些人分为"鹰派"和"鸽派"——这次危机中发明出来的一个比喻——但是他们的反应要比这种比喻所包含的含义复杂得多。[62]

危机的开始阶段,根据总统命令召集起来组成"执委"的那些人在开会时,唱着完全不同的调子。而在做出最终决定之前,大部分人唱着同一个调子:封锁。但这种总路线当时又至少分为三个可供总统选择的不同选项。一个基本的选择又产生一个内容更为详细、复杂的选择菜单,从而使总统可以更细微地调整美国的行动,准确抓住他感到把握最大的时机,并向下属发出清晰的行动命令。上述这个过程是一个包括了最微妙、最复杂的试探、拉扯、引领、指导和激励的过程。

封锁,并把封锁与用更直接的军事行动威胁要求从古巴撤走导弹的最后通牒结合起来,这样,这个决策就像是一幅拼贴画一样被拼贴而成了。将这幅画拼贴而成的碎片包括在开始时总统要求必须有某种武力措施的决定;麦克纳马拉和其他人对进行突然性空中打击的反对;以及一直萦绕在决策者——特别肯尼迪总统——心头的古巴问题与柏林问题之间的关联性。要把这些原料形成一个将封锁和空中打击两种方法结合起来的政府决定,就需要有铸造这种合成体的工作。

尽管这些主意不是来自罗伯特·肯尼迪,但他是形成共识的工程师。他在其回忆录中回忆“执委”讨论的情景时说，“没有等级之分，事实上，我们甚至连个主持者都没有”。[63]但据其他人的回忆，当肯尼迪总统不在时，罗伯特·肯尼迪就“很快成为主持讨论的人”。[64]罗伯特·肯尼迪回忆说“讨论是完全没有禁区和不受限制的”。索伦森称是“完全平等的感觉”。[65]但索伦森承认，“当总统不在时，最能影响我们讨论的人……是司法部长。”[66]史蒂文森把这位司法部长比作“瓷器店的一头公牛”。另一名参加者说，“博比（译者注：罗伯特·肯尼迪的昵称）使我们一个个正襟危坐。我们都知道这位总统弟弟在监督大家，并把每个人的看法记在小册子上。”[67]但现在并没有证据显示罗伯特·肯尼迪从一开始就知道他将支持哪个方案。他并没有想到他最终支持的那个方案。讨论的质量及其方式，使他正好发现了他和他的哥哥可以选择的那个合成体。

苏联从古巴撤走导弹

赫鲁晓夫的一个助手回忆说，在 1962 年 9 月下旬，当这位苏联领导人接到一个有关那些导弹部署进展情况的报告后，他平静地转向这位助手说，“地狱之门很快就要打开了。”这位助手回答道，“我希望不会出现翻船的意外，尼基塔·谢尔盖耶维奇。”赫鲁晓夫想了一会，然后说：“现在已为时太晚，什么都无法改变了。”[68]

在 10 月 18 日与肯尼迪和腊斯克进行会谈后，葛罗米柯在发回的报告中称古巴方面的总体形势是“完全令人满意的”。他说，美国人“对苏联支援古巴的勇气感到震惊”。葛罗米柯在报告中丝毫没有提到美国人已知道那些导弹。他在报告最后称,“美国几乎不可能对古巴采取军事冒险行动”。[69]

正如在第四章中所讨论的那样,尽管古巴境内的苏联军人明显在10月14、15和17日发现了U-2飞机直接飞越古巴上空的侦察活动,但苏联政府仍被美国发现那些导弹弄得措手不及。一次白宫会议曾猜测到莫斯科当时应是毫无防备的;这差不多是事实。苏联的外交部副部长后来毫不掩饰地对他的一个同事说,“赫鲁晓夫被吓得尿了裤子。”[70]

在得知肯尼迪将对美国人民发表讲话后,10月22日克里姆林宫匆忙开始了它对危机的商讨。与肯尼迪不同,赫鲁晓夫继续采取苏联正式的外交政策决策程序:在国防部部长和外交部部长以及来自共产党中央委员会工作机关的著名国际问题专家的协助下,与少数最高主席团成员进行协商;当需要做出正式决策时,赫鲁晓夫就召集最高主席团的全体会议。

赫鲁晓夫担心美国会进攻古巴。他曾一度考虑要把核武器交给古巴人控制,让他们做出反应。但他后来向那些对这个建议可能会感到不安的同事保证,他不会让卡斯特罗用那些中程弹道导弹对付美国。也许古巴仅仅威胁将对侵略者使用短程战术核武器就可以震慑住侵略。[71]

最高主席团先是决定让国防部长马利诺夫斯基给苏联驻古巴部队的司令普利耶夫将军发电报,命令他让军队进入战斗状态,可用除核武器以外古巴和苏联的所有军事力量反击进攻。最高主席团接着又改变其立场,想发出授权使用战术核武器的命令,但其中不包括使用弹道导弹的权力。马利诺夫斯基对这个指示感到不安；他害怕美国会截获这个命令，并以之作为首先发起核打击的借口。因此，克里姆林宫发出了最初的命令，而把一切使用核武器的权力都保留在莫斯科。[72]

肯尼迪在讲话中宣布美国发现那些导弹，并宣布进行封锁后，苏联政府感到松了一口气。美国人没有进攻古巴。反应比预想的要弱，而封锁给他们留下了进行政治斗争的空间。因此在第二天的10月23日，苏联政府就强硬地拒绝了美国的要求。赫鲁晓夫和主席团决定让在去古巴途中的30艘船中的大部分停下。但他们命令装有中远程弹道导弹的那四艘船以及那艘装有这些导弹携带的核弹头的船，与四艘带有核鱼雷的潜艇一起继续前进。正如肯尼迪所预料的那样，苏联人也考虑到了对柏林采取反制行动。苏联外交部第一副部长瓦西里·库兹涅佐夫提出用向西柏林施加压力来对抗封锁——多勃雷宁也曾提出过这个主意。一个当时在场的人回忆说，这个主意“激起赫鲁晓夫强烈、我称为是暴烈的反应”，他说“没有这样的主意照样行……我们不想再在冲突上火上浇油了。”[73]

10月24日，紧张形势加剧了。苏联军队已提高世界范围内军事行动的战备级别。多勃雷宁又发回一份关于10月23日与罗伯特·肯尼迪会谈的电报，其中很清楚地说美国人将阻截那些继续前进的船只，并会进行登船检查。在此时，古巴境内已有36枚带有核弹头的中程弹道导弹（配备于24个发射架）、约100颗岸防导弹、短程火箭和伊尔-28轰炸机携带的核弹头；在古巴还有将安装在中远程弹道导弹上的24颗核弹头，但运送这些导弹的船还在途中，并正在向封锁线前进。[74]表面上，赫鲁晓夫是无视美国的封锁,但在私底下,他明显是背离了最高主席团前一天的决定。

装有中远程弹道导弹的船停了下来。[75]包括“布加勒斯特号”和“格罗兹尼号”在内的一些更多是装着合法货物的船只则继续前进——明显是为了试探美国封锁的执行情况。那艘装有核弹头的船早已抵达古巴港口。从程序上讲,这些决策是奇怪的。赫鲁晓夫没有再召集最高主席团全体会议或向他们提出他已背离他们此前所做出的决定。事实上,他在接下来10月25日的最高主席团会议上所说的,似乎表示装有中远程弹道导弹的船正在继续航行。[76]赫鲁晓夫“动摇了”,但是他可能企图不让他的最高主席团中的同事知道这个情况,至少是不让他们在当时就知道。

10月25日上午,苏联领导层收到了美国对赫鲁晓夫一天前的挑衅性声明的强硬的简短回复。肯尼迪在其中提到“在此事中,不是我首先发出挑战的”。肯尼迪强调他“希望你的政府会采取必要的行动,以恢复事件发生前的状态。”[77]赫鲁晓夫再次召集了最高主席团会议。他告诉最高主席团成员他不想再与肯尼迪互相说“刻薄的话”了,而是想让装着导弹正在驶向古巴的那四艘船掉转航向——赫鲁晓夫没有告诉他们他早已命令这些船停止前进了。他告诉其同事,他“乐于拆除那些导弹,使古巴成为一个和平区”。

因此在要摊牌的那个星期的星期四,赫鲁晓夫放弃了改变美苏军事均势以为他的柏林计划提供筹码的希望。对他在做出这个痛苦决定时必定要经受的内心的波折起伏,我们几乎完全不了解。我们也不知道他内心是出于什么样的政治考虑,使他明显是对其同事隐瞒了有关他在什么时候向哪些船发出了什么样的命令的情况。取而代之的是,赫鲁晓夫向美国人提出了一个新的交易提议:

“给我们一个不入侵古巴的保证,我们就撤走那些导弹。”他还准备允许联合国对那些导弹发射场进行核查。最高主席团以一贯的一致同意方式批准了他的这个计划。[78]

但赫鲁晓夫说他想再“观望”一下,以确定肯尼迪是否真的不会再退让了。赫鲁晓夫等着有更多的消息。他得知“布加勒斯特号”被允许继续驶向古巴。没有迹象显示,他及其同事像肯尼迪的“执委”那样,对在封锁线所发生的对抗感到紧张不安。我们能确知的是,赫鲁晓夫把最高主席团批准的提议谈判解决的决定丢到了他的口袋中;他并没有向肯尼迪发出什么信息。

星期五,10 月 26 日,赫鲁晓夫又因为受到刺激而开始行动起来。其原因明显与美国的任何行动都没什么关系,而是与苏联自身奇特的收集、分析情报的体系有关。富尔先科和纳夫塔利发现,赫鲁晓夫在 10 月26 日上午收到了一系列关于美国提升军事战备状态和准备工作的情报。在其中,一份发自华盛顿的克格勃报告影响突出。该报告称,据一个消息灵通的美国记者所说,美国对古巴的进攻已“做好了最后的准备”,“可以随时开始”。这份报告的根据是一名克格勃间谍与《纽约先驱论坛报》记者沃伦·罗杰斯(Warren Rogers)的谈话;而沃伦·罗杰斯只不过是在全国新闻俱乐部的酒会上随意发表他自己的个人看法罢了,他并不知道他的那位酒吧男服务生是名间谍。[79]而他却成了那天上午摆在赫鲁晓夫桌子上的情报的最主要来源,这个事实对于了解苏联政府的情报收集和分析过程具有重要意义。

赫鲁晓夫也收到了驻古巴大使阿莱克谢耶夫发来的一份电报。阿莱克谢耶夫说卡斯特罗已经同意苏联避免在封锁线进行对

抗的做法。但是,卡斯特罗现在想打下"一两架在古巴上空的美国强盗的飞机",如美国的侦察机。这些飞机从10月25日起,开始直接在苏联基地上空进行低空侦察。根据阿莱克谢耶夫的说法,卡斯特罗对有关美国可能入侵的传言并不是非常当真。[80]

出于这些考虑(也可能还有别的考虑),赫鲁晓夫在10月26日给肯尼迪发去了一封冗长而又内容散乱的私人信件,提出了解决问题的条件。如果美国愿意承诺不入侵古巴,"我们在古巴派驻军事专家的必要性就消失了。"这是一个提示而不是一个具体的交易建议。麦克纳马拉嘲笑说提出的这个交易"充满了漏洞……12页废话。那决不像个合同。即使我们签署它也不可能知道自己签署了什么东西。"赫鲁晓夫这封信反映了最高主席团一天前讨论和批准的决定的内容,因此他没有寻求得到进一步的正式批准,而是仅仅向最高主席团的成员送交了信的副本。[81]尽管苏联驻联合国大使否认接到进行谈判的命令,但当克格勃驻华盛顿的特工亚历山大·福明(Alexander Fomin)(真实名字是:费克利索夫)在与记者约翰·斯卡利(John Scali)的接触中提到类似的交易条件时,美国人就确信赫鲁晓夫准备进行谈判了。[82]事实上,福明发出的信息与赫鲁晓夫愿望的重合只是一种巧合。这名克格勃特工所做的明显是一种个人行为;这可能是出于他自己对核战争的恐惧,而不是因为得到了莫斯科的命令。

现在还不清楚赫鲁晓夫对阿莱克谢耶夫报告说卡斯特罗希望打下美国侦察机是如何反应的。现也没有任何证据显示苏联曾对美国登船检查其包租的货轮"玛鲁克拉"号予以关注。在星期五的白天,赫鲁晓夫可能得知,苏联包租的一艘瑞典货轮"科朗加塔"号无视封锁要求却成功地通过了封锁线。但现也没有证据显示苏联曾注意过美国对“格罗兹尼号”继续向封锁线前进的担心。这种做法与赫鲁晓夫向联合国秘书长吴丹所作的承诺直接相矛盾。

在大约是(莫斯科)星期五的中午到星期六(即10月27日)上午这段时间内的某个时刻,赫鲁晓夫对形势重新进行了考虑,结论是认为还可以进一步逼迫美国人。他或克里姆林宫的其他人错误地判断了美国有选择地实施封锁所释放出来的信号。根据赫鲁晓夫儿子的看法,赫鲁晓夫觉得至少要让一艘船通过(“布加勒斯特号”)封锁,并对美国人没有进行拦截感到吃惊。阿莱克谢耶夫后来评论说,美国让一些船只通过,意味着他们实际上建立的只是一种纸面上的封锁罢了。[83]但这种感觉并不是非常准确。有记录显示美国人甚至曾认真考虑过越过半径500英里的封锁范围去“捕获”苏联一艘向古巴运送武器的船。同时,他们又对用武力强制拦截那些未装有武器的船只而犹豫不决。一些美国官员非常担心,特别是在星期五那天,他们这种试图变通执行封锁的微妙做法可能正在向莫斯科发出混乱的信号。

在星期五与星期六之间的某段时间,卡斯特罗的看法发生了突然的巨大转变,但转变的方向与赫鲁晓夫的恰恰相反。卡斯特罗现在已变得惊恐不安了,而不再像早先那样无视美国入侵的可能性。苏军司令普利耶夫向莫斯科报告说,古巴人认为空中打击随时可能发生,并正准备一旦有袭击,就向美国飞机开火。他补充说,他已把核弹头从中心仓库调到导弹发射场。莫斯科批准了这些计划。[84]

赫鲁晓夫的担心却是更少了。他在10月27日又召开最高主席团会议,告诉其成员美国人将不敢进攻古巴。肯尼迪的讲话已过去五天了,却什么事也没发生。“照我的看法,他们现在是不想实现他们的要求了。”因此,赫鲁晓夫建议增加赌注,提出一个新的交易要求——从土耳其撤走美国导弹。有了那个交易,他说,“我们就赢定了”。[85]

现在所掌握的证据使我们对个人及个人相互之间的考虑有了有限的了解;这些考虑使赫鲁晓夫认为美国将会做更多的让步,或使他把土耳其境内的那些导弹加入到讨价还价中。尽管土耳其境内的导弹一直是苏联的心头之患,但在此前就危机召开的任何一次最高主席团会议中,那些导弹都不是重要的讨论议题。如果赫鲁晓夫是在他 10 月 26 日给肯尼迪的私人信件中提出这个有关土耳其境内的导弹的要求,美国可能会找到接受他这个要求的办法。美国人很有理由担心赫鲁晓夫的目标是柏林,因此他们会欢迎达成这样的妥协。正如副总统林登·约翰逊在一次秘密讨论中所说的那样:“我们曾担心的是他从不会提出这种交易建议,而是想在柏林问题上做交易。”[86]“执委”中没有人会为那些“朱庇特”导弹辩护。例如,狄龙和麦康都非常公开地表示愿意拿这些导弹做交易。但在这个时刻、以这种方式提出这个交易建议,苏联人应该能明白,这将会产生一些非常显而易见的问题。美国人不会把这看作苏联在改变其谈判立场吗?这不是与赫鲁晓夫在星期五的信中的提议和克格勃驻华盛顿的那位特工的说法是不一致的吗?美国也许会认为这位苏联领导人正在放弃他此前的提议。

研究谈判的人可能会就赫鲁晓夫的谈判策略向他发出警告。[87]在谈判对方已经有 24 个小时的时间就第一个交易提议做出

回应之前，改变提议中的条件很可能会产生混乱。这将会使对方对他的严肃性产生怀疑，或表明他仅仅是在试图拖延时间。事实上，“执委”也正是这样反应的。例如，麦克纳马拉早已不再要求实行封锁，而是支持采取直接的军事行动；赫鲁晓夫星期六的信进一步把麦克纳马拉推上了这条路。正如他向其“执委”中的同事所解释的那样：“我们如何能与这种人谈判呢？我们刚有机会做出回复，他就改变其交易提议，并在我们收到之前就将提议公开了。”[88]

而且，赫鲁晓夫的这种做法甚至产生了一个更为严重的问题。星期五那封提出以撤走苏联导弹换取不入侵保证的冗长而内容散乱的私人信件，是秘密递交的，也是在“执委”中被秘密讨论的。但赫鲁晓夫星期六的信不仅因增加撤走在土耳其境内的导弹的要求而改变了交易的条件，而且是**公开**提出的。这只能使他的美国人对手几乎不可能接受这种交易。

苏联人为什么提出星期六的那个交易建议，并且是在广播中公开提出，其原因现仍不清楚。但那个交易建议几乎肯定不是出于军事方面的考虑。一个公开的交易可以保住面子，但如果美国人拒绝了——这几乎是任何一个分析人员都能预测到的，则会丢了面子。美国人刚讨论这个交易，土耳其就公开拒绝了。卡斯特罗希望美国人拒绝进行这样的交易，并且，阿莱克谢耶夫向莫斯科报告说他正是以此安慰卡斯特罗的。[89]公开提出那个交易建议这件事似乎是个意外。第四章提出了一个组织上的解释：新的建议在广播中宣布只是为了节省烦琐的递交程序所需的几个小时时间。[90]

星期六，10 月 27 日，是危机中最难熬、最困难的一天。当“执委”的成员在星期六上午聚集在一起,讨论如何回应赫鲁晓夫星期五的那封秘密信件时,他们收到通知说,肯尼迪接到了一封电报,电报是赫鲁晓夫发出的,要求撤走土耳其境内的导弹以换取苏联撤走古巴境内的那些导弹的声明的概要。当他们收到该声明完整的文本,并在接下来几个小时的分析过程中,“执委”成员考虑了许多种可能性,包括赫鲁晓夫被其在莫斯科的同事控制的这种可能性。

在赫鲁晓夫向肯尼迪发出这封提出有关土耳其—古巴导弹之间交易的新信件后,赫鲁晓夫和他的同事又重新考虑了普利耶夫调动核武器的事。一个命令很快被发给了这位苏联将军,重申在没有得到莫斯科明确批准的情况下,他不得使用任何核武器。赫鲁晓夫也向哈瓦那发出命令,要阿莱克谢耶夫警告卡斯特罗不要采取任何莽撞的行动。[91]

苏联人击毙一名美国 U-2 飞行员

卡斯特罗早已命令其防空部队向进入古巴空域的美国飞机开火。[92]他已与苏联指挥官现场讨论了这个命令。阿莱克谢耶夫已把此事报告给莫斯科,并且那些指挥官可能也通过军方的渠道汇报了此事。10 月 27 日,赫鲁晓夫向阿莱克谢耶夫发出指示,建议卡斯特罗撤销那个命令,但为时已晚,即便是卡斯特罗想听从这个建议。

在预料会有进攻并保持全面戒备的状态下,古巴人向在古巴防空高炮射程范围内执行低空侦察任务的美国飞机首先开了火。至少有一架飞机被击中,但并未被击落。而当一架 U-2 飞机从上空飞过，它也被误认为是一种威胁。苏联战地指挥官已被预先授予在遭到美国进攻时开火的权力。现场的苏联防空部队军官在无法咨询普利耶夫的情况下，就选择从字面上理解他们所得到的命令，以帮助那些兴奋的古巴同志。[93]一枚苏联地对空导弹发射了出去，它击中了目标；一架 U-2 被击落，飞行员鲁道夫·安德森少校丧生。赫鲁晓夫过了一段时期后才知道是苏联军官对这次行动负责。第二天，赫鲁晓夫给卡斯特罗发了一封信，说："你击落一架飞到领空挑衅的美国飞机"；他警告卡斯特罗这样的行动"会被侵略者利用，以实现他们的目的"。卡斯特罗在当时解释说，他已动员他的所有防空部队去"支援苏联部队的阵地"，并且"如果我们想避免遭到突然袭击的危险，部队就不得不得到开火的命令"。卡斯特罗补充说，"苏联部队的司令可以向你提供有关飞机被击落的情况的更多细节。"[94]

而这件事甚至比赫鲁晓夫所知道的还要危险。美国政府早已制订计划和发布命令：如果 U-2 飞机被击落，就在数分钟内对开火的防空基地进行报复性空中打击。麦克纳马拉建议在第二天黎明进行打击。肯尼迪再次加以阻止。但这一次肯尼迪的做法是个意外；几乎没有人能预料到肯尼迪会表现出这种谨慎。莫斯科的分析人员应该预料到会立刻有报复性反应。正如一位国务院官员所说的那样，"未经训练的古巴防空部队可能会开火。但一个配有苏联人的地对空导弹基地开火，就绝不是个意外事故。"[95]

这位美国官员所言是正确的。击落事件并非是个意外事件。但这个行动并不反映赫鲁晓夫或苏联政府的某个特定目的。不过，这也不并单纯是组织例行程序的问题。只有通过研究这些部队在古巴的指挥环境、与在莫斯科的更高权力机关的联系方法和既有的战场军事决策程序,才可能找到解释。苏联的军官很可能认为他们,或由阿莱克谢耶夫代表他们,已经在阿莱克谢耶夫 10 月 25 日的电报中就可能发生的情况向莫斯科发出过警告。莫斯科似乎也默许了。在他们的处境下,与他们的古巴同志产生团结感是可以理解的。做出决定的时间也非常少,并且,他们也不可能有时间去问普利耶夫将军。因此,他们根据自己对命令的理解采取了行动。肯尼迪总统作为"执委"中少数参加过战争的老兵之一,有可能凭着直觉明白存在这种可能性,而这可能就是他暂不采取行动的一个原因。

总统与主席

现在,肯尼迪总统与赫鲁晓夫主席面临着超级决定。

> 责骂声一浪高过一浪,
> 在巨大的斗牛场回荡
> 但只有一个人心里明白,
> 这就是那个斗牛郎。[96]

10 月 16 日,肯尼迪在一场非正式的新闻发布会结束时背诵了这首诗,他此举不仅仅有讽刺之意。正是那天,他得知苏联人正在古巴部署进攻性导弹。在此前当总统的 635 天中,肯尼迪已认识到在任何一个时刻,他个人的判断都可能会把半个地球置于危险之中。这种责任每天都压在他的肩上,出现在他的睡梦中。这种负担把他以及他的需要，从他周围的那些人——甚至是他最亲密的助手——中孤立出来。他们可能会理解他的负担，而只有他一个人从情感上承受着这种重压。正如他在1962年的年终采访中所说的那样，“顾问们可以继续提出各种新的建议，但总统却必须承担起责任。”[97]

直到1962年10月，这种重压还只是作为一种预料中的责任而悬挂在他脖子的上方。而现在，事态则迫使这位核斗牛士钻入了这个套索之中。要真正**做出**可能会导致几百万人瞬间灰飞烟灭的决定，所负的责任肯定有千斤之重。尽管他可以让其他人参加决策，但他必须为结果负责。这种责任上的本质不同，扩大了他与他周围人在看待问题的角度上的差异。

可能只有与肯尼迪处于同样位置的赫鲁晓夫才会理解作为一个“最终裁决者”(Final Arbiter)——借用理查德·E.诺伊施塔特一个很贴切的说法——意味着什么。[98]赫鲁晓夫对这次危机的描述比肯尼迪更加生动。他回忆说“空中飘着烧焦的气味”，[99]他警告肯尼迪如果我们“不明智行事……(我们)就会像**瞎眼鼹鼠**那样走向冲突，那时，毁灭性的相互报复就将开始。”他在10月26日的秘密信的最后，对危机作了最深刻的比喻：

> 但如果你还没有失去自控，并能清醒地知道这将导致什么，那么，总统先生，你我现在就不应再拉这条已被你打上**战争之结**的绳索的两端。因为我们两人越用力拉，结也就打得越紧。而到了某种程度，即使是系上这个结的人也将无力把它解开。那时就必须切掉这个结，而这将意味着什么无须我

再向你解释,因为你自己就非常明白我们两国握有什么样的可怕力量。[100]

这次核危机似乎增加了这两位统治者对核战争后果和两人所肩负的特殊责任的理解。这种意识不仅把这两个人与其各自的同事分离开来,而且使这两个人单独结合在一起。因为他们被无法挽回的后果将负的责任同等地拴在一起:每个人都能够使双方失败;如果他们想成功,每个人都必须进行合作。事实上,此次危机的一个核心特征就是这两个人在避免核灾难的博弈中的别无选择的合作关系。

解决土耳其问题的"交易"

一直到10月27日,在做这些生死抉择时,肯尼迪总统并没有感到与"执委"以外的人进行商量的必要。但当赫鲁晓夫把北约在土耳其的中程弹道导弹与苏联在古巴的导弹联系在一起时,他扩大了博弈的范围。正如肯尼迪所说的那样,"迄今,所有真正涉及的只有我们、俄国人和古巴。而提出这个关于土耳其的交易建议,则就真的把(所有盟国)牵涉进来了。"[101]因为美国的那些核导弹是经过北约组织的决定部署在土耳其的,因此要撤走它们也将不得不经由北约做出决定。

接受赫鲁晓夫星期五的信中提出的条件:如果要古巴境内导弹撤走就要保证不入侵古巴,对肯尼迪来说并没有什么困难。正如他在上个星期对苏联外交部长葛罗米柯所说的那样,美国"没有侵略古巴的意图"。但怎么回复赫鲁晓夫星期六信中提出的用北约在土耳其的导弹与苏联在古巴的导弹做交易的建议,就是个问题了。美国可以只是拒绝它就了事,正如“执委”中许多人所建议的那样。但肯尼迪并不接受这种建议。正如“执委”中的一位成员所说的那样:“白天和黑夜我们都在讨论这个。而我们已说过我们乐于用在土耳其的那些导弹与古巴境内的那些导弹作交换。”[102]肯尼迪的判断是,“我们将处于一个不利的位置上(如果我们拒绝赫鲁晓夫的建议)……它会是——对联合国中的任何人或其他任何有理智的人来说——一个非常公平的交易。”[103]

另一方面,如果美国用北约在土耳其的导弹与苏联在古巴的导弹作交换,对北约这个联盟和对美国在世界其他地方的承诺会产生什么样的影响呢?如邦迪所说的那样:交换将“清楚表明我们正企图为了我们的利益而出卖我们的盟国。这将是所有北约国家的看法。虽然这种看法是不理智的和疯狂的,但却是个可怕的事实”。[104]邦迪再次谈到这一点,说:“我认为,如果让我们的北约盟国以及其他与我们结盟的国家听起来,我们好像是想做这个交易,那么我们就会陷入很大的麻烦中……我认为我们应该告诉您(总统先生),这是政府中每个负责盟国事务的人的一致看法。”[105]

怎样避免陷入这种困境之中,使星期六的商讨成为危机期间最为紧张和最为艰难的讨论。对秘密讨论记录的整理已使读者能够像趴在墙壁的一只飞虫一样,窃听到一个超级大国的领导人在认为战争——大多数人相信可能很快就会升级为核战争——在未来 24 至 48 小时内就可能爆发的情况下所进行的最秘密的讨论。如索伦森回忆的那样:“那个星期六,我们一直围坐在内阁会议室的桌子边召开会议,感到核战争比自出现核武器以来的任何时候都更加接近了。”[106]

由于掌握了这些非同寻常的资料,这件具有如此重要影响的事件就可以成为高层决策与外交方面的经典案例了。剥开公开声明这层外壳,接下来再透过与对手和盟友之间的秘密沟通、美国政府内部的秘密讨论,以及再进一步经过美国政府内部各个小集团之间的秘密讨论等层面,人们就可以如同打开俄罗斯套娃一样层层解开这个事件。在每个层面内以及各个层面之间,人们都会发现辩论、揭露、欺骗、思考和谈判被微妙地糅合在一起。如果不同意本书作为警言引述的肯尼迪的那句话中所包含的真知灼见,就难以对这些记录资料进行研究。要理解最终决策的实质,就需要穿过这些极其难以穿透的东西。

肯尼迪总统是辩论的驾驭者;我们看到了一个作为总分析师的总统。在每个问题上,他都敦促其同事去探索各种选项更深层面的影响;探寻避开那些似乎是无法逾越的障碍的方法;勇敢地在各种棘手的平衡之间做出抉择;以及尽力拓展他们思考的空间。在星期六的讨论中,“执委”很快就形成一个重要结论:苏联正快速接近完工的导弹部署活动必须立即停止;否则,他们处于可发射状态的导弹将成为一种既成事实。星期六下午,一架 U-2 飞机被击落和低空侦察飞机遭到攻击,迫使美国要当即采取下一步行动。如果美国对这些首先开火的基地进行报复,就会击毙许多俄罗斯和古巴的士兵;而如果取消侦察飞行,那么,对苏联这些基地上瞬息万变的军事部署情况就会一无所知,也就无法对这些军事目标进行摧毁。因此,美国的回应首先就是要求停止部署活动。这个要求在星期六上午发表的公开声明中、给联合国秘书长吴丹的备忘录中以及对赫鲁晓夫的正式回复中都表达得很清楚。

更麻烦的是赫鲁晓夫让美国牺牲土耳其境内的那些导弹的要求。回顾星期六下午的辩论，人们就会发现总统并不准备让土耳其境内的那些导弹阻碍他与苏联达成避免战争的安排。他探寻各种可以事先赢得土耳其和北约同意的方法。他确信，如果北约知道“执委”所知道的情况，理解在此十字路口上所拥有的各种现实的选项，它会赞同这个交易的。但当他与其同事探讨了召开北约理事会会议，或与土耳其总理单独举行会谈，甚至是向土耳其总理发出最后通牒等方法后，总统开始相信没有办法能足够快地获得它们的同意。

在持续近四个小时的马拉松式讨论中，肯尼迪使其同事不仅仅考虑博弈中的下一步行动：

> 我们不希望他们（北约）还没有认识到拒绝将把我们置于不得不采取某些行动的境地，就拒绝了那个交易。我们将要面对的情况是，因为他们不愿从土耳其撤走那些导弹，我们将不得不对古巴要么进行入侵，要么进行大规模打击；而这可能会导致失去柏林。而那种情况正是我所担心的。[107]

邦迪反驳说：“如果我们表现得好像想用土耳其的防御交换苏联在古巴的威胁，我们却又将不得不面临（北约联盟）效能迅速衰落的问题。”肯尼迪回应道：“如果我们立即拒绝了（这个交易）而不得不对古巴采取军事行动，那么我们也将面临（联盟）衰落问题。”[108]

> 我只是在考虑我们在接下来一天左右的时间里将不得不做的事。在未来七天里进行500架次的打击,也可能是进行入侵?而这一切只是因为我们不愿将那些导弹撤出土耳其。[109]
>
> 我们知道一旦开始流血了,每个人的勇气很快就会烟消云散;北约的情况就将如此。当我们采取这些行动而他们(苏联人)占领了柏林,每个人又都将会说"哦,那(用土耳其导弹做交易)是一个非常好的提议。"[110]
>
> 是他们土耳其人不想这样做,但我们也许将根据我们的利益不得不这样做。[111]
>
> 这将看起来像是我们在退缩……这样做,你可能将不得不……承担北约退缩的所有政治后果。[112]

总统的这些看法对"执委"的一些成员很有说服力。麦康毫不掩饰地说:"我会立刻拿土耳其境内的那些东西作交换。我也不会把有关它的情况告诉给任何人。"[113]最聪明的支持来自于麦克纳马拉。他提议美国单方面使土耳其境内的那些"朱庇特"导弹"无法使用",以"使在美国进攻古巴后苏联对北约的反应最小化"。[114]麦克纳马拉展示了他非同寻常的分析能力,特别是在辩论当中;他通过一系列具体的陈述给出了他的理由:(1)苏联击落一架U-2飞机并向古巴上空的美国侦察机开火——美国将不得不以攻击古巴境内的地对空导弹基地和那些负责低空防御的高炮部队作为反应;(2)"那意味着需要最少进行500架次的打击";(3)"如果我们这样做,而又把那些导弹放在土耳其,苏联也许——我认为是很可能——就会打击土耳其境内的那些导弹";(4)"如果苏联攻击土耳其境内的导弹,我们就必须做出反应;而北约对苏联攻击土耳其境内的'朱庇特'导弹的最低反应,将是驻土耳其的北约部队使用常规武器做出的反击";和(5)"避免出现这种情况的一种方法,就是在我们攻击古巴之前就拆除土耳其境内的那些导弹"。[115]

如果这是保护土耳其的最好方法,其他人问道,柏林问题结果会怎么样呢?麦克纳马拉对此没有做出回答。[116]

一个非常了解苏联的参与者成了这种交易的最强烈反对者。这人就是汤普森;他直白地说:"总统先生,如果我们在那个基础上达成交易——这是我从您的想法中得出的印象,在我看来,最终结果仍将是苏联人以及他们的飞机、技术人员依然留在古巴,即使那些导弹是撤走了。那种情况肯定是无法接受的,并将把您置于一个更糟糕的境地。"[117]汤普森认为赫鲁晓夫已"提高要价,并且他们的行动也升级了";"他正在形成这样的看法,即他可以得到更多的东西";"任何将显示我们愿在土耳其问题上接受任何东西的做法,毫无疑问都是不能接受的",因为这将发出软弱的信号,并鼓励赫鲁晓夫要求得更多。[118]

讨论在进行了近三个小时后,陷入了近乎僵局的状态。用罗伯特·肯尼迪的话来说:

> 存在着尖锐的分歧。每个人都处于紧张状态,有一些人早已筋疲力尽;所有人都因担心和忧虑而不堪重负……当我们早已似乎与其他人难以再进行沟通的时候,他(总统)以有些恼怒的语气建议(因为我强烈地感到国务院就应对危机所做的各种努力并不是令人满意)我和特德·索伦森离开会场

到他的办公室去设计出一种应对方案。[119]

肯尼迪总统也离开了会议室。当他、罗伯特·肯尼迪和索伦森回来,总统没有宣布什么决定,但提出了他自己的结论:"如果我们本可以达成一项交易,用在土耳其境内的那些导弹而换取它们〔苏联导弹〕的撤出,而且,入侵将会遇到大量的困难和伤亡,那么,我们入侵古巴就不是很明智的做法。而如果这至少部分是事实的话,那么我就无法理解我们如何进行战争才是明智的。"[120]肯尼迪意识到房间里有许多人还存在强烈的反对意见,特别是在土耳其问题上,他就延长了会议:"我认为我们已有了两三个不同的建议。我们可以在晚上 9∶00 再开会,这样,每个人就可吃一点东西。"[121]

晚上 8∶00,罗伯特·肯尼迪—索伦森起草的致赫鲁晓夫的公开信被同时交给莫斯科和透露给新闻界。信中说,"首先需要做的是,**停止**古巴境内那些进攻性导弹基地上的工作,并在联合国的有效安排下,使古巴境内所有进攻性武器系统处于不可使用的状态。"对于土耳其问题,信中只说:"如果第一条建议被接受,这种安排就将缓和世界的紧张局势,从而将使我们能够就你在第二封信中公开提出的其他军事装备问题达成一个更为广泛的协议。"[122]

会议结束后,肯尼迪又邀请更少的一部分人到他的椭圆形办公室中,和他一起讨论将由罗伯特·肯尼迪亲自向多勃雷宁传达的信息。这个"执委"中的"执委"所达成的一致,远远超过了刚才所取得的共识。麦乔治·邦迪对这个会议的情况概括如下:

更少的一部分人从内阁房间转移到椭圆形办公室中,讨

> 论第二种沟通方式——将向多勃雷宁传达的口信。(这些人包括腊斯克、麦克纳马拉、罗伯特·肯尼迪、鲍尔、吉尔帕特里克、汤普森、索伦森和邦迪)。我们讨论的那个口信的一部分内容是明确、坚定的,很快就定了下来——即对总统将发出的新信的基调当时就达成了一致:古巴境内没有苏联导弹,美国不入侵;否则,美国采取进一步行动就不可避免……口信的其余内容是……我们应该告诉赫鲁晓夫,尽管不可能就土耳其境内的那些导弹做交易,但总统已决定将它们撤出,并且一旦古巴问题危机获得解决就会这么做。[123]

邦迪接下来措辞谨慎的话反映了他的担忧:"我们所有人都对在压力下明显用牺牲土耳其来达成交易的做法的后果感到担忧,并从今天讨论的一开始就清楚显示,对一些人来说,**甚至是在我们这群最核心的人中**,即便是这种单方面的私下保证也许都像是对盟国的一种背叛。因此,我们坚决赞同不应把这封信透露给这个房间之外的任何人。"[124]对信中所隐含的这个交易建议,他又补充说:"应要求罗伯特·肯尼迪清楚地向多勃雷宁说明,对方也必须同样保守秘密,一旦苏联提及我们的保证,保证就将无效。"

罗伯特·肯尼迪立即起身去司法部会见多勃雷宁,传达了这封秘密口信。其中,罗伯特·肯尼迪的做法堪称是外交上故弄玄虚、含糊其辞的经典伎俩:

> 我告诉他这(U-2 飞机被击落)是事态发展中的一个极为严重的转折点。我们将不得不**在接下来的 12 小时或 24 小时**

内做出明确的决定……我说那些导弹基地必须撤除,而且必须是立刻撤除。我们至迟到明天就必须得到撤除那些基地的承诺。我说,这不是最后通牒,而只是在说明事实。他应该明白如果他们不撤除那些基地,我们就将它们摧毁。他的国家可以采取报复行动,但他应该明白在这一切都结束之前,尽管会有美国人死亡,但也将会有苏联人死亡。

然后,他就赫鲁晓夫要求从土耳其撤走导弹的提议询问我。我回答说没有可交换的东西——没有这类的交易可做……但过一段时间之后,……我提到是**四五个月**——我说我确信这些事情就可以得到令人满意的解决。[125]

多勃雷宁明白了这个提议,并将之传达给了莫斯科。[126]

解决古巴问题的"交易"

在美国不得不就军事行动做出最终决定之前,赫鲁晓夫采取了行动。10 月 27 日发生的事,包括一架 U-2 飞机在古巴上空被击落和另一架 U-2 飞机对苏联领空的侵犯,粉碎了莫斯科所有的自满。星期六,10 月 28 日早晨(莫斯科时间),莫斯科接到卡斯特罗的来信,这使苏联的感觉变得更坏。卡斯特罗在信中写到,美国在未来 24 小时到 72 小时中发动进攻"几乎是不可避免了";可能是大规模的空中打击,但也可能是入侵。卡斯特罗敦促赫鲁晓夫,如果美国真的入侵,就考虑对美国使用核武器"消灭这种危险"。"无论做出这个决定将会是多么地艰难和令人恐惧",卡斯特罗写到,"但我认为别无选择了。"[127]

阿莱克谢耶夫也发回了关于卡斯特罗对苏联10月27日公开建议的反应的报告。卡斯特罗确信美国将拒绝这个建议。尽管阿莱克谢耶夫向他的古巴同志再次保证苏联不会推脱他们的“义务”,但他也提醒卡斯特罗“在当前的环境下,加剧当前形势的做法和进行挑衅将是不合适的”。卡斯特罗说他明白,但“考虑到军队战斗精神的高涨和美国发出的威胁,我们的朋友们被迫采取了这样的行动”。[128]

赫鲁晓夫被卡斯特罗这封敦促他对美国使用核武器的信所震惊。在给卡斯特罗的回信中,他提到了这封“非常令人震惊”的电报,在其中“你建议我们应首先对敌人的领土实施核打击。”“很自然”,赫鲁晓夫写到,“你明白那将把我们带到何处。这将不单纯是一次打击,而将是一场世界性热核大战的开始。”[129]

肯尼迪公开发出的那封短信在莫斯科时间星期六即10月28日上午到达赫鲁晓夫手中。信中坚持要苏联从古巴撤走导弹,以换取美国撤销封锁和保证不入侵古巴。10月28日中午,赫鲁晓夫召开最高主席团特别会议;他在会上的判断已与一天前的截然不同了。他警告他的同事,他们“正面临着战争与核灾难的危险,其结果将可能是人类的毁灭”。他继续说道,“为了挽救世界,我们必须退让。”[130]

在上面的这段开场白之后——但在赫鲁晓夫提出具体的退让内容之前,苏联政府接到了多勃雷宁关于他与罗伯特·肯尼迪谈话的电报。电报把罗伯特·肯尼迪的威胁与让步都传达了。特别是电报中说:“美国政府决心除掉这些基地——在极端情况下,甚至将对它们进行轰炸”,如果苏联不同意“停止古巴境内导弹基地的建设工作,并在国际监督下采取措施使这些武器无法使用”的话……“总统看不出在解决这个问题(从土耳其撤走美国导弹)中会存在着任何无法克服的困难。考虑到北约的程序,我们为此大约需要 4 至 5 个月的时间。”多勃雷宁在电报中称,罗伯特·肯尼迪在谈话的最后强调说“不幸的是,当前的形势是几乎没有时间来解决整个问题而事态却又正在飞快的发展之中。”多勃雷宁最后的评论是,“我可以说,在我们的会谈期间,罗伯特·肯尼迪非常心烦意乱;在此之前我从未见过他这样。他甚至没有像他通常所做的那样就各个问题展开辩论,而只是一再重复同一个话题,即时间是问题的实质所在,我们不应错过这个机会。”[131]这份发自华盛顿的报告,进一步促使赫鲁晓夫和最高主席团对美国的要求说“同意”,并且是赶快说。

肯尼迪将在莫斯科时间下午 5:00(华盛顿时间上午 9:00)再次向美国公众发表讲话的消息进一步增加了苏联对美国即将采取军事行动的担心——这则消息明显只是肯尼迪 10 月 22 日讲话的消息的再次播发。苏联紧急准备好和解声明,同意“拆掉你们所说的那些进攻性武器,并将它们装运回苏维埃联盟”;并为了确保其能及时传到华盛顿,苏联匆忙在广播中播发了这则声明。

危机后再回过头来看,肯尼迪最后的行动似乎就像“特罗洛普情节”(Trollope Ploy)中的一种行为,让人想起这位维多利亚时期的小说家的作品中经常出现的情景:一位心情急切的少女把轻轻捏她手的行为就看作是在求婚。但来自苏联档案的证据表明,更恰当的类比应是来自黑泽明的经典影片《罗生门》中的情景:一个歹徒试图强奸一名少女,而这名少女又正好试图引诱他。类似的,在此事件中,为了结束危机,肯尼迪准备让出的东西比赫鲁晓夫所要求的要多,而赫鲁晓夫希望得到的东西则比肯尼迪所预想的要少。肯尼迪已准备让出土耳其导弹,但在赫鲁晓夫知道肯尼迪已准备做进一步退让之前,他已决定从古巴撤走导弹,而只换取一个不入侵的保证。

莫斯科广播电台在播发那个公开声明的同时,又有两份电报被飞速送达驻华盛顿的多勃雷宁手中;其中一封电报指示多勃雷宁"迅速与罗伯特·肯尼迪联系",传达下面这个"紧急答复:'莫斯科理解罗伯特·肯尼迪根据总统指示所表达的愿望;莫斯科今天就将通过广播给予答复……答复的内容将是最优惠的。"另一份电报说:"我在10月28日给您的信,是用于公开发布的;在其中按照罗伯特·肯尼迪传达的您的意思,就没有提到这件事。但这封信中的所有让步,都是考虑到代表您的罗伯特·肯尼迪那天在与苏联大使的会谈中宣布您已对我在10月27日信中提出的土耳其问题表示同意,才做出的。"[132]

已没有时间与卡斯特罗商量了;卡斯特罗与世界上的其他人一样,是从广播中得知赫鲁晓夫的决定的。普利耶夫因如此"仓促"地击落U-2飞机而受到斥责。所有的苏联飞机都被命令不准升空以避免发生任何冲突。[133]

当赫鲁晓夫宣布将撤走那些导弹,危机的最紧张时刻也就过去了。但危机并没有结束。此后几天的有关情况只有模糊不清、模棱两可的证据。10月29日低空侦察得来的信息似乎表明建设工作实际上仍在继续。参谋长联席会议认为赫鲁晓夫只是在阴谋拖延美国采取行动。同时,吴丹向美国施压,要求在他访问哈瓦那以安排联合国对撤走这些导弹的监督工作期间,不要再进行任何的侦察活动。

肯尼迪发现他处于一个尴尬的境地。公众认为危机实质上已结束了,从而期望能看到那些导弹正在被撤出的证据,但并不存在这样的证据。除了相信赫鲁晓夫是诚实的以外,肯尼迪几乎没有任何证据。幸运的是,因为有情报显示古巴和中国似乎因认为苏联采取了背叛行为而感到愤怒,他对赫鲁晓夫的信心得到了加强。

10 月 29 日,多勃雷宁向罗伯特·肯尼迪递交了赫鲁晓夫的第二封秘密信;信中提到了土耳其境内导弹的问题。罗伯特·肯尼迪第二天就召见了多勃雷宁,几乎是把那封信摔回到这位大使的脸上。根据有关那天会见情况的粗略记载,罗伯特·肯尼迪当时说:“正如我告诉过你的那样,不存在什么交换物。但这封信使其看起来是存在的。”那些导弹将撤出土耳其。“你知道我说过这样的话,这就足够了……如果你发布任何表明存在这种交易的文件,那么它也就不存在了。”多勃雷宁保证什么都将不公布。他收回了那封信;美国政府也没有保持曾收到过它的记录。[134]

10 月 30 日,赫鲁晓夫又给肯尼迪写了一封信;信中没有提到那些“朱庇特”导弹,而是认为危机已经得到解决。赫鲁晓夫说关心“你我双方大体上已经解决的这场危机余下的事情”,[135]他要求立即撤销封锁,并希望肯尼迪考虑放弃美国在关塔那摩的基地。但这封信的语气是友好的。“你在那些渴望战争的力量面前,坚持住了克制的立场,”赫鲁晓夫补充说道,“我们找到了一种合理的妥协方式”,并且“很明显,你在其中发挥了克制性作用”。

肯尼迪仍保持着谨慎。他研究了入侵计划,使所有的军事准备工作就绪,并要求尽可能早地恢复对古巴的空中侦察。正如麦克纳马拉和其他人所预料的那样,吴丹的古巴之行并没能建立起联合国的监督机制。卡斯特罗拒绝发挥这个交易中他的那部分作用;他不会与任何核查安排或对古巴的空中监督进行配合。[136]而联合国监督的替代方案当然就是美国进行侦察——这同样使华盛顿处于一直担心一旦有飞机被击落就要进攻古巴的状态。幸运的是,美国侦察机在11月1日发现了积极的迹象——导弹正准备从古巴撤走。U-2飞机的侦察和低空侦察在11月都一直在进行中。

同时,在纽约进行的谈判中,美国发现苏方的谈判者并没有把伊尔-28轰炸机视为进攻性武器。在10月初,肯尼迪政府是更愿意忽视这种飞机的存在而不是挑起危机。而现在它们则成了肯尼迪公开宣布要予以消除的那个威胁的一部分。

缺乏核查和伊尔-28轰炸机的性质这两个问题,是整个11月份谈判的主要议题。

这些争论最终实质上得到了解决;肯尼迪总统在11月20日的新闻发布会上宣布了谈判的结果。伊尔-28飞机将在30天内撤出古巴;将不安排联合国的核查,但允许美国军方对苏联撤离的船只进行观察;这些船上的货物应是可看得见的,以便能被清楚地观察和监督。美国将使用自己的侦察手段监视古巴境内的遵守情况。封锁最终将被撤销。处于高度战备状态的美国军队将恢复到和平时期的正常状态。战略空军司令部将结束其空中戒备状态。

如果没有仔细研究过肯尼迪在这次新闻发布会上的讲话,对10月27—28日达成的苏联以经过核实的撤出"进攻性武器"换取美国的不入侵保证的那个最初交易的情况也可能会不甚清楚。事实上,美国政府已决定,如果古巴不允许对这个交易的实施情况进行核查,那么交易中有关古巴的部分也就不再有效;美国也将除了承认每个国家在国际法上所享有的自卫权外,不再有不入侵的保证。肯尼迪总统直接告诉苏联特使阿纳斯塔斯·米高扬,如果包含联合国监督的那个最初的协议没有被严格执行,那么美国总统"只能按照形势所允许的最好方式采取行动"。[137]

但肯尼迪不再像他在六个月前那样急着入侵古巴了。美国和苏联已大体上达成了一个更为单方面从而无须古巴配合的新交易。苏联也下令禁止其驻古巴的军队袭击美国任何的侦察机。U-2 飞机的定期飞行侦察一直持续到被卫星照相侦察所取代为止。美国军队仍保持着一旦美国飞机被击落就攻击古巴防空阵地的态势。[138]

到 1963 年夏,中央情报局针对卡斯特罗的那些行动,又回到了 1962 年夏天时的状态,也就是在苏联开始运送武器之前的状态。华盛顿采取了一种低风险低回报的政策——进行小规模的骚扰;这些骚扰多数不足以使卡斯特罗倒台,却也不足以把美国拖进对古巴的直接干涉之中。

肯尼迪在 11 月 20 日的新闻发布会上也完全没有提到那些"朱庇特"导弹。但这件事并没有被忘记,而是由美国通过适当的渠道得到了处理——将其纳入北约核力量态势评估之中而由更广泛的多边核力量计划取而代之。腊斯克和麦克纳马拉在 1962 年 12 月的北约巴黎部长级会议上,与他们的土耳其同仁讨论了这个计划。由于深深满意于美国对古巴导弹危机的处理,这次会议——用一个代表的话来说——几乎是"平静得让人无法忍受"。

不再成为公众关注的焦点后，土耳其在危机成功解除后的热烈气氛中，对可能用一种更现代化的威慑力量代替那些“朱庇特”导弹的立场开始松动。[139]到1963年4月月底，那些“朱庇特”导弹最终被拆除了；北极星导弹潜艇被部署到了地中海。“十月导弹”的全部事件都结束了。

注释：

1. 罗纳德·斯蒂尔引用的对罗伯特·肯尼迪的采访，见1969年3月13日的《纽约书评》，第22页。

2. 表二的资料主要来自 Merle Fainsod, *How Russia is Ruled*（修订版）(Cambridge: Harvard University Press, 1963)；并在咨询蒂莫西·纳夫塔利后作了修改。根据 Aleksandr Fursenko 和 Timothy Naftali, "*One Hell of a Gamble*": *Khrushchev, Castro, and Kennedy, 1958-1964* (New York: W. W. Norton, 1997)的描述，赫鲁晓夫在危机决策中直接咨询的主要是当时的最高主席团成员（是正式成员而不包括候选成员）和一个非最高主席团成员马利诺夫斯基。谢米恰斯内提到过最高主席团曾组成了一个“特别小组”，以在危机期间“夜以继日”地工作，但我们并没有找到关于这个小组构成的信息，也就无法评价这个小组的影响。见1995年8月29日对弗拉基米尔·谢米恰斯内的采访。我们没有关注那些只起到一般作用而并未积极参与克里姆林宫决策的官员，尽管他们当中的一些人，如奥列格·特罗扬诺夫斯基，后来因泄露苏联方面的信息而变得非常重要起来。

3. Robert F. Kennedy, *Thirteen Days: A Memoir of the Cuban Missile Crisis* (New York: W. W. Norton, 1968)，第29页。关于情报系统在危机中表现的两份最全面的评估报告，一份由中央情报局内部完成，一份由詹姆斯·R.基利安领导的总统外交情报咨询委员会独立调查完成。基利安赞扬了情报系统在危机中的表现，但对其在危机前的工作提出了尖锐的批评。罗伯特·肯尼迪所提到的报告肯定就是中央情报局在麦康指导下完成的那份评估报告，因为该报告的结论是“在10月17日之前获得的照片，可能并不足以证明必须要采取那种需要得到西半球〔或〕北约的盟国支持的行动”。换句话说，苏联部署行动正是大约在其危险变得明确而可以向他人说明的时候被发

现的。

但麦康也坦白地向总统解释说,总体而言,对古巴空中侦察的紧迫性没有得到足够的重视,分析人员也过分低估了部署导弹的可能性。邦迪、麦克纳马拉和腊斯克同意麦康的判断而形成共识,尽管这在当时还有些勉强。基利安的报告和中央情报局的评估,见1963年4月4日总统外交情报咨询委员会呈肯尼迪总统的报告;1963年2月28日麦康呈肯尼迪总统的报告,两者都在*CIA Documents on the Cuban Missile Crisis*中,第361—371、373—376页。对共识的总结,见Bundy to Rusk,McNamara,and McCone,1963年2月19日,*FRUS:Cuban Missile Crisis and Aftermath*,第11卷,第702—705页;和麦康更为坦白的看法(因为只向肯尼迪总统说过,并没有记录于供白宫内部传阅的备忘录上),还可见McCone to Record,"Meeting with the President in Palm Beach,Florida—9:45 A. M. —Saturday—5 January 1963",1963年1月7日;和McCone to the Record,"Meeting with the President—4:30 P. M. —4 March 1963",1963年3月4日,同上,第651—653、713—714页。

4. Theodore C. Sorensen,*Kennedy*(New York:Harper and Row,1965),第675页。

5. 同上,第670页。

6. 同上,第669页。

7. Ernest R. May和Philip D. Zelikow,*The Kennedy Tapes:Inside the White House During the Cuban Missile Crisis*(Cambridge:Harvard University Press,1997),第91页。

8. Sorensen,*Kennedy*,第670页。

9. 同上,第669页往后;有关基廷的活动,也可见Mark J. White,*The Cuban Missile Crisis*(London:Macmillan,1996),第89—114页。

10. 卡尔·凯森1964年4月12日对索伦森的采访,John F. Kennedy Library Oral History Project,JFKL,第52、60、64页。当时人们都知道温斯顿·丘吉尔在30年代曾先知式地预警过与希特勒德国将发生的冲突。

11. 关于1962年春天"獴行动"的情况,例如见,"Guidelines for Operation Mongoose",1962年3月14日;Harvey to McCone,"Operation Mongoose",1962年4月10日。两份文件都在*FRUS:Cuba,1961-1962*,第10卷,第771—772、786—790页。关于刺杀的情况,见Edwards to Record (and Robert Kennedy),"Arthur James Balleti et al—Unauthorized Publication

or Use of Communications”,1962 年 5 月 14 日,同上,第 807—809 页。

关于肯尼迪总统(以及邦迪对其讲话的再次强调)直白地拒绝承诺美国入侵,见 U. 亚列克西斯·约翰逊附随“獴行动指导方针”的说明,1962 年 3 月 16 日,同上,第 771 页;Memcon for Bundy meeting with Cuban exile leaders,“Cuba”,1962 年 3 月 29,同上,第 777—778 页;Hurwitch to Martin,“The Cuban Exile Community, the Cuban Revolutionary Council, and Dr. Miro Cardona”,同上,第 797—798 页;和 Passavoy to Record,“Topics Discussed during Meeting of Dr.Miro Cardona with the President”,1962 年 4 月 25 日,和 Goodwin to President Kennedy,1963 年 4 月 14 日(汇报的是 1962 年同一次会谈的情况),两份文件都在肯尼迪图书馆 National Security Files,Box 45, Cuba:Subjects,Miro Cardona,Material Sent to Palm Beach。参加肯尼迪与米罗·卡多纳会谈的其他人有埃内斯托·阿拉贡、罗伯特·肯尼迪和理查德·古德温。

12. 见 Joint Staff paper,“Blockade of Cuba in Reprisal for Soviet Actions in Berlin”,DJSM 573 62,1962 年 5 月 1 日参谋长联席会议文件,FRUS Cuba 1961—1962,第 10 卷,第 801—802 页。

13. Lansdale to Special Group(Augmented),“US Policy in the Event USSR Establishes a Base(s)in Cuba”,1962 年 5 月 31 日,同上,第 824 页;同样见 Lansdale to Special Group(Augmentd),“Status of Requested Studies, Operation Mongoose”,1962 年 6 月 8 日,同上,第 828—829 页。

14. 特别小组(扩大后的)由罗伯特·肯尼迪任主席。它的高级成员通常包括泰勒(作为总统的军事代表参加)和代表白宫的邦迪,代表国务院的 U. 亚列克西斯·约翰逊,代表国防部的吉尔帕特里克,和来自中央情报局的麦康或理查德·赫尔姆斯。负责“獴行动”实施的重要官员有中央情报局的威廉·哈维,国务院的罗伯特·赫维奇,和国防部的本杰明·哈里斯将军。爱德华·兰斯代尔负责制定“獴行动”计划。

15. Hurwitch Paper,“Political and Economic”,1962 年 8 月 7 日,attachment to Lansdale to Special Group(Augmented),“Stepped Up Course B”,1962 年 8 月 8 日,同上,第 899—917 页。

16. State paper,“Thoughts for 2:30 Meeting”,1962 年 8 月 10 日,同上,第 923 页。

17. 在 8 月 10 日的评估会议上,麦克纳马拉提到了刺杀卡斯特罗的想法;这个主意遭到了坚决的否决。见 Taylor to President Kennedy,1962 年 8 月 17 日(“没有理由相信这会导致它的制度从内部被推翻”);也可见编辑的注释和 Lansdale to Special Group(Augmented),“Alternate Course B”,1962 年 8 月 14 日,同上,第 944—945、923—924、928—929 页;也参见麦康在 McCone to Record 中的抱怨,“Memorandum of Meeting…”,1962 年 8 月 16 日,同上,第 944—945 页。

18. 肯尼迪总统要求对一些或全部会议要有录音,但截至 1998 年 8 月,这些录音仍没有解密。

19. 见麦康对 8 月 21 日(在国务院)和 8 月 23 日(在白宫)会议的记录和 NSAM 181,同上,第 947—949、953—955、957—958 页。

20. 罗伯特·肯尼迪在 1965 年曾回忆说“我与约翰·麦康的私人关系非常好……他非常喜欢埃塞尔,因为他妻子逝世时,埃塞尔经常去陪他。因此他对我们的感情很好,并且我认为他也非常喜欢总统。但是他更喜欢另一个人——这个人就是他自己。”John F. Kennedy Library Oral History Project 对阿瑟·小施莱辛格的采访,Edwin O. Guthman 和 Jeffrey Shulman 编,*Robert Kennedy:In His Own Words*(New York:Bantam,1988),第 14 页。罗伯特·肯尼迪这些抱怨的话中早已带有一些怨恨的色彩,因为,在古巴导弹危机结束后,麦康通过告知人们他自己的预见性而小心翼翼(和准确)地转移了对情报失败的指责。经过这段时间,麦康与麦克纳马拉之间长期的紧张关系在 1963 年初终于演变成公开的冲突。对罗伯特·肯尼迪来说,这件事表明麦康实际上并不具有**忠诚**这个基本的品格(在同一份口述历史的资料以及其他资料中,罗伯特·肯尼迪一再否认麦康曾准确地预测到苏联的导弹部署,但这种否认是不符合事实的。)因此,读者可以接受 1965 年罗伯特·肯尼迪回忆中关于亲密友谊关系的说法,并可想象一下导致分裂的事件发生之前这种友谊的质量。

21. 在 8 月 10 日的那次会议上,据说麦康曾(对麦克纳马拉)说,“你刚才提出的话题,我认为是极其不合适的。我认为不应该讨论它。它将是一种永远得不到宽恕的行动。我们讨论它是不合适的,我认为应该把它从记录中删除掉。”现在也有人回忆认为麦康曾告诉过麦克纳马拉,为这些行动“我会被逐出教会的”。沃尔特及其他人在宗教委员会上的证词,Richard Reeves,*President Kennedy:Profile of Power*(New York:Simon and Schuster,1993)有引述,第 337、713 页;也可参见雷·克莱因的回忆,在 Michael R.

Beschloss, *The Crisis Years: Kennedy and Khrushchev 1960-1963*(New York:HarperCollins,1991),第 417—418 页。

迄今有关刺杀卡斯特罗计划的最好证据显示,这个想法产生于艾森豪威尔政府的末期,但是中央情报局的有关人员并没想告诉其上司太多的情况,(正确或错误地)认为他们上司并不想知道得太多。现在还不清楚,在肯尼迪就职之前,艾伦·杜勒斯或艾森豪威尔是否事实上已批准了暗杀计划。到1962 年年初,试图借助于黑社会集团的努力也无果而终。据说罗伯特·肯尼迪对于与这样一些罪犯合作感到愤怒,就停止了这种活动。但罗伯特·肯尼迪,以及肯尼迪总统,明显愿意支持刺杀行动,因为他们就职后正是这样做的。但把肯尼迪总统与这样一些行动联系起来的只是一些间接的证据。理查德·赫尔姆斯和威廉·哈维领导的中央情报局特工,在 1962 年和 1963 年还是独自行动,但他们说他们是直接为罗伯特·肯尼迪做这些工作的,并没有告诉麦康。林登·约翰逊就职后,直接由中央情报局策划的刺杀卡斯特罗的行动也就结束了。宗教委员会在 1975 年收集到的那些证据,经受住了时间以及后来披露出来的事实的检验。见 *Alleged Assassination Plots Involving Foreign Leaders: Interim Report of the Select Committee to Study Governmental Operations with Respect to Intelligence Activities*(New York: W. W. Norton,1976)。有关卡斯特罗问题的证据的非常好的概述,见 John Ranelagh, *The Agency: The Rise and Decline of CIA*(修订版)(New York: Simon and Schuster, 1987),第 383—390 页;也见 Peter Grose, *Gentleman Spy: The Life of Allen Dulles*, pbk ed.,(Amherst: University of Massachusetts Press,1996),第 493—495、500—506 页。

22. Kirkpatrick to McCone, "Action Generated by DCI Cables Concerning Cuban Low-Level Photography and Offensive Weapons",未注明出版日期;Tidwell to Record, "Instructions Concerning the Handling of Certain Information Concerning Cuba",1962 年 9 月 1 日, *CIA Documents on the Cuban Missile Crisis*,第 39、33 页(两份文件都是关于肯尼迪总统 8 月 31 日与马歇尔·卡特的会谈)。

23. Bundy to President Kennedy, "Cuba",1962 年 8 月 31 日, *FRUS: Cuba1961-1962*,第 10 卷,第 1002—1006 页。"总之",该分析报告在最后称,"可以预料到,任何导弹都将造成重大的政治和心理上的冲击,而地对地导弹将导致一种极其恐慌的状态,即使是没有证据证明这些导弹带有核弹头。"邦迪在附在报告封面的备忘录中提醒说,这样些导弹将关乎“基本的国家安全。与土耳其境内的那些导弹不同……我本人认为,如果我们清楚地表明除了战争外我们已尽了一切努力,并且不是因苏联部署防空导弹而进行战争的,那么我们将具有相当有力的战争理由。”

24. 1962 年 8 月 30 日《纽约时报》。

25. 1962 年 9 月 5 日《纽约时报》。

26. Bundy to President Kennedy,“Memorandum on Cuba for the Press Conference”,1962 年 9 月 13 日,National Security Files,肯尼迪图书馆。

27. McCone to Record,“Meeting with President—4:30 P. M.—4 March 1963”,1963 年 3 月 4 日,*FRUS:Cuba1961-1962*,第 11 卷,第 714 页。

28. Ernest R. May 和 Philip D. Zelikow,*The Kennedy Tapes*,第 92 页。

29. Kirkpatrick to McCone,“Action Generated by DCI Cables Concerning Cuban Low-Level Photography and Offensive Weapons”(修订版),*CIA Documents on the Cuban Missile Crisis*,第 39、40 页。

30. 要了解白宫在 9 月 7 日收到(他注的日期是 9 月 6 日)的汇报以及此后的更多情况,见 Dino A. Brugioni,*Eyeball to Eyeball:The Inside Story of the Cuban Missile Crisis*,Robert McCort 作的修订版(New York:Random House,1991),第 122—128 页。

31. 有关 9 月 10 日会议,见 Berkaw to Elder,1963 年 2 月 28 日,“Genesis of White House Meeting on 10 September”,*FRUS:Cuba1961-1962*,第 10 卷,第 1054—1055 页;Kirkpatrick to McCone,“White House Meeting on 10 September 1962 on Cuban Overflights”,1963 年 3 月 1 日,*CIA Documents on the Cuban Missile Crisis*,第 61—62 页。

32. Brugioni,*Eyeball to Eyeball*,第 139—140、151 页。

33. 同上书,第 153—155 页。

34. 在 9 月 27 日,麦康和罗伯特·肯尼迪与肯尼迪总统就古巴问题进行了一次私下的交谈,但其内容仍不为人所知。Kaysen to Record,1962 年 9 月 27 日,*FRUS:Cuba 1961-1962*,第 10 卷,第 1094—1095 页。鲍尔的证词,见 Hearings before the House Select Committee on Export Control,87th Cong.,2d sess.,1963,第 811 页。

35. 在古巴港口布设水雷的主意,在 10 月 16 日危机商讨的第一天再次被邦迪提出。他的目的可能是为了在新的背景下,让其他人再把这个主意否决掉。如果那是他的目的,他实现了。见 Ernest R. May 和 Philip D. Zelikow,*The Kennedy Tapes*,第 103 页。

36. 参加 10 月 4 日会议的有罗伯特·肯尼迪(主持会议)、麦康、吉尔帕特里克、U. 亚列克西斯·约翰逊、泰勒、中央情报局代理局长卡特、赫伯特·皮特·斯科维尔(中央情报局)、兰斯代尔和拉尔夫·斯特克利上校。这是在这个层次上特别小组(扩大后的)的典型人员组成。斯科维尔和斯特克利参加会议是为了提供有关空中侦察方面的意见。见 McCone to Record,"Memorandum of Mongoose Meeting Held on Thursday,October 4,1962",1962 年 10 月 4 日;McCone to Record,"Memorandum of Discussion with McGeorge Bundy Friday,October 5,1962,5:15 P. M.",两份文件见 *CIA Documents on the Cuban Missile Crisis*,第 111—117 页;和 Brugioni,*Eyeball to Eyeball*,第 159—164 页。

37. 肯尼迪在 9 月 19 日与参谋长联席会议举行了会议;他也一直在考虑对地对空导弹场地进行空中打击的可行性。在 9 月 21 日,他提醒麦克纳马拉要对有关计划进行更新。10 月 2 日,在参谋长联席会议的催促下,麦克纳马拉向他们提交了一份范围广泛的紧急情况行动列表,这些紧急情况可能因柏林问题或苏联在古巴部署进攻性武器而发生。

38. McCone to Record,"Memorandum on Donovan Project",1962 年 10 月 11 日,*FRUS:Cuban Missile Crisis and Aftermath*,第 11 卷,第 18 页。

39. 转引自 Elie Abel,*The Missile Crisis*(Philadelphia:J. B. Lippincott,1966),第 13 页(强调是后加的)。

40. 1962 年 10 月 14 日《纽约时报》。

41. Edwin McCammon Martine,*Kennedy and Latin America*(Lanham:University Press of America,1994),第 399—400 页;Roger Hilsman,*To Move a Nation:The Politics of Foreign Policy in the Administration of John F. Kennedy*(Garden City:Doubleday,1967),第 194 页。

42. 见 Richard Neustadt,"Aftterword:1964",*Presidential Power*,第二版(New York:John Wiley,1964),第 187 页。极端的看法见 I. F. Stone,"The Brink",*New York Review of Books*,1966 年 4 月 14 日。

43. 并且不仅仅从他的位置会这样看。内阁中的共和党人道格拉斯·狄龙在一次"执委"会议上(可能在 10 月 21 日),递给桌子对面的索伦森一张便条,上面直白地写着:"你考虑过这种非常现实的可能性了吗,即如果我们让古巴完成部署而使那些导弹基地完成作战准备,下一届众议院将可能由共和党占据多数?而这可能使我们完全无法对苏联的下一步行动做出明智和连续性的反应。"Sorensen,*Kennedy*,第 688 页。(这个便条的原件保存在肯尼迪图书馆)。关于总统利益和国家利益之间的区分在范围更广的问题上的模糊化,见 Richard Neustadt,*Presidential Power and the Modern Presidents*(1990 年版)(New York:Free Press,1990),第 155—156 页。

44. Ernest R. May 和 Philip D. Zelikow,*The Kennedy Tapes*,第 342 页。

45. 同上,第 59、85 页。

46. 对被认为是麦克纳马拉的夸张说法的反应,同上,第 98 页;书中的引述同上,第 113—114 页。

47. Patrick Anderson, *The President's Men* (New York: Doubleday, 1968),第 270 页。

48. 根据邦迪在危机后的回忆,在支持进行空中打击时,他是按照总统的指示在"找麻烦"。他说肯尼迪在动身开始其竞选行程之前,要求他使空中打击方案在肯尼迪返回之前一直得到讨论。注释来自于弗朗西斯·巴托尔保存的邦迪私人文件,Ernest R. May 和 Philip D. Zelikow 在 1998 年与其通信得知文件的内容。

49. 白宫 10 月 18 日上午 11 点的会议,Ernest R. May 和 Philip D. Zelikow,*The Kennedy Tapes*,第 149、145 页。

50. 肯尼迪在听取有关 10 月 18 日深夜白宫会议的简要汇报时,对洛维特的看法做这样的总结。同上,第 172 页。据肯尼迪在当时的回忆,洛维特没有接受任何的行动主张。肯尼迪可能更清楚地记住了这个看法,而不是洛维特的结论(或者是因为争论使洛维特在柏林问题上得出的结论与邦迪根据同样的看法得出的不同结论混淆到一起了)。洛维特在两年后回忆说,他曾提议采取封锁/最后通牒的方法,而不是选择什么也不做;洛维特的解释在我们看来是可信的。多萝西·福斯迪克 1964 年 11 月 19 日为 John F. Kennedy Library Oral History Project 对罗伯特·洛维特所做的采访;有关部分摘录在同上,第 169—171 页。

51. 同上,第 171—172、17—77 页。

52. 如果美国在最后通牒中仅仅要求撤走导弹,赫鲁晓夫就可通过敷衍而使那些导弹进入可发射状态。如果最后通牒威胁在特定的时间之内不撤走导弹就将采取军事行动,赫鲁晓夫则可以相对应地提出另一个期限,或要求举行最高级会晤,这样将显得是美国在拒绝谈判。或者,赫鲁晓夫可能会对这样一个具体的最后通牒感到愤怒而变得更为强硬,从而使战争也就更容易爆发。负责起草最后通牒的索伦森回忆说,这样的具体要求将使其成为“任何一个大国都不可能接受的最后通牒。”Sorensen,*Kennedy*,第 685 页。那些还记得布什政府在海湾战争之前向萨达姆·侯赛因发出的规定了具体期限的最后通牒的读者们,同样可能会正确地得出布什政府既不期望也不完全想伊拉克接受该通牒的判断。事实上,到 1990 年末,布什政府中的许多官员已经相信美国在某种程度上需要使用武力,以摧毁伊拉克的战争机器和大规模杀伤性武器的发展计划。

53. 汤普森在 10 月 18 日上午 11 点的会议上的发言,Ernest R. May 和 Philip D. Zelikow,*The Kennedy Tapes*,第 137 页。狄龙在 10 月 17 日深夜递交给肯尼迪的备忘录中,第一次阐述了“封锁/最后通牒”的概念。“Memorandum for the President”,收录于 Laurence Chang 和 Peter Kornbluh 编,*The Cuban Missile Crisis,1962:A National Security Archive Documents Reader*(New York:New Press,1992),第 116—118 页。

54. Ernest R. May 和 Philip D. Zelikow,*The Kennedy Tapes*,第 178 页;Sorensen,Kennedy,第 692 页。

55. 关于 10 月 19 日会议有好几种资料,书中引用的来自于国务院副法律顾问伦纳德·米克所作的会议记录,*FRUS 1961-1963:Cuban Missile Crisis and Aftermath*,第 11 卷,第 116—122 页。

56. 同上。

57. 同上;Sorensen,*Kennedy*,第 692 页。

58. 有关情况以及这次会议接下来进行的讨论,摘自 1962 年 10 月 20 日下午2:30—5:10 的国家安全委员会第 505 次会议的会议记录,*FRUS 1961-1963:Cuban Missile Crisis and Aftermath*,第 126—136 页。

59. McCone to File,1962 年 10 月 20 日,同上,第 137—138 页。

60. 这与下面的引述来自 1962 年 10 月 21 日国家安全委员会第 506 次会议的记录,同上,第 137—138 页。

61. 罗伯特·肯尼迪在 10 月 21 日上午与负责制订空中打击计划的沃尔特·斯威尼将军会谈中的说法是,先进行封锁,然后“隔一段时间再进行打击”。McNamara,“Notes of October 21,1962 Meeting With the President”,收录于 Chang 和 Kornbluh 编,*The Cuban Missile Crisis,1962:A National*

Security Archive Documents Reader,第 144—145 页。

62. 鹰派和鸽派这种比喻用法可能是麦乔治·邦迪发明的。他在 10 月 28 日一次“执委”会议上使用了这个比喻,然后通过约瑟夫·艾尔索普和查尔斯·巴特利特在 1962 年 12 月 8 日《星期六邮报》上的那篇文章而被广泛流传;他们在肯尼迪政府提供的巨大帮助(和指示)下对古巴导弹危机提供了最早的论述。至于邦迪的话,见 Ernest R. May 和 Philip D. Zelikow,*The Kennedy Tapes*,第 635 页;也见 Abel,*The Missile Crisis*,第 70 页。

63. Robert Kennedy,*Thirteen Days*,第 46 页。

64. Abel,*The Missile Crisis*,第 48 页。

65. Robert Kennedy,*Thirteen Days*,第 46 页。

66. Sorensen,*Kennedy*,第 679 页。

67. Abel,*The Missile Crisis*,第 58 页。这个后到的参加者接着说,“这对促进真正的讨论起到了积极的作用。这防止了出现意气之争。他在会议室中可能比让总统在那里会更恰当,因为这样会使讨论中的禁忌更少。”

68. Oleg Troyanovsky,“The Caribbean Crisis: A View from the Kremlin”,*International Affairs*(Moscow),1992 年 4/5 月期,第 150 页。

69. 葛罗米柯在 1962 年 10 月 19 日用电报向苏联共产党中央委员会发回的报告,*Bulletin of the Cold War International History Project*,No. 5(1995 年春),第 66—67 页;葛罗米柯在关于他与腊斯克之间会谈情况的冗长报告的最后一段,明显也露出了幸灾乐祸的语气,这份报告也表明他完全错误地理解了肯尼迪与腊斯克的意思,1962 年 10 月 20 日,致中央委员会,同上,第 69 页。

70. 格奥尔基·科尔尼延科的说法,转引自 Vladislav Zubok 与 Constantine Pleshakov,*Inside the Kremlin's Cold War: From Stalin to Khrushchev*(Cambridge: Harvard University Press,1996),第 266 页。

71. Aleksandr Fursenko 和 Timothy Naftali,“*One Hell of a Gamble*”: *Khrushchev, Castro, and Kennedy, 1958-1964*(New York: W. W. Norton,1997),第 238—239、245—246 页。

72. 同上,第 240—241 页。非常清楚的论述见 Anatoli I. Gribkov,“The View from Moscow and Havana”,Gribkov 和 William Y. Smith,*Operation ANADYR: U. S. and Soviet Generals Recount the Cuban Missile Crisis*(Chicago: Edition q,1994),Alfred Friendly,Jr.编,第 62 页。

73. Fursenko 和 Naftali，"*One Hell of a Gamble*"，第 247—248 页；Troyanovsky，"The Caribbean Crisis：A View from the Kremlin"，第 152 页。

74. Gribkov，"The View from Moscow and Havana"，第 45—46 页。

75. 麦康关于苏联在 10 月 24 日 10 点钟左右（莫斯科时间）向这些船只发出指示信号的报告，见 Ernest R. May 和 Philip D. Zelikow，*The Kennedy Tapes*，第 348 页。

76. Fursenko 和 Naftali，"*One Hell of a Gamble*"，第 252—258 页。

77. Ernest R. May 和 Philip D. Zelikow，*The Kennedy Tapes*，第 421 页。

78. Fursenko 和 Naftali，"*One Hell of a Gamble*"，第 257—258 页。

79. 同上，第 255—256、258—260 页。

80. Alexeev to Foreign Ministry，1962 年 10 月 25 日，CWIHP/Harvard Collection。

81. Fursenko 和 Naftali，"*One Hell of a Gamble*"，第 261 页；麦克纳马拉的评论，见 Ernest R. May 和 Philip D. Zelikow，*The Kennedy Tapes*，第 495、585 页

82. Zorin to Foreign Ministry，1962 年 10 月 27 日，CWIHP/Harvard Collection。

83. 见 Richard Ned Lebow 和 Janice Gross Stein，*We All Lost the Cold War*（Princeton：Princeton University Press，1994），第 115 页；Raymond L. Garthoff，*Reflections on the Cuban Missile Crisis*，修订版（Washington，DC：Brookings Institution，1989），第 67 页上的注 107。

84. Fursenko 和 Naftali，"*One Hell of a Gamble*"，第 269—271 页。

85. 同上，第 272 页。

86. 关于 10 月 27 日约翰逊的发言，见 Ernest R. May 和 Philip D. Zelikow，*The Kennedy Tapes*，第 582 页。

87. Troyanovsky，"The Caribbean Crisis：A View from the Kremlin"，第 153 页。

88. Ernest R. May 和 Philip D. Zelikow，*The Kennedy Tapes*，第 509 页。

89. Havana to Moscow，1962 年 10 月 27 日，CWIHP/Harvard Collection。

90. Troyanovsky，"The Caribbean Crisis：A View from the Kremlin"，第 153 页。

91. Gribkov，"The View from Moscow and Havana"，第 63 页；Fursenko

和 Naftali,"*One Hell of a Gamble*",第 274—275 页。

92. Fursenko 和 Naftali,"*One Hell of a Gamble*",第 153 页。

93. 见阿莱克谢耶夫的话,Bruce J. Allyn,James G. Blight 和 David A. Welch 编,*Back to the Brink*:*Proceedings of the Moscow Conference on the Cuban Missile Crisis*,*January 27-28*,*1989*,Harvard CSIA Occasional Paper no.9(Lanham:University Press of America,1992),第 30 页;Garthoff,*Reflections on the Cuban Missile Crisis*,第 84—85 页。

94. Khrushchev to Castro,1962 年 10 月 28 日,和 Castro to Khrushchev,1962年 10 月 28 日。古巴政府在 1990 年公布了这次通信的内容,苏联方面的资料证实了它的准确性。肯尼迪图书馆有其复印件。卡斯特罗的担心并不是没有根据的;麦克纳马拉在 10 月 26 日解释了美国如何可以利用低空侦察飞行为空中打击做准备。

95. U.亚列克西斯·约翰逊发言的记录,Ernest R. May 和 Philip D. Zelikow,*The Kennedy Tapes*,第 576 页。

96. 出自罗伯特·格雷夫斯在哈佛大学论诗的演讲,转引自 Abel,*The Missile Crisis*,第 54 页。

97. 1962 年 12 月 18 日《华盛顿邮报》。

98. Neustadt,*Presidential Power and the Modern Presidents*,第 182 页。

99. "Khrushchev's Report on the International Situation—1",*Current Digest of the Soviet Press*,第 14 卷第 51 期,1963 年 1 月 16 日,第 7 页。

100. 赫鲁晓夫 10 月 26 日的信,白宫当天就收到了。David Larson,*The 'Cuban Crisis' of 1962*:*Selected Documents*,*Chronology and Bibliography*,第 175—180 页。

101. Ernest R. May 和 Philip D. Zelikow,*The Kennedy Tapes*,第 619 页。关于与葛罗米柯之间的此次会谈情况,见 State Department memorandum of conversation,1962 年 10 月 18 日,Cuban Missile Crisis Files,1992 Releases Box,National Security Archive,Washington,DC。

102. 同上,第 582 页。

103. *The Kennedy Tapes*,第 498 页。

104. 同上,第 500 页。

105. 同上,第 529 页。

106. Sorensen, *Kennedy*, 第 714 页。

107. Ernest R. May 和 Philip D. Zelikow, *The Kennedy Tapes*, 第 546 页。

108. 同上，第 530 页。

109. 同上，第 548 页。

110. 同上。

111. *The Kennedy Tapes*, 第 568 页。

112. 同上，第 564 页。

113. 同上，第 585 页。几分钟后，麦康更清楚地阐述了他的看法："我不会就达成一项交易进行谈判。我会交给他一封威胁信；我会说：你已公开了提议，现在我们接受了那个提议但你今天却在我们有机会给你递交回信之前就击落了我们的飞机……现在我告诉你，赫鲁晓夫先生，我们将向古巴上空派出非武装飞机。如果它们有一架被击落，我们就将摧毁你的军事部署，这是你可以预料得到的。因此，你应立即发出命令。"第 586 页。

114. 同上，第 538 页。

115. 同上，第 580—581 页。

116. *The Kennedy Tapes*, 第 582 页。副总统约翰逊提出了进一步的反对意见："如果你愿意放弃你在土耳其的那些导弹……那你为什么不直接告诉他我们愿意在那里做个交易，从而省去进行入侵、死许多人以及其他一切的麻烦呢？"

117. 同上，第 548 页。

118. 同上，第 582 页。在汤普森看来，美国要求苏联撤走那些轰炸机，苏联就会相应地要求美国从土耳其撤走北约的军事装备，而这种情况是不能接受的："这是导弹换导弹，技术人员换技术人员，飞机换飞机。"（第 597 页。）狄龙用如下的话阐明汤普森对赫鲁晓夫提出更多要求的担心："哦，我明白你所讲的。一个星期前，是他们从古巴撤走所有的东西，而我们仅仅把那些导弹撤出土耳其，但现在，他〔将〕说：'我'将把那些导弹撤出古巴，你也要撤出导弹；我撤出飞机，你也要撤出飞机。'"（第 592 页）

119. Robert F. Kennedy, *Thirteen Days: A Memoir of the Cuban Missile Crisis*, 第 102 页。

120. Ernest R. May 和 Philip D. Zelikow, *The Kennedy Tapes*, 第 262 页。

121. 同上,第 603 页。

122. 同上,第 604 页。

123. McGeorge Bundy, *Danger and Survival: Choices about the Bomb in the First Fifty Years*(New York: Random House, 1988),第 432—433 页。

124. Ernest R. May 和 Philip D. Zelikow, *The Kennedy Tapes*,第 606 页,强调处为后加的。腊斯克提出的那个建议最初是由美国驻土耳其大使雷蒙德·黑尔在一份报告中提出的;至少腊斯克和邦迪在此之前曾看过这份报告。

125. Robert Kennedy to Rusk, 1962 年 10 月 30 日, President's Office Files,肯尼迪图书馆(强调为后加的)。罗伯特·肯尼迪在这份备忘录(1991 年解密)中的说明,与多勃雷宁就那天晚上的谈话向莫斯科所做的报告实质上是一致的。*CWIHP Bulletin*, No. 5(1995 年春),第 79—80 页。关于促使罗伯特·肯尼迪给腊斯克写这份说明的背景,见 Arthur M. Schlesinger, *Robert Kennedy and His Times*(Boston: Houghton Mifflin, 1978),第 522—523 页。小施莱辛格引用了罗伯特·肯尼迪关于此事的一些手写记录,也非常准确地描述了有关土耳其导弹问题讨论的主要内容。因为在腊斯克的档案中并没有发现这份备忘录,而原件又是保存在肯尼迪图书馆的总统办公室文件中,因此可能是罗伯特草拟了这份给腊斯克的备忘录后,将它交给他的哥哥看,而总统就把备忘录放在了自己的文档中,所以它从未被送交给腊斯克。

126. 尽管罗伯特·肯尼迪警告说,美国"在接下来的 12 小时或 24 小时内将不得不做出决定",并且"此事不可能等下去了,他最好与赫鲁晓夫先生联系,并在第二天就得到其承诺,"但多勃雷宁仍通过普通的渠道传达这个信息——这大约需要八个小时,而不是用电话传达。当被问到为什么这样做时,他解释说,"我们没有用电话传达的习惯或先例。"见 1998 年 11 月 6 日艾利森进行的采访。

127. Alexeev to Foreign Ministry, 1962 年 10 月 25 日; Castro to Khrushchev, 1962 年 10 月 26 日,两份文件在 CWIHP/Harvard Collection; Gribkov, "The View from Moscow and Havana",第 63 页。

128. Alexeev to Foreign Ministry, 1962 年 10 月 27 日, CWIHP/Harvard Collection。奇怪的是,阿莱克谢耶夫的报告在是苏联军队还是古巴军队击落了那架 U-2 飞机的问题上含糊其辞。

129. Khrushchev to Castro，1962年10月30日，见肯尼迪图书馆中这些通信已开放的部分；Gribkov，"The View from Moscow and Havana"，第63页。

130. Fursenko 和 Naftali，"*One Hell of a Gamble*"，第282页。

131. "Dobrynin's cable to the Soviet Foreign Ministry, October 27, 1962"，*Bulletin of the Cold War International History Project*，No. 5(1995年春)，第79—80页，在 *Fourteen Days in October*：*The Cuban Missile Crisis* 中有收录，Operations Center 网站，http://tqd.advanced.org。

132. Fursenko 和 Naftali，"*One Hell of a Gamble*"，第286页。

133. 同上；Foreign Ministry to Washington(这份葛罗米柯手写的文件在苏联的档案中)，1962年10月28日，*Bulletin of the Cold War International History Project*，No. 5(1995年春)，第76页；Fursenko 和 Naftali，"*One Hell of a Gamble*"，第284页。

134. Schlesinger，*Robert Kennedy and His Times*，第523页。多勃雷宁关于这次不愉快的会见的说法则是不同的。他向莫斯科报告说，罗伯特·肯尼迪拒绝收下这样的信，称那"将对我未来的政治生涯造成不可弥补的损害"。1962年10月30日，多勃雷宁致外交部，CWIHP/Harvard Collection。

135. 这封信在1992年解密，可以在约翰·F.肯尼迪图书馆找到。

136. USUN New York 1585，1962年11月日，收录于 Chang 和 Kornbluh 编，*The Cuban Missile Crisis*，第249—251页。

137. 例如见 Martin to Alexis Johnson，"Invasion"，1962年10月30日；Ball through Bundy to President Kennedy，"Suggested Policy Line for Cuban Crisis"，1962年11月10日；国务院关于11月20日新闻发布会的简报；和肯尼迪总统就这一点向米高扬所作的说明，1962年11月20日他们之间会谈的备忘录。所有这些文件都在 Cuban Missile Files，1992 Releases Box，National Security Archive。

138. 见 Bromley Smith to Files，"Summary Record of Executive Committee Meeting No. 27"，1962年11月10日，National Security Files，Box 316，Executive Committee Meetings，vol. Ⅲ，Meetings 25-32a，肯尼迪图书馆；和 Gromyko to Mikoyan(当时在哈瓦那)，1962年11月18日，CWIHP/Harvard Collection。

139. 见 Ankara 619，1962年11月13日，National Archives，Decimal

Files,782.56311/11-1362;Deptel 1151,"Jupiter Missile",1962年12月18日,*FRUS 1961-1963*:*West Europe and Canada*,第13卷,第460—461页。关于"平静得让人无法忍受"的说法见Paris Secto 22(只在腊斯克致肯尼迪总统和腊斯克致鲍尔中有这种看法),1962年12月15日,同上,第458—459页。

第七章　结论

经过前几章的分析，我们已围绕古巴导弹危机走了一圈，并在三个不同位置停下来对之进行了观察。至此，我们已对此次危机中的核心问题展开了分析。虽然这些章节中的分析并不能对发生了什么以及事件原因给出盖棺定论性的结论，但这些分析确实发现了此次导弹危机中许多新的或先前未被重视的方面，并对于危机中的各种情况提供了有力的解释。同时，上述章节中三个层面的案例研究也揭示出了不同分析者关于此次危机的解释的不同本质。不同的分析者，无论其在分析中使用的是模式Ⅰ，即理性行为体模式，或模式Ⅱ，即组织行为模式，还是模式Ⅲ，即政府政治模式，他们都不仅仅是在描述相关事件。在试图解释所发生的事件时，每个分析者都需要确定哪些方面更为重要，需要在大量的细节中确定出有限的一些因素作为该事件发生的最重要原因。而且，在有关此次危机的解释中，不同的分析者会强调完全不同的因素。而这种差异，正是来自于这些分析者在分析中所使用的概念模式的不同。

这些概念模式不仅仅是一种视角或分析路径。每个概念模式中都包含了一系列的假设和范畴，这些假设和范畴影响着分析者会对什么产生疑问、如何提出其问题、在哪里寻找证据以及提供什

么样的一种答案。前面章节中关于古巴导弹危机的三层截面的分析,展示了这些概念模式的丰富内含以及其如何对此次危机给出不同的解释。

总结:不同解释的差异

在第二、四、六章分别用不同的概念模式对古巴导弹危机的分析中,已经展示了不同概念模式在所关注的方面和解释上存在的重大差异。在历史学家对事件的论述中,出现争议、再诠释和修正等是非常常见的事情。不过,本书中对古巴导弹危机的不同解释之间的变化,并不仅仅是因为出现了苏联方面档案和美国方面有关此次危机的录音带等这样一些新的证据,还是因为当运用不同的概念透镜时,对证据的诠释也是不同的。通过详细深入的分析,而不是宏观分析,我们对于古巴导弹危机这个基本事实可以看到不同的图像。

运用模式Ⅰ的分析者对苏联为什么向古巴运送核导弹可以提出各种各样的假说:古巴防御说、实现战略核均势说或柏林问题筹码说等。而随着苏联的决策过程和具体部署情况的细节更多地被披露出来,古巴防御说就变得不那么可信了,核导弹力量说则变得更有说服力。但如果模式Ⅰ的分析者对赫鲁晓夫、他的关切与承诺、他在当时所说的和所想的(许多这方面信息最近才可获得)进行了研究,这名分析者看到的危机可能又会有所不同;这些信息可能会使这位分析者把赫鲁晓夫增加导弹力量的这种做法与赫鲁晓夫试图成功解决柏林问题的目的联系起来。在古巴导弹危机前赫鲁晓夫个人对柏林问题的重视以及在导弹撤出古巴后赫鲁晓夫就放弃了解决柏林问题的努力，这个事实使这种柏林筹码说具有了更多的说服力。汤普森 1962 年夏对赫鲁晓夫柏林问题政策感到困惑不解，也正是因为汤普森不知道赫鲁晓夫当时正在古巴采取的行动。

而在模式Ⅰ的分析者看来，美国用封锁作为回应则反映了肯尼迪的考虑与推理——古巴导弹危机秘密录音带披露了这些考虑与推理。肯尼迪认为其所面临的选择是：是 10 月在古巴应对一场核危机的挑战还是11 月在柏林面临一场核危机的挑战——到时会处于更不利的环境。对古巴发动攻击可能会在柏林招致同样的报复。而封锁（只针对那些西方没有向柏林运送的货物项目）则似乎是一种合理的现实做法。美国提出其要求，展示其决心，利用地区军事优势——所有这一切都不包括直接的进攻。古巴导弹危机秘密录音带以及其他新揭秘的档案则揭示出，当时考虑的选项远比先前人们所理解的要复杂，而且，就封锁来说，也至少存在着两种有重大区别的变种。对于模式Ⅰ的分析者来说，一旦美国清晰展示了其要求与决心，再结合美国运用所拥有的战略和地区的双重军事优势，苏联决定进行退让也就是很容易理解的事了。而模式Ⅱ则关注于相关政府组织能做些什么、不能做什么以及在没有上级干预的情况下其通常会做什么等问题。在苏联的古巴部署行动中有许多无法用模式Ⅰ进行解释（也因此使那些潜在使用模式Ⅰ分析苏联行动的美国官员感到困惑不解）的现象。而根据模式Ⅱ以及新得到的苏联方面的证据，我们现已可以理解苏联军队的各部门是如何将赫鲁晓夫只向古巴运送一些核武器的决定变成一

种大规模军事部署的。这种部署中不仅包括有中程弹道导弹,还包括同时部署的中远程弹道导弹,以及一些配备给岸防巡航导弹的核弹头。尽管苏联军方的实际军事部署行动远超过了赫鲁晓夫的部署目标需要,但是,赫鲁晓夫的决定仍然为苏联军方的行动提供了机会。为了威慑美国对古巴可能的进攻,赫鲁晓夫将战术核武器纳入部署之列。但在危机处于公开对抗时期、美国正在考虑对古巴实施空中打击或入侵的时候,苏联的这些组织部门也从未想到要让美国人知道这些武器的存在,因为他们的组织程序一直都要求他们对敌人要隐瞒信息而非提供信息。而美国人从来没有想到在古巴会存在这种核武器。事实上如果美国真的实施了他们计划中的入侵,特别是如果他们采取的是参谋长联席会议喜欢的突然袭击方式,那么,苏联的相关组织关于这些巡航导弹的行为方式本身,而不是这些少量的战术核武器(部署这些武器是赫鲁晓夫根据组织提供的菜单而做出的选择),更可能成为美苏之间热核大战的导火索。

透过模式Ⅱ和苏联方面新的档案,苏联没有能够进行充分的伪装的原因也更加清晰了;其不是因为失职,也不是玩的某种计策;而是因为既有的组织常规是为从来不需要进行伪装的环境制定的,是苏联战略火箭军根据其自身关注的优先顺序在尽快完成部署和保持行动隐蔽这两种要求之间进行平衡的结果。而美国在苏联部署期间就发现那些导弹,作为美国情报机构的一种组织输出,如果美国没有在数月和数年前为一个不同目的而发展出来的那些特别能力与组织常规,也根本是不可能的。

对于使用模式Ⅱ的分析者来说,美国大型组织在事前就已拥有的能力预示了肯尼迪将会选择进行封锁：空军不能实施肯尼迪所要的那种打击而海军则能够实施可实现肯尼迪目的的封锁。但是封锁行动产生了新的危险，例如，针对苏联潜艇采取的反潜行动；华盛顿当时并不知道苏联的这些潜艇带有核武器。肯尼迪为了向赫鲁晓夫发出某些信息而调动美国的军事力量，但是，通过模式Ⅱ可以看到，这意味着要采取大型的组织行动，而这些组织行动又和其他的组织因素发生肯尼迪很难想象得到的危险复杂互动（肯尼迪努力防止过，如其在土耳其紧急防御计划上所做的）。新的证据显示，在危机中当那些部署在土耳其的"朱庇特"导弹成为一个焦点问题时，国务院则试图把肯尼迪对危机的关注引向国务院之前制订的多边核力量计划上，而无论这个计划与导弹危机当时的紧急情况是如何地不相关。

而模式Ⅲ则可更清晰地揭示赫鲁晓夫的决策；模式Ⅲ的分析显示，赫鲁晓夫对于局势的判断按照最好的说法也只能称为是模糊不清的，其决断也丝毫称不上是经过深思熟虑的。在其依靠零散并经常是错误的信息，且缺乏美国那样的连贯持续的分析的情况下，赫鲁晓夫主导着他那些心事重重、临时召集起来的顾问和政治对手的判断和行动。而他的最有才干的美国问题专家却甚至都没有被告知向古巴部署导弹一事。

而在华盛顿，发现导弹则涉及高官之间的政治角力。麦康建议进行飞越古巴的空中侦察，但因为他是在"獴行动"计划中提出这个建议的，因此，他的这个建议被认为主要是为了反对卡斯特罗。虽然他的这个建议最终获得了同意，但也只是在最后一刻才被通过的。而邦迪则为了赢得对麦康以及其他主张入侵古巴的人的胜利,帮助总统肯尼迪做出了一个政治上无虞的公开声明。但在苏联部署导弹的欺诈行为被发现后,邦迪发现他的这个帮助其打败要求入侵古巴的人的成功策略,现在则把总统肯尼迪推入到一个邦迪自己都主张威胁发动战争的境地。

模式Ⅲ也使我们在美国进行封锁的决策中看到了一些新的东西。获得总统肯尼迪支持的那个封锁方案是在商讨进行了数日之后才被提出的,而且是由政府中的共和党人和一名资深外交官提出的。而作为总统最为器重的顾问之一,邦迪先是主张不采取反应(等待在柏林问题上即将发生的对抗),而第二天则又转为支持进行空中打击。[1] 另一名重要的顾问,麦克纳马拉则在第一周的危机商讨中,是一位主要的"鸽派"人物,支持那个"封锁/谈判/交易"方案。但到了第二周,他表现得似乎完全转向支持采取军事行动;他在对古巴发动突然袭击的方案中发现了新的优点和机会。

在危机的最终解决中,模式Ⅲ也帮助我们看到了其中新的动因。在得到一些新的消息后——其中有些是错误的、有些是正确的,赫鲁晓夫对形势的评估发生了一百八十度的大转变。苏联驻古巴的军队击落一架美国 U-2 飞机,导致其飞行员丧生。美国官员认为是赫鲁晓夫下达了这个击落命令,但事实上,赫鲁晓夫甚至都不知道苏联军队发射了防空导弹。模式Ⅲ还揭示出了肯尼迪和赫鲁晓夫两人之间共有的视角和这些视角与他们各自国内的其他人的看法之间存在的微妙区别——这种区别在危机最终解决中发挥了决定性的影响。而当卡斯特罗拒绝接受美苏之间的那个交易时,那个交易中有关古巴的内容也就发生了变化,美国不入侵古巴的承诺被悄悄撤销。尽管在 11 月,古巴试图击落美国的侦察机而重新点燃危机。但这一次，苏联政府明确地下令，苏联的防空部队不得提供帮助，而这些部队控制着那些防空导弹。

虽然在模式Ⅲ中，肯尼迪和赫鲁晓夫仍然是危机中的关键性人物。但在危机中，肯尼迪和赫鲁晓夫的消息来自于围绕在其周围的官员们，他们被这些官员或好或坏地误导、劝服或无视着。肯尼迪和赫鲁晓夫两人每天的决定几乎都会受到这些官员们告知他们的信息和形势的影响。模式Ⅲ的分析也揭示出肯尼迪和赫鲁晓夫这两位领导人还受他们所处的位置和所肩负责任的特殊性的影响——这两位领导人分别独自拥有发动核战争的最终权力和独自承担其中的最终责任。这是肯尼迪总统和赫鲁晓夫主席都承担的一种独一无二的重担，是一种帮助他们在危机的最紧张时刻寻找到解决危机的办法的共同重担。

分析需要模式Ⅰ、Ⅱ、Ⅲ这三种概念透镜；当我们考虑一下因果推理的基本要求时，这一点就显而易见了。这个令人痛苦的“如果没有哪一个”的基本要求意味着，分析要确定哪些因素是主要动因，就必须能够做到确定“如果没有哪一个”，所要解释的结果就不会出现或会有本质性的不同。[2]

如果当时的苏联领导人不是赫鲁晓夫，或者那些重大决策是经由另一种方式做出的，那么就很难想象苏联政府会做出那一系列的冲动决定，正是这些决定把赫鲁晓夫引上了他自己所谓的柏林问题的“悬崖峭壁”，然后又促使他选择一个如此危险的解决之道。然而，诡异的是，赫鲁晓夫自己对于对抗升级到核战争的恐惧似乎是真实的，正是这种强烈的情绪促使他在古巴的冒险行动被发现后，拒绝了在柏林问题上对美国采取报复行动的建议，并最终选择采取退缩行动而非冒险发动战争。

而就美国方面来说,如果不是麦康的持续要求,也很难想象美国会安排 U-2 飞机对古巴进行侦察。而如果那些导弹是在其完成部署、赫鲁晓夫已经造成既成事实之后被发现的,那么,美国后来采取的封锁做法也将是毫无用处的。对抗可能将转移到甚至是更具爆炸性的柏林问题上——正如赫鲁晓夫之前所希望的那样。

而就肯尼迪来说,1961 年猪湾事件的失败使他深刻地学习到了关于危机决策的重要教训。此后,他在任何重大外交决策中,都会与他的兄弟罗伯特·肯尼迪和他信任的文胆索伦森商量。而如果古巴导弹危机是在猪湾事件之前发生的,或肯尼迪在此次危机中重蹈了猪湾事件的覆辙,那么,此次危机的结果很可能就是灾难性的。

而如果 1962 年古巴导弹危机所处的是今天的环境,那么,无所不在的新闻媒体和频繁发生的消息泄露将迫使肯尼迪在一两天而不是四五天之内就必须做出决定。当白宫的椭圆形办公室只有肯尼迪兄弟俩时——仍然有录音,他们就这一点进行过讨论。罗伯特·肯尼迪说:“我的意思是,如果消息走漏出去,你将不得不做出决定,采取行动……这非常麻烦。我认为我们将只……”肯尼迪总统答道:“(声音不清晰)空中打击?”罗伯特·肯尼迪:“是的。”[3]而如果真的进行空中打击了,并引发驻古巴的苏联军队的反击或苏联对土耳其境内的那些导弹的打击,并进而演变成战争,那么,谁又会注意到这个很容易被忽视的因素所发挥的关键影响呢?

不同的顾问与官员在不同时刻发挥了不同的作用。在危机的第一天,与其他人相比较,麦克纳马拉对压制采取军事行动的冲动发挥了更大的作用。而当时如果是鼓吹其战术空军作用、力推其主张的柯蒂斯·勒迈任参谋长联席会议主席，那么，空中打击方案就将更可能被选择。而如果当时的国务卿是艾奇逊，那么，空中打击方案也将会获得大得多的支持。而如果当时没有人能设计出一种介于攻击和谈判之间的使用军事力量的封锁方案，那么，选择也将会是完全不同的。入侵古巴的方案一直是罗伯特·肯尼迪考虑的一个重要选项，而如洛维特这名政府外人士所发挥的那种冷静作用，也不能想当然地认为在所有的危机中都会出现。

肯尼迪还邀请了英国大使奥姆斯比—戈尔参加决策。而正是奥姆斯比—戈尔建议将封锁线后撤，以使即将首先穿过封锁线的那艘苏联船只不会在夜间就驶过封锁线，从而避免在 10 月 20 黎明时分就需要对那艘苏联船只进行拦截，而使在四五个小时后即接近中午时分才会进行拦截行动。我们现在知道，苏联给其船只的指令正是在那天夜里发出的，而那些船也只是在接近中午时分才掉转航向。因此，如果没有戴维·奥姆斯比—戈尔的这个建议，那些苏联船只将在黎明时分即遭到拦截，而其中很可能会首先遭到拦截的那艘船(美国称为“基莫夫斯克号”)上装的是整个苏联武库中最有价值、最敏感的武器——中远程弹道导弹。而“基莫夫斯克号”如果遭到了拦截会怎么做，那艘为其护航的装备有核武器的苏联潜艇对于这种紧急情况又将会采取怎样的行动，对此我们不得而知。但现已清楚，在这种情况下美国海军将会攻击这艘苏联潜艇而不愿冒遭到它攻击的危险。鉴于麦克纳马拉的警告，肯尼迪当时已经决定不干预美国海军的这个组织计划和美国舰船保持无线电静默的做法。

如此本可能发生的事例还有很多。这些事例有许多与一些似乎并不重要的组织细节紧密相关,比如花在关注和通知在古巴外海的美国情报船“牛津号”离开古巴海岸的那寥寥几分钟——正是这几分钟使“牛津号”避免遭遇后来的情报船“牛津号”和“普埃布洛号”那样的悲惨命运。还比如,10 月 27 日,肯尼迪最终还是没有下达对击落那架 U-2 飞机的苏联防空部队进行报复性打击的命令,而仅仅在四天前,他在危机紧急状态下还决定将进行这样的打击,并几乎授权国防部在不确定条件下有权自动进行这样的打击。[4]

而就苏联方面来说,新的证据和运用不同模式的进一步深入分析则对苏联为何决定退让提供了新的洞见;苏联的退让并不是因为封锁,而是因为其对美国将进攻古巴并因而引发战争的担忧。现已清楚,正是美国即将发动入侵的错误情报使赫鲁晓夫决定进行退让。而如果赫鲁晓夫当时收到的是正确的情报从而使其可能怀疑而不是害怕美国领导人的决心与意志的话,那么我们就很难肯定赫鲁晓夫还会做出 10 月 25、26、27 日中的那样一些决定。而分析组织方面的细节,如克里姆林宫与其驻美国大使馆之间拖沓的秘密电报联络程序,也会对苏联为什么会公开而非私下提出其有关那些“朱庇特”导弹的要求提供了一种解释;而正是这种做法,迫使美国人不得不公开拒绝这个要求并重新威胁要进行打击。同样因这些组织常规的作用,在赫鲁晓夫已经决定退让之后有关多勃雷宁与罗伯特·肯尼迪之间秘密会晤情况的电报才传递到莫斯科。尽管这个电报包含美国威胁将在 12 小时内采取军事行动和美国为避免战争递出了一个很大的胡萝卜等如此重大和紧急的内容，多勃雷宁仍然按照常规程序传递这封电报。而肯尼迪总统与他最亲密的八位顾问选择私下向赫鲁晓夫承诺将逐渐地、单方面地撤出那些“朱庇特”导弹；他们甚至都没让“执委”讨论这个重要的决定。[5]

总结：答案不同还是问题不同？

相互竞争的不同解释通常证明不同解释模式会对同一个问题给出不同的答案。但当我们分析这些模式的解释时，同样令人印象深刻的是，使用这些不同模式的分析者思考问题、提出问题、解决问题和使用证据检验答案等的方式与方法上存在的差异。美国为什么封锁古巴？对于模式Ⅰ的分析者来说，这个问题就是意味着要找到美国将封锁作为由于苏联在古巴部署导弹而引起的战略问题的解决方法的理由。而对于模式Ⅱ的分析者来说，这个问题意味着要确定哪些组织才是关键性组织、如果没有哪些组织也就不可能会有封锁。模式Ⅲ的分析者则把这个问题理解为是一种不同博弈者进行政治上相互讨价还价的问题；这些博弈者各自拥有不同的利益，对现实有不同判断，关于将相互竞争的不同偏好融合成政府行动的过程有不同的看法。

通常，描述待解释问题所使用的是如封锁等这样的最为概括、粗略的语言，而有关现象的具体细节则在绝大部分时候并不被注意与提及。因此，在模式Ⅰ的分析者看来，“封锁”是一种整体行动。所认知的环境、正式的决策和执行等都只是一个协调一致的理性选择的不同方面罢了。而模式Ⅱ和模式Ⅲ的分析者则把封锁分解成各个部分来进行解释。但模式Ⅱ的分析者更关注于那些导弹是如何被发现的、相关组织是如何设定行动选项的以及执行封锁方案的细节是怎样的等这样一些问题。而模式Ⅲ则关注于不同决策者对于那些苏联导弹所造成的问题所存在的截然不同的看法,以及对于应当采取什么应对行动的各种相互竞争的主张。

为了解释美国的封锁,模式Ⅰ的分析者会分析美国所进行的战略计算:那些苏联导弹所造成的问题、相关的美国利益和对其他如美国保卫柏林的承诺、美国与苏联之间的力量均势等问题的影响。封锁被作为美国对苏联导弹造成的战略问题的一种有意识的反应而予以解释。而对于模式Ⅱ的分析者来说,在采取行动的需求既定的情况下,封锁这个特定的“解决方案”只不过是组织行为的副产品罢了。他们不仅强调选择中的组织能力和限制,还强调执行中的组织能力与限制。组织行为解释了为什么是在10月14日(而不是在此两个星期之前或之后)发现了那些导弹;组织常规界定了可供选择的选项;组织执行了选择的那个封锁方案。对于在t时间发生的现象,模式Ⅱ的解释会从对$t-1$时间所存在的组织以及这些组织所拥有的常规开始进行分析。模式Ⅲ的分析者则将封锁视为一幅由各个碎片构成的拼贴画;模式Ⅲ的分析者试图通过详细分析产生拼贴画各个碎片的相关博弈中的各个行为体的行为而对封锁提供解释。这些共享权力但却看到不同问题的博弈者之间的讨价还价决定了:在某个特定的政策辩论中、于某个特定的日期发现那些导弹;以一种要求必须采取行动的方式界定问题;特别重视各种可能选项中的某些选项;以及在某些问题上特别具有预见性而另一些问题上却没有。封锁正是从这些方面的考虑与

讨价还价中逐渐产生出来的。而如果其中一些博弈者或博弈是不同的，那么，最终美国采取的行动也很可能是完全不同的。

使用模式Ⅱ和模式Ⅲ进行分析所需要的信息超过进行模式Ⅰ分析所需的信息。使用模式Ⅰ，分析者（在华盛顿甚至是坎布里奇或夏洛茨维尔）坐在办公室的躺椅上就可分析美国或苏联的成本与利益。要理解国家的价值最大化决策大体只需要进行一种设身处地式推理的能力。但要分析组织能力与组织输出或各个人之间的博弈，则需要更多信息。许多人（特别是那些参与博弈的人）通常在分析本国政府的行动时使用的是模式Ⅲ的透镜，而分析其他国家的行动时则使用模式Ⅰ的透镜。不同解释模式所需要的不同**信息成本**在一定程度上可解释对本国与他国所使用的分析模式的这种变化。

然而，不同模式在分析时对于信息的不同需求，与不同模式对更多信息的应用能力一样，都不是关键的。对于典型的模式Ⅰ分析者来说，进行飞越古巴的空中照相侦察的时机以及技术、组织等方面的信息，只不过与技术性问题有关，并不是非常重要的信息。只有模式Ⅱ的分析者会努力收集与分析有关现存组织结构和常规等方面的信息。而模式Ⅲ的分析者对于议题是如何设定的以及这种设定每天是如何变化的关注，对于某个博弈者所拥有的有利与不利因素的关注，以及对那些被提出却遭到忽视的方案的关注，在其他的分析者看来，则是过分重视细枝末流的东西而非更重要的潮流。在这些分析者看来，模式Ⅲ中分析这些细枝末流所需的成本太高了，且因此而漏掉事情真相的危险也是非常巨大的。

因此，我们对“答案不同还是问题不同？”这个问题的看法是：

两方面都有。尽管在一个层面上可以说,对于同一个现象三种不同的模式给出了不同的解释;但在另一个层面上也可以说,这三种模式的不同解释是针对完全不同现象的。这些概念透镜可能放大一个人所见的某些因素而不是另一些因素;其影响是多方面的。这些透镜不仅会使分析者对于初看起来似乎相同的问题给出不同的解释,还会影响到分析者如何提出问题、如何选择证据、在分析时使用怎样的概念以及把怎样的解释才视为是一种解释。使用这三种模式的分析者可能都不会否认,古巴导弹危机中,有数千人在行动,而这些行动对危机的发展都有或可能有重要的影响。但每个分析者在解释时,往往只强调他认为是相关或重要的那些东西,而正是一个分析者所使用的分析模式决定了这名分析者认为哪些是相关的或重要的。

而这对于严肃的分析者的启示至少可以被概括为分析中必须要遵守的两条规则:第一,必须明确需要解释什么即哲学家所说的待解释项;第二,对于事件不应先入为主地将之界定为“选择”、“输出”或“合成物”等,而只应把其作为一种发生的现象。分析者所做的正如要对其进行拍照或拍一系列的照片。需要注意,对于这个现象可以有或简略或详细的不同描述。在最简略的描述中,美国的封锁行动可被说成是美国对苏联的欺骗性部署行为而采取的一种强制性军事应对行动(而不是没有采取反应或没有使用军事力量)。但是对于美国海军舰船封锁包围古巴这个现象,还可以通过多个方面(a,b,c...n)对其特征进一步加以描述。这些方面至少可以包括:(a)海军实施的封锁,(b)沿着以古巴为圆心、半径为500英里的圆展开;(c)从1962年10月23日开始执行;(d)禁止向古巴运送武器(但不包括石油和食品);(e)辅之以在大西洋开展反潜行动;(f)是提升到三级战备状态中采取的一种行动;如此等等。而一旦各种不同解释清晰、精准地确定了其要解释的现象,这些解释之间的冲突大多也就自然消失了。

但是无论何种层次的简略或详尽,解释都是要寻找说明其所要解释的某种现实与其他状态或假定的某些状态之间差异的原因。因此,在解释美国封锁这个现象时,就需要注意到美国军舰包围古巴这个非同寻常的事实,因为仅仅在数月之前或数月之后这种现象都不存在。而在这个问题中,需要解释的可能不仅是为什么有或没有封锁的问题,还需要解释,为什么在各种军事应对措施中,采取的是封锁而不是空中打击,或为什么是在距古巴 500 英里处布设封锁而不是在距古巴 800 英里处,或采取其他的做法。为了更好突出这种潜在的对比,我们建议我们的学生用博弈论或决策理论中的博弈树图形表示出各种可能出现的不同结果。这样,他们就可以非常明确地知道他们要解释什么东西。国际关系的研究中,在确定研究现象时,迫切需要采用更为精准的语言和标准以便能够对相似事件进行更好的对比。因为绝大部分如古巴导弹危机这样具有特别研究价值的事件,都会有许多独一无二的特征,因此,对它们的解释可能也是独一无二的。不过,尽管出于一些研究目的,给出这样一些具体、独一无二的解释是合适的,但要进行多个案例之间的比较和总结,则仍需要进行更一般层次的概括与抽象。在这个方面,第一章引用的布鲁恩·德·梅斯奎塔与戴维·拉曼的研究,是一个有启发性的开始。[6]

书中观点意味着什么?

对于美国的外交政策、决策和进行这类的分析,前面章节提出的那些观点有许多的启发和参考意义。今天,冷战对抗中那种明确的中心和一致的目标似乎都随着紧迫而巨大的威胁的消失而不复存在了,取而代之的是对于美国在世界中作用的不确定感和相互冲突的各种看法。国际体系现正处于动荡和单极状态中——至少在某些方面是如此,问题是这种状态将会持续多久。价值观和利益方面的共识正在衰落,而各个政府官僚机构、利益团体以及他们在政府和国会中的代言者的影响则在上升。这些变化意味着,无论是在外交政策的分析还是在对外交事务的决策的分析中,都必须进行彻底的反思:要提出比冷战期间的问题更为根本性的问题。而在寻找这些问题的答案时,我们也必须超越自己所熟悉的领域。因此,我们在本书中所提出的那些观点的启发和参考意义,值得专门撰文进行讨论。而在此,我们只简要概括了其中四种启发和参考意义:(1)模式Ⅰ、Ⅱ、Ⅲ中列的问题清单可为进行全面分析提供一个可行的初步指引;(2)不同模式基于各自从古巴导弹危机中总结出来的经验教训,对于战争风险的看法也存在很大的差异;(3)反思整个外交政策议程——以对美国今天所面临的核威胁的反思为例;(4)不幸的是,单单靠模式Ⅰ并不能解决问题。

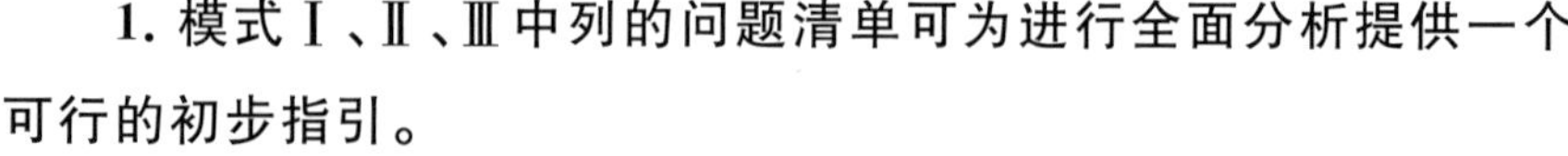

1. 模式Ⅰ、Ⅱ、Ⅲ中列的问题清单可为进行全面分析提供一个可行的初步指引。

考虑一下每个模式使分析者在进行解释或预测时会提出的问题,就可以概括出这样一个虽初步、不全面但却可行的研究指南。

模式Ⅰ的问题包括：

（1）一国视为威胁或机遇的客观（或认知中的）环境是怎样的（例如，苏联在1962年对于对手核威胁的脆弱性）？

（2）该国的目的是什么（例如，生存、权力最大化，等等）？

（3）解决其面对的问题的现实（或认知中的）选项是什么？

（4）每个选项的客观（或认知中的）战略成本与收益是什么？

（5）在这些条件下，该国的最佳选择是什么（例如，在古巴部署中程核弹道导弹）？

模式Ⅱ的问题包括：

（1）政府是由什么组织（或组织单元）构成的（例如，战略火箭部队、克格勃、军事情报机构，等等）？

（2）在提供有关国际环境、威胁和机遇的**信息**方面，这些组织现有的标准运作程序形成了怎样的能力与限制？

（3）在提供行动**选项**的方面，这些组织现有的标准运作程序形成了怎样的能力与限制？

（4）在**实施**被选定的方案的方面，这些组织现有的标准运作程序形成了怎样的能力与限制？

模式Ⅲ的问题包括：

1. **谁**参与博弈？也就是说，在进行决策和行动时，谁的观点和价值有影响？

2. 什么**因素**影响着**博弈者**的(a)认知、(b)所偏爱的行动方案，以及(c)在一个议题上的立场？

3. 什么**因素**决定着博弈者在决策和行动中的影响？

4. **“行动渠道”**是怎样的，即把各个博弈者在决策和行动中的相互竞争的认知、偏好和立场融合到一起的既有过程是怎样的？

模式Ⅰ强调,客观环境和主观认知中的环境即国际战略市场的条件,产生了使政府去选择一定的行动路线的动机和压力。而一国(或政府)的目标和规则则会使其倾向于以某些特定的方式对环境做出反应。这些目标和规则的不同在很大程度上解释了不同的国家行为倾向或一国不同时期的行为倾向之间存在的重大差异。举例来说,如果分析中看不到美国人 20 世纪 90 年代末和 20 世纪 60 年代中期或 20 世纪 60 年代中期与 20 世纪 30 年代中期在观念上存在的差别,那么,这种分析就不会发现对美国外交政策有重大影响的那些关键性因素。

各种模式及其概念的概图

范式	模式Ⅰ	模式Ⅱ	模式Ⅲ
	国家(政府) 民族国家 类型国家 具体国家 人格化国家	国家(政府) Leaders A B C D E F G 发生了 什么选择的范围 局势的结构 革新	国家(政府) A B z r y y C D E n t z x y r F p r 各据其位(A-F)的博弈者 目的、利益、利害关系和立场(n-z) 权力 行动路径
基本分析单位	作为选择的政府行动	作为组织输出的政府行动	作为政治合成物的政府行动

续表

范式	模式Ⅰ	模式Ⅱ	模式Ⅲ
概念体系	一元化的国家行为体 问题 作为理性选择的行动 目的和目标 选项 结果 选择	组织行为体 分解的问题与分割的权力 组织使命 行动目标、特殊能力和文化 作为组织输出的行动 目标——遵从 对目标的顺次关注 标准运作程序 程式和脚本集 不确定性的规避 以问题为导向的搜寻 组织学习和变革 中央协调和控制 政府领导人的决策	各据其位的博弈者 影响博弈者感知、偏好、立场的因素 狭隘的优先事项和认知 目标和利益 利害关系和立场 期限和问题的不同方面 权力 博弈是怎样的 行动路径 博弈规则 作为政治合成物的行动
主要的推导模式	行动＝采取可实现国家目标价值最大化的手段	行动（短期）＝与现有输出相近的输出 行动（长期）＝被对任务的认识、能力、程式、脚本集和常规所限定的组织输出	政府行动＝讨价还价的结果
一般命题	预期成本增加＝行动可能性降低 预期成本减少＝行动可能性增加	现有的组织能力影响政府的选择 组织的优先事项（Priorities）影响组织的实施 特殊能力和文化信念 冲突的目标依次处理 执行反映了先前确立的常规、标准运作程序、程式和脚本集 领导人忽视执行问题将会有麻烦 有限的弹性和渐进变化 长远规划 组织的帝国主义 指示下的变革	政治合成物 行动和意图 问题和解决方案 立场受制于位置 长官和事务官 信心强化法则 国际和国内关系 错误期望、错误沟通、谨言慎语和博弈中的行事风格

一国领导人的考虑和盘算及其从国际战略市场感知到的压力,影响着该国行动的基本方向。模式Ⅰ中总结列出的那些因素影响着模式Ⅲ中的博弈者的信念、判断和组织所能产生的输出等。因此,从某些方面看,对于所要分析的现象,模式Ⅰ确实能够提供一个令人满意的宏观图景。

但当试图解释一个具体的行动时,模式Ⅰ的解释就经常会出现“其他条件不变”的问题,即模式Ⅰ用来解释行动的那些因素早已存在且被认知到,之前却为什么没有出现这样的行动。因此,当解释为什么1996年美国军队会被派到波黑时,列出当地的屠杀、塞族统治者米洛舍维奇、美国的利益与实力等所有这些克林顿总统为其决定进行解释和辩护时曾提及的因素,都没问题。[7] 问题是:所有这些因素在1993年、1994年和1995年的大部分时间也都存在,为什么美国军队在这些时候没有被派到波黑而只有到了1996年才被派去?要解决这个问题,就必须分析模式Ⅱ和模式Ⅲ中的那些因素;这些因素有助于解释为什么在既有的市场压力和一定的领导人的目标等条件下,一个存在发生的可能但其发生概率低于50%的现象最终发生了。

因此,可以认为这三个分析模式是相互补充的。模式Ⅰ分析宏观的环境、国家的特征和共同的认知等。模式Ⅱ力图说明为决策提供信息、选项和实施行动的那些组织常规。而模式Ⅲ则重点分析政府官员个人等方面的详细信息以及将这些官员相互竞争的认知与偏好整合起来的过程。事实上,如果要找到一个现象发生的所有重要因素,那么,这三个模式都可以成为重要的分析工具。外交政策方面的优秀分析人员会结合运用这三个模式进行分析。

而在前面章节中被我们列为各个模式的代表性学者，事实有一些在其分析中也展现出很强的直觉性结合运用这三个分析模式的能力。通过结合分析每个模式所列的那些因素，解释将会前进一大步。

2. 不同模式基于各自从古巴导弹危机中总结出来的经验教训，对于战争风险的看法也存在很大的差异。

正如本书导论中所言，这些概念模式不仅可以用来解释，还可以有其他更广泛的应用。这些分析模式强调不同的因果机制，产生的预期也是不一样的。每个模式都会指引分析者或实践者把有限的注意力与精力集中于某个领域而非其他领域。一名分析者在分析问题、确定最优选择时，可能会首先借助模式Ⅰ的核心逻辑进行分析。但即使对于一名使用模式Ⅰ的分析者，模式Ⅱ也可以帮助其认识到，是组织先前确定的那些结构和程序提供并处理了那些可能是最为重要的信息，提供了很可能被认为是可行的那些选项，确定了哪些选项可以很可靠地实施。而模式Ⅲ则可以使这名分析者认识到，在决策过程中，存在着相互竞争的不同看法与主张，每种政策看法与主张都反映了一定的视角与职责。既有的整合这些竞争性主张的过程的特征，肯定会影响最终做出的选择与行动。同样，不同模式的不同因果解释也会使其做出不同的预测，使其对如何分配职责存在着不同的看法，对进行有效决策需要怎样的领导与管理存在着不同的看法。包括商业部门、政府部门或整个政府等在内的这样一些由多个行为体集合而成的单位的领导人，必须努力让其核心旨意被贯彻于其下级各层单位的选择与行动中。而模式Ⅱ和模式Ⅲ可以使现实中的领导者认识到，上层的

目标或意图并不能自动转化成下级的行动任务;这种转化并不总是顺利的,下层的行动并不会完全服从上层目标和决策的需要。因此,在进行决策的时候还必须考虑到行动在管理、实施方面的可行性。事实上,模式Ⅱ和Ⅲ凸显了在当前所要解决的问题出现之前就已存在的组织设计和组织常规的重要性,模式Ⅲ特别关注的是在这种组织结构中整合各种相互竞争的主张的过程的重要性。

古巴导弹危机为分析者运用不同的概念透镜重新分析当时美国和苏联的政府官员要解决的那些问题提供了许多的机会。例如,在准备肯尼迪总统星期四(即 10 月 18 日)与苏联外交部部长葛罗米柯的会晤时,出现的一个疑问是,葛罗米柯及苏联核心决策圈中的其他人是否是希望那些正在古巴部署的导弹在真正使用之前就被美国人发现。葛罗米柯会向肯尼迪宣布导弹的存在吗?肯尼迪又应该怎么回应?苏联在古巴部署导弹行动中那些行为所传达出来的信息,使美国政府中的一些人认为,苏联政府肯定是希望美国发现这些导弹;这些行为包括所建场地显示出标准的弹道导弹发射场特征,在这些发射场没有进行伪装,苏联几乎可以确信无疑 U-2 飞机在进行飞越这些场地上空的侦察时肯定会拍到这些导弹(事实也是如此)。事实上,苏联在从其国内向古巴运输这些导弹过程中采取了大量且非常有效的伪装措施,而在导弹到达古巴、在进行部署时却没有任何的伪装,这些做法会使人认为苏联就想在那个时刻让美国人发现那些导弹。而如果肯尼迪政府当时采取这种判断,那么,美国在肯尼迪与葛罗米柯的会谈中很可能就会传达不同的内容。今天对于这个问题,我们都已知道答案了。但是,如果一个人所掌握的信息只有美国官员在 1962 年 10 月 18 日所

掌握的那些，那么，其还能断定当时苏联政府期望或不期望美国在那个时候发现那些导弹吗？而对于这个问题，模式Ⅱ的分析与模式Ⅰ的分析完全相异，其结论也是完全对立的。

古巴导弹危机对于决策者和普通人都有特别的意义；没有任何一个事件如古巴导弹危机事件那样能更清晰地显示，核战争**不大可能**发生与**不可能**发生之间存在着怎样的令人恐怖的区别。一个人对古巴导弹危机事件了解得越深，也就越会相信现实中核战争是本可能会发生的。书中整理分析的那些证据可帮助人们理解美苏两国当时是如何几乎把这种不可能发生的情况变成现实的。

而这次危机又是如何能够最终避免演变成为核战争的呢？[8] 在前面分析的各种资料中，我们可以找到超过一打的通向核战争的现实路径。为了刺激读者去想象一下这样些路径（和其他我们没有找到的路径），我们下面将像写剧本一样概括一下现实所发生的情况，然后推测其中包含的将会导致核大战的一条路径。现实的发展被概括为下列八个步骤：

1. 苏联秘密在古巴部署导弹（1962 年 9 月）。

2. 美国 U-2 飞机拍摄到苏联的那些导弹（1962 年 10 月 14 日）。

3. 肯尼迪总统向世界揭露苏联的行动，公开对抗开始。肯尼迪总统要求苏联撤回导弹，下令封锁苏联向古巴的武器运输，提升核战略力量的战备状态，警告苏联任何从古巴的导弹发射都将被视为是苏联的行为并将会遭到全面的报复打击（10 月 22 日）。

4. 赫鲁晓夫命令苏联战略力量进入战备状态,并威胁将击沉任何干预苏联那些驶向古巴的船只航行的美国舰船(10月23日)。

5. 苏联船只在美国封锁线外停下(10月24日)。

6. 赫鲁晓夫在其第一份私人信件说,如果美国能够保证不入侵古巴,那么苏联部署导弹的必要性也就不存在了(10月26日);而赫鲁晓夫在第二封且是公开的信中,要求美国必须先撤回在土耳其的那些导弹,苏联才会撤回在古巴的导弹(10月27日)。

7. 美国对赫鲁晓夫第一份信中的提议做出了肯定的回答,但要求苏联必须使古巴境内的那些导弹转为不可使用状态,且必须尽快答应美国的这个要求。私下里,罗伯特·肯尼迪补充说,美国在土耳其境内的那些导弹会被逐步撤出,但苏联在古巴境内的那些导弹必须立即撤出,并且美国第二天就要收到苏联这样的承诺;否则,美国将会采取军事行动(10月27日)。

8. 赫鲁晓夫公开宣布苏联将撤回其在古巴的导弹(10月28日)。

然而,上述的现实发展中存在着一个非常现实的爆发核战的可能。这种可能的情节是,上面的1—7步骤不变,以后事态则按下述步骤演变:

1. 赫鲁晓夫重申,对古巴境内任何的苏联导弹及人员的攻击，都将会遭到苏联的全面报复（10月28日）。

2. 10月28日，苏联和（或）古巴的部队向飞越古巴上空的美国侦察机开火。美国针对苏联导弹（摧毁所有已可发射的弹道导弹和消灭一定数量的苏方人员）的一连串空中打击开始（10月29日或30日）。

3. 苏联用飞机和（或）中程弹道导弹打击土耳其境内的那些“朱庇特”导弹（摧毁这些弹道导弹和消灭少量的美国人）；苏联和东德的部队封锁西方与柏林之间的通道；苏联在古巴的弹道导弹开始被分配到古巴境内的作战部队手中。（10月31日和11月1日）。

4. 按照美国在北约中的义务要求，欧洲境内的美国战机对用于打击土耳其境内目标的那些苏联军事基地发起打击；柏林问题上的对抗加剧；美国加快入侵古巴的工作（11月4日）。

到这时——如果不是在一两步之前的话，苏联将非常担心美国会随时发起具有压倒性优势的核打击；而为了降低这种打击可能带来的损失，苏联政府很可能就会考虑对美国发动先发制人式的打击，特别是针对如华盛顿这样的指挥、控制中心的打击。而如果苏联希望美国人承担首先使用核武器的责任的话，那么，苏联则可以使用其常规军事力量夺取整个柏林，从而迫使美国必须决定是否要首先使用核武器以兑现其保护盟国的承诺。在模式Ⅰ的分析中，这个情节就将一帧一帧地按照上述的步骤发展下去。而模式Ⅱ和模式Ⅲ的分析，则可以更清晰显示在这种错综复杂的局势中所存在的情报失误、错误的警报和无意识中发生的冲突等这些将使局势更容易向灾难性结局发展的因素。

有关古巴导弹危机最经常被提及的经验教训产生于模式Ⅰ的分析。这些经验教训包括:(1)美苏之间的核战对于美苏两国来说都等同于一种自杀式行动,两国都不会选择进行核战争,因此,爆发核战争并不是一个很现实的可能;(2)在当时美国拥有战略核优势的情况下,其本可以选择采取低层次的军事行动而无须担心行动会升级成核战争;以及(3)正如古巴导弹危机所显示的那样,核危机是可以控制的,因为双方的领导人在局势牵扯两国至关重要利益时,都会冷静考虑面临的局势并冷静选择行动,从而会采取有限度的行动以解决争端、避免战争。

而模式Ⅱ和模式Ⅲ的分析,则会使人们在国家不可能会犯错——即采取模式Ⅰ所言的不理性行动——而走向核战争、核危机是可控的、成功的危机管理所需要的因素等方面的看法变得不那么自信。透过模式Ⅱ的分析可以看到,美国成功的原因中包括了美国组织的一些僵化做法,甚至是错误做法。如果没有那些延迟了立即对古巴发动军事打击的组织和政治方面因素,发生战争的可能性也可能会高得多。如果没有那些充分展示出美国的坚定意志,从而使赫鲁晓夫完全转变其对美国决心的判断的那些组织和政治机制,赫鲁晓夫很可能就会按照计划在柏林展开一场核对峙,而这种对峙将很可能比古巴导弹危机中的对峙更为危险。模式Ⅱ的分析也显示,两国领导人对可能会将两国拖向核战争的那些组织程式的管理和控制,也很少出现。在一些情况下,局势没有向更坏的方向发展,只能说美苏是非常幸运的。

来自模式Ⅱ的经验教训是：像美苏政府这样大型组织机器之间的核对抗，有爆发核战争的内在危险。领导人对于形势有怎样的信息和评估，不仅取决于现实本身，还取决于组织的能力和组织的常规。可供领导人选择的选项，要远远少于一个分析者可考虑的选项。而决策的执行也会不可避免地带有标准运作程序的僵化性。组织之间的协调、配合也远达不到领导人所要求或预期的那么良好。模式Ⅱ的建议是：必须充分注意重要组织中那些在危机之前就已建立起来的常规；这些常规将使组织在危机中能够充分提供所需的那些功能。危机中，至关重要的问题是对大型组织的控制与协调。如果在组织的控制上存在着难以克服的限制和会出现大量的组织安全常规相互作用而产生新的危险或使危险复杂化的情况，那么，这类危机就必须予以避免。

而根据模式Ⅲ从古巴导弹危机中得出的经验教训甚至更清楚表明，我们对于核危机和发生战争的可能性上没有理由感到乐观。从建议不做任何反应，到建议与赫鲁晓夫举行会晤、通过外交谈判解决，再到建议入侵古巴等，美国政府中的领导者对于应采取怎样的应对行动有各种不同的看法。虽最终选择封锁的做法，但其过程中存在着许多的不确定性。如果古巴导弹危机是肯尼迪担任总统以来面对的第一个危机，那么，参与到决策中的将可能是不同的一群人。如果麦克纳马拉不那么坚持其看法，在第一天或第二天就可能会选定空中打击方案。而如果不是之前的一次对抗使肯尼迪的勇气在国内受到质疑，那么，古巴导弹危机则更可能会通过外交途径来解决，从而使关键的对抗出现在 1962 年 11 月和 12 月的柏林危机问题中。

根据模式Ⅲ从古巴导弹危机得出的教训是:(1)即使相信某些行动有导致危机升级到战争的现实可能,美国政府领导人仍可能会选择这样一些行动;(2)危机管理过程是混乱和非常危险的;(3)国家内部的各种博弈之间的相互作用,正如我们在白宫和克里姆林宫看到的那些博弈一样,可能会导致战争甚至是核战争的爆发。而如果一位总统和顾问要处理一场核危机,那么,“执委”所体现出来的非正式机制、自由讨论和有人唱反调(devil's advocacy)等做法是有很多帮助的。但是必须注意,哪些人、专业知识、影响力和脾气等组合起来,才会使一个决策群体即使在其成员拥有各自不同的偏好的情况下,能够进行相互磋商、讨价还价,从而能够更好确定决策方案。不过在古巴导弹危机或甚至更晚近的许多事件中,这方面的证据往往是非常难以获得的。

3. 反思整个外交政策议程——以对美国今天所面临的核威胁的反思为例。

爱因斯坦曾说,核武器的出现“改变了除我们思想以外的所有一切东西。”[9] 而冷战终结所产生的影响,仍然超出我们迄今所能认识到的范围。对所有领域的外交政策都必须进行根本性的反思;而为了实施冷战战略创设的结构框架也必须进行更新。因此,对于研究外交事务的分析者来说,这是一个非常令人激动和引人关注的时代。构成重大威胁或影响着对这些重大威胁应对的那些因素,在本质上不大可能再与冷战期间的那些因素相同。而在外交事务研究中传统的分类和范畴,如安全研究与经济研究或国际安全研究与国际政治经济学研究,明显已不合时宜。实际上,挑战正是来自于对外交事务分析中的概念框架的更新。

为了说明本书中的这些概念模式对于这种反思的参考意义，我们以进入21世纪时美国人的生命和自由所面临的核威胁问题为例。[10]其中的问题是：核武器对于今天的美国人构成了哪些具体的威胁以及为什么？或者直接跳到其中最核心的问题：在冷战后，发生美国领土遭到核武器袭击、造成上百万甚至是上千万人死亡这样事件的可能性，是增加还是降低了？

对于这个问题，模式Ⅰ的分析会加强当前的惯常看法。根据这种看法，冷战结束，就意味着威胁了美国两代人之久的核"达摩克利斯之剑"被收入剑鞘之中。如克林顿总统曾说，因为冷战期间的对手已经变成我们的战略伙伴，"可怕的核毁灭危险已经大大降低了。"[11]核威胁的存在并不是因为这些核武器本身，而是敌对的意图，因此，一个友好的俄罗斯所掌握的核武器并不会比英国或法国所拥有的核武器意味着更多的威胁。当然，一个有远见的模式Ⅰ的分析者，可能会警告要谨慎一国的良好意图所能持续的时间可能是有限的。

也正是因为如此，《原子科学家公报》将其"世界末日钟"上的指针由距毁灭时间(即午夜12点)只有两分钟的位置调到晚上11时46分的位置。美国继续把减少战略核武器的弹头数量作为其政策议程中的中心问题；尽管俄罗斯杜马仍未批准《第二阶段削减战略武器条约》，但美国选择仍遵守该条约中将战略核武器数量削减至3500件的规定。而双方计划达成的第三阶段削减战略武器条约则将进一步把双方各自保持的战略核武器数量削减到2000—2500件的水平。而由一名美国战略力量前司令领导的一个专家小组也提出，销毁所有核武器应该成为今天美国追求的一个政策目标。

使用模式Ⅰ进行分析的战略家也可能会注意到俄罗斯常规军事力量的衰落已增加了对核武器的依赖,并且未来可能将继续如此。而依赖核武器应对那些本应用常规军事力量处理的紧急事态将增加核武器使用的风险。而且,模式Ⅰ还提醒我们需要关注寻求拥有核武器的其他一些国家,例如萨达姆统治的伊拉克,其为了拥有核武器已花费了100多亿美元。这些国家现可能正试图从核武器市场上购买他们想要的东西,而俄国或至少是一些俄罗斯人则可能是这个市场上的供给者。

而透过模式Ⅱ的概念透镜,则会看到一个不同的世界。使用模式Ⅱ的分析者会重点关注两类不断增加的威胁:(1)俄罗斯核武器的状况日益糟糕的指挥与控制体系——技术与人员管理两方面的恶化,增加了这些核武器未经授权或意外发射的危险;(2)俄罗斯"流散的核武器"问题。俄罗斯和平号空间站的情况生动地反映了苏联的所有复杂技术体系在今天的命运。由于设备老化,且因资金预算匮乏而无法得到及时的维护,和平号空间站上的计算机、氧气系统和对接装置等问题不断。在天才的俄罗斯专家的一再努力下——有时得到了来自美国的重要资金支持,空间站才得以没有出现什么大的灾难。但是,在其被最终放弃之前,和平号空间站发生故障甚至是发生灾难性故障的可能性仍然存在。

今天,俄罗斯的卫星预警体系状况也正在迅速恶化;洲际弹道导弹和潜射弹道导弹的雷达预警、指挥、控制和通信系统正在恶化;这些核武器的启动控制链(其作用是防止未经授权的发射)中的电子锁装置也正在退化;核武器的发射装置甚至是核弹头本身的状况也正在变得糟糕。正如前参议员萨姆圣·纳恩和布鲁斯·布莱尔(Bruce Blair)所言,这些情况“增加了俄罗斯指挥人员接到虚假进攻信号、从而向在那种情况下无疑将被认为是攻击者的美国发射核导弹的危险”。[12]

对美国的第二种且可能更大的核威胁来源是“流散的核武器”问题。[13]“流散的核武器”问题是指俄罗斯的核武器可能会被盗,然后被卖给恐怖主义分子或流氓国家,然后被用于对美国本土或美国的海外基地发动攻击。这些可能流散的核武器包括核导弹携带的7000枚处于激活状态的核弹头,5000件战术核武器,俄罗斯国内各种储存设施中的12000件核武器,以及将近70000个等同于核武器的高度浓缩铀和浓缩钚的装置。这真是一个巨大的历史讽刺,一个掌握着一个超级大国留下的武库的社会却处于一场巨大社会变革所带来的动荡不安中,其中所有的中央权威都在分崩离析。自1991年来,俄罗斯社会日益自由但也是日益混乱,各种为非作歹的行径肆意横行。已经有许多关于企图偷盗和贩卖核武器与核材料的事件的报道;还有许多这样的事件并未公开。[14]最令人惊奇的是,迄今没有发生过一起成功的偷盗和贩卖核武器的事件或至少是没有这样的事件被公开报道发生过。这也反映了模式Ⅱ所分析的那些组织的特征,正是这些组织特征使俄罗斯原子能部、各个核试验室、国防部第十二局即使在非常困难的条件下仍然恪守组织常规、坚持其使命。但是,正如本书一位作者一再所言的那样,我们只不过是“苟延残喘”罢了。

而透过模式Ⅲ的透镜,我们还可以发现更多的风险。模式Ⅲ首先考虑的问题是:谁可以决定发射核武器?考虑到叶利钦总统

的健康状况和习惯，俄罗斯肯定还有其他人拥有发射核武器的决定权。(在 1991 年政变期间，象征对核武器控制的核手提箱曾在一段时间内并不在苏联总统的身边。)为了凸显俄罗斯联邦政府没有能够支付掌管核武器的部队的工资问题，克拉斯诺亚尔斯克区区长亚历山大・列比德将军提议由他的区支付这些部队的薪水，并将这些部队部署在他的地区。随着这些拿不到薪水的部队对于俄罗斯中央政府的忠诚度在降低、中央政府对其各个地区的控制在衰落，这些部队和地区擅自采取行动的可能性也在日益增加。这些行动不仅可能包括出售武器，甚至可能会出现科幻惊悚片中常见的一些情节，如一个地区的部队企图用核武器敲诈俄罗斯中央政府。

而且，可以考虑一下叶利钦的继任者及其将面对的状况。作为俄罗斯的统治者或俄罗斯的统治阶层，他们可能会把俄罗斯的这种苦难归咎于西方，在俄罗斯的常规军事力量日渐虚弱的情况下，他们可能会过度依赖俄罗斯的核力量，而这将大幅度增加核风险。20 世纪五六十年代，美国发生过类似的情况；当时，美国为了对抗苏联在欧洲的常规军事力量优势，部署了大量的战术核武器作为“平衡力量”；对这些核武器的控制权也大幅度扩散，而其中的风险也大量增加。

使用模式Ⅲ的分析者还会质疑模式Ⅰ分析者关于国家会避免采取那些有致命后果的行动的自信看法。例如，虽偷袭珍珠港行动的策划者山本五十六曾非常精确地告知日本政府的领导者：“在对美英作战的头 6 个月至 1 年时间里，我可以所向披靡，我可以保证我们会节节不断地取得胜利。但我也必须告诉你，如果战争拖延两至三年，我就没有信心会取得最终胜利。”[15]但日本最终还是发动了袭击。这个例子向我们提出了三个需要思考的重要问题。问题一：当时日本政府官员中，是否有人可以通过发动袭击解决**他的**问题？发动袭击是作为怎样一种博弈的结果出现的？问题二：发动袭击的决策路径是怎样的，在这个决策路径中有哪些环节进行了导致决定发动袭击的政治斗争？问题三：怎样的误判和混乱导致了决定选择发动袭击这样的错误决策？举例来说，如果波罗的海地区出现危机并进而演化成一场常规战争，那么，其中的行为体所掌握的信息会是怎样的？尽管迄今俄罗斯的政治发展仍是良性的，对西方仍持合作性态度，但如果俄罗斯未来向一个失败国家发展，面临如同德国在世界经济大萧条后所遭遇的那种或甚至更糟糕的经济状况，那么，其国内政治斗争就会变得非常危险。如果真的出现这种情况，那么，美国人面临的核威胁就会大大增加。

如果一名读者认真考虑每种决策模式所列出的那些因素，加之以良好的判断，这名读者就会对美国本土遭到核袭击而造成上百万或上千万人死亡的可能性在过去十年中是增加还是减少了，有自己的判断了。我们的看法是美国面对的这种直接威胁增加了，而且是实质性地增加了。而如果通过这些模式对我们今天面临的核战争危险的反思能够得出如此与大多数惯常看法不同的结论，那么，对于其他不那么与命运如此直接相关的议题，利用这样一些模式进行分析，又会得出哪些不同的看法呢？

4. 不幸的是，单单靠模式Ⅰ并不能解决问题。多种相互重叠、竞争的概念模式并用是当下可采取的分析外交事务的最佳做法。

当下,对诸如国际关系中的国家行为,甚至是其关系到核战争危险的行为等重要现象的理解,仍然是非常有限和不全面的;这种结论可能令人感到沮丧。而当下在分析中可采取的最佳做法是多种相互重叠、竞争的概念模式并用这种说法,可能会让人感到不舒服。对于实践中的人们来说,他们可能对方法论上的争论并不感兴趣;要求他们在分析国际事务时应意识到并使用多种不同的概念模式,可能会使他们感到不方便。但是,我们的看法仍然是,这就是目前对于国际关系的理解所处的状态。

模式Ⅰ对我们解释、预测和分析外交政策做出了巨大的贡献。模式Ⅰ把内部错综复杂的政府决策视为是一个有意图的单一的行为体的选择,从而使我们能把各种混乱甚至是相互冲突的纷繁芜杂的细节纳入一个简单的逻辑机制中——决策即为实现特定目标而选择最佳方案。这样,理性行为体模式可以使我们能够把"为什么 X 现象发生?"这个问题转变成一个更简单的问题,即"为什么这个国家采取 X 行动?"。而后面这个问题又意味着,"这个国家选择采取 X 行动是为了解决什么样的国际问题(和实现什么样的目标)?"通过这种转变,这个经典决策模式使我们就可像解释一个人的行动那样解释一个国家的行动。事实上,把国际政治中的国家视作是如同一个行动协调一致、理智的人一样的行为体这种做法是如此的根深蒂固,以至于大部分分析者都很少能够意识到,这只不过是一种比喻的做法罢了。

如果一个人随便捡起一天的报纸,看一下头版的那些文章,那么,他就很可能会发现至少有一篇是关于国际关系的。其中可能会报道说,国家 A 正在采取某种行动或正在考虑采取某种行动——如提供国际援助、寻求贸易合作、执行维和行动或威胁使用武力等，而这种行动又会影响到国家B的利益。对此，如果这篇文章还试图给出解释，它就会构建起国家A在其中的计算与权衡；根据这种构建出来的计算与权衡，国家A选择它所采取的那种行动是理智的选择。在进行这种解释时，这名分析者的做法，似乎就是要找出国家A可能拥有的目标，从而可以使读者理解，为什么如果是读者自己面对国家A所面对的那个问题、拥有国家A所拥有的那些手段，那么，也会选择国家A所采取的那样的行动。

正如本书在第一章中所说，模式Ⅰ是人类在试图理解和解释其周围的纷繁芜杂的现实时所使用的一种最基本方法。不是把所发生的单纯视为现象，而是将其视为行动——即代表某种意图或选择的行为——我们就可像理解自身的行为那样解释他人的行为。而要解释、预测一个人的行为，知道其目的和选择是理性的就可以了。当然，这种理性会受到行为体在分析信息、评估成本和收益以及进行计算与权衡等方面的能力的限制（或更宽泛一点讲，即维克斯所说的一个人的认知体系中关于相关的价值、现实和工具等的判断）。但当明白了一个人所面临的条件和这个人是如何界定问题的，那么，这个人的目标作为其行动的起点，仍然能够为解释他的行为提供重要的线索。不过，模式Ⅰ在解释个人的行为时，仍然可能会出错。稍微想一下，一个人在预测其非常熟知的同事的行为时都可能犯的那些错误，甚至在非常清楚其同事所面临的环境的情况下都可能犯的那些错误，就可以理解这一点了。比如，这个人可能认为其同事的目标是X，而事实上，这名同事的目标却是X和Y；这个人可能错误判断其同事对于现实的认知（这些认知

如这名同事认为哪些方面是最重要的,或这名同事看到的是机会还是威胁,等等);这个人也可能会错误地理解其同事对于成本与收益的判断;这个人还可能会忽视行动与结果之间的区别,特别是混淆他的同事在当时可能并不关注的那些无意识的后果或副作用。而且,在一个事件发生后看起来,这个事件的相关情况可能会被认为是明确无疑的;从而这个人可能会误认为其同事做了错误的选择,因为其选择的选项现在看起来似乎注定要失败的。但事实上,其同事在选择的时候是因为认为他有60%成功的可能性(当然也有40%失败的可能性)才选择采取这个选项的。

而当要解释的不是个人的行为而是如大学、航空公司或甚至如政府这样的集体型行为体的行为时,模式Ⅰ的解释还会遇到更大麻烦。在一个涉及多人的复杂决策过程中,几乎从来不存在某种确定无疑的、根据事情本身状况而客观制定的解决方案。而所有的对行动有影响的行为体也从来不可能对什么是最佳的行动方案拥有统一的看法;尽管他们可能在某种抽象的层次上具有相同的基本目标,但他们在具体目标上却很少是一致的。因此,事实远比模式Ⅰ中的概念所概括的要复杂。而即使在现实最接近模式Ⅰ的情况下,如苏联在古巴部署导弹这样近乎由一个人做出的独裁性决策,对于像赫鲁晓夫在未经认真的权衡或分析的情况下强制做出如此重大的决定等具体决策过程的分析,也可以对模式Ⅰ的解释提供补充。

但是,模式Ⅰ提供的不仅是一个好用的分析框架,而且还是一个非常有力的进行初步分析的框架。通过分析一个国家所处的客观环境和该国可能拥有的基本目标,分析者将正如我们在上文所见,可以推导出苏联在 1962 年会对其所面临的脆弱窗口感到担忧。

还可以想象如果再发生一起如切尔诺贝利事件这样的核电站事故。例如,假设其位置就在俄罗斯的远东地区,那么,一个人就可很好地预测哪些国家会对此最感到担忧(那些毗邻的国家或会受事故直接影响的国家),哪些国家可能会对处理事故提供援助(例如,那些有利益所在和有能力的国家)。因此,根据具体一国所处的历史时期、文化和价值体系等这些客观因素和效用函数,一个人就可做出一些初步的推导,把对该国可能采取的行动的预测范围缩小一半,有时甚至能缩小四分之三。例如,如果一个人问为什么苏联是在 1962 年而不是在 1942 年将那些导弹部署到古巴,那么可以考察的客观因素就包括:导弹武器的出现、美苏的竞争、苏联与古巴的结盟以及一些更具体的因素,如苏联对美国战略核力量增长感到威胁,美国企图推翻卡斯特罗以及苏联在技术与资金上所面临的限制。根据这些,一个好打赌的人就可能会判定,苏联采取部署导弹这样行动的概率至少是三分之一。

但是这些因素只能部分解决对所发生现象的一般性困惑或问题,而不是具体现实中的具体问题。在具体现实中,问题是:在 1962 年的世界和当时苏联政府所拥有的价值体系、认知倾向、运作规则等所有这些因素都没有发生变化的情况下,为什么苏联的导弹还是出现在古巴;在具体现实中,问题是:不具备以上哪些因素,此事件就不会发生。

而要回答此类问题,就必须打开政府这个黑箱子,看看里面各个部件是如何运作的。因此,尽管组织行为模式和政府政治模式会使分析变得更为复杂，需要更多的信息，但其可以使我们的分析更进一步地贴近事实。而且，他们所提供的概念与分析清单可成为进行更精确的解释与预测的基础。

在冷战后对外交政策与国际政治研究的反思仍在深入之际，我们认为未来研究的最大收获将来自向对国家行为进行更为详细、更具体的分析的转变。最佳的研究将不是集中于简洁的系统层次的单变量分析，而是来自于深入分析：(1)国家行为体内部的多种决定因素和；(2)这些因素之间的相互作用和外部环境的重要特征。现实主义者已开始分析权力对比之外的其他国际体系特征——如技术方面的特征；这是一个良好的开端。对于严肃的研究者来说，其中的挑战就是要确定其中最重要的国内因素，更精确地说明这些因素与外部因素如何相互作用而导致国际关系中如战争甚至是核战争等这样些重大事件发生的。斯奈德的《帝国的迷思》、扎卡利亚的《从财富到权力》和范·埃弗拉的《战争的原因》等著作已经很好地展示了在解释国际关系中的国家行为时，把国内与国际因素结合起来进行分析所能取得的成就。[16]

我们的这种结论可能会使许多试图用体系层次或外部的因素来解释国家行为的那些国际关系学者感到失望。但他们认为大多数如国家发动战争、组成同盟或相互竞争等这样的国际关系重大变动只能用系统层次的变量进行解释的看法是有问题的。这种错误看法源自于过去二十年中一本非常有影响力的国际关系经典著作——沃尔兹的《国际政治理论》——所提出的两个错误的基本理论认识。

首先，正如费隆在《国内政治、外交政策与国际关系理论》这篇有见地的评论性文章中所清晰分析的那样，认为“国际政治的系统理论”和“外交政策理论”之间存在着明确的界线是错误的看法。沃尔兹断言存在一种“把国际政治理论与外交政策理论混淆起来的错误”；他认为“国际政治并不等同于外交政策”。但事实上，正如费隆所证明的那样，“系统理论在其原初研究领域中的主题就是，并且也应该是国家的外交政策及其所造成的后果。”只有对不合常理、刚愎自用地界定的国际政治和外交政策，可能才可以说这两者是截然不同的两个领域。[17]

而第二个错误则源自作为沃尔兹分析起点的国际政治与经济现象之间的简单类比；这种错误又进一步加深了第一个错误的影响。[18]在经济市场中的公司和国际体系中的国家之间进行类比的做法确实是有启发性的。在完全竞争市场中，市场这种外部力量可解释和预测追求利润最大化的公司在价格和供给等方面的决策。但像其他绝大多数国际政治学者一样，沃尔兹主要关心的是大国的行为。而他们在经济市场上的对应类比者应是寡头公司：即少数的大型公司一起主导着市场。而经济学家早就承认，在只有少数的供给者、每个供给者都知道其他人行为的情况下，市场理论能够提供的解释则是非常有限的。在这种情况下，价格通常会高于完全竞争市场中的价格，而供给数量则通常少于完全竞争市场中的数量。不过，寡头垄断理论并不能解释或预测会高多少或低多少，或在其他方面会与正常情况下相差多少。经济学家和商业分析人员发现，要解释这些寡头公司的行为，就必须深入分析这些公司的内部因素、考察其战略与结构等。例如，以贝尔公司集团分解后的长途电话业务领域来说。美国电话电报公司、从贝尔集

团分解出来的众多贝尔分公司、世界通信公司、斯普林特公司以及其他公司等都执行完全不同的战略。如果经济学家在解决这些问题时,都承认商业战略分析者的研究的贡献,那么国际政治方面的研究者又怎能有理由不这样做呢?因此,外交政策理论是国际政治理论的一个内在、不可或缺的组成部分;同样,有关国际环境的理论也是分析国际环境中国家行为理论的必要组成部分。要解释和预测国际关系领域中的现象,全面分析这两个层次的因素是必要的。

注释:

1. 正如第六章提到的那样,邦迪后来说,他应肯尼迪的要求,使空袭方案在10月19至20日期间一直是一个可能选择的选项;肯尼迪是在10月19日上午提出这个要求的。如果邦迪所言为实,那就至少意味着,要么这个选项对于肯尼迪来说是非常有吸引力的,要么,肯尼迪10月19日上午得到的参谋长联席会议的强硬集体意见对他的影响要超过肯尼迪本人所承认的。

2. 一个类似的观点可参见 Philip Zelikow and Condoleezza Rice, *Germany Unified and Europe Transformed*:*A Study in Statecraft* 一书平装版的新序言部分,(Cambridge:Harvard University Press,1997),pp. ii-ix. 其中以一个重大历史事件——德国统一——为例说明,该单个事件包含一组的因变量,而要解释这些因变量就必须分析许多(13个)自变量。

3. 10月23日傍晚的谈话,载于 Ernest May and Philip Zelikow, *The Kennedy Tapes*:*Inside the White House during the Cuban Missile Crisis* (Cambridge:Harvard University Press,1997),p. 344。

4. 10月23日"执委"会议,同上书,pp. 297-299。

5. 在古巴导弹危机二十周年纪念会议上,鲍尔、吉尔帕特里克、麦克纳马拉、腊斯克及索伦森等人都承认存在这个承诺;这个承诺首先是阿瑟·小施莱辛格在其 *Robert Kennedy and His Times* (New York:Houghton Mifflin,1978)中完整披露出来的。他们也像当时的罗伯特·肯尼迪一样,解释说不存在什么"交易"。但他们说:"这个……承诺被列为秘密的,是因为当时那少数的几个人都一致认为如果不这样做,任何其他的方式都会对美国及其盟国的安全产生爆炸性和破坏性的冲击。"在为这种"秘密外交以及其中的秘密承诺"进行辩护时,他们认为:"如果让你的对手了解你的坚定意图是对你的国家有利的时候,你就应该寻找能够确定将使他知道你意图的有效方式。而在这种情况下,且当:a)你可以兑现自己的承诺;b)没有其他方式可避免对你国家的正当利益的严重损害,秘密承诺的做法就是合理的,"参见*Time*,September 27,1982,p. 85。

6. 参见第一章第100个注释中所提到的两个国家对抗的八种可能结果。也参见James D. Fearson,"Causes and Counterfactuals in Social Science: Exploring an Analogy between Cellular Automata and Historical Processing" in Philip E. Tetlock and Aaron Belkin, eds., *Counterfactual Thought Experiments in World Politics: Logical, Methodological, and Psychological Perspectives* (Princeton: Princeton University Press, 1996), pp. 66-67。

7. 作为北约维和行动的一部分,美国在1995年底向波黑派出军事力量。克林顿总统这个扩大行动使命的决定,被其顾问们称为象征着有关美国在海外如何使用军事力量的"克林顿主义"的形成。为什么在谈到有关波黑问题的决策时,克林顿曾说"美国不会也不应该试图解决世界上的所有问题。但是,当在其中我们的利益明确、我们的价值受到威胁的时候,且我们可以改变现状的时候,我们就必须采取行动,且必须发挥领导作用"。*New York Times, November* 16,1996。在这里,克林顿既用一种理性计算来解释美国干预波黑问题的行动,也用这种理性计算来为这种行动的正当性提供辩护。这种理性计算首先考虑美国的利益与价值,再分析美国是否能够"改变现状",然后选择所需要的行动。

8. 下面所述引自理查德·诺伊施塔特和格雷厄姆·T. 艾利森(Graham T. Allison)为罗伯特·肯尼迪的 *Thirteen Days: A Memoir of the Cuban Missile Crisis* (New York: W. W. Norton, 1968)一书写的后记。

9. *The Quotable Einstein*, ed. Alice Calaprice (Princeton: Princeton University Press, 1996), p. 131.

10. 早先所列的每个模式关于核战争风险的研究问题,参见 *Essence of Decision* (Boston: Little, Brown, 1971), pp. 34-35, 98-100, 183-184。

11. President William Clinton, "A National Security Strategy of Engagement and Enlargement", July 1994, p. 2.

12. Bruce G. Blair and Sam Nunn,"From Nuclear Deterrence to Mutual Safety",*Washington Post*, June 22, 1997;也参见 Bruce G. Blair, *Strategic Command and Control*:*Redefining the Nuclear Threat*(Washington,DC.: Brookings Institution, 1985);及 John Steinbruner, "Beyond Rational Deterrence: The Struggle for New Conception,"*World Politics* 28(January 1976):pp. 223 ff。

13. 参见 Graham T. Allison, Owen R. Coté, Jr., Richard A. Falkenrath, and Steven E. Miller, *Avoiding Nuclear Anarchy*:*Containing the Threat of Loose Russian Nuclear Weapons and Missile Material*(Cambridge: MIT Press,1996)。

14. *Avoiding Nuclear Anarchy*, pp. 23 ff.

15. Roberta Wohlstetter, *Pearl Harbor*:*Warning and Decision*(Stanford: Stanford University Press,1962),p. 350.

16. Jack Snyder, *Myths of Empire*:*Domestic Policies and International Ambition*(Cornell University Press, 1991); Fareed Zakaria, *From Wealth to Power*:*The Unusual Origins of America's World Role*(Princeton: Princeton University Press,1998); Stephen Van Evera, *Causes of War*:*Power and the Roots of Conflict*(Ithaca, NY: Cornell University Press, Forthcoming, 1999).

17. James D. Fearson,"Domestic Politics, Foreign Policy, and Theories of International Relations,"*Annual Review of Political Science* 1(1998): pp. 289-313.

18. 参见 Kenneth Waltz, *Theory of International Politics*(Reading, MA: Addison-Wesley, 1979), pp. 88-93, 121-123。华尔兹梦想建构一个没有公司理论的市场理论。但在经济理论中,离开公司理论、缺乏市场主体内容的市场理论是不可理解的。市场理论关注于市场结构(竞争性的、求过于供的、垄断性的)与其短期的表现(价格、数量和效率)和长期的表现(革新、收入分配和长期效益)之间的关系;其显然且必须包含着有关市场中的首要行为体即公司的理论。一般来讲,经济学家所采用的是一个简单的公司理论,即公司是个理性的利润最大化者。参见,例如, N. Gregory Mankiw, *Principles of Economics*(Fort Worth: Dryden Press, 1988), pp. 337 ff。为了回应对他的这两种批评,华尔兹可能会引用他《国家政治理论》中的其他一些段落;在这些段落中他承认在解释国际现象时,既需要国际政治理论,也需要外交政策理论(参见 *Theory of International Politics*, pp. 122-123)。事实上,在他更早些的著作《人、国家和战争》(*Man, the State, and War*)中,沃尔兹就承认"没有什么单一的意象是可充分解释的"。但这些正确的观点却被他关于国际政治与外交政策是两个截然分开的不同领域的大量论述所淹没。